国家社科基金
GUOJIA SHEKE JIJIN HOUQI ZIZHU XIANGMU
后期资助项目

中国地学会研究（1909—1924）

A Study on Chinese Geographic Society, 1909-1924

谢皆刚　著

社会科学文献出版社
SOCIAL SCIENCES ACADEMIC PRESS (CHINA)

国家社科基金后期资助项目
出版说明

后期资助项目是国家社科基金设立的一类重要项目，旨在鼓励广大社科研究者潜心治学，支持基础研究多出优秀成果。它是经过严格评审，从接近完成的科研成果中遴选立项的。为扩大后期资助项目的影响，更好地推动学术发展，促进成果转化，全国哲学社会科学工作办公室按照“统一设计、统一标识、统一版式、形成系列”的总体要求，组织出版国家社科基金后期资助项目成果。

全国哲学社会科学工作办公室

目　录

绪　论

一　选题缘由

1909 年 9 月，以新学地理知名的张相文在天津创建中国地学会，是为近代中国成立较早的专门学会之一。其时，地理学界中、东、西学并存争锋，中国地学会及其同人在宗仰科学地理，移植外来学理与体制的同时，仍然深受中国士人固有观念与行事的影响，讲究古雅，并试图以新知条理旧学，沟通中西，构建能与世界先进国相争的地理学；又视学术为沟通政界与发挥社会影响的手段，在本专门学理研究时事，力求学以致用的同时，寄望借助学会组织参与政治，故定宗旨为：考据地理，裨益学术、政治。

清季民国正值中国知识与制度转型时期，知识与制度更迭迅速，加之政局变幻，社会动荡，中国地学会及其同人苦心经营，虽然在内外因素交迫之下数次中止活动，但始终能维持一线而不绝。1924 年，段祺瑞取消法统，身为第一届国会众议院议员的张相文被迫远离政治舞台，失去办会的动力，这对于个人办会色彩浓厚的中国地学会来说，不啻釜底抽薪。同时，北京政府教育部、农商部等再次取消经费补助，失去主要经费来源的中国地学会陷入绝境，几经努力后不得不长时间中止会务。

1928 年 10 月，中国地学会在翁文灏的推动下恢复活动，相继获得庚款及北平研究会的经费补助，经营相对稳定，学术研究较为活跃。是时，随着近代中国地理学科边界的明晰与细化，被学界称为地理学三大专门学会的中国地质学会、气象学会、地理学会相继建立，中国地学会在疏远政治与社会事务的同时，研究与活动的领域大幅收缩，以致被学界同人认为主要贡献在历史地理方面。

1937 年 7 月 7 日，日本发动卢沟桥事变，旋即北平沦陷，中国地学会会务被迫中止。抗战胜利后，中国地学会恢复活动，但时局动荡，经营难以开展。1950 年，其与中国地理学会合并为新的中国地理学会，中国地学会成为历史名词。从政治、社会环境，学会的事业、宗旨与办会目的，以及在学界的位置来说，1924 年前后的中国地学会区别明显，本书据此将研究时间限定在 1909 年至 1924 年。

中国地学会在近代中国各专门学会中，成立早、活动时间长、经营相对稳定，是一个具有代表性的社团。作为专门社团，其在致力学术研究、与东西各国进行学战外，注意本专门学理研究政治、民生、社会等现实问题，热衷于借助学会组织干涉时事，乃至进入政界，形成一个学界、政界、社会互动的网络。

中国地学会在华洋新旧之间的纠结与挣扎，使其具有远较东西及后世专门学术社团更为复杂的面相。本书力图结合时代大势，突破现代化研究范式的限制，回到历史的现场，揭示中国地学会受时代和华洋新旧杂糅的制约，承继中国仕与学一体两面的传统，及戊戌时期以来合群救国的共识，视学会为沟通社会、发挥影响的手段，故事业与职能远超学术、学界，具有远较西方及后世单纯学术团体更为复杂的多重面相。检讨促成中国地学会事业与职能递嬗的内外因素，理解其与时代大势及近代中国地理学理、体制转型的相互作用。

将研究置于清季民国知识与制度转型的进程之中，厘清中国地学会活动的主要脉络，既能体现知识与制度新旧更替的频繁，又可透视学界与政界、社会的互动。缘此，通过中国地学会的个案研究，不仅能了解晚清民国时期学会的历史状态，也可以考察学界的派系纷争、学界与政界的互动、社会的分化与重组等情形，丰富中国近代史研究。

二　前人研究

中国地学会是近代中国的著名学会，自然早已引起学界的关注。其成立不久，即有推介类文字出现，但多为介绍性的文章，难以称为研究。

1933 年，张相文病逝，除《地学杂志》出版纪念专号外，《独立评论》《方志》《地理学报》《东方杂志》等亦刊发了一批纪念文章。这些文章多涉及其创办、经营中国地学会之事实与评价，对研究中国地学会颇具参考价值。

1935 年，张其昀应《科学》之请作《近二十年来中国地理学之进步》[①]，欲从地图学、地球物理学、地文学、气候学、地理学会等十五个方面，梳理民国4年以来的地理学史。遗憾的是，文章在完成十三个方面后停止，地理学会部分无缘得见。

1938年，王庸《中国地理学史》[②] 问世，记述了从古代中国地图、地志到明末以降外来地理进入的历史，被学界誉为中国第一部新学视角的系统的地理学史专著。1947年，王庸又结集出版《中国地理图籍丛考》[③]，作为《中国地理学史》的延续与补充。全书分为两编：甲编为明代地理图籍考录；乙编为中国地理学史的订补、图籍与军政的关系，以及中国历史疆域图等。

1948年，任美锷受《科学》稿约，接续张其昀《近二十年来中国地理学之进步》作《最近三十年来中国地理学之进步》[④]，写作重点为张文未涉及的1935年至1948年的中国地理学史。合任、张二文，大体可知民国时期中国地理学发展的脉络与面貌。

以上论著虽然没有关于中国地学会的大段论述，但是为研究提供了学科史的背景与脉络。总之，民国时期中国地学会的作用和价值逐渐得到学界的认可，但专题研究尚未出现。

1949—1979年，中国地学会的研究较为沉寂。中国大陆受地理学派分及政治气氛的影响，关于中国地学会的文字，多为公式化的语言。台湾虽然出版了张相文、白毓昆等人的传记，但大致是照录旧文。相关研究主要有日本小堀巌《中国における近代地理学》[⑤]，作者接受近代化观念，研究近代地理学在中国的产生、发展。王庸遗著《中国地图史纲》[⑥]，勾勒了中国地图史的概貌。1963年，王嘉荫编《中国地质史料》汇辑中国文献中的所谓地质学史料，收录了《地学杂志》中其认为是地

① 张其昀：《近二十年来中国地理学之进步》，《科学》第19卷第10期—第20卷第9期，1935年10月—1936年7月，第1608—1614、1717—1741、1827—1844、12—25、87—107、170—191、267—294、342—364、450—470、552—563、643—654、722—736页。

② 王庸：《中国地理学史》，商务印书馆，1938。

③ 王庸：《中国地理图籍丛考》，商务印书馆，1947。

④ 任美锷：《最近三十年来中国地理学之进步》，《科学》第30卷第4期，1948年4月，第103—110页。

⑤ 小堀巌「中国における近代地理学」（上、中、下）『東洋文化研究所紀要』第5、6、14冊、1954、1957。

⑥ 王庸：《中国地图史纲》，商务印书馆，1959。

质学的文字。

1979 年，中国地学会成立七十周年纪念大会在广州召开，推动了研究的进展。张相文的族弟、中国地学会原会员张天麟在会议上做《张相文对中国地理学发展的贡献——纪念“中国地学会”成立七十周年》[①]的报告，回顾张相文一生的主要活动及其对中国地理学的贡献。原会员林超做题为《中国现代地理学萌芽时期的张相文和中国地学会》的报告，[②] 认为中国现代地理学的发展是从 20 世纪开始的，张相文是其萌芽时期地理学界的代表性人物。中国地学会的创建是中国现代地理学产生的重要标志，并推动其发展。文章还对中国地学会在中国现代地理学发展中的作用、张相文的地理学思想及活动做了梳理。其后，关于中国地学会的研究逐渐活跃，专题研究与论著开始出现。

1987 年，张相文诞生一百二十周年。其家乡江苏省泗阳县政协编辑出版了《泗阳文史资料》第 5 辑暨《纪念张相文诞辰 120 周年专辑》[③]，汇集纪念、研究张相文及中国地学会的论作数十篇。其中值得注意的有曹宛如《张相文与中国近代地理学的萌芽》、宋青春《张相文在我国现代地质学萌芽过程中所起的积极作用》二文，用现代化理论及分科观念，讨论张相文在中国近代地理学、现代地质学形成中的作用。

美国康奈尔大学的 Thomas H. Hahn. Madison，1999 年发表研究张相文与中国历史地理的论文，[④] 2001 年又有讨论张相文《佛学地理志》的文章面世。[⑤]

郭双林、邹振环的专著《西潮激荡下的晚清地理学》[⑥]、《晚清西方

① 张天麟：《张相文对中国地理学发展的贡献——纪念“中国地学会”成立七十周年》，《历史地理》创刊号，1981 年 11 月，第 203—210 页。

② 林超：《中国现代地理学萌芽时期的张相文和中国地学会》，《自然科学史研究》第 1 卷第 2 期，1982 年，第 150—159 页。

③ 中国人民政治协商会议江苏省泗阳县委员会文史资料研究委员会编印《泗阳文史资料》第 5 辑，1987。

④ “Institutionalizing the Research on Space and Time: Zhang Xiangwen and the First Chair in Ching Historical Geography,” Boise: Western Conference of the Association for Asian Studies, 1999, pp. 17 - 18.

⑤ “Zhang Xiangwen and His Buddhist Geography (Foxue dilizhi),” Bloomington: Center for Eart Asian Studies, University of Indiana, 2001, p. 2.

⑥ 郭双林：《西潮激荡下的晚清地理学》，北京大学出版社，2000。

地理学在中国——以1815至1911年西方地理学译著的传播与影响为中心》[①] 同在2000年出版，研究西方地理学在近代中国的传播及其引起的中国地理学的变化，有助于了解中国地学会的西学学理渊源。邹振环还在书中设有“张相文与中国地学会”专节，认为中国地学会是近代体制化地理共同体的代表。

2003年，卢开宇《中国地学会在辛亥革命前后的活动》[②] 称中国地学会是我国科学社团中活动时间较长、政治颇为进步的学术团体，为中国新地理学的形成与发展做出了卓越贡献。张相文是同盟会会员，辛亥革命时率领中国地学会参与策划滦州起义，民元后为捍卫革命成果、维护学会的生存与发展积极斗争。文章为研究张相文及中国地学会在辛亥前后的活动提供了参考，至于其无视学会成员身份的复杂性，将张相文、白毓昆等人的活动完全归于中国地学会，则值得商榷。

2008年，《泗阳文史资料》第19辑以《中国近代地理学奠基人张相文》为名，再刊关于张相文的专辑。其所载研究论作，多为照录第5辑的原文。其余部分选刊张相文的诗文及散见于各处的传记资料，为研究者提供了方便。同年，韩子奇《进入世界的挫折与自由——二十世纪初的〈地学杂志〉》[③] 将中国地学会置于近代中国走向世界的进程中考察，认为1919年以前的《地学杂志》作者群是为“进入世界”的共同目标而写作。

关于中国地学会的硕博士学位论文主要有三篇。北京大学仲海亮的硕士学位论文《中国地学会与中国地理学的转型》[④]，认为中国地学会在中国传统地理学向现代地理学转型过程中起到关键作用。其主要观点有：（1）中国地理学的发展分为传统地理学和现代地理学两个阶段，19世纪末20世纪初是中国传统地理学向现代地理学发展的转型时期，中国地学会在这一过程中起到关键作用；（2）中国地学会是中国最早的地理学团

---

① 邹振环：《晚清西方地理学在中国——以1815至1911年西方地理学译著的传播与影响为中心》，上海古籍出版社，2000。

② 卢开宇：《中国地学会在辛亥革命前后的活动》，《史林》2003年第1期。

③ 韩子奇：《进入世界的挫折与自由——二十世纪初的〈地学杂志〉》，《新史学》第19卷第2期，2008年，第151—177页。

④ 仲海亮：《中国地学会与中国地理学的转型》，硕士学位论文，北京大学科学与社会研究中心，2003。

体，通过开展学术活动、实地考察、参与国际地学交流、翻译和介绍国外最新地理学书籍、出版刊物来宣传和普及现代地理学思想和知识；（3）中国地学会向国人普及现代地理学知识，使广大民众更方便地接受最新的地理学思想的熏陶，也使国际社会了解到中国地理学的发展；（4）中国地学会还通过培养现代地理学家来促进中国地理学的转型。

北京师范大学刘丰的硕士学位论文《从〈地学杂志〉管窥民国时期的地理研究》①，本当今专门学科观念与范围，统计、分析《地学杂志》刊发的其认为属于地理学科的文章，将其划分为刊文数量高潮期（1910—1922）、刊文数量低谷期（1923—1927）以及复刊期（1928—1937）三个时期，并试图分析造成这一变化的因素。

中国科学技术大学于波的博士学位论文《张相文与中国近代地学的兴起》②，对中国地学会研究的贡献在于：一是依据档案，梳理了中国地学会与北平研究会的关系；二是对中国地学会缺乏经费的原因进行了初步的分析探讨；三是对《地学杂志》的贡献、张相文转向佛学等问题提出了一些看法。这几篇论文的共同问题在于，无视中国地学会与近代中国地理的复杂面相，以后起观念、分科眼界去框架、分割历史。

中国地学会研究的核心资料《地学杂志》，在1910年至1937年共出版181号，历时长，又跨越不同的政治时期，加之其为发行量有限的专门杂志，各收藏单位都是初版混搭再版、三版甚至四版的百衲本，求其原始面貌，几乎不可能，成为研究的一大障碍。2008年9月，姜亚沙、经莉、陈湛绮编《中国早期科技期刊汇编》，在第4册至29册收录《地学杂志》，为研究者提供了方便，美中不足的是未能精选版本，脱漏、错订的地方为数不少。2009年，天津中国地理学会在中国地学会建立一百周年之际，选择较好的版本，以同名结集出版了《地学杂志》，便于研究者使用。

综观先行研究，在张相文创办、经营中国地学会，及中国地学会在中国近代地理学、地质学形成中的作用等方面的研究相对深入。然而，

① 刘丰：《从〈地学杂志〉管窥民国时期的地理研究》，硕士学位论文，北京师范大学地理学与遥感科学学院，2008。

② 于波：《张相文与中国近代地学的兴起》，博士学位论文，中国科学技术大学，2004。同名专著于2011年由云南大学出版社出版。

由于资料的缺乏、眼界的狭隘和观念的限制，未能摆脱现代化单一研究范式的窠臼，以传统、现代对应，在分科眼界下长期将中国地学会作为单纯学术社团研究，对中国地学会受时代与华洋新旧杂糅的限制，事业、职能随近代中国知识与制度转型的递嬗呈现的多重面相，缺乏深入的考察，难以全面认识中国地学会的地位与作用。

三 思路与方法

本书在充分吸收先行研究的基础上，发现研究的空间与误区。尽可能地搜集材料编为长编，反复比对，发现联系，确定研究的主题。摆脱现代化单向思维定式，回归历史的现场，将中国地学会置于近代中国知识与制度转型的进程中，按时间重现其在学术与政治领域的活动，展示其由杂糅华洋新旧学理与体制向较为单纯的学术团体演变的过程。理解中国地学会及其同人言论与行事的表意与本意，深入讨论学界派系纷争、学界与政界的互动、社会权利的分化与重组等情形，将研究深入人事层面。最终总结其试图融合新旧、沟通中西、构建科学地理的成败得失，为重建民族文化提供鉴戒。

史料是历史研究的前提与基础，本书以《地学杂志》及学会同人的文字为核心，扩张史料的边界，通过报刊把握时代大势，结合档案、文集、日记、书信、回忆录等补缺拾遗，形成长编。对史料进行比对、甄别、考证，揣摩前后左右的联系，缀拾碎片化的史料，紧扣中国地学会因学术参与政治的主题，大致还原其历史面貌。

中国史学古已发达，史书体裁以纪传、编年为经典。编年体以时间为经，事件为纬。以中国正史为代表的纪传体，以记人的纪、传为主体，辅以历时的表，而纪、传内部的编排亦为编年。见贤思齐，本书以时间为线索，排比史料，展现中国地学会的渊源流变，以求贯通。首先厘清中国地学会学理与体制的中、西、东学渊源，以及在古今、华洋映照下的变形与变态，真正地把握、理解中国地学会的研究与活动；其次以中国地学会的事业重心在学术、政治领域的变动为主线，探究其组织、人事、思想、事业和影响，以及与政界、学界、社会的联系，从内部的自我变更与外部因素的互动，展现其历时性的变化；最后研究不能停留在中国地学会的章程、条文、杂志刊载的文章等表象上，而应探究其研究、活动的不同面相，求其本意，努力接近历史的真。

中国地学会建立时，正值中国深陷危机，但因列强在华的脆弱均势，得以幸存的时代。在此背景下，宣扬弱肉强食、适者生存的进化论在中国大行其道，唯有合群竞争或能免于亡国灭种成为学界的普遍认识。在迫在眉睫的现实关怀下，中国地学会欲研究地理裨益学术、政治，以达到挽救国难、立足世界的目标。其作为一个地理专门社团，注重于专门研究是为当然，且其本学理研究现实问题及开展会务，必期于学术的发达。因此，考察中国地学会的地理研究，最能接近中国地学会的本相。

另一方面，在中国仕与学自来一体两面，“仕而优则学，学而优则仕”深入人心。故学者将学术视为沟通政界与发挥社会影响的重要手段，即使接受西式教育的留学生亦难免如此，以至于清季民初有人感叹归国工学博士、工程师“相率化为官僚政客”。[①] 地学界要角尤多政学两栖人物，张相文是国会众议院议员，章鸿钊、丁文江、翁文灏、朱家骅、竺可桢、张其昀等亦政学两相宜，朱、翁更曾官至部长与内阁总长。学术与政治关系之密切，以至于多年后朱家骅回忆，丁文江对朋友说的一句口头禅是：“最可怕的是一种有知识有道德的人，不肯向政治上去努力。”[②] 中国地学会期许研究地理，“裨益于学术政治者岂浅鲜哉”，[③] 故政治成为中国地学会的又一关注要点，甚至在某些时段成为其研究与活动的重心。

历史是人的历史，尤其在伦理社会的中国，不能把握、理解人事只能浮于历史的表面。中国地学会会员身份复杂，有地理教员、教育行政官员、社会贤达等学、官、绅各界人士，入会目的不一，期望各异，他们的博弈决定了学会的发展方向。在研究章程条文的基础上，对其言论与活动行了解之同情，方能得其本意。

清季民初处于近代中国学科界限明晰与分化时期，有人指出：“我国大学中的地理教育，最初多与文史合在一起。如民国初年，南京高等师

① 熊希龄：《序》，关赓麟：《瀛谭》，沈云龙主编《近代中国史料丛刊》第288册，台北，文海出版社，1968年影印本，第8页。

② 朱家骅：《丁文江与中央研究院》，转引自欧阳哲生《丁文江政治思想述论》，《安徽史学》2008年第6期。

③ 《地学协会启》，《大公报》1909年9月22日，第2张第4版。按：本书所列《大公报》皆为天津《大公报》，后文不再一一附注。

范的文史地部。后来，地理或与历史合在一起，为史地系，或与地质气象合在一起，为地学系。直到民国二十年左右国内大学中才有独立的地理系。”① 缘此，中国地学会的地理研究与《地学杂志》的刊文，大大超出东西及后世分科明晰、细化后的地理学的范围，以至于出现了今日中国地理、地质、生物、气象等学科、学会，都将其历史追溯至中国地学会及《地学杂志》的局面。另一方面，中国地学会承继戊戌以来学界结会救国的大势，研究与行事远超专门学会，乃至学术、学界的范围。若囿于专门，极易造成扭曲与误解，只有打破分科的细化，跳出学会史的窠臼，专门与整体结合，纵横贯通，才能还历史本来的面目。因此，在研究中不能用后世的学科观念去倒溯、割裂历史，将其定义为某学科的学会，而要以时间为线索，结合时代大势，全面观照中国地学会的历史。

四 内容与框架

本书在先行研究的基础上，搜罗资料编为长编，把握时势，纵横贯通，将中国地学会置于近代中国知识与制度转型的进程之中，厘清中国地学会的渊源流变，理解其受时代和华洋新旧杂糅的制约，事业与职能远比单纯学术社团复杂的事实，辨析其从热衷政治向较为纯粹学术团体的演化与学界、时势剧烈变动的相互关系及影响，深入探讨其得失。力求重现中国地学会在学术与政治领域的活动脉络，揭示其不同于东西专门学术社团，将学术与组织作为参与政治、社会事务的工具的事实，重新审视其事业与职能的递嬗。结合时势、时论，分析其复杂面相形成与变化的内外因素，在整体把握晚清民国学会历史的基础上，探讨地理学界的派系与纷争、学术与政治的互动、社会权利的分化与重组等情形。

本书按时间顺序和研究对象的内在逻辑安排，在注重渊源流变，展现整体变化的同时，凸显主题的脉络。第一章梳理中国地学会的学理与组织渊源，追溯自明末以来外来地理知识入华，到晚清出现华洋新旧学理与体制共存的局面。限于时代，中国地学会在移植外来学理和体制的同时，仍受中国士人固有观念与行事方式，及戊戌以来合群救国现实需

---

① 任美锷：《最近三十年来中国地理学之进步》，《科学》第30卷第4期，1948年4月，第104页。

要的影响，视学会为参与政治、沟通社会和发挥影响的手段，定考据地理裨益政治、学术为宗旨。

第二章论述中国地学会为自立于学界，期望引入外来学理与方法，调查全国植学术根基，并改造固有，融合中西，构建科学地理，进行学战。深入揭示其在学理上追求科学新知的同时，又讲求古雅，引西学系统条理中学旧知，编织学人谱系，构建学科系统，试图纳中学地理于西学分科之中，从而展现其在华洋新旧之间的纠结与挣扎。海通以来，中国边疆深陷危机之中，中国地学会亟言根源在国人地理不明，欲本科学地理研究保卫、经营之策。然而其时科学方在萌芽之中，内地士人限于交通、经费又难以远赴边疆，中国地学会的研究在据诸外人文字以外，只能依赖旧有，期其提出合适的策略显然为难。同时，为在对外交涉中知己知彼，中国地学会倡言研究世界，以为谋国者谈。

第三章探究武昌军兴，张相文、白毓昆等中国地学会主导者多为同盟会会员，积极参与革命，暂时中止会务。民元，张相文援引南洋公学旧识、南京临时政府教育总长蔡元培入会担任总理，并得到其主掌的教育部之经费补助，恢复活动。在共和革命带来的参政议政风潮中，中国地学会及其同人一面以学致用，积极研究行政区域、导淮、边疆等关系政治、民生的问题，建言共和建设；一面借助学会组织干预政治，或入官场或为议员，得以实现其考据地理裨益学术、政治的宗旨。

第四章考察二次革命后，北京政局大变，国民党、国会相继解散，倾向国民党又与国会议员甚有关系的中国地学会，为避祸由热衷干预政治转向较为纯粹的学术研究。其据新学地理学理、方法与旧学辩证成吉思汗陵寝的同时，试图融汇新旧，贯通中西，参与新旧、中西等近代中国学术关键问题的论争。1916 年，国会恢复，中国地学会重拾心情，研究时论热议的国都、省制及地方制度是否写入宪法等问题。又联合中华书局出资，运动国会议员及各界人士，编修合计达 3000 册的大中华地理志，作为各级学校的教科书，助益民政与实业，奠定地方自治的根基。旋即，国会解散，中华书局撤资，林传甲辛苦维持，成为此一时期中国地学会最重要的事业与成就。

第五章讨论中国地学会视欧战为改变国运的机遇，起而研究，以为中国寻一线生机。巴黎和会中国外交失败，其认为政府不可恃，倡导联合各团体行国民外交，力争山东、边疆、租借地的利权。1920 年代初，较为纯粹的专门社团兴起，中国地学会的学理与体制已被新锐视为老旧。为求生存，其顺应时风改良学会。1924 年，段祺瑞取消法统，国会复会无望，张相文失去办会动力，且北京政府部院再次取消经费补助，内外交迫的中国地学会陷入绝境，会务中止。

本书期望通过深化整体认识，提高眼界，开拓领域，考订前人讹误，推动研究的深入，接近历史的真。然而近代中国华洋新旧杂糅，要在千头万绪中理出大致的脉络，颇为不易，且要求具备中、东、西学的相关知识与语言工具。笔者尽可能搜集使用各种类型的史料，但仍有一些未刊档案与秘藏的文献难以查阅。至于人事关系隐且密，各方的言论与活动未必是其本意，如何深入解读，还有努力的空间。

第一章　渊源与创建（1583—1910）

中国地学会是由张相文、白毓昆等人发起，联合在天津任教的江苏籍地理教员、直隶教育行政官员、津门社会贤达等组成的地理专门社团。其学理渊源是明末清初耶稣会士及19世纪新教传教士带来的西学地理，以及甲午后引入的源自西洋而经日本条理、改造的东学地理，与中国固有学理的纠缠与变态。组织渊源可远溯至古代中国文会与近代西洋专门学会，直观印象则是传教士在中国创办的学会及中外人士对东西地理学会的介绍。缘于古今华洋的不同及其变态，中国地学会的学理与体制等，似有各方汇聚的纷乱，尽显其时中国学界的复杂形势。

在合群救国声中诞生的中国地学会，为挽救国难，立足于弱肉强食的进化世界，以研究地理裨益学术、政治为宗旨，意图用专门学理研究现实，以达到富国强兵的目标。在建立之初，为推广会务、扩大影响，中国地学会积极开展邀请学界名流演讲，制订、推行调查全国的计划，以及发行杂志等活动。

第一节　西学东渐与中学地理的嬗变

近世以前中西地理之学交流绝少，皆独立发展自有学统。明末清初耶稣会士东来，将地理大发现后取得长足进步的西学地理引入中国。其时西学地理图籍一译再译，在宫廷及士大夫中广为流布，改变了中学地理的发展轨迹及走向。清季以来，旧学凋零，新学日盛，关于明末清初中国输入西学地理的研究愈益受到学界的注意，对利玛窦、艾儒略等名家及其名作，以及康熙年间测绘西式地图等问题的讨论已较为深入。[①]

---

① 陶懋立《中国地图学发明之原始及改良进步之次序》（《地学杂志》第2年第11、13号，1911年2、4月）将明末清初西式地图的传入视为中国地图学的一大进步；徐宗泽《明末清初灌输西学之伟人》（沈云龙主编《近代中国史料丛刊》第555—556册，台北，文海出版社，1970年影印本）将舆地学视为西学东渐的六大部分之一，并初步讨

笔者尽可能地搜集史料，通过对明末清初耶稣会士引西学地理入华及其引发的中学地理之嬗变的总体考察，理解耶稣会士传播西学地理的意图与国人取珠还椟接引西学地理的影响与后果，深入思考其与宗教、政治等多重因素的交织与互动，以期为国人立足固有取舍外来学术与文化提供鉴戒。

一　学术传教

近世以前中西地理之学相对隔绝，几无交流。《尚书·禹贡》分天下为九州，兼记山脉、河流、土壤、田地、物产、道路及部落，是中国现存最早的地理文献。《汉书·地理志》"条列郡县因革建置，历代从之。于是舆地之学，遂为专家"。[①]南北朝始将地理作为学名使用，《隋书·经籍志》将其纳入史部，后世沿袭之。萌发于古希腊的西学地理，在中世纪为神学笼罩，因此有西方学者指出：古代"中国的地理学研究，是广博的学术传统中的一部分，超过同时代的基督教欧洲所知道的任何东西"。[②]地理大发现后，得益于测量仪器的日益精密，及跟随殖民扩张扩展到世界各地的调查实测，西学地理日新月异。

明末中西地理隔绝的局面被一群欧洲人打破，他们不是专门学者，而是为了传播福音，不远万里抵达中国的耶稣会士。在有记载以来始终拥有巨大的文化优势，视他教为夷教、他学为夷学的中国，取得认同是

论了朝廷对西学的态度；翁文灏《清初测绘地图考》（《地学杂志》第3期，1930年）从地学专家的视角，探讨清初西式地图的测绘；禹贡学会《利玛窦世界地图专号》（《禹贡》第5卷第3、4合期，1936年4月11日）考察其在中国的传播与影响；王庸《中国地理学史》（商务印书馆，1938）认为西学输入后的中国地学才可以称得上是地理学；王庸《中国地图史纲》涉及西式地图的输入。1980年代以来出版的多部中国地理学史，如赵荣、杨正泰《中国地理学史（清代）》（商务印书馆，1998），有相当多的篇幅涉及明末清初西学地理的引入；海外汉学家的研究，则以《华裔学志》刊载的艾尔曼（Benjamin A. Elman）《明清时代（1568—1911年）的地理学研究》（"Geographical Research in the Ming-Ch'ing Period," *Monumenta Serica*, Vol. 35, 1981 - 1983）为代表。

① 毛岳生：《〈地理志韵编今释〉序》，谭其骧主编《清人文集地理类汇编》第1册，浙江人民出版社，1986，第306页。

② 杰弗里·马丁：《所有可能的世界：地理学思想史》，成一农、王雪梅译，上海人民出版社，2008，第52页。

布教的前提。利玛窦认为"因为对于世界面积的观念不切实，又对自己有夸大的毛病，中国人认为没有比中国再好的国家"，他们自认是礼仪之邦，"不但把别的国家看成是蛮人，而且看成野兽"，[①] 没有国王、朝代及文化。因此，首先应当让中国人认识到西学并不落后于中学，从而改变他们的态度，进而"利用良好的读物与推理"向读书人介绍教义，"设法使知识分子皈依成为教友，对象不是大批的民众；假如有一批知识分子或进士、举人、秀才以及官吏等进教"，[②] 自然可以消除民众对传教士的误会，从而信奉天主教。为向中国士大夫介绍教义，1580 年 11 月 8 日罗明坚在给教友的信中写道："我希望不久对中国话能够运用自如，而后用中文撰写要理等书，这是为归化他们必须有的步骤。"[③] 利玛窦甚至声称掌握汉语与中国经典比"归化"一万名基督徒还重要，为此他们附会东西，自称西儒。基于实践，"耶稣会自此就把是否精通儒家学说看成是判断一个传教士优劣的前提条件"。[④]

耶稣会士相信在皇权专制的中国，"无论采什么方式，务必先获得皇帝的青睐，准许我们自由传教"。[⑤] 为吸引士大夫，取悦皇帝，提供实用且易于验证的地理图籍，成为耶稣会士的首选之一。利玛窦认为，"如果中国人都知道欧亚的地理的距离事实，这种知识的本身会消除在中国传布福音的障碍"。1584 年，利玛窦《山海舆地图》由王泮刻板发行，将地圆说、昼夜长短、五大洲等西学地理知识传入中国，以至于"当他们首次见到世界地图时，有些没受教育的人，竟然大笑起来；有些知识水准高一些的，则反应不同，尤其是在讲解南北纬度，子午线赤道，及南北回归线之后"，"他们对欧洲的教育制度才刮目相看"。[⑥] 王徵记观西式地图，"初若另开眼界，心目顿豁已。复目绚心疑，骇河汉之无

① 利玛窦：《中国传教史》（上），《利玛窦全集》（1），刘俊余、王玉川合译，台北，光启文化事业、辅仁大学出版社，1986，第 147 页。

② 利玛窦：《利氏致远东副省会长巴范济神父书》，《利玛窦书信集》（下），《利玛窦全集》（4），第 410 页。

③ 利玛窦：《罗明坚致罗马麦尔古里亚诺神父书》，《利玛窦书信集》（下），《利玛窦全集》（4），第 427 页。

④ 柯兰霓：《耶稣会士白晋的生平与著作》，李岩译，大象出版社，2009，第 115 页。

⑤ 利玛窦：《利氏致罗马富利卡提神父书》，《利玛窦书信集》（上），《利玛窦全集》（3），第 219 页。

⑥ 利玛窦：《中国传教史》（上），《利玛窦全集》（1），第 147 页。

极也”。[①] 其后为推广地图，利玛窦迎合中国人的习惯，将中国置于地图的中央。利氏地图给国人极大的视觉冲击与思想震撼，一时洛阳纸贵，至少被翻刻6版、绘而未刻4版。

确立学术传教的方针后，耶稣会在肇庆建立图书馆。1613年，龙华民派金尼阁回欧觐见教皇，并采购图书以在北京创办图书馆。除教皇保禄五世颁赐的500多册图书外，金尼阁又将从法国、西班牙、葡萄牙等国收集的包括哥白尼《天体运行论》、开普勒《哥白尼天文学概要》等在内的约7000部书运到中国。为此，他拟定了一个庞大的计划，欲联络艾儒略、徐光启、杨廷筠、王徵等人共同翻译出版，向达盛赞其“比之玄奘求经西竺，盖不多让”。[②]

1616年，庞迪我等人向万历皇帝进献《万国全图》“图画两扇”、刊刻《万国图志》一册，“其中各国图说至为详备，又皆臣国人游学经商，耳闻目见，并无凿空驾造之说”。[③] 1623年，艾儒略《职方外纪》总说、分叙了五洲四海，向中国人展示了西方认知的世界。他指出中式地图不如西式精确，因地球是圆形的，“今画图为方者，其画线不免于稍变，毕竟惟圆形之圆乃得其真也”。[④] 1624年，艾儒略应叶向高之邀赴福建，直至1649年6月10日病逝于延平，其足迹遍布八闽大地，并与200多位士大夫交游。[⑤] 经过艾儒略等人的努力，西学地理广为流布，在《闽中诸公赠泰西诸先生诗初集》的71位作者中，福州、晋江、福清、莆田、邵武等地近20人，在诗文唱和中表现出不同程度地接受了西学地理知识，若蔡国铤诗：“地轴圆球自利君，年来西学又奇闻。周天日表图中见，二极星枢眼底分。”[⑥] 耶稣会士引西学地理入中国，被士大夫接受后由夷学一变而为西学，魏源论此说：“谭西洋舆地者，始于明万历中泰西

---

① 王徵：《畏天爱人极论》，郑安德编辑《明末清初耶稣会思想文献汇编》第3卷，北京大学宗教研究所，2003，第458页。

② 向达：《明清之际中国美术所受西洋之影响（节选）》，《东方杂志》第27卷第1号，1930年10月1日，第19页。

③ 《奏疏》，艾儒略原著，谢方校释《职方外纪校释》，中华书局，1996，第17页。

④ 艾儒略原著，谢方校释《职方外纪校释》，第29页。

⑤ 林金水：《艾儒略与福建士大夫交游表》，中国中外关系史学会编《中外关系史论丛》第5辑，世界知识出版社，1996，第182—202页。

⑥ 叶向高等：《熙朝崇正集·闽中诸公赠泰西诸先生诗初集》，吴相湘主编《天主教东传文献》，台北，台湾学生书局，1965，第661—662页。

人利玛窦之《坤舆图说》、艾儒略之《职方外纪》。”[1]

耶稣会士为了便于中国人接受西学地理，一方面将似同而实异的Geography与地理对译，利用汉语语汇释义模糊的特点，旧瓶装新酒；另一方面与中国士大夫合作翻译西学地理图籍，以符合中国人的阅读与认知习惯。中国文化保守主义者指责西学地理诸书，“直欺人以其目之所不能见，足之所不能至，无可按验耳”。至于地图“则中国当居正中，而图至稍西，全属无谓”，且“焉得谓中国如此蕞尔”，“其肆谈无忌若此！”故将其归于山海之说、邹衍之言，“其诞妄又甚于衍矣”。[2] 认同西学地理的中国士大夫，则取珠还椟，弃其形式纳其精华融于中学之中。杨廷筠指出：“西士引人归向天帝，往往借事为梯。注述多端，皆有深意，而是编则用悦耳娱目之玩，以触人之心灵，言甚近、指甚远，彼浅尝者第认为輶轩之杂录、博物之谈资，则还珠而买椟者也。”[3] 李之藻更进一步，把中西学并称为“东西圣贤之学术”。[4]

杨廷筠又宣扬西学中源说，称天学“皆中华先圣之学也”，汉以后失之于野，“利氏自海外来，独能洞会道原，实修实证”。[5] 许胥臣认为“言天，非自西学始也。程子曰：‘儒者本天。’”[6] 比附儒耶，以减少反对者攻击的口实。后人指出，以西学附会中国古典的西学中源说，“在理论上作为一把双刃剑，既可能有助于西学的吸收，也可能对排除西学产生影响”，[7] 然而在明末确实有助于中国士子接引西学。

明季内忧外患，实用亦是西学地理迅速取得士大夫认同的重要原因。

---

① 魏源：《海国图志后序》，《海国图志》，《续修四库全书》史部，第743册，上海古籍出版社，2002年影印本，第218页上栏。

② 魏濬：《利说荒唐惑世》，徐昌治辑《明朝破邪集》，《四库未收书辑刊》第10辑第4册，北京出版社，1997年影印本，第379—380页。

③ 杨廷筠：《职方外纪序》，艾儒略：《职方外纪》，叶农整理《艾儒略汉文著述全集》（上），广西师范大学出版社，2011年影印本，第23页上栏、24页下栏。

④ 李之藻：《刻职方外纪序》，艾儒略：《职方外纪》，叶农整理《艾儒略汉文著述全集》（上），第20页上栏、下栏。

⑤ 杨廷筠：《刻西学凡序》，艾儒略：《西学凡》，叶农整理《艾儒略汉文著述全集》（上），第85页下栏、86页下栏、87页上栏。

⑥ 许胥臣：《西学凡引》，艾儒略：《西学凡》，叶农整理《艾儒略汉文著述全集》（上），第88页下栏。

⑦ 严绍璗、源了圆主编《中日文化交流史大系·思想卷》，浙江人民出版社，1996，第405页。

王徵感于辽东糜烂，士大夫坐困书斋，空谈误国，而西士“只为敬天爱人一念，不远九万里惠顾我东土，历尽百险百危，曾不一毫退转。我辈痴迷，盈盈一水之隔，不百里而近，乃惮跋涉苦，弗能时时亲炙德辉，良可笑耳，且可愧已。”[①] 儒者当本“学原不问精粗，总期有济于世人”之意，习西学“关切民生日用”“国家工作之所急需”者，[②] 以为国用。

二　宫廷传学

明清鼎革，学者身逢国难，痛定思痛，鉴于明季空疏的学风，力倡经世致用。晚明已有学者称：“夫学不知经世，非学也；经世而不知考古以合变，非经世也。”[③] 清廷亦有意扭转学风，1655 年，顺治皇帝训谕士子：“明体则为真儒，达用则为良吏。果有此等实学，朕当不次简拔，重加任用。”[④] 清以理学为取士之典，实际情形却甚为复杂，康熙皇帝即对理学崇名轻实颇有微词，谓理学书“为立身之本，不可不学，不可不行”，然而“朕潜心玩味，若以理学自任，则必至执滞己见，所累者多”，[⑤]“总之，读书务在明理，方不为书所惑耳”。[⑥]

清初为致用治地理者，首推二顾。顾炎武自称 1639 年“秋闱被摈，退而读书。感四国之多虞，耻经生之寡术。于是历览二十一史，以及天下郡县志书，一代名公文集，间及章奏文册之类，有得即录”，[⑦] 成《天下郡国利病书》。后人指其“无非欲诏示后世，使凡有国有家者”，“果能晓然于利病之所在，而讲求其趋避之方，转贫弱而为富强”，[⑧] 以免蹈明朝覆辙。顾祖禹承父遗志作《读史方舆纪要》，考方域形势，察用兵成败。张之洞《书目答问》认为，此书意在用兵而非考证地理，将其列

① 王徵：《杜奥定先生东来渡海苦迹》，转引自宋伯胤编著《明泾阳王徵先生年谱（增订本）》，陕西师范大学出版社，2004，第 167 页。

② 王徵：《远西奇器图说录最序》，李之勤辑《王徵遗著》，陕西人民出版社，1987，第 219—220 页。

③ 焦竑：《澹园集》卷 14《荆川先生右编序》，上海古籍出版社，1999，第 141 页。

④ 《清世祖实录》卷 90，顺治十二年三月，中华书局，1985 年影印本。

⑤ 《清圣祖实录》卷 266，康熙五十四年十一月至十二月。

⑥ 《清圣祖实录》卷 291，康熙六十年正月至三月。

⑦ 顾炎武：《天下郡国利病书》，《续修四库全书》史部，第 595 册，第 482 页下栏。

⑧ 《景印手稿本〈天下郡国利病书〉跋》，《张元济全集》第 9 卷，商务印书馆，2010，第 287 页。

于子部兵家。近人林传甲则称二顾虽意在致用，然尚多书生之言，若“迁鼎西安之计，顾亭林、顾景范徒托空言”。[①]

二顾治地理注意考史，胡渭、阎若璩则重在释经。胡渭《禹贡锥指》于“历代义疏及方志舆图搜采殆遍，于九州分域，山水脉络，古今同异之故一一讨论详明”。[②] 又因《禹贡》有说无图，作图47幅，“然不过据图考古，不是履地画图”。[③] 四库馆臣将阎若璩与顾炎武并论，谓《四书释地》考证地理必求其根底，“旁参互证，多所贯通”，“盖若璩博极群书，又精于考证，百年以来，自顾炎武以外，罕能与之抗衡者”。[④] 王国维论顺康学风，指出“学者多胜国遗老，离丧乱之后，志在经世，故多为致用之学，求之经、史，得其本原，一扫明代苟且破碎之习，而实学以兴”。[⑤]

学风转变，清廷又无汉人对待西人、西学的成见，“传教士们就更容易在王公大臣那里宣讲我教的神圣教义，而那些王公大臣可以很好地庇护我们的教堂和传教士”。[⑥] 1653年，太常寺卿管钦天监事汤若望，因精于历法被赐号“通玄教师”。耶稣会正是因为认识到“自然科学知识对在华传教的至关重要性”，所以从科学领先的法国招募通自然科学的传教士赴华。如白晋除在弗莱彻耶稣会学校学习神学外，还致力于科学知识的学习，“正是这些知识帮助他在中国赢得了极大的声誉”。[⑦] 白晋与张诚、马若瑟等在附会中西上比前辈更进一步，他们竭力在中国远古传说和典籍中寻找有关基督教的文献与记载，如在《易》中寻找三位一体的奥迹等，被称为索隐派。耶稣会依赖学术在中国传教，以致严嘉

① 况正兵、解旬灵整理《林传甲日记》，中华书局，2014，第174页。

② 胡渭：《禹贡锥指》，《景印文渊阁四库全书》经部第67册，台北，台湾商务印书馆，1986年影印本，第211页。

③ 冯桂芬：《同治九年三月三日（1870.4.3）总办机器制造局冯、郑上督抚宪禀（附酌拟广方言馆课程十条、拟开办学馆事宜章程十六条）》，朱有瓛主编《中国近代学制史料》第1辑上册，华东师范大学出版社，1983，第228页。

④ 阎若璩：《四书释地》，《景印文渊阁四库全书》经部第204册，第310—315页。

⑤ 《沈乙庵先生七十寿序》，谢维扬、房鑫亮主编《王国维全集》第8卷，浙江教育出版社，2010，第618页。

⑥ 南怀仁：《告全欧耶稣会士书》，转引自柯兰霓《耶稣会士白晋的生平与著作》，第15页。

⑦ 柯兰霓：《耶稣会士白晋的生平与著作》，第13—14页。

乐担心，“我靠我的音乐和数学才能是否会得到青睐，那就只有让上帝来决定了”。①

国人在清初已由认可、接受西学，到主动接引融中西之学、新旧之法创为新学、新法。如孙兰师从汤若望，得西学精髓后融中西学理，分地理为志、记、说，“志也者志其迹，记也者记其事。说则不然，说其所以然，又说其所当然，说其未有天地之始与既有天地之后，则所谓舆地之说也”。② 力倡在叙述地理现象的基础上，还当解释原因与道理。其以北京为中心绘制的世界舆图《大地山河图说》，述说四季、日照、温差及南北极里程等，被称为西学地理的启蒙书。焦循论孙兰治学，“得泰西之正法，复能出其精思推极之，以尽其变，卓然成一家之言。与他人谨守师说，依法推衍者不同”。③

刘献廷治学不满于纸上所得，立志周游天下，“览其山川形势，访遗佚，交其豪杰，博采轶事；以益其见闻，而质证其所学”。④ 他指出中国“方舆之书所记，惟疆域、建置沿革、山川、古迹、城池、形势、风俗、职官、名宦、人物诸条耳。此皆人事。于天地之故，概乎未之有闻也”。为此，当引西学补其不足，“余意于疆域之前，别添数条，先以诸方之北极出地为主，定简平仪之度，制为正切线表”推求节气、日食等，“则天地相应之变迁，可以求其征矣”。⑤ 从孙兰、刘献廷的阐释，不难体会他们将西学学理改头换面置入中学的良苦用心。曹溶则认为不同类型的地理著述，皆有资于学术，故称：“古今志地者多矣，博通者考沿革，游览者志岩壑，体道者愉悦性情之间，而探经世之大略，揽形胜、审要害，以为行师立国之本图，志量不同，而有资于地一也。”⑥

1686 年，清廷以为地理今昔不同，开局修《大清一统志》，局中

① 严嘉乐：《中国来信（1716—1735）》，丛林、李梅译，大象出版社，2002，第 18 页。

② 孙兰：《柳庭舆地隅说自序》，《柳庭舆地隅说》，《丛书集成续编》第 80 册，台北，新文丰出版公司，1997 年影印本，第 173 页下栏。

③ 黄钟骏：《畴人传四编》卷 7 下，阮元等撰《畴人传汇编》（下），彭卫国、王原华点校，广陵书社，2009，第 884 页。

④ 王源：《刘处士墓表》，刘献廷：《广阳杂记》第 1 册，中华书局，1985，第 2 页。

⑤ 刘献廷：《广阳杂记》第 3 册，第 138—139 页。

⑥ 曹溶：《广志绎·序》，王士性著，周振鹤编校《王士性地理书三种》，上海古籍出版社，1993，第 230 页。

云集顾祖禹、阎若璩、黄化、胡渭等舆地大家。《大清一统志》地图据宫廷藏图，参以朱思本《舆地图》、罗洪先《广舆图》等，“有裨治理，关系匪浅”。[①] 康熙皇帝对其甚为重视，称：“万几之余，朕将亲览，且裨益世子孙。”[②] 1691 年，朝鲜使臣私买《大清一统志》案发，礼部奏称《大清一统志》备载天下山川、钱粮，关系重大，故将私卖的张灿充军，朝鲜使臣革职，国王亦受到申饬。张元济将其看作官修地理志的典范，谓：“居今日而治舆地之学，欲求一官本，且后出而可信者，宜莫如此书。”[③] 林传甲则认为《大清一统志》中“叙人物、写风景太多”，“于形势险要略焉，盖词臣不知大体耳”。[④]

康熙皇帝喜西学，声称自幼留心地理，至于古今治地理者皆论九州山脉以华山为虎、泰山为龙，“朕细考形势，深究地络，遣人航海测量，知泰山实发龙于长白山也”。[⑤] 其指满洲神山长白山为中原之龙泰山的起源，意在将满人皇权神圣化，并与汉人争正统。又屡据西学新法问难李光地等理学名臣。康熙皇帝屡屡在汉人儒臣前炫学，用意不言而喻。

地图关系军国大事，又易于判断高下，精确的西式地图为朝野所重。早在 1655 年，兵部即上奏，请饬各督抚“将所辖境内水陆卫区，及险隘形势”，[⑥] 绘图呈送御览及本部。1707 年，康熙皇帝命白晋等人以西法测绘北京附近地图，比对后认为西法胜中法。遂自 1708 年 7 月 4 日开始，先后命白晋、雷孝思、杜德美等主持测绘全国地图。雷孝思在写给法国政府的报告中说：“为使地图尽可能完善，我们已使尽一切手段。”[⑦] 他们查阅了各省官藏地图与史书，经过深思熟虑，决定采用三角测量法测量。1711 年，康熙皇帝指出，“自古以来绘舆图者，俱不依照天上之度数，以推算地理之远近，故差误者多”，[⑧] 所以当以西法测定中朝边界。

---

① 徐乾学：《备陈修书事宜疏》，谭其骧主编《清人文集地理类汇编》第 1 册，第 238 页。

② 《清圣祖实录》卷 126，康熙二十五年闰四月至六月。

③ 《景印钞本〈大清一统志〉跋》，《张元济全集》第 9 卷，第 122 页。

④ 况正兵、解旬灵整理《林传甲日记》，第 220 页。

⑤ 爱新觉罗·玄烨：《康熙几暇格物编译注》，李迪译注，上海古籍出版社，1993，第 90 页。

⑥ 《清世祖实录》卷 92，顺治十二年六月至七月。

⑦ 杜赫德：《测绘中国地图纪事》，《历史地理》第 2 辑，上海人民出版社，1982，第 209 页。

⑧ 《清圣祖实录》卷 246，康熙五十年四月至六月。

1718 年，《皇舆全览图》绘制完成，康熙皇帝称“朕费三十余年心力，始得告成。山脉、水道俱与《禹贡》相合”，并着九卿查看。九卿会奏：皇上“分命使臣测量极度，极高差一度，为地距二百里。昼夜之长短，节气之先后，日食之分秒时刻，都邑之远近方位，皆于是乎定，天道地道兼而有之，从来舆图所未有也”。[①]

《皇舆全览图》代表了明末清初中西地理结合的最高成就，其时“即欧洲各国大地测量（Geodetic Survey）亦尚未经始或未完成，而中国全图乃已告竣，实为中国地理之大业；虽出异国专家之努力，亦足见中国计画规模之远大焉”。[②] 李约瑟赞扬其在完成时不仅是亚洲最好的地图，而且比所有的欧洲地图都更好、更精确。直至 1934 年，还有研究者指出，康熙迄今二百余年，“我国地图界的制作虽不断地在进步，但这种进步仅表现在数量方面”。[③] 究其因，清朝皇权专政，可以举国之力不计代价成此伟业，然而其绘图重在为军国之用及夸耀天下一统的武功，“顾当时测量结束，在中国方面仅知有内府舆图，一时珍为鸿秘”，外间难得一见，“嗣后逐渐传出，诸多缺略”。[④] 公开发行的官修图籍，皆采中国旧法旧说，若《明史・外国传》本《续通考》及《明外史》，少采西学地理书籍，后人称其“西洋各大国与南洋各小岛不分，岛国、岸国更不分，疆域阙然，所记猥琐若小说，当考订也”。[⑤]

三 禁绝西书

传教士期望通过西学取悦宫廷以及得到士大夫的认同，获得传教的机会，其志在教而非学，因此将地理知识做神学化的处理，如“造物主化成十二重天，而火气水土四行，从轻至重，渐次相裹”[⑥] 之类。

① 《清圣祖实录》卷 283，康熙五十八年正月至三月。

② 翁文灏：《清初测绘地图考》，《地学杂志》第 3 期，1930 年，第 405 页。按：《地学杂志》存在数十年，出版 180 余期，又不断再版，各收藏单位所收皆为各版混合，以至于读者所见各期杂志体例不一，如页码有的为整期，有的分栏目，因此在引用时尽量使用初版，个别使用再版。本书皆如此处理，后文不再一一附注。

③ 褚绍唐：《中国地图史略》，《地学季刊》第 1 卷第 4 期，1934 年 12 月，第 47 页。

④ 翁文灏：《清初测绘地图考》，《地学杂志》第 3 期，1930 年，第 405 页。

⑤ 况正兵、解旬灵整理《林传甲日记》，第 204 页。

⑥ 《万国图小引》，叶农整理《艾儒略汉文著述全集》（上），第 5 页上栏。

国人对西学的兴趣显然在西教之上，严嘉乐称皇帝召见“只是创造一个机会听听我们对他的赞扬”，“讲讲我们知道什么新的数学方法”。[①]中西对西学与西教的认知差异，导致耶稣会士虽以学术取得士子的认同与皇帝的青睐，得到传教的机会并使基督教在中国扎根，然而西教的传播却与期望相距甚远。同时，传教士中奉行不同教义者，攻击耶稣会士在中国改变教仪，得到保守教士及罗马教廷的支持，引发礼仪之争。

起初，康熙皇帝对基督教较为宽容。1719 年 8 月 22 日，严嘉乐尚称：“皇帝鼓励臣民们与耶稣会士接触，思考耶稣会的教义是否正确。”然而，一方面耶稣会受到教内敌对派系日益激烈的攻击；另一方面，新登极的雍正皇帝对传教士甚为疏远，即使深得他喜爱的郎世宁，亦曾长期未得召见，一贯走宫廷路线的耶稣会受到极大的挫折，哀叹“真想不到基督教在中国竟沦落到这种地步，只有靠耶稣会一名教士的画笔才能救它”。[②] 1724 年，“奉旨西洋人除留京办事人员”，各直省“查明果系精通天文及有技能者，起送至京效用，余俱遣至澳门安插”。[③] 事实上各地情形不尽相同，德玛诺因给闽浙总督“画过一张沿海地区的地图”，总督“就没有干预杭州地区的教会事务”，在北京的传教士也受到不同程度的照顾。1725 年，雍正皇帝训谕耶稣会士，天、佛、天主、安拉都是一回事，“世界上大小国家都派遣使臣来朝觐，教皇派来之人也是小国使者”。[④]

留京的“测地学家”有白晋、雷孝思等 20 余人，外省来京的有 3 人，多以阅读中国书籍自娱。[⑤] 西式地图的测绘仍在或明或暗地开展，如为纠正什杰潘·苏西埃《观测报告》中北京平面图的错误，1727 年重新进行了测量。其后，有专门学问的传教士仍在不断入华，道光年间还有传教士在钦天监任职，但他们的活动受到严格限制，学术影响一落千丈。向达称利玛窦东来，“西方学术相继传入中国，历算、格致、哲理之

① 严嘉乐：《中国来信（1716—1735）》，第 32 页。

② 严嘉乐：《中国来信（1716—1735）》，第 38、41 页。

③ 梁章钜：《浪迹丛谈、续谈、三谈》卷 5《天主教》，陈铁民点校，中华书局，1981，第 81 页。

④ 严嘉乐：《中国来信（1716—1735）》，第 44、49 页。

⑤ 参见严嘉乐《中国来信（1716—1735）》，第 45—46 页。

学先后崛兴，以康熙为极盛，至乾隆而始衰”。[①]

乾嘉时期“天下大定，士大夫得肆意稽古，不复视为经史之具，而经、史、小学专门之业兴焉”，[②] 加之文字狱盛行，学者致力于整理旧籍。有学者指出，“清人之治疆域沿革者，多偏重于整理故籍，而于校补各史地理志，用力尤勤”。[③] 历代正史《地理志》共 16 部，时隔古今沿革不明，“读史而不谙舆地，譬犹瞽之无相也”，[④] 学者由考史而考地理，经过全祖望、钱坫、洪亮吉等众多学者的努力，两千余年的疆域沿革大体呈现。章太炎指出清人“已经把学问底条理头绪都弄清楚了”，[⑤]“除文学不能有绝对的完成外，其余的到了清代，已渐渐告成，告一结束”，“决不再能超过了”。[⑥]

乾嘉学者整理地理旧籍，将固有学问做到极致，后学若欲青出于蓝，就只能在学理、方法上取得突破。儒生治学，缘利禄皆重经，治史“殆视为文儒老病消愁送日之具”，“当时史学地位之卑下若此”，[⑦] 何谈乙部附庸之地理。且中法治地理讲求文字与目验相合，西学地理则以调查实测为根基，以儒生羸弱之躯，残余之志，何能为之？故皆于书斋考古整理旧籍。以学理而言，比之前贤尚有不足，求其贯通中西，创设轨则，无异于缘木求鱼。

1745 年，精地理的蒋友仁由澳门入京，参与《乾隆内府舆图》的测绘。1755 年，西域内附，乾隆皇帝派“素谙测量”的何国宗率传教士，“测其北极高度，东西偏度，绘图呈揽”。[⑧] 1760 年，《乾隆内府舆图》完成，被秘藏内府，民间偶尔得到即奉若珍宝秘不示人。1820 年武隆阿

---

① 向达：《明清之际中国美术所受西洋之影响》，《东方杂志》第 27 卷第 1 号，1930 年 10 月 1 日，第 19 页。

② 《沈乙庵先生七十寿序》，谢维扬、房鑫亮主编《王国维全集》第 8 卷，第 618 页。

③ 顾颉刚、史念海：《中国疆域沿革史》，商务印书馆，2004，第 9 页。

④ 《东晋南北朝舆地表序》，《潜研堂文集》，陈文和主编《嘉定钱大昕全集》（9），江苏古籍出版社，1997，第 386 页。

⑤ 《在长沙第一师范学校演说》，章念驰编订《章太炎演讲集》，上海人民出版社，2011，第 210 页。

⑥ 《国学十讲》，章念驰编订《章太炎演讲集》，第 268 页。

⑦ 陈寅恪：《陈垣元西域人华化考序》，《金明馆丛稿二编》，陈美延编《陈寅恪集》，生活·读书·新知三联书店，2009，第 270 页。

⑧ 《清高宗实录》卷 485，乾隆二十年三月下。

奉命赴新疆平乱，得知某藏书家藏有内府图，托人求购，图主回复“虽十倍其价，吾不与也”。[①] 内府图以经纬定位，贵在精确，但“经度有嬴缩之殊”，国人不精西算，难计道里。因此，李兆洛《皇朝一统舆地全图》、胡林翼《大清一统舆图》等皆以内府图为底本，而“复计里画方”，[②] 合中西二法将经纬网与画方融于一图，方便使用当是重要考量。

1760 年，为解答乾隆皇帝的地理问题，蒋友仁著《坤舆全图》介绍欧洲 18 世纪最新的地理知识，但进献后被深锁宫中。三四十年后经钱大昕整理、润色，以《地球图说》为名刻板。钱大昕重在考据，作序的阮元不解西学学理更替迅速，质疑汤若望、穆尼阁、戴进贤、蒋友仁等前后说法不一。其《畴人传》还称，“自明季空谈性命，不务实学”，中法绝续，利玛窦引西学入中国，徐光启等知西法不知古法，谓为“今日之羲和，是何其言之妄”。戴震、钱大昕取古法“研究之，则吾知中土之法之精微深妙，有非西人所能及者”，[③] 故西法、古法皆精，今谓中法不如西法，因不知古法。

康熙以来传教士的宗教活动受限愈严，然而“倒是很宽容地让他们住在北京的四堂，也放任他们四处访客交友”。[④] 缘此，西学不仅未在华夏绝续，甚至流布藩国，如 1801 年朝鲜使臣报洋人、清人、朝人勾结“倡为西洋之学”。[⑤] 1805 年，德天赐案后，清廷上谕严禁洋人刻书，谓：“伊等自行讲论，立说成书，原所不禁。至在内地刊刻书籍，私与民人传习，向来本定有例禁。今奉行日久，未免懈弛。其中一二好事之徒，创其异说，妄思传播，而愚民无知，往往易为所惑。”嗣后“如有西洋人私刊书籍，即行查出销毁，并随时谕知在京之西洋人等，务当安分学艺，不得与内地民人往来交结。仍著提督衙门、五城、顺天府，将坊肆私刊书籍一体查销”。[⑥] 朝廷严禁传教士与国人交结，又禁绝西书，中西学术

---

① 陈澧：《记地图三本》，谭其骧主编《清人文集地理类汇编》第 1 册，第 316 页。

② 汪士铎：《〈大清一统舆图〉后跋（代）》，谭其骧主编《清人文集地理类汇编》第 1 册，第 326 页。

③ 阮元：《畴人传》卷 44《利玛窦》，阮元等撰《畴人传汇编》（下），第 511 页。

④ 葛兆光：《想象的异域：读李朝朝鲜汉文燕行文献札记》，中华书局，2014，第 204—205 页。

⑤ 《清仁宗实录》卷 92，嘉庆六年十二月。

⑥ 《清仁宗实录》卷 142，嘉庆十年四月。

交流随之中止。

西学新学理的输入几近停滞，然而引入的学理，传承几乎未受影响，算学、地理测绘等更因御制获得护身符。查阮元《畴人传》及张之洞《书目答问》，兼通中西及主修西法者比比皆是，是否兼通中西甚至成为判断学术高下的主要依据之一。阮元论王锡阐与薛凤祚的高下，谓前者兼通中西且对西法能取其精华而去其糟粕，自立新法；后者则守穆尼阁成法，随人步趋，“未能有深得也”，故“王非薛所能及也”。①

明末清初传教士为改变中国人的地理观念，取得宫廷及士大夫的认同，进而令其皈依基督，引西学地理入华。源于中国文化及学术的自信与包容，国人行取珠还椟之策，弃其形式取其精华，以润物无声之势融入中学，隐而不显，虽有辟邪之攻击，不得已之言论，但西学地理仍在宫廷及士大夫中广为流布。故言利玛窦入华，“至是中土之谈天者始知有地球，其体维圆，畴人家言为之一变。初聆其说，闻所未闻，无不靡然从风，以至上动帝王，下交卿相，而西士俱以著述相高。所译各书彬彬而雅，裒然具在，多采入四库全书中”。②

自康熙后期起礼仪之争愈演愈烈，加上皇权的更迭，清廷对基督教采取愈加严厉的政策，由耶稣会主导的西学输入不免受挫，终至嘉庆年间禁绝西书，这场缘宗教而起的中西学术交流，亦因宗教而终。中西地理交流断绝，对融入中学的西学地理知识的流布虽然几无影响，然而此时正值西学地理由“描述”进入“解释”阶段，形成独立学科的前夜，交流的断绝导致中西地理学理距离愈远。

第二节　华洋新旧杂糅的晚清地理学

19 世纪初，国内学人开始以考据方法治西北地理。同时，新教传教士入华，仿效耶稣会士科学传教的做法，引科学地理入中国。1860 年代前后，中西异势，西人欲以西学取代中国经典，趋新国人则为自强学习西学，地理学界中西并立道出于二。在内外因素作用之下，自洪钧起以

① 阮元：《畴人传》卷 36《薛凤祚》，阮元等撰《畴人传汇编》（下），第 405—406 页。

② 王韬：《西学辑存六种》，光绪十六年松隐庐铅印本，“序”。

外来文献证内典，被治西北地理者奉为圭臬。甲午战后，国人痛定思痛，掀起向同文的日本学习的热潮，东学地理被引入中国，并迅速取代西洋成为外来地理的主要来源地，以至清季地理学界出现华洋新旧学理与体制杂糅的局面。

一 西北地理兴起与科学地理引入

国人重土，且受父母在不远游的孝观念限制，不喜游历。边疆向来又被士子视为苦寒之地，足迹罕至，著述绝少。乾嘉时期学者因治史而考地理，有研究者认为钱大昕考《元史》《长春真人西游记》，“即考证学派史学开始了从中国内部向西北地理，即塞外的发展”。[①] 同时，伊犁取代宁古塔成为主要的谪戍地。1799 年，洪亮吉戍伊犁，观西北风情、土俗著《伊犁日记》。其获释回乡后又有追忆之作《天山客话》，记伊犁山川、风物。曾任国史馆编修的祁韵士，1805 年被遣戍伊犁，录沿途见闻为《万里行程记》。抵达伊犁后，其受伊犁将军松筠的邀请编纂《西陲总统事略》，又在此基础上著《西域释地》《西陲要略》，各书广征博引、考订求是，将目验与文献考据相发明，改变了自张骞凿空以来，使、戍者每有所记，多据目验或述风土或记异闻的状况。

1812 年，流放伊犁的徐松继祁韵士编纂《西陲总统事略》，成书后定名为《新疆识略》。谪戍期间，徐松随身携带罗盘，走访天山南北路就地绘图。1821 年，其撰成《西域水道记》，以大湖为纲记述西北水系湖泊，比对古今水道变迁。

1830 年代前后，经世学风渐盛。关于西北地理的著述，如龚自珍《西域置行省议》《拟进上蒙古图志表文》《北路安插议》等，沈垚《新疆私议》《西游记金山以东释》等文风近于政论，目的则在经世致用。究其因，西北地理的兴起内缘乾嘉学者考据地理旧籍已达顶峰，后辈在学理、方法取得突破前难以超越，只得将治学范围由内地转向前贤用力较少的边疆；外因道咸时期内忧外患，学人起而讲经世之学，关注昔日为皇朝统治边缘，今日为拒敌前线的边疆，自为当然。王国维论清代学术流变指出：“道咸以降，涂辙稍变，言经者及今文，考史者兼辽、金、

① 内藤湖南：《中国史学史》，马彪译，上海古籍出版社，2008，第 327 页。

元，治地理者逮四裔，务为前人所不为。虽承乾嘉专门之学，然亦逆睹世变，有国初诸老经世之志。”[①]

西北地理兴起之时，耶稣会士传播的西学学理在西方已经陈旧，傅兰雅即云“盖利玛窦诸人著格致书后，越有二百余年，此时内泰西格致大兴，新理迭出，而中国尚未之知也”，[②] 接续前辈事业的是代表欧洲资本主义精神的新教传教士。1807 年，伦敦长老会选派马礼逊前往中国传教。其借鉴耶稣会士学术传教的经验，欲以“科学”吸引中国士子入教。[③]

受清廷政策的限制，马礼逊主要在澳门和东南亚活动。1815 年，在马六甲创办中文杂志《察世俗每月统记传》。1818 年，在澳门创办英华书院，采用西式教育，课程即有地理。1819 年，麦都思为英华书院编写课本《地理便童略传》，“以课塾中弟子，略言列邦道里远近，了如指掌，良便初学”。[④] 此外，马礼逊还购置西式机器印刷书籍，以广传播。

1833 年，郭实腊在广州办《东西洋考每月统记传》，明言杂志重视地理，因为外人来广东贸易，但“海洋穷极幽远”来之不易，“弟欲补之，缀辑成地理之篇，由是可知明知岛屿之远近，外国之形势，风俗之怪奇”，“俾君子有所采择”。[⑤] 又将杂志刊登的地理类文章以《万国地理全集》为名结集出版，向国人展示了西方地理学的新知识。1834 年，裨治文等在广州创办益智会，推广西学、西教，启蒙中国人。1838 年，其在《美理哥合省国志略》中指出：“读史经济，全在舆地。舆地不明，虽熟读全史，犹如说梦，故特详列于卷首。”[⑥]

中英之战，英人自海上来，海疆及域外地理引起国人的注意。1839 年，林则徐抵达广东后，搜集、翻译外人的报刊、书籍，以知己知彼。1841 年，其组织编译英人慕瑞《世界地理大全》，加以润色后题名《四洲志》。

---

① 《沈乙庵先生七十寿序》，谢维扬、房鑫亮主编《王国维全集》第 8 卷，第 618 页。
② 傅兰雅：《江南制造总局翻译西书事略》，《格致汇编》第 3 卷夏，1880，第 10 页。
③ 参见米怜《新教在华传教前十年回顾》，大象出版社，2008，第 27 页。
④ 《麦都思行略》，《六合丛谈》第 4 号，1857 年 4 月 24 日，第 7 页。
⑤ 《地理》，《东西洋考每月统记传》癸巳七月，1833 年，第 9 页。
⑥ 裨治文：《美理哥合省国志略》，刘路生点校，《近代史资料》总 92 号，中国社会科学出版社，1997，第 6 页。

1842 年，魏源撰成《海国图志》五十卷，自述使用的材料“一据前两广总督林尚书所译西夷之《四洲志》，再据历代史志及明以来岛志，及近日夷图、夷语”，以使国人认识域外，起“创榛辟莽，前驱先路”的作用。魏源又称与前书的不同在于，“以西洋人谭西洋也”，寄望国人能“以实事程实功，以实功程实事”，达“攻夷”“款夷”“师夷”之功。① 然而受时代限制，其记中国周边以前人史志与译书互证，域外则全本搜集所得的译书，但译书“而各国沿革之始末、建置之永促，能以各国史书志富媪山川纵横九万里、上下数千年，惜乎未之闻焉”，② 因此舛误之处不少。至于地图，中国及周边据中式地图，旧籍所无的则摹印西人地图。

1849 年，徐继畬以其在雅裨理处见到的地图为蓝本，“乃依图立说，采诸书之可信者衍之为篇”，③ 是为《瀛寰志略》。该书在国人著述的域外地理书中最为中外人士称道，至 20 世纪初仍屡次再版。

鸦片战后传教士得以自由进出通商口岸。1843 年，麦都思、慕维廉、艾约瑟等人在上海创办墨海书馆，采用西式汉文铅印。书馆汇集王韬、李善兰等人，他们与西人艾约瑟、伟烈亚力等合作，编译西方政治、科学、宗教、地理等书籍。1863 年书馆停业，出版的地理著作主要有裨治文《大美联邦志略》、麦都思《海岛逸志》等。

其时，西人编著的地理书在中国影响较大的，当数 1847 年玛吉士《新释地理备考》与 1853—1854 年慕维廉《地理全志》二书。前书认为地理本诸天文，又附会中西声称，“夫地理者地之理也”，记各国“地式、山川、河海”。地理可分为文、质、政，文“以南北二极、南北二带、南圆北圆二线、平行上午二线、赤寒温热四道、直经横纬各度指示于人也”；质“以江湖河海、山川田土、洲岛湾峡、内外各洋，指示于人也”；政“以各邦各国、省府州县、村镇乡里、政事制度、丁口数目、其君何爵、所奉何教，指示于人也；此三者地球之纲领也，不可缺

① 魏源：《海国图志原叙》，《海国图志》，光绪二季平庆泾固道署重刊，第 1—2 页。

② 魏源：《海国图志后叙》，《海国图志》，第 5 页。

③ 中国科学院图书馆整理《续修四库全书总目提要（稿本）》第 2 册，齐鲁书社，1996，第 786 页下栏。

其一焉”。①

慕维廉自称著书因“每见中土地理诸书，类皆语焉而不祥，用是博取西土所亲历者”辑成《地理全志》，“以补中土百家之所未备”。② 其谓：“夫地图志载，中国言之详矣。惟所讲者，不过山川形势、风土人情而已。而言地理者，以为天下惟中国有之，外此皆不足论。究之地理之说，卒未能名。”又比较中西地理，认为西人自童蒙学习地理“详加推阐”，“乃为独得正宗”。

《地理全志》亦分地理为文、质、政。文“指地形广大旋动，及其居于空际之位，与日月星辰为比较。并其所运昼夜四季之故，与所画之圆线，推明此理”；质“有内有外，内则指地内之形质”，“外则指地面之形势”；政“指地分为州、国、省、府、县、城以至户口、教门、朝纲、史册、风俗、技艺、土产”，“而政尤为纲领，学者宜熟思之”。③ 该书还写道：“究地质之学，中土之人，固尝言之矣。”然“终属未明”，不若“西土察地理之士，深求其故”。④

1853 年，在香港发行的《遐迩贯珍》，尝试将译文做中国化的处理，引起包括日本“开明的幕臣及知识分子”⑤ 的注意，发行量一度高达 3000 册。杂志中辟有地理专栏，称西学“地理之学，所以考究祥言地面之情势，分千支万绪，而其统有三：曰数、曰性、曰事”，中学地理则讲“天下地舆”。⑥

1857 年 1 月，《六合丛谈》在上海出版，设有地理专栏。伟烈亚力自称：“今予著《六合丛谈》一书，亦欲通中外之情，载远近之事，尽古今之变。”在介绍发展较快的六种西洋科学时，阐释察地之学谓：“地中泥沙与石，各有层累，积无数年岁而成，细为推究，皆分先后，人类未生之际，鸿蒙甫辟之时，观此朗如明鉴，此物已成之质也。”⑦

---

① 玛吉士：《新释地理备考》卷 1，《海山仙馆丛书》，道光二十七年刊，第 1 页。

② 《地理全志节录》，《遐迩贯珍》第 2 号，1856 年 2 月 1 日，第 3 页。

③ 慕维廉：《地理全志》上篇卷 1，安政己未爽快楼版，第 4—5 页。

④ 慕维廉：《地理全志》下篇卷 1，第 1 页

⑤ 松蒲章：《序说：〈遐迩贯珍〉的世界》，松浦章、内田庆市、沈国威编著《遐迩贯珍》，上海辞书出版社，2005，第 5 页。

⑥ 《地理撮要》，《遐迩贯珍》第 6 号，1855 年 6 月 1 日，第 1、5 页。

⑦ 《六合丛谈小引》，《六合丛谈》第 1 号，1857 年 1 月 1 日，第 1 页。

道咸时期，西北塞防危机日重。张穆撰《蒙古游牧记》叙蒙古诸部的疆域沿革，祁寯藻为其作序，指出“陈古义之书则贵乎实事求是，论今事之书则贵乎经世致用”，二者难以兼之，然“《蒙古游牧记》独能兼之”。故“承学之士得此书而研究之，其与中枢典属之政务思过半矣。然则是书之成，读史者得实事求是之资，临政者收经世致用之益”。[①]

何秋涛关注边事，怀致用之图，撰《北徼汇编》一书。其后，又增补其书，考证汉以来的北徼史地，将书呈递朝廷，1858 年被咸丰皇帝赐名《朔方备乘》。是书本正史，兼采地志、文集，以及“外国人艾儒略、南怀仁、雅裨理之所论述，并上海、广州洋人所刊诸书”，[②] 考据北部边塞的制度、沿革、山川、形势等，体例则“兼方志、外纪之体”。[③]

后世论西北地理的兴起称：“舆地学派从前诸儒，若齐次风、全谢山诸人，皆以兼通舆地之学著名于时。然诸氏之治舆地，非借以说经，即用以考史，所研求者又多半专于本部，非真能探索险隘相度形势，以求有裨实用也。自龚、魏诸人兴，始究心域外舆地，进而蒙、满，远而欧西，皆考其图经，志其沿革，勒为专书。若龚氏之《蒙古地理》，若魏氏之《海国图志》，若张氏之《蒙古游牧记》诸书与实学关系至非浅鲜，固非墨守纸上陈言者，所能同日语也。”[④]

二 西学地理的传播与中外互证

耶稣会士入华以来，传教士为获得中国士大夫的认可，主动学习中国语言、经典。近世以来中西异势，传教士中出现了以西学取代中国经典的言行。如有人认为：“西方传教士想借助中国的经典教育获得出人头地的地位，扩大势力，既不实际又不可取。他们可以凭借传播西方科学知识在人民中获得名声，造成影响，这才是上策，尽管迄今为止，西方科学知识还很少被中国人接受，但是他有很高的声誉，一个精通地理、物理、化学和天文的本地牧师因此同样可以获得其他途径无法得到的名

① 祁寯藻：《蒙古游牧记序》，张穆：《蒙古游牧记》，《续修四库全书》史部地理类，第 731 册，第 1 页下栏、2 页上栏。

② 李鸿章：《朔方备乘叙》，何秋涛：《朔方备乘》，《续修四库全书》史部地理类，第 740 册，第 588 页上栏。

③ 何秋涛：《朔方备乘》，《续修四库全书》史部地理类，第 740 册，第 589 页下栏。

④ 傒：《近三百年学术变迁大势论（三续前稿）》，《申报》1906 年 10 月 22 日，第 2 版。

声和威望。”而且“传教士靠了那些目空一切的中国学者无法否定而且难以抵制的科学知识，就能取得民众的尊重和信任”。[①] 陈垣指出：“乾嘉以前中国声教文物，为西人所羡，故耶稣会士通汉学者极多。道咸以来，中国国力暴露无遗，陵夷以至今日，欲求西国诸友，从事华学，难矣！”[②]

传教士因西学传西教的愿望虽然美好，但现实往往不能尽如人意。与西人接触和合作较多的王韬尚在日记中写道：“西人于学有实际，天文历算，愈出愈精”，而西教“其理诞妄，其说支离”，以致“人心受其害”。其墨海书馆同事管嗣复，“以教中书籍大悖儒教，素不愿译”。[③] 传教士对此也有不同的意见与反思，如原为学术传教支持者与执行者的慕维廉，1858 年 7 月 29 日在信中写道：“扶植或教授科学的各种知识，从某种意义上来说是一件愉快而且有益的事情。不过，这并不是推进福音传播的直接工作。而且对信仰坚定、能力优异的传教士来说，这并不是必不可缺的东西。”[④]

慕维廉在上海的传教士中有很大的影响力，其转变是《六合丛谈》停刊，以及墨海书馆停止出版科学书乃至关停的直接原因。1858 年 4 月 26 日，伟烈亚力在致伦敦传道会的信中称：月刊杂志“因为与居住在上海的外国人之间存在着利益的冲突，最终得出停刊是明智之举的结论。因为我们不能让杂志的出版证明杂志本身不利于我们所追求的事业的进展”。[⑤]

其后，传教士改变策略，由传播科学获得中国士子皈依的上层道路，改为利用报刊传播浅显知识，以及兴办学堂启蒙大众，吸引中国人加入教会。就地理方面而言，1868 年创刊的《教会新报》，1874 年更名为《万国公报》连载韦廉臣《万国地图说略》、郭嵩焘《使西纪程》、李圭

① “Records of General Conference of Protestant Missionaries in China,” 1877, Shanghai, 1878, p. 176，转引自沈福伟《西方文化与中国（1793—2000）》，上海教育出版社，2003，第 203 页。

② 陈垣：《基督教入华史略》，《南开周刊》第 1 卷第 2 号，1925 年 9 月 21 日，第 7 页。

③ 方行、汤志钧整理《王韬日记》，中华书局，1987，第 82、83、92 页。

④ 转引自沈国威编著《六合丛谈》，上海辞书出版社，2006，“解题”，第 35 页。

⑤ 转引自沈国威编著《六合丛谈》，“解题”，第 34 页。

《环游地球新录》、艾约瑟《支那游记》及《东游纪略》等，1872年创刊的《西国闻见录》连载包尔滕《地学指略》、艾约瑟《泰西河防》等，1876年创刊的《格致汇编》连载李提摩太《地球养民论》、卜舫济《地理初恍》、慕维廉《地球奇妙论》、潘慎之《地球环游杂记》等，多为浅显易懂的大众读物，在学理上均没有超越前辈。

外人在华大力经营报刊，作用与价值则有待商榷。内田佐和吉论1873年在汉口创办的《昭文新报》称："但当时社会情形，十人中九人可以说是文盲，到乡间去更为蔽塞不堪，毫无事业之可言。至于新闻一事，更无成立之必要。"至于商业广告，"在商人方面，绝无此种思想"，在这种形式之下"要想经营这样新闻事业，不过是虚掷金钱，付诸流水就是"。[①] 传教士在华所办报刊情形大体如此。

传教士在中国兴办的学堂，采用西式教育，使用浅显、适合国人习惯的童蒙课本。1855年，圣保罗书院招生广告称中国俗学误人子弟，书院则教授实学，"而尤重者在于天文、地理、算学"，[②] 便于学生谋生。1866年12月，亨利·絮贝尔谓上海徐家汇公学"课程包括中国中学毕业会考要求的各个科目，外加拉丁文、地理和宗教课"。[③] 1886年3月10日，《申报》报道华法公塾的课程，"所谓西学者天文、地理以及矿学、气学、化学、量学、算学、电学、格致、机器、国史、律例、行船等事"。[④]

教会在中国创办学校，采用新式教育，教授科学及宗教知识，但由于科举根深蒂固的影响，为吸引学生仍须兼顾科举。1873年3月1日，英国《伦敦新闻画报》报道北京一所已开办八年的教会学校，宗教外"还有地理和音乐"。外观上看除"在墙上挂着的一两幅地图"，与中国学校几乎没有区别。教学模式与中国私塾完全相同，即背诵四书五经，"这样它的学生们才能在科举考试中与别人竞争"，并且"所有的学生都

---

① 转引自刘望龄编著《辛亥首义与时论思潮详录》上卷，华中师范大学出版社，2011，第5页。

② 《圣保罗书院招生徒告贴》，《遐迩贯珍》第5号，1855年5月1日，"布告篇"，第3页。

③ 亨利·絮贝尔：《中国通讯（1866—1867）——亨利·絮贝尔旅华散记》，袁树仁译，《近代史资料》总67号，中国社会科学出版社，1987，第5页。

④ 《论本埠设立华法公塾》，《申报》1886年3月10日，第1版。

未曾皈依基督教”。[①] 至1899年，各国传教士在华兴办新式学堂2000余所，学生4万余人。因目的在传教，时人感叹“沪上西塾林立，而学而成者卒鲜”。[②]

在华传教士为编辑合适的课本，1877年组织益智书会，明确表示课本“最好是编，不是译，文字用最浅显的文理，结合中国的风俗习惯，使中国人易于接受”。其中，“最重要的是，不但课本要非常科学，而且要利用每一个机会引导读者注意上帝、罪恶、拯救的伟大事实”。[③] 1890年，其改名为中华教育会，至1990年代中期编译的地理课本主要有《地理全志》《地理初恍》等，还有四种译成未刊。

1887年成立的同文书会，自称办会“为供应比较高档的书籍给中国有才智的阶层阅读”，然而更重要的是，“我们的目标是面向公众，包括知识界和商界，在我们向他们提供真科学的同时，要努力使之具有吸引力，以达到他们目前能看得懂的程度”。[④] 1892年，书会改称广学会，编译的地理书主要有《五洲各国统属图》《五大洲风俗统考》等。除上述两会外，致力于启蒙大众与编译课本的，还有上海美华书院、北京汇文书院、山东文汇馆等。

在传教士编译的地理课本中，最著名的是傅兰雅采欧美中小学教科书编译的《格致须知》中的《地志须知》《地理须知》，以及艾约瑟根据英国教科书翻译的《西学启蒙十六种》中的《地志启蒙》《地理启蒙》。如《地志启蒙》谓：“地志一书，与地学异，盖地学多以研究地中质物为务”，“若地志，则惟即地上水陆、山谷，人目之所及观者，为详析之也”。[⑤] 傅兰雅宣称编译欧美中小学教科书，即使偶尔有深奥难懂的，亦

---

① 《北京的一座教会学校》，《伦敦新闻画报》第62卷第1748号，1873年3月1日，沈弘编译《遗失在西方的中国史——〈伦敦新闻画报〉记录的晚清（1842—1873）》（下），时代华文书局，2014，第571页。

② 《广告：育英书馆》，《申报》1891年8月29日，第5版。

③ “Records of the General Conference of the Protestant Missionaries of China Held at Shanghai,” May 7 - 20, 1890，附录E，转引自顾长声《从马礼逊到司徒雷登——来华新教传教士评传》，上海人民出版社，1985，第242—243页。

④ 《同文书会章程、职员名单、发起书和司库报告（1887年）》，转引自顾长声《传教士与近代中国》，上海人民出版社，2004，第148页。

⑤ 艾约瑟：《地志启蒙》卷1，光绪十二年总税务司本，第1页。

当在翻译时舍去。[1] 甚至有人认为数十年前出版的《地理全志》，尚不符合浅显的宗旨，而在再版时加以修订、删减。

自1860年代开始，中国自办的翻译机构在一定程度上取代了传教士译印西书、传播西学的功能。其中，同文馆翻译的西学地理书，有兰士德路《中亚俄属游记》、安郰《柬埔寨以北探路记》等。成绩最大的江南制造总局译书馆，主要采用外人口译、中国人笔述的办法，在1871年至1881年就出版地理书8种12本，译成未刊4本，在译1本。傅兰雅则宣称：江南制造总局“已译成之书，大半深奥，能通晓之者少，而不明之者多”。[2]

为培养新学人才，中国兴办新式学堂，引入西式教育，地理成为主要课程之一。1861年，冯桂芬谓西人“舆地书备列百国山川扼塞、风土物产，多中人所不及”，[3] 故当以其补中学地理的不足。同文馆地理课程要求：“凡舆图，必以经纬之度定方位，纵横各三百六十度”，“堑地而深之，辨色若质，审土若石，则断续之文，折叠之理，动植飞潜变化之迹可稽焉”。[4] 上海广方言馆规定：“初进馆者先在下班，学习外国公理公法，如算学、代数学、对数学、几何学、重学、天文、地理、绘图等事。”上班有七门课程，其中一门是“辨察地产，分炼各金，以备制造之材料”。[5] 福州船政学堂理论航行课设有地理，[6] 北洋海军的功课中也有“地舆图说（测海绘图乃海军分内极要事，因英国海图极精，各国取效。中国于图学一门尚未开办，自应先取英国舆图考究）”。[7]

在西学地理传播的同时，西北地理则以考古经世。陈澧为李恢垣《汉西域图考》作序，认为古人考地理重内国，今外人“增立互市”，成为中国的祸患，国人却“茫然不知其所自来，可不大哀乎？”缘此，“偿以为古之考地理者当详于九州之内，今之考地理者当及于九州以外”，

① 傅兰雅：《江南制造总局翻译西书事略》，《格致汇编》第3卷夏，第9页。
② 傅兰雅：《江南制造总局翻译西书事略》，《格致汇编》第3卷夏，第9页。
③ 冯桂芬：《采西学议》，陈元晖主编《中国近代教育史资料汇编·鸦片战争时期教育》，上海教育出版社，2007，第441页。
④ 《京师同文馆》，朱有瓛主编《中国近代学制史料》第1辑上，第74—75页。
⑤ 《上海广方言馆》，朱有瓛主编《中国近代学制史料》第1辑上，第223—224页。
⑥ 《福州船政学堂》，朱有瓛主编《中国近代学制史料》第1辑上，第443页。
⑦ 《天津水师学堂》，朱有瓛主编《中国近代学制史料》第1辑上，第508—509页。

《汉西域图考》“遂为今日所不可无之书，岂徒以其奇而已哉？”① 叶昌炽论《汉西域图考》亦称：“留心西事者，苟欲周知疆索，考览形势，则此书其先务矣，而岂徒备职方之外纪，广凿空之奇闻已哉？”②

1875年，张之洞为士子指示治学门径的《书目答问》敏锐地洞察到中学地理的变化，指出：“今人地理之学，详博可据，前代地理书，特以考经文史事及沿革耳，若为经世之用，断须读今人书，愈后出者愈要。”③ 1881年，有趋新国人称儒生“惟知以帖括为性命。此外真不知天地为何物”，“近来华人之习西学者，必先读地理之书”。今日中国“诚能效法西人，于各处设立格致书院，俾入书院肄业者，先以地学启蒙”，后习以天文、算学等种种，“以尽地利之道。则此后学者蒸蒸日上，以之治一己固有余，以之治天下无不足”，“故曰中国宜法西人之重地学也”。④

国人关于世界各国的记载，主要基于“自汉以后使者遂例有纂述”⑤的惯例。1866年，斌椿作为副使随赫德赴欧，总理衙门“令其沿途留心，将该国一切山川形势，风土人情，随时记载，带回中国，以资印证”。⑥ 出使回国后，其将见闻录为《乘槎笔记》，上呈总署。1877年，中国第一位驻外使节郭嵩焘赴英上任，出使前与总署议定，按月上交日记，《使西纪程》一书即因此而来。此类文字重在记道里、制造、政教、风土等，是了解域外的重要参考资料。其时，因私出洋者亦记有游记，如郭连城《西游笔略》、王韬《漫游随录》、王芝《海客日谭》等。

1890年代，国人已经认识到西人地理学日盛，根基在游历、测量。1892年，郑观应称：“所谓地学者，以地舆为纲，而一切测量、经纬、种植、车舟、兵阵诸艺，皆由地学推至其极者也。”⑦ 1895年1月2日，

---

① 陈澧：《〈汉西域图考〉序》，谭其骧主编《清人文集地理类汇编》第3册，第527页。

② 叶昌炽：《〈汉西域图考〉序（代）》，谭其骧主编《清人文集地理类汇编》第3册，第529页。

③ 张之洞著，陈居渊编，朱维铮校《书目答问二种》，中西书局，2012，第94页。

④ 吴千里：《中国宜重地学说》，《益闻录》第122期，1881年10月15日，第244页。

⑤ 鲁煜：《台海使槎录序》，黄叔璥：《台海使槎录》，《丛书集成初编》第3231册，中华书局，1985，第1页。

⑥ 中华书局编辑部、李书源整理《筹办夷务始末（同治朝4）》卷39《奕䜣等奏派同文馆学生三名随赫德前往英国游览折》，中华书局，2008，第4册，第1622页。

⑦ 郑观应：《西学（1892年）》，陈元晖主编《中国近代教育史资料汇编·洋务运动时期教育》，第32页。

时论谓：中国地理“然皆详内而略外，不以经纬度为准，识者讥之。至于海道图说尤属渺茫，此中殊多缺憾”；西学地理则在“近今三十年以来此学日盛一日”，今日可谓极盛，又崇尚游历“著为论说，绘为图幅者，其类繁多，各适其用，几至不可胜数”，“不啻为地学家导其先路也”。[①] 王尔敏统计中国“自1866年至1900年，撰著外国记事之人物有61位，而撰著记录达151种”。[②]

1889年，洪钧出使俄国，购拉施特、志费尼等人的著述，请人“译成中土文字”，“证史之误”，“补史之阙也”，[③] 成《元史译文证补》一书，开直接引外籍证内典的先河。洪钧借助外人文献意在考古，对实际情形则不甚了了。如汪康年指出：“洪文卿学士使俄，以印中俄交界图，误依俄人界线，大为世人诟病。”[④]

洪钧以后，中外文献互证为治西北地理者效仿。文廷式说：“他日中国文士能通西国语言，其考据必有出人意表者。”[⑤] 沈增植在致罗振玉的信中写道：“但得欧籍参证吾国史书，固尚有未经发挥之佳义，可以贡诸世界也。”[⑥]

《世载堂杂忆》晚清朝士风尚条，论西北地理的兴起、演变脉络颇为清晰。其指出道咸时期，西北地理承乾嘉学者余绪而兴，“后至同、光，流风未坠，皆以研究西北舆地为最趋时之学。洪文卿出使大臣，译元史遗闻证补，自命以俄人史料，足征蒙古朝之文献；总理衙门颁行，成为官书。自兹以降，新化邹代钧、顺德马季立、宜都杨守敬，联合日本史地学会坪井马九三之流，创为读史舆图，绍道、咸学风所尚而扩大之。山东王树枏之新元史，沈曾植之西北著述，远祖道、咸，近开史派。王、沈云亡，治西北舆地史学，于焉告终”。[⑦]

① 《论西人舆地之学》，《申报》1895年1月2日，第1版。

② 王尔敏：《中国近代思想史论》，社会科学文献出版社，2003，第19页。

③ 陆润庠：《元史译文证补序》，洪钧：《元史译文证补》，《丛书集成初编》第3912册，中华书局，1985，第2页。

④ 汪康年：《汪穰卿笔记》卷7，中华书局，2007，第254页。

⑤ 《纯常子枝语》卷12，赵铁寒主编《文芸阁（廷式）先生全集》，沈云龙主编《近代中国史料丛刊》续编第136册，台北，文海出版社，1969，第630页。

⑥ 《沈增植致罗振玉书札》，《学士》第3卷，广东高等教育出版社，1997，第85页。

⑦ 刘禺生：《世载堂杂忆》，钱实甫点校，中华书局，1960，第36—37页。

三 东学为尊

甲午战后，国势愈危，救亡图存成为第一要务，国人对中西学的态度为之一变。1896 年，梁启超称，“故国家欲自强，以多译西书为本学；子欲自立，以多读西书为功”，至于地学“今之各书译成率在二十年前，彼人视之已为陈言矣”。[①] 1898 年，张之洞《劝学篇》谓：“今欲强中国、存中学，则不得不讲西学”，而“中学为内学，西学为外学，中学治身心，西学应世事”。[②]

中西学易势，甚至出现为名利而冒称通西学者。光绪二十四年（1898）八月五日，《国闻报》报道国人爱谈西学，朝廷延揽人才“不免真伪错出”，“其实若而人者，足未履欧美之庭，目不识安皮之字，或者传抄译本，等诸中秘之书，稗贩舌人称为不传之诀”，“必非此等假洋务、伪西学、役役名利之徒，所能时艰共济云云”。[③]

国人为挽救国难，兴起创办学会、报刊的风潮。若《时务报》《蒙学报》《湘学报》等，多有刊载地理或介绍全球形势的文章。新式学堂中地理成为独立课程，若 1896 年盛宣怀在上海创办南洋公学，实行新式教育，是为近代中国系统采用西式中小学地理教育的开始。

1890 年代中期以前，在中国传播西学的主要是在华传教士。随着中国人接受西学日久，传教士输入的西学已不能满足国人的需求，其引入、传播西学的主渠道作用被取代已是必然，而取代传教士作用的是新兴的日本。国人认为日本“自明治维新以来，力行西法，亦仅三十余年，而其工作之巧，出产之多，矿政、邮政、商政之兴旺，国家岁入租赋共约八千余万元，此以西法致富之明晓也”，[④] 亟欲追而从之。

德国强占胶州湾后，救亡图存时不我待。康有为代山东监察御史杨深秀拟折称：“甲午军兴之后，渐知泰西所以富强，在于有学。”然而“学堂仅教诸生童幼，习西国文字语言，五六年后始能通其文字，语言尚

---

① 梁启超：《西学书目表序例》，《西学书目表四卷附读西学书法》，《质学丛书初集》第 2 函，质学会光绪二十二年版，第 2 页。

② 《劝学篇》，赵德馨主编《张之洞全集》第 12 册，武汉出版社，2008，第 168、190 页。

③ 《洋务赝鼎》，中国史学会主编《戊戌变法（三）》，上海人民出版社，1957，第 409 页。

④ 胡燏棻：《变法自强疏（光绪二十一年闰五月）》，北京大学校史研究室编《北京大学史料（1898—1911）》第 1 卷，北京大学出版社，1993，第 5 页。

未通，其政学，且又待之十年后矣。今世变甚急，朝不及夕，岂能从容待之十年乎?”故“臣以为言学堂而不言译书，亦无从收变法之效也”。同文的日本“已尽译泰西精要之书，且其文字与我同，但文法稍有颠倒，学有数月而可大通，人人可为译书之用矣”。[①] 梁启超亦称“泰西文字，非七年不可通”，而“日本与我为同文之国”，日语中“汉文犹居十六七”，所以译日书“用力甚鲜，而获益甚巨”。[②] 1897 年，其定大同译书局译书宗旨，“以东文为主，而辅以西文；以政学为先，而次以艺学”。[③] 至于译地理书，《舆地学约》明确表示东学地理精于中学。[④]

其时，不仅译书，新式学校也取径日本。1898 年张之洞指出，造就人才全在学校，日本采用西法设学校，“规制周详”，且“日本与我同种同教，同文同俗，又已先著成效。故中国欲采取泰西各种新学新法，允宜阶梯于日本”。[⑤] 两湖书院在其中体西用的指导下，课程改设经学、史学、地理、数学、博物、化学及兵操等新学科。康有为《请派游学日本折》谓中国人游学泰西，“语言文字不同”且“费殊多”，[⑥] 不若游学同文同种的日本，路近费省。

戊戌政变后，除保留京师大学堂外，变法各项皆废。庚子议和，“条款之酷”前所未有，为应付严重的统治危机，筹集巨额赔款，在朝野及外人的推动下，1901 年 1 月 29 日，清廷上谕变法。7 月，清廷改制科举，政务处拟定考试章程，“一律酌改废弃八股时艺，专以策论新学”，而“各国政治自以学校、财赋、兵制、商务、公法、刑律、天文、地理为大纲，推之格致、制造、声、光、化、电诸学亦宜研究入微”。[⑦]

科举改试策论，“诸生鲜识西书门径时来问业”，贵州学政赵惟熙遂

---

① 《请开局译日本书折（一八九八年六月一日）》，汤志钧编《康有为政论集》上册，中华书局，1981，第 254 页。

② 《变法通议（1892—1898）》，张品兴主编《梁启超全集》第 1 册，北京出版社，1999，第 129、50 页。

③ 《大同译书局叙例（1897 年）》，张品兴主编《梁启超全集》第 1 册，第 132 页。

④ 《舆地学约》，江标等编《湘学报》，湖南师范大学出版社，2010，第 1316 页。

⑤ 《札委姚锡光等前往日本游历详考各种学校章程（光绪二十四年正月十八日）》，赵德馨主编《张之洞全集》第 6 册，第 108 页。

⑥ 《请派游学日本折（一八九八年六月一日）》，汤志钧编《康有为政论集》，第 250 页。

⑦ 《照录京师政务处所拟考试章程》，《申报》1901 年 10 月 21 日，第 2 版。

“胪列西书诸目”[①] 为《西学书目答问》。该书谓：“西人言地学者约分三类，地上之风云雷雨谓之地文学；地中之矿产石层谓之地质学；地面之山川、国邑、沿革、形势谓之地志学。”《地理质学启蒙》《地学启蒙》《地志启蒙》“即分言地文、地质、地志者也，前书之名质学者犹质言之谓，非体质之谓，与次书之述地质者自别”。[②]

科举改制后，士子将时务新书视为科举利器，湖北士子朱峙三即将购置、借阅来的《新民丛报》《中国魂》等新书报，“一一阅读之，习其文体，是为科举利器。今科各省中举卷，多仿此文体者”。[③] 缘此，新书日盛，若 1902 年江南乡试西学书售卖三千余部。[④] 甚至有人购置新书装点门面，朱峙三在日记中写道：“闻郑赤帆购新书多，自己不看，作为装潢之品而已。”[⑤] 而新学家认为不仅富强要讲西学，存中学亦需讲西学，“中西学兼容”已成为主流认识。

同年，张百熙称，“今日方议采西法而不能翻译各国书籍，是犹无米之炊”，因方言馆、制造局的译书数量少“且多属旧法”，[⑥] 故请译新书，“又翻译东文，费省而效速，上海就近召集译才，所费不多，而成功甚易”。[⑦] 实际上，徐维则《东西学书录》1899 年初版时收书 570 余种，其中译自日本的 50 余种，1902 年再版时增补 250 余种，译自日本的高达 170 余种。顾燮光《译书经眼录》收录 1902—1904 年的 533 种译书，其中译自日文 321 种、西文 131 种、不明来源 81 种。邹振环统计清季的西学地理书，称 1898—1911 年中国出版西学地理译著约 157 种，译自日本书或日本人用中文撰写的多达 99 种。[⑧] 东书大行的另一大原因，可能在

---

① 赵惟熙编《西学书目答问》，光绪辛丑贵阳学署，第 1 页。

② 赵惟熙编《西学书目答问》，第 28 页。

③ 胡香生辑录，严昌洪编《朱峙三日记（1893—1919）》，华中师范大学出版社，2011，第 103 页。

④ 公奴：《金陵卖书记——一九零二年》，张静庐辑注《中国现代出版史料》甲编，中华书局，1954，第 399 页。

⑤ 胡香生辑录，严昌洪编《朱峙三日记（1893—1919）》，第 102 页。

⑥ 《敬陈大计疏》，谭承耕、李龙如校点《张百熙集》，岳麓书社，2008，第 17 页。

⑦ 《奏办京师大学堂疏（光绪二十八年正月初六日）》，谭承耕、李龙如校点《张百熙集》，第 23 页。

⑧ 参见邹振环《晚清西方地理学在中国——以 1815 至 1911 年西方地理学译著的传播与影响为中心》，第 163—164 页。

获利甚高，如严复在致友人的信中写道："上海所卖新翻东文书，猥聚如粪壤，但立新名于报端，作数行告白，在可解不可解之间，便得利市三倍。"①

日文翻译者虽多，译者水准却令人担忧。王国维指出："其有解日文之能力者，十无一二焉；其有国文之素养者，十无三四焉；其能兼通西文、深知一学之真意者，以余见闻之狭，殆未见其人也。彼等之著译，但以罔一时之利耳。传知识之思想，彼等先天中所未有也。故其所作，皆粗漏庞杂，佶屈而不可读。"② 高田早苗则认为"盖学问上之通译，欲求其完全，则通译者亦不可无相当之学问"，故中国流行的新学译本"舛谬甚多"。③

1902 年，清廷颁布《钦定学堂章程》，次年《奏定学堂章程》颁布，"在学制及各段学校的名称、配置，完全仿效当时日本"。④ 地理成为各级学堂的独立课程，教科书的编选成"为学务中最重要之事"。张之洞谓"中国旧籍繁富，为专门博考精研之书则甚多，施与教科，可以刻期毕业而又按切今日时势，堪应世变者则甚少"，⑤ 故须另行编纂。然而是时中国新学地理方兴，学理幼稚，国人著述几不可见，因此"译述外国教科书，繁如烟海"。⑥ 域外地理尚可据译书，国内因为调查未兴资料极度缺乏，只能"略于本国"。⑦

1906 年，尚喜西学的王国维论分科大学章程，认为"故自地理学之材料上言之，殆无可云进步矣。其尚可研究之方面，则在地文、地质二学"，但二学属于格致科"而不属于文学科。今格致科大学中既有地质

① 马勇整理《严复未刊书信选》，《近代史资料》总 104 号，中国社会科学出版社，2002，第 59 页。

② 《论新学语之输入》，谢维扬、房鑫亮主编《王国维全集》第 1 卷，第 129 页。

③ 韩梯云：《注日本高田早苗之支那教育论（续）》，《直隶教育杂志》第 2 年第 19 期，1906 年 12 月 16 日，第 3 页（栏页）。

④ 汪向荣：《中国的新教育和日本教习》，《日本教习》，生活·读书·新知三联书店，1988，第 148 页。

⑤ 《筹定学堂规模次第兴办折（光绪二十八年十月初）》，赵德馨主编《张之洞全集》第 4 册，第 92 页。

⑥ 孙诒让：《学务技论（1907 年）》，陈元晖主编《中国近代教育史资料汇编·教育思想》，第 520—521 页。

⑦ 《作新社图书局〈新编世界地理〉》，《大陆报》第 8 号，1903 年 7 月 4 日，前附页。

科矣，则地理学之事可附于此科中研究之，若别置一科，不免有重复之弊矣”，[①] 故不必开设。

1907年，学部审定余维涛上呈的教科书《自然地理学》，指出“所举例证率以日本为主”，地名、国名也用日本译法，“且第三编盛称岛国之特色，张皇过甚”。[②] 时论谓地理教科书称：“学部尚未有颁定之教科书”，坊间所谓教科书，“不过胪陈各地之山川位置，都府名号，以及人口产业之统计”，“今世地理学，决不如是之幼稚也”。[③] 东学教科书在中国盛行，主要因为翻译方便。据王树槐统计，光绪末年学部审定的教科书，译自日本的小学教科书占四分之一、中学教科书占五分之二。[④]

新政以来学堂大兴，各级学校师资匮乏，国文、历史、地理等学科只能聘用老辈。学堂内接受西式教育的学生，对于旧学出身的教员自然颇有微词。1903年，京师大学堂学生，因舆地历史教习杨模“于此种科学非其所长，仅耳食五洲之名，实未辨八方之向”，[⑤] 上书管学大臣请求将其辞退。“中国人的教学不能满足人们的需要”，[⑥] 遂大量聘请洋教习，又因薪水、管理等问题日本教习占绝大多数。

1904年入读京师大学堂的吴景濂回忆，京师大学堂“所有专门教员，皆系日本教育界知名之士”。[⑦] 1906年，日本教习“几乎遍及全中国”，“据估计，不下五六百名之多”。1909年，仅直隶就有日本教习120名。[⑧] 具体到地理课程，中国地理多由国人担任，世界地理、普通地理及地文、地质多由洋教习担任。有学者论清季的新式教育称：“几完全

① 《奏定经学科大学文学科大学章程书后》，谢维扬、房鑫亮主编《王国维全集》第14卷，第39页。

② 《生员余维涛呈自著自然地理学请审定禀批》，《学部官报》第25期，1907年7月1日，第37页（栏页）。

③ 玉涛：《地理学》，《学报》第1年第1号，1907年2月13日，第1页（栏页）。

④ 王树槐：《基督教与清季中国的教育与社会》，广西师范大学出版社，2011，第73页。

⑤ 《北京大学堂学生公上管学大臣请辞舆地历史教习杨模书》，《国民日日报汇编》第3集，罗家伦主编《中华民国史料丛编》，台北，中央文物供应社，1983年影印本，第749—750页。

⑥ 《中国及其内部事务》，《泰晤士报》1909年1月4日，转引自《〈泰晤士报〉驻华首席记者莫理循直击辛亥革命》，窦坤等译，福建教育出版社，2011，第57页。

⑦ 吴叔班记录，张树勇整理《吴景濂自述年谱（上）》，《近代史资料》总106号，中国社会科学出版社，2003，第15页。

⑧ 汪向荣：《日本教习》，《日本教习》，第97页。

和日本有牵连，或者说是借助于日本的；有人说，那是日本型的新教育，或者也不过分。”[①]

东洋教习泛滥中国，早有中外人士指责其非。1902 年，严复在致熊季廉的信中批评：“至一切新学，则不求诸西而求于东。东人之子来者如鲫，而大抵皆滥竽高门，志在求食也。”[②] 1907 年 6 月 2 日，《纽约每日论坛报》报道日本教习“只具有皮毛、浅薄的知识，也没有凭其学识而能造就专门学术人才的自信。要想依靠他们，进入深奥的学术殿堂，纯属件既愚且蠢的事”。[③]

日俄战争日本大胜，刺激国人神经，师法同文同种的日本，走向富强，被朝野视为便捷可行的途径。1904 年 8 月 19 日，恽毓鼎在日记中写道：“近来中外学堂皆注重日本之学，弃四书五经若弁髦。”[④] 又有人指出：“欲由日本而间接以贩运欧美之文明者。非今日朝野上下一致之政见乎。”[⑤] 缘此，留日学生在 1905 年暴增到 8000 余人，[⑥] 且至 1909 年每年均在 5000 人以上。

留日学生兴学会、办报刊、译书籍传播东学，地理亦随之涌入中国。1906 年，有署名咀雪的留日学生在《广益丛报》发表《地理学札记》，自述留学归来讲学长沙，“课暇辄喜作短篇文，然多为演绎地理之真理。虽些少之文字，然地理学之要素皆备矣”。[⑦] 1907 年，留日学生张玉涛译述其师坪井马九三的著作，在《学报》发表，文章分地理学为数理地理学、政治地理学、物理地理学、历史地理学、人类地理学、经济地理学与殖民地理学。[⑧]

国人欲通过日本接引西学，但留日学生多为速成的政法及师范生。1905 年 8 月 10 日，朱峙三在日记中写道：“上谕各省督抚多选学生游欧

① 汪向荣：《中国的新教育和日本教习》，《日本教习》，第 151 页。

② 马勇整理《严复未刊书信选》，《近代史资料》总 104 号，第 57 页。

③ 《纽约每日论坛报》1907 年 6 月 2 日，转引自汪向荣《日本教习》，第 123 页。

④ 史晓风整理《恽毓鼎澄斋日记》第 1 册，浙江古籍出版社，2004，第 250 页。

⑤ 《中国如何而后能学日本乎》，《大陆》第 2 年第 7 号，1904 年，第 1 页（栏页）。

⑥ 按：因所据材料、统计口径不同，具体人数有从近 8000 人至 12000 人各种说法，本处用意不在精确数字，而在言其多。

⑦ 咀雪：《地理学札记》，《广益丛报》第 99 期，1906 年 3 月 14 日，第 1 页。

⑧ 坪井博士师说，张玉涛译述《历史地理学》，《学报》第 1 年第 5 号，1907 年 6 月 11 日，第 45—48 页。

美，盖鉴于赴日本学生虽多，但学问太浅，为期又短。”10 月 4 日又称：“日本文化贩自欧美，中国则转而贩卖之，所得几何耶?”[①] 1906 年 3 月，郑孝胥与人谈留日学生，“然在日本者八千人，毫无预备，劳神伤财以学无用之日语、初级之蒙学”。[②] 同年，高田早苗称中国留日速成师范毕业生一知半解。[③] 后世研究者认为：“当时的留日学生，大部分都质量不高，仅仅到日本一年半载，受到的教育也只是配有翻译的速成教育。对于一些比较专门高深的学科，当然是完全不懂的。”[④] 因此，民元以前留学归国的地学类学生屈指可数，时论痛言学堂学生与地理教师“不分东南西北”。[⑤]

外来学术大行于中国，固有学问一变而为旧学，国人担心“新旧二学恐难两存”。[⑥] 张之洞倡议兴办存古学堂，其章程规定：地理“古来中学所重，见诸正经正史”，[⑦] 故当划分中外。然新旧学术消长之势，已难逆转，孙雄感慨：“近岁新学甫有萌芽，旧学已渐陵替有青黄不接之叹。”[⑧]

对于近代中国、日本接引西学，利用汉字含义模糊的特性，取地学、地理、学会等译介欧西形似而实异的近代科学名词，章太炎指出“科学兴而界说严，凡夫名词字义，远因于古训，近创于已见者，此必使名词相符，而后立言可免于纰缪”，然“中国文辞，素无论理，新学迭起，更立名号”，“徒取其名义相似，而宗旨一切不顾，期饰观听，侜张为幻”，[⑨] 可谓一语中的。

---

① 胡香生辑录，严昌洪编《朱峙三日记（1893—1919）》，第 169、171 页。

② 劳祖德整理《郑孝胥日记》第 2 册，中华书局，1993，第 1032 页。

③ 韩梯云：《注日本高田早苗之支那教育论》，《直隶教育杂志》第 2 年第 18 期，1906 年 11 月 30 日，第 3 页（栏页）。

④ 汪向荣：《日本教习》，《日本教习》，第 107 页。

⑤ 《光华日报》1910 年 12 月 3—12 日，转引自刘望龄编著《辛亥首义与时论思潮详录》上卷，第 201 页。

⑥ 吴汝纶：《答贺松坡（1902 年 8 月 16 日）》，陈元晖主编《中国近代教育史资料汇编·教育思想》，第 446 页。

⑦ 《创立存古学堂折》，赵德馨主编《张之洞全集》第 4 册，第 302、304 页。

⑧ 孙雄：《道咸同光四朝诗史一斑录三编自序》，《国学萃编》第 5 期，宣统元年闰二月，第 4 页。

⑨ 《论承用维新二字之荒谬（一九〇三年八月九日）》，汤志钧编《章太炎政论选集》（上），中华书局，1977，第 242 页。

第三节 清季地学社团的兴起

清季国难日亟，为救国保种，士子热议学战。地学关系军国大事，朝野各方注意输入外来学术体制，办会研究。既往研究者的眼光集中在清季各地学社团引入外来学理与体制，推动学术与政治革新的一面，又往往以外来或后世观念与行事为准则，寻找其与东西及后世地学专门学会的似同而实异之处，试图给它们一个明确而清晰的界定，[①] 对各社团受时代所限集华洋新旧观念、行事于一体的复杂面貌，认识尚不够全面、深入。追溯近代中国地学社团观念的渊源与生成，了解创办者的动机与目的，考察其事业与职能的嬗变，探究社团章程条文与行事的本意，反思引入外来学术体制的得失，或有助于深化对清季社团、历史的认识。

一 学会观念的生成

清季地学社团的事业与职能，似有古今中西汇聚的纷乱与变形，实际皆有源可寻。古代中国文人的集结，称为会或社，目的在以文会友。然而崇尚学术与治术合一的士子，怀有强烈的修齐治平情怀，其结社不免与时政有或表或里的联系。即使以笑傲山林相号召者，亦多身在江湖心系朝廷。明季复社、几社等，以文会参与党争，即缘于此。

顺治皇帝鉴于前代朝臣，“分门别户，植党营私”，[②] 严禁士子结社，然其重在朋党，“纯粹”的诗社、文社、画会则不在其列。乾嘉年间，承平日久，“士大夫褒衣博带，雅歌投壶”，“不独艺林之佳话，抑亦熙化之盛轨也”，结会蔚然成风。其时在翰林为官，缺钱、窘饮、“交游以少为妙”的林则徐，亦于1816年加入宣南诗社，“德性相观摩，树立墨守相期许”。[③] 据统计，晚清时期的旧体诗词社团，可考的就有160余个。[④] 宪政编查馆直言，“中国古昔虽无政治结社、集会之名，而往往有

① 代表性的论著如张玉法《戊戌时期的学会运动》，《历史研究》1998年第5期。

② 《清世祖实录》卷25，顺治三年三月。

③ 朱绶：《宣南诗会图记》，转引自杨国桢《林则徐大传》，中国人民大学出版社，2010，第34、35页。

④ 曹辛华：《清末民国旧体诗词社团名考》，南江涛选编《清末民国旧体诗词结社文献汇编》第1册，国家图书馆出版社，2013，“序”，第3—5页。

政治结社、集会之实”。[①]

欧洲专门学会的历史，与近代科学的发展密切相关。自1560年自然奥秘协会在意大利那不勒斯建立起，专门学会在欧西各国相继出现。至19世纪末，仅英国就有100余个学术社团。[②]

19世纪初期，在欧洲地理学逐渐走向独立，专门学者群体形成，专门社团出现。自1821年巴黎地理学会的建立开始，到1875年欧洲已经有了28个地理学会。1879年，日本的地理学者、华族、外交官员等创办了东京地学协会（Tokyo Geographical Society）。1893年，其与东京大学地质系师生创办的地学会合并，以后者发行的《地学杂志》（*Journal of Geography*）为会刊。

地理关系军国大事，东西专门社团多为权贵执掌，显然不能专务学术。其中，地理探险与调查是列强殖民活动的先导，探险家、殖民地商人、海外传教士等是学会的主要成员。英人克诺斯在第十次万国地理学大会上讲演地理学趋势说：伦敦皇家地理学会会刊中“探险撰述殆占百分之六十”，“要而言之所谓地理学者实以探险家为主”。[③] 学界的趋向亦被其操纵。

近世外人来华探险、调查，始自明末耶稣会士。鸦片战争前郭实腊七次航行中国沿海，调查各地情形，绘制航海图，提供给英国政府。德国抢占胶州湾，则是根据李希霍芬的调查报告。明治初期江藤新平就建议，“为调查支那地理及其他情况，可选派密探数人前往，或混迹于僧徒之中，或根据具体情况而定”，“五年之内，可以掌握清国国情”，兴兵“从而一举征服支那”。[④]

19世纪初，新教传教士在中国办会，因西学传西教。1834年，裨治文创办益智会，以编译、印刷书籍为事业。1836年，马礼逊教育会在澳门立会，意在兴办新式学堂。1859年，上海文理学会加盟皇家亚细亚学会，更名为皇家亚洲文会北中国支会，以调查中国及周边国家，并办有

① 李守郡：《清末结社集会档案》，《历史档案》2012年第1期。

② 参见裴长洪主编《美国人文社会科学现状与发展》，社会科学文献出版社，2001，第317页。

③ 山崎直方讲演《述泰西研究地理学之近状》，林壬译，《地学杂志》民国2年第4期，1913年4月，第8页（栏页）。

④ 《东亚先觉志士记传》上卷，黑龙会出版部，1936，第49—50页。

《会报》发表调查报告。1877年成立的益智书会，主要从事课本的审定、编译、印刷等。1892年，同文书会（上海）[①] 改称广学会，主要事业是编印书籍、兴办报刊，逐渐成为传教士经营的学会中影响最大的一个。基于对传教士在华经营学会的深刻印象，甲午战后国人创办的学会，多注重翻译、印刷、编修课本和创办学堂，甚至与学堂混一。

传教士在华经营的报刊，翻译的科学书籍，对西、东地理社团的绍介，投中国士子以学术求仕途之好。宣扬“英京有一地理会，讲究天下地理，此会系奏准而行。且英国几位皇子管执此会，事者具系大官”。[②] 前曾派会员赴各处“探地”，“知前人传述不尽可信，而所过之处，亦有前人所未至者，均可笔之于书参究学问”，[③] 又称东京地学会“与列者皆缙绅贵介子”。[④] 且伦敦天文、算学等专门学会，“各会主皆以世爵富绅充之”。[⑤] 清季趋新人士接触西学、西法，多由传教士翻译的书籍、发行的报刊开始，其构建东西专门学会“领以亲贵之官，辅以探险之队”[⑥] 的形象，对清季的地学社团有深刻的影响。

中国趋新人士介绍地理学会，着眼点与西人不同。1870年代任驻英公使的郭嵩焘注重学会的治学功能，在上交总署的日记中称“地理会之设，所以最有功学者”。[⑦] 1882年，王之春论西方学务，学校外“余有文会，印书会”，“总之，造就人才，各因所长，必期实事求是，诚法之至善者也”。[⑧] 1886年，诸可宝谓西国“用算学取士”，“是故公家有公会，私家有书院”，[⑨] 强调学会兴学取士、培育人才的一面。1887年，奉命出洋游历的洪勋，在《游历瑞典挪威闻见录》中介绍瑞典地理学会说，

---

① 1884年，威廉臣在苏格兰格拉斯哥成立了同文书会，并在上海设立墨海书店，印刷宗教与科学书籍。1887年，苏格兰同文书会解散，将上海的会产赠予威廉臣。1887年11月1日，威廉臣在上海另组了同文书会。

② 《大英国事：地理会》，《万国公报》第7卷第346期，1875年7月2日，第17页。

③ 《地理会聚议》，《益闻录》第100期，1881年，第113页。

④ 《究心地理》，《益闻录》第60期，1880年，第180页。

⑤ 《备考英法俄三国学校之制》，《申报》1895年3月25日，第1版。

⑥ 《地学协会启》，《大公报》1909年9月22日，第2张第4版。

⑦ 郭嵩焘著，钟叔河、杨坚整理《伦敦与巴黎日记》，岳麓书社，1984，第207页。

⑧ 王之春：《广学校篇》，《北京大学史料（1898—1911）》第1卷，第3页。

⑨ 诸可宝：《畴人传三编》卷7，阮元等撰《畴人传汇编》（下），第794页。

“君子以朋友讲习，故谓之会”，[①] 突出学会为君子讲习学术之所。实际上中外各方人士向国人展示的学会形象，囿于眼界的狭窄、视角的不同及华洋文明的误解，与东西地理专门社团相距甚远。

海通以来，备受外人欺凌的中国，渴望富强。学人处此时世，弃乾嘉专门之学，竞言致用，而朝廷不可恃，个人则力有不逮，出现合众办会的呼声。1892 年，有人呼吁在“凌竞”“攻击”的天下，“居今日而欲为中国筹振兴之策，国富兵强其首务矣”。欲致富强，“孰有大于讲求西法者哉！”亟当仿西人“公司股份，则裘既成于集腋，鼎亦举于众擎”，[②] 合众办会讲求西学。又有人称生此危险的天下，读书人当“集议集气之真”，“敬内方外之学”，办学会“令天下皆从”，此则“凡读书者盖鉴诸”。[③]

二 译印图籍以为国用

甲午战后，国势愈衰，御外侮、挽国难成为朝野各方的共识。光绪乙未年（1895）二月，严复在《原强》中阐释群与群学的观念，三月又在《天演论》中指出合群方能自存。书生救国，舍学外夫复何为？是时学界中西学并立，如何取舍至为关键。趋新学者以为中学对外不足用，亟当学习西学，但西学“非十年无以致其功，时势之危急，恐不能少待”。[④] 朝廷又不足恃，唯有合群研究，“其以开风气而成人才，以应天子侧席之意，而济中国之变”。[⑤] 故时论称，“甲午役罢，世变益亟，天下志士，咸思变计，学会报馆，林立通衢”。[⑥] 处此大势之下，邹代钧创办了地图公会。

邹代钧出身湖南新化舆地世家，1886—1889 年随刘瑞芬出使英法，

① 洪勋：《游历瑞典挪威闻见录》，王锡祺辑《小方壶斋舆地丛钞再补编》第 11 帙，杭州古籍书店，1985 年影印本，第 19 册，第 11 页 a。

② 南溪钓叟：《设广学会以期中国富强说》，《万国公报》第 44 册，1892 年 9 月，第 16—17 页。

③ 柳胥村农：《读书有会说》，《万国公报》第 44 册，1892 年 9 月，第 17 页。

④ 《上李鸿章书》，《孙中山全集》第 1 卷，中华书局，1982，第 16 页。

⑤ 《上海强学会序（一八九五年十一月）》，汤志钧编《康有为政论集》，第 169 页。

⑥ 《格致新报缘起》，《格致新报》第 15 册，1898 年 7 月 26 日，第 1 页。

在欧期间留心舆地之学。他认为“图实为王者保邦致治之要”,[①] 于是广购精良的西文地图归国。自1891年起，邹代钧先后出任湖北舆图局总纂、武昌译书局海国地图编辑等职，又经张之洞荐举入会典馆测绘地图，交游的则有吴德潇、陈三立、汪康年等。在会典馆期间，邹代钧上书主张用西法测绘地图，然终未得行。光绪二十年（1894）重阳前夕，其感于中日战局糜烂，痛言“危亡之机，不待今日而始著，但不料为倭奴所制耳。吾华自此无颜立于天壤矣!”[②] 为挽危局，欲推广西图以为国用，而朝廷不作为，个人又力有不逮，于是萌生了办会译印地图的念头。

地图公会以译印图籍为主要事业，源于其时趋新士子大多是通过传教士在华经营的学会译印的书籍、编辑的报刊接触西学。邹代钧即与傅兰雅交好，《上会典馆言测绘地图书》亦被其主编的《格致汇编》收录，故不免以其为参照。同时，关于学会的职能，邹代钧在致汪康年的信中明确指出：“盖学会有甚难处，所讲之学，门径甚多，我辈数人自问所有，似不足以答天下之问难，且泰西学会无非专门，如舆地学会等类是也。今欲合诸西学为会，而先树一学会之的，甚不容易。若能先译西报，以立根基，渐广置书籍，劝人分门用功，互相切磋，以报馆为名，而寓学会于其中较妥。”[③] 观其意，一是当时国人欲办合西学于一炉的学会，而不是泰西流行的专门学会，自承学问不足以为之；二是视专门学会为君子研究高深学问、互相切磋的理想所在，不愿赋予功利目的；三是就专门学术而言，中国通西文者多为通译，不知专门，译报尚需“以时政为主”,[④] 办专门学会为时尚早，因此当译印地理图籍植根基而后图之。时人张美翊亦认为中国风气未开，“即《方舆纪要》《郡国利病》诸书，且无人过问，复何论五洲形势耶?”故当办会译印地理书报，“俟阅者稍众”,[⑤] 再办地学专报，与邹代钧不谋而合。

邹代钧是中学出身的趋新人士，既有承继中国士子热衷政治的一面，

① 邹代钧：《上会典馆言测绘地图书》，《格致汇编》第7卷，1892年，第15页。

② 《邹代钧》（六），上海图书馆编《汪康年师友书札》（三），上海古籍出版社，1987，第2635页。

③ 《邹代钧》（九），《汪康年师友书札》（三），第2639页。

④ 《邹代钧》（九），《汪康年师友书札》（三），第2639页。

⑤ 《张美翊》（二），上海图书馆编《汪康年师友书札》（二），上海古籍出版社，1986，第1754页。

又囿于朝廷严禁士子干政，欲借学术干预政治，故在移植外来学术体制的同时，仍然深受中国士子政治与学术一体两面的固有观念与古代中国文会行事的影响，视社团为参与时事、时政的工具。故其创办地图公会在译印图籍、开民智与兴学外，更有意借此为进身之阶，遂治世之志。如他在闻知“陕西舆图告成，陕抚有酌量保奖在事人员之奏”，立即托请汪康年代查“所保人数多少，优绌何以？”①

地图公会社员以宗族、同乡、师友为纽带，翻译、绘制地图由邹代钧的族人与同乡负责，会务及地图的营销则由吴德潇之子吴樵负责。其为筹款译印地图，拟以每股五十元发行地图股票一千六百股。然而两湖风气未开，销行困难，如受托代销股票的缪荃孙销售无门，在 1895 年 6 月 25 日“还筱村地图股票五分”。②

地图公会译印图籍，以维新眼光极具价值，引起苦于无事业支撑的强学会的觊觎。1895 年 11 月 10 日，汪大燮致函汪康年指责地图公会欲筹款八万元，“若取人钱而旷日不出，万万不可”，且牟利过重，对强学会而言“此虽非会中事，而与会事相连，无使人言会中人靠不住也”。又声称强学会亦名译书局，拟下月开局，而“欲与穰弟之公会合而为一”。③

其时，地图公会的经营已有好转，赴京推广会务的吴樵“请速印股票百分、股章二百分至京”。对于强学会欲强行合并地图公会事，吴樵称“惟不与吾辈公会初意相符，且微闻京会甚无条理。地图吾意不欲附之”。④ 邹代钧亦在回复汪康年的信中明言：“舆地会断不可入强学会。”⑤地图公会与强学会的龃龉，一在双方办会目的不同，地图公会意在译印西图以为国用，虽有政治意图隐于其后，但始终重在学术，强学会则是康有为等为推动变法成立的准政治组织，图谋地图公会意在点缀；二在维新人士内部不同派系的理念差异，其后围绕《时务报》的争斗，反证了邹代钧的明智。

---

① 《邹代钧》（六），《汪康年师友书札》（三），第 2636 页。

② 缪荃孙：《艺风老人日记》，北京大学出版社，1986 年影印本，第 745 页。

③ 《汪大燮》（五十七），上海图书馆编《汪康年师友书札》（一），上海古籍出版社，1986，第 715 页。

④ 《吴樵》（二），《汪康年师友书札》（一），第 459 页。

⑤ 《邹代钧》（十二），《汪康年师友书札》（三），第 2642 页。

1896年8月，地图公会在《时务报》上刊发招股章程，拟以德国地图为底本，印域外地图四百幅；以胡林翼地图为底本，参考会典馆地图及新出各图，印直省地图二百幅。计印刷千份地图需洋三万一千一百元，现拟先招四百股筹两万元，作为开印资金。余款用来购买舆地图书，会中除办事人员外皆无薪资，顾“此款永无入私囊之日”。①

地图公会又与《时务报》合作，由上海时务报馆兼办地图股票，长沙地图公会兼营《时务报》。上海为新学中心，地图股票销售甚好，备受牟利嫌疑的邹代钧向汪康年剖视心迹，“鄙人断无丝毫肥私之意，此可质诸天地鬼神而无愧者也”，且“我辈任开风气，不任做事，所望来者正无穷耳”。② 1897年4月，地图公会第一批地图印成，正值维新运动高涨、新书大行之际，故获利甚多。

随着维新运动的高涨，时人称欲自强还需设会，湖南学政江标拟在校经书院办方言、算学、舆地三会。罗振玉、张美翊、汪康年、邹代钧、王锡祺等“为讲求舆地之学”，拟于“戊戌二三月在上海开办”舆地学会。

舆地学会草拟章程规定学会宗旨有五：一是考边界以备交涉；二是考求沿海、沿边险要；三是考商埠、商务以收回利权；四是考求山川形势，方便交通；五是考甘产、地质，以兴制造。中外人士均可入会，会员可分为提倡会友、助金会友、赞成会友。学会的事业：一是译书，“舆地之学，久乏专家”，士子不知域外情形，拟译东西洋近五年出版的舆地书；二是办《舆地杂志》，“广译东西洋舆地会报及游历报”；三是译图及测绘，中国旧图不精，拟测绘各地，并译印各国新图；四是游历，资助会友游历国内外，以求文字与目验相合；五是立测绘所，培养测量人才。为兴办各项事业，学会仿外国有限公司之例以每股五十元招二百股，“一年后核算有余酌付股利”。至于正式章程“俟将东西洋地学会章译出”③ 再定。其后，终因是时尚不具备建立专门学会的种种条件，舆地学会不了了之。

戊戌政变后朝廷禁会，地图公会虽幸免于难，但为避嫌更名为舆地

① 《译印西文地图招股章程》，《时务报》第1册，1896年8月22日，第1—3页。

② 《邹代钧》（六十二），《汪康年师友书札》（三），第2745页。

③ 《舆地学会拟章》，《农学报》第17册，光绪二十三年（1897）十二月上，第62—65页。

学社。1898 年 10 月 9 日，邹代钧致信汪康年称，“鄙人准于右丈交卸后，即行辞差，专意办理舆图（刻下仍住省垣），亦借此为生计也”，[①] 意欲以售图为粥，避政变之祸外亦因对销售地图获利的乐观。

实际上，政变后西学顿挫，新书滞销，同时舆地学社计划印制的第二批地图，即直省地图又迟迟难以付印，经营陷入困境。直省地图难产，亦因域外地图的底本是在欧洲购买的西式地图，直接翻译、刻板即可，而直省地图的底本——胡林翼图及会典馆地图均未经实测，又是由“计里画方”的中法绘制，体例不一，邹代钧直言较域外地图“功夫难易殆数倍”。[②] 故赖此谋生的邹代钧困居武昌，借贷度日，如郑孝胥在日记中记：“邹沅帆欲余致书蒯礼卿为之言借款事，余辞之。”[③]

三　调查省域与趋新自保

庚子后国事艰难，清廷酝酿新政。正在准备乡试的林传甲敏锐地觉察到时局及科举的变化，在 1901 年 1 月 15 日的日记中写道：“慈圣懿旨谓，天文、地舆、算学、兵法，皆儒生分内事”，湖南岁考已“有算学、地舆两门”。[④] 科举改制，学风转变，新学、新书再度盛行。地理图籍与时务甚有关系，为士子所重，湖北殷子衡即“尤致力于方舆，购置图籍数十种”。[⑤]

1902 年，《钦定学堂章程》规定各级学堂开设地理课程，教科书需求大增，陷入困境的舆地学社迎来转机。同年，邹代钧复信罗正钧说：“当此危急存亡之际，惟设学堂差可救亡，然非译教科书不能开学堂。”此事政府“委诸经费不足”，但知搜刮赔款以安外，不知“内苟不强，即倾国以事人无补于亡”，以致“蒙善学堂刻下无书可读”。[⑥] 因此，舆地学社定编译地理教科图籍为主要事业。

---

① 《邹代钧》（七十一），《汪康年师友书札》（三），第 2763 页。

② 《邹代钧》（九十二），《汪康年师友书札》（三），第 2799 页。

③ 劳祖德整理《郑孝胥日记》第 3 册，第 799 页。

④ 况正兵、解旬灵整理《林传甲日记》，第 213 页。

⑤ 《殷子衡传》，严昌洪、张铭玉、傅蟾珍编《张难先文集》，华中师范大学出版社，2005，第 93 页。

⑥ 湖南图书馆编《湖南图书馆藏近现代名人手札》（五），岳麓书社，2010，第 2915—2916 页。

政局变动，合群竞存的呼声再次高涨。湖北同乡会指出："目击世局，知非合群策群力结一大团体，断不能立于生争竞存之恶风潮中。"①林森《闽警》提议设立学会，"增进国民以国家思想，以收已涣之人心"。② 同时，随着地方人办地方事的地方自治主义兴起，省域观念盛行，"东京学生各有同乡会之设立，因各自为其本省之报"，③ 而为推行新政各地纷纷设立调查会，调查本地各项事业，助力官绅办理事务。

1904 年，福建绅、商、士、民各界联合创办福建地学调查会，欲从调查入手，研究本省地学各事。其章程规定，调查经费由会员自筹，期望"一年内务将大略考察完备"，"庶于本省政治、经济、军事、学业、农商、工艺均有裨益"。学会公举总理一人、副理一人或两三人主持会务，会员则分为干事会员、调查会员两类，又在干事员中推举书记两三人处理来往信函。有意入会者不限身份，"不必捐助经费，惟声明任担何种之确实调查，即可入会"，入会后"当各尽义务实心调查，期于详确，并随时告知本会"。会员一律无薪水，通信费也需自理。各地官、绅、商人有益于会者列为名誉会员，"捐集经费者"列为赞助会员。

学会时名地学调查会，待会务发达由调查转向学理研究，改为地学研究会，"以聚全省留心地学之士"，并"创办本省地学报，按期刊布以昭公益"。为发达学术，发展实业，学会拟附设天文台，测气温、风力、雨量等，绘制天气图；附设制图院，绘制各国、各省的地文、动植物图；设劝业博览会，推介商品，"以鼓励本省农工等业"。待福建省研究有成后，"当推设全国地学会，聚全国留心地学之士，以研究全国地学上附属各事"。④

新政变革剧烈，政府各机关为免于淘汰，纷纷附会时风设立学馆、学会。胡思敬《国闻备乘》称："予闻吏部人语同僚云：'今新署林立，我而不开学馆，将无以自存，渐为他部所并。'当时士大夫保全禄位之

① 《湖北同乡会缘起》，《湖北学生界》第 1 期，1903 年 1 月 29 日，第 118 页（栏页）。

② 林森口述，蔡人奇笔记《闽警》，转引自林友华《林森年谱》，中国文史出版社，2012，第 40—41 页。

③ 《丛报之进步》，《新民丛报》第 26 期，1903 年，第 83 页。

④ 《福建地学调查会章程》，《广益丛报》第 64 期，1905 年，第 12—14 页。按：《警钟日报》1904 年 11 月 20 日亦载有《福建地学调查会章程》，两文文字大体相同，调查表后文则无，故本书主要据《广益丛报》。

意，其卑鄙大率类此。”[①]

地理与各部院职责甚有关系，1905 年 10 月商部会议，“现值振兴商务之时，必须力求精进”。各省商贾售卖货物及制造产品，只知图眼前之利，“而不深究底蕴，亦不考察各省山川水土情形，炎凉燥湿之性”，即在一省之内，竟然有不知他府风土者，“又何能远知异域”。“拟札饬各省商会转谕各商，专心习学地理”，经营余暇游历本省，渐及邻省、外洋，“以期洞悉地理风俗”，取长补短，“而历练愈深制造愈美，实于商务大有裨益云”。[②]

1906 年 1 月，清廷王大臣会议整顿军备、推广工商实业等各项要政，一致认为“当以娴知地理为首要”。[③] 故拟在春季设立地理学会，练兵处及商部官员均需入会，研究各省及域外地理风土人情，并请派商部尚书载振任总理。其会未立，10 月政府又拟创办，舆论报道各省官员治理地方，整顿军政，发展工商实业“均室”。[④] 当朝诸公以为熟知地理方能因地制宜，拟设立地理学会，令各衙门官员分批入会，研究各省及外洋的地理、风土人情，并请派大员负责办理此事。

立停科举后士子科途受阻，趋新士绅热衷办会“以博当道者之奖励，或借以广通声气，为异日招权纳贿之基”。[⑤] 社团泛滥引起时人的担忧，如 1907 年 1 月 16—18 日《汉报》连载《团体辩》谓，自泰西群学输入，国人图谋自强者莫不称团体。其初仅少数趋新人士倡言，随着国势日衰保种日艰，“于是士农工商兵之欲集群力御外侮者，咸知团体为竞争生存必注意之点”。各界皆办社团，特恐假公济私结交朋党，“昧于团体之名义者，其患必较不知团体为尤甚”，[⑥] 反碍自强。舆论担心社团泛滥为朋党阻碍新政，政府则忌讳社团干涉时事，时论称：“政府因江浙借款未遂其欲，深怒国民，竭力压制，于是立会则有禁，结社则有禁，演说发电

① 胡思敬：《国闻备乘》，上海书店出版社，1997，第 27 页。

② 《札饬商会转谕各商娴习地理》，《申报》1905 年 10 月 2 日，第 4 版。

③ 《议设立地理学会》，《申报》1906 年 1 月 29 日，第 4 版。

④ 《政府议通饬官员研究地学》，《申报》1906 年 10 月 11 日，第 4 版。

⑤ 汉：《论中国教育之弊》，《申报》1906 年 12 月 3 日，第 2 版。

⑥ 《团体辩》，《汉报》1907 年 1 月 16—18 日，转引自刘望龄编著《辛亥首义与时论思潮详录》上卷，第 202—203 页。

则有禁。”[①]

1908年4月8日，邹代钧病卒，舆地学社无人经营，由学部接办。舆地学社的主要贡献在译印地图，至于其价值，由茅乃文评《清皇朝直省全图》“现代舆图作家，往往尚有以其为蓝本者，是图之权威至今尚能存在焉”，[②] 可窥一斑。邹代钧办会深受学界关注，其在京师大学堂的学生邹潜，于舆地颇有心得。肄业回到家乡四川叙州创办舆地学会，筹款购买石印机器，聘请铜版匠师，“譒印万国舆图”。[③] 1909年，张相文欲办地学学会，与张謇相商，张謇以邹代钧办会为殷鉴，谓：“邹代钧曾为翻译地图，倾家破产，炊烟几绝。办地学会，谈何容易，君家财力，何如邹代钧。”[④]

1909年，邮传部尚书徐世昌上折，各部应多设研究所，研求专门学问。其中，地理与中外交涉关系甚重，海通以来国人每因不明地理，丧权辱国。时人公认不知外交为何物，通外语即被视为干员，用于交涉无不失败的外务部，急需设会研究地理。同时，摄政王载沣鉴于日人侵占中国沿海渔权、岛屿，频起交涉，令各省督抚调查边疆荒山、野岛，以绝外人觊觎。5月1日，政务大臣就此与外务部尚书梁敦彦会议，“拟再重订沿海图志，以为调查张本”。[⑤] 其后，梁敦彦令部员研究地理，又欲联合民政部，派人赴边疆各紧要地方勘测详图以资参考。9月29日，时论谓政府拟设立地理学会的提议，早已在内阁通过，日前民政部再次提议创建，决定搜集中外地图，“凡可供军事、工商、实业暨内政、外交之参证者，一律具备”。[⑥] 并请各省保送熟知中外地理、风土人情者入会研究。

政府屡议设立地理学会均遭失败，除各衙署志不在研究专门外，体制僵化导致专门人才缺乏亦是重要原因。其时，政府内专门人才主要来

---

① 《论政府媚外之非计》，《汉口中西报》1908年2月10日，转引自刘望龄编著《辛亥首义与时论思潮详录》上卷，第229页。

② 《续修四库全书总目提要（稿本）》第7册，第557页。

③ 《舆地学会》，《广益丛报》第137期，1907年，第6页。

④ 张星烺：《泗阳张沌谷居士年谱》，张相文：《南园丛稿》（五），沈云龙主编《近代中国史料丛刊》第300册，第2405页。

⑤ 《谨守版图之必要》，《大公报》1909年5月2日，第2张第3版。

⑥ 《筹设地理学会》，《大公报》1909年9月29日，第2张第4版。

自留学生与国内新式学堂学生，但留学生多为留日半年或一年毕业的速成生，要求他们掌握高明学理不免强人所难。在归国留学生中颇负盛名的汪荣宝即托词留学生考试，“种种规仿科场旧制，殊堪齿冷”，不愿参加。新式学堂毕业生则水准堪忧，如1910年3月资政院速记学堂考试要求中学毕业程度，考生地理问题“能对者甚鲜，惟有一卷列举详确，不愧中学毕业程度”。[①] 另外，专门人才进入政府也难得其用，时论感叹留学生“资格高矣，新政之衙署局所，不可不置一二人以资点缀。无已则代以本国学堂之毕业生，亦慰情聊胜于无也”。但各衙署“未尝用其才识学问，但借此新名词以壮胆，且上足以迎合政府，下足以慑服绅士”，[②] 如此情形，专门学会何能建立？

甲午战后，国难孔急，合群救国成为趋新人士的共识。朝廷忌讳士绅干政，严禁设立政治团体，以学会名义合群议政是为一途。地学关系军国大事，设立专门学会研求，为朝野各方提倡。其时，中国华洋新旧杂糅，国人在引入外来学术体制的同时，仍然深受治术与学术合一的固有观念与行事影响，以学术为沟通政界与发挥社会影响的手段，试图借助学会组织参与政治，缘此，清季兴起的地学社团具有远较东西地理专门学会复杂的职能与行事。至于当局提倡专门学会，不过借以点缀门面，故议论多止于纸上。

第四节　中国地学会的创建

光宣之际外来分科之学已呈一统之势，科学社团乘时而兴。经营较为成功的中国地学会，是其时具有代表性的著名社团。中国地学会是由张相文创办并在生前长期掌控的地理专门社团，其个人观念与行事对学会的发展有重大影响。既往研究集中在张相文兴办社团的艰辛及对科学地理的开创之功上，后来又以革命的眼光讨论其领导革命性新知识群体，参加革命的史实。不仅无视其研究地理资益内政外交的宗旨，更未能触及其借学会名义避开党禁参与政治的隐衷，致使认识流于表面和片面。

① 韩策、崔学森整理《汪荣宝日记》，中华书局，2013，第68、128页。

② 《大陆春秋》，《民呼日报》1909年7月27日，第4页。

考察张相文的个人经历与学术思想，理解其办会的动机、目的，深入认识其在中国地学会建立初期的言论与行事，是深入研究的起点与基石。

一　苏人北上

光宣之际，新政推行有年，学风大变，外来分科之学在教育与学术领域皆呈一统之势。随着新知识群体的形成，科学社团蜂起。在此大势下，新学地理名家张相文图谋办会兴学。

张相文，江苏桃源人，少攻科举之途，以“博览史传，尤工属文”[①]名闻县邑。1893 年，任淮滨书院讲习，感于国家积弱，研究经世之学，尤重舆地。戊戌时期，通过阅读《孔子改制考》《时务报》等新书报，思想大变，倾向君主立宪。1897 年，南京乡试，家贫又四次未中的张相文，卖文买田置业。学术上则通过《万国公报》《格致汇编》初识西学。其后，研读郑兆桐译《世界地图》等，改宗西学地理，购买了《地理备说》等书。孟森后来追忆张相文壮年“变学”，称：“君又尝言力学最宜于壮岁，而三十以前，局于应试之文”，中年改治舆地，“历览前人故籍之所考订，必足履而目验之”。[②]

其时，不仅张相文，中国士子多由报刊、译书习西学，且每好地理。若黄兴入读两湖书院，得“见报纸所载”知西学，而于地理“最为精勤”。[③] 究其因，报刊所载浅显，利于入门。西学地理又较算、化诸科少基础的要求，且西北地理为晚清显学，较易嫁接中西之学。

1899 年，张进入南洋公学师范班，兼教留学班国文、地理。南洋公学实行西式分科教育，“分教天算、舆地、格致、制造、汽机、化矿诸学”。[④] 又欲救国人不能贯通中西学之弊，要求学生以“通达中国经史大义”为根柢，“以西国政治家，日本法部、文部为指归”。公学师范院及

---

① 张星烺：《泗阳张沌谷居士年谱》，张相文：《南园丛稿》（五），沈云龙主编《近代中国史料丛刊》第 300 册，第 2378 页。

② 孟森：《张君蔚西墓表》，张相文：《南园丛稿》（五），沈云龙主编《近代中国史料丛刊》第 300 册，第 2528 页。

③ 《黄兴在湖南学界欢迎会上的演说》，《长沙日报》1912 年 11 月 9 日，转引自毛注青编著《黄兴年谱长编》，中华书局，1991，第 30 页。

④ 盛宣怀：《筹南洋公学》，汤志钧、陈祖恩、汤仁泽编《中国近代教育史资料汇编 · 戊戌时期教育》，上海教育出版社，2007，第 267 页。

中上两院皆有翻译课，张先后得从日人粟林孝太郎、藤田丰八学日文。又设有译书院，“购日本之书及西国新出之书择要翻译”。[①]

在注重人事的中国，同学为最重要的人际关系之一。南洋公学开风气之先，人才辈出，张相文在南洋公学结识了吴稚晖、蔡元培、白毓昆、傅运森、孟森、钮永建、王舟瑶等人，他们长期守望相助，互为奥援。如1900年入学的汪荣宝，宣统年间在京为官，屡与“南洋公学旧友相会”。[②] 其间，张相文又结交张謇、章太炎、邹容等政学名流，并加入教育会。

庚子之变，“中国受巨创，知识阶级皆知中国旧文化不足立国，求新知识之欲甚大。留东学生大增，新书译成汉文者，皆可转瞬售出，获巨利。往东留学者，往往毫无资斧，抵日后学习日文四五月，即操笔译书。译完后，即在日发刊寄回出售，或卖稿与沪上书店”，“皆可转瞬售出，获巨利”。[③] 为生计考虑，张相文独译或与人合译东书《家事教科书》《列国岁计政要》《万法精理》等。

1904年，王舟瑶助张鸣岐处理广东学务，邀南洋公学师友相助，张相文、孟森、傅运森等“聚首广州者颇多”。1905年夏，苦于粤地湿热的张相文辞职返沪，“著述可以自给也”。是时，其编译的《初等地理教科书》《中等地理教科书》二书，“为中国有地理教科书之嗃矢，两书流行，达二百余万部，出于意料之外，由是海内谈地理者无不知之”，[④] 张一时在地学界声名大噪。

张相文以译地理书得名，严复在致友人的信中写道：“鄙处近译，即是《万法精理》，其书甚佳，惜原译无条不误。今特更译，定名《法意》。”[⑤] 张星烺替父辩解，称《万法精理》取自东文，《法意》取自英文，都非译自法文原版，且译文不在求精确，通大体即可。实际上

---

① 盛宣怀：《奏陈开办南洋公学情形折》，《昌言报》第6册，1898年10月11日，第9—12页。

② 韩策、崔学森整理《汪荣宝日记》，第301页。

③ 张星烺：《泗阳张沌谷居士年谱》，张相文：《南园丛稿》（五），沈云龙主编《近代中国史料丛刊》第300册，第2390页。

④ 张星烺：《泗阳张沌谷居士年谱》，张相文：《南园丛稿》（五），沈云龙主编《近代中国史料丛刊》第300册，第2391页。

⑤ 马勇整理《严复未刊书信选》，《近代史资料》总104号，第73页。

严、张的不同，在一以译书为事业，一以粥饭。孟森指出张相文翻译日本书籍，“颇流行于世，非其好也”。[①] 日人高田早苗声言中国译本“舛误甚多”，“盖学问上之通译，欲求其完全，则通译者亦不可无相当之学问”。[②]

1905年，清廷立停科举，仕途受阻的士绅热衷创办学堂、学会。时论以为，士绅“不过借创设学校之名，以博当道者之奖励，或借以广通声气，为异日招权纳贿之基”。[③] 不仅国人，深窥中国“兴学与求学者之隐征”的日人，“意若谓我国之兴学，以得官吏，故我国人之求学，以能得官吏，故官吏之途日多，则新教育将日益发达”。[④] 深受中国士子固有观念影响的张相文，意欲有所作为，回乡创办桃源县教育会与集议两等小学堂。

1906年，办学得名的张相文，被教育会同人许鼎霖推荐给江北提督刘永庆，聘为江北师范学堂教务长。刘永庆为袁世凯的表叔，故袁为其谋得江北提督，又荐傅增湘前往襄助，“为赞画创练十三协，集饷一百三十万，留江淮间者八月”。[⑤] 张相文甚得刘永庆的赏识，介绍于傅增湘，得以结交北洋系官僚。不久刘永庆病卒，张相文再次返沪编书，并加入同盟会。

1907年，傅增湘回天津主持女校事务，邀张相文北上津门任北洋女子高等学校教务长。张相文应邀北游，并因职务任命得到直督袁世凯的接见。在天津，张相文交好名流，包括《大公报》主笔、北洋女子高等学校创始人之一英华，及美以美会牧师刘马可、北洋大学总办蔡儒楷等。

天津因是“拳匪区域”，被罚停止科举，“旧日举贡生均无出路”，[⑥] 借学堂为谋生、入仕之道。且袁世凯在督抚中“最为能干”，办学“较

① 孟森：《张君蔚西墓表》，张相文：《南园丛稿》（五），沈云龙主编《近代中国史料丛刊》第300册，第2527页。

② 韩梯云：《注日本高田早苗之支那教育论（续）》，《直隶教育杂志》第2年第19期，1906年12月16日，第1—4页（栏页）。

③ 汉：《论中国教育之弊》，《申报》1906年12月3日，第2版。

④ 韩梯云：《注日本高田早苗之支那教育论（未完）》，《直隶教育杂志》第2年第18期，1906年11月30日，第1—5页（栏页）。

⑤ 傅增湘：《藏园居士六十自述》，卞孝萱、唐文权编《辛亥人物碑传集》，团结出版社，1991，第430页。

⑥ 张一麐：《古红梅阁笔记》，上海书店出版社，1998，第43页。

他省为优”,[1] 故天津新式学堂大兴。但原为屯卫、1860 年开埠的天津，“为一商业市，甚少文化上之遗迹”,[2] 学无底蕴，教员奇缺，急需由国内外引入。

延揽乡党、师友相助，是当时教育界惯例，如苏人胡敦复掌清华学校教务，即多聘江苏人为教员。1907 年 9 月，原籍泗州、定居淮安的杨士骧接任直督。杨士骧是袁世凯的亲信，任上一切萧规曹随，又极为念旧，舆论称：其“微时居淮安府最久，自来北洋，凡淮安、扬州一带之故旧亲戚，多被襆北上，乞借一枝。杨则有求必应，无非在各局所中分别安置”。[3]

其时，江北学界暗潮汹涌，各学堂“管理未善，教课不全，经理者视学堂为利薮，盘踞把持”，“屡被视学员指摘”。[4] 江北不安，津门宜居，苏人教员抱团北上。如 1908 年，张相文升任北洋女子高等学校校长，邀白毓昆、陶懋立等北上任职。1909 年，傅增湘掌直隶学务，邀苏南宝山袁希涛北上任职，吴治恭、杜鲁林等追随来津。

早在戊戌时期，梁启超就说：“欲兴民权，宜先兴绅权，欲兴绅权，宜以学会为之起点。”[5] 1908 年 2 月 29 日，时人建言，国会选举的“团体选举云者，自存在于国内之各种团体，而使出代表之谓也”。[6] 3 月 11 日，宪政编查馆奏：“臣等窃维结社、集会，种类甚夥，除秘密结社、潜谋不法者应行禁止外，其讨论政学，研究事理，联合群策以成一体者，虽用意不同，所务各异而但令宗旨无悖于治安，即法令可不加以禁遏。其在西欧立宪各国，国愈进步，人民群治之力愈强，而结社集会之风亦因之日盛。”当仿欧西鼓励结社，“促进文化，裨益治理”。因结会于“政治、社会关系尤重”，需事先呈报，“以杜患于未萌”。故拟订《结社集会律》三十五条，凡与政治、公事无涉的社团，“皆可照常设立，毋

① 张星烺：《泗阳张沌谷居士年谱》，张相文：《南园丛稿》（五），沈云龙主编《近代中国史料丛刊》第 300 册，第 2402 页。

② 张慧剑：《辰子说林》，上海书店出版社，1997，第 3 页。

③ 《北洋官场之怪象》，《民呼日报》1909 年 6 月 17 日，第 2 页。

④ 《江北学堂之黑幕将揭矣》，《民呼日报》1909 年 7 月 1 日，第 3 页。

⑤ 《变法通议》，张品兴主编《梁启超全集》第 1 册，第 178 页。

⑥ 汤一鹗：《论成立国会实质上之预备法》，《预备立宪公会报》第 1 号，1908 年 2 月 28 日，第 1—4 页。

庸呈报”，“关系政治者，非呈报有案，不得设立”。[①]

7月，《谘议局议员选举章程》规定，“办理学务及其他公益事务满三年以上者”为选举资格之一。8月27日，《九年预备立宪逐年推行筹备事宜清单》颁布，要求逐年展开的各项调查关系地理的甚多。主张学术与治术合一的中国士子，将办学会、兴调查，以博奖励、赢选举，视为进身之阶。时论指出：“凡向日无钱捐官、无资格出洋、无科举进身者，借此以干预公事，为升官发财之基址而已。”[②]

中国为文化大国，自古学风甚浓，外来分科之学为国人接受后，盛行一时。外人感叹：“论中土重视学术之进步，视为不可思议。据商务印书馆一家，所发书籍，岁已达百万银元。至于北京、香港、粤东、上海等处，书报之发达尤令人惊骇。盖其进步之速，有非意料所及者。”[③]“而留学东西毕业专门者及毕业本国高等以上学堂者，其数亦实千百”，专门学者群体形成。

政府禁令放松，同志群体壮大，专门学者欲集会研究，补“国家事业之不足”，“则国亦强”。专门学会自然以学相聚，如京师化学会规定：一为正式会员，“凡本国及外国分科大学、高等专门学校化学科毕业者”；二为普通会员，“高等学堂第二三类或优级师范理化科毕业者”；三为特别会员，“学术有声誉”[④]或赞助学会者。

1909年，宪政编查馆认为专门学会等公益社团，是推行宪政的助力，“拟知照各省，凡各处士绅有为地方公益开会集议，如宗旨纯正无害风俗治安，则由官加意提倡保护，不得阻禁”。[⑤]在开明士绅的国会请愿运动中，直隶代表大多为政学两界中人，学者参政热情高涨。朝野大势，对学会的兴办愈益有利。

张相文赖以成名的地理，关系军国大事。古代中国认为“地理之学，通于政事”，[⑥]被殖民探险主导的近代西学地理亦与权贵关系暧昧。清季华洋新旧杂糅，陈黻宸谓：“地理者，与政治法律有密切之关系，而史学

① 李守郡：《清末结社集会档案》，《历史档案》2012年第1期。

② 《中国改革谈》，《民吁日报》1909年10月6日，第1页。

③ 方鲍参：《环游随笔》，福建师范大学图书馆藏手抄本，第44页a—b。

④ 李守郡：《清末结社集会档案》，《历史档案》2012年第1期。

⑤ 《拟准各省自由集会》，《闽报》1909年3月30日，第2版。

⑥ 孙星衍：《元和郡县志序》，谭其骧主编《清人文集地理类汇编》第1册，第152页。

之一大别子也。”[①] 自学科学地理的朱峙三则称：“问政治之源本乎地理。”[②]

东西各国政府对于地理学会亦甚为注意，如英国皇家地理学会即以王室成员为会长，东京地学协会成员有政客、外交官、军人、华族、地理学者等，会务亦由亲王负责。学术素养华洋新旧杂糅的张相文认定，东西地理学会“皆领以亲贵之官”，[③] 故图谋办地理专门学会以遂治世之志。张謇适于此时途经天津，以邹代钧办会，倾尽家资，贫病而亡相告诫，但意欲在政学两途有所作为的张相文决心已定。

二　学会发轫

1909年9月22日，张相文等在天津《大公报》发表《地学协会启》，指出在进化剧烈的时代，疆域随种族的盛衰而盈缩，“然溯厥由来，亦惟地理上之知识优劣不齐”，“此亦物竞天择之公例矣”。列强殖民海外，扩张疆域，壮大种族；中国不明地理，“虽欲画疆自守，聊固吾圉，而犹不可得”。国难孔急，学者当以天下为己任，学以致用，谋竞存之道，“岂得以抱膝空山，行吟泽畔，如秦人视越人之肥瘠，漫然无慨于其心耶”。同人用力于地理，“当此危急存亡之际，而欲举地理密切之关系，编辑成书贡之当世”，[④] 行学术救国之路，以挽国难致富强。时论声称：今日“地方交通”，无地理知识如瞑目夜行，“然使知自国之地位，察万国之情形，保持己国对于万国之威信，以发达其精神的生产力及物质的生产力，则较之言语，历史亦不见其或绌也”。[⑤]

学理上，张相文等人认为旧有地理图籍汗牛充栋，以新学衡量仅粗具大略，引入东西学理，改造固有，建构能与世界争先进的科学地理，方能竞存。事实上，中学地理是文献为王的书斋之学，西学地理则以调查为根基。西人来华调查可上溯至明末的耶稣会士，1858年《天津条约》规定，外人可至中国内地游历，西方地理学者来华调查渐多。日本

---

① 《〈新世界学报〉叙例》，陈德溥编《陈黻宸集》（下），中华书局，1985，第529页。

② 胡香生辑录，严昌洪编《朱峙三日记（1893—1919）》，第114页。

③ 《地学协会启》，《大公报》1909年9月22日，第2张第4版。

④ 《地学协会启》，《大公报》1909年9月22日，第2张第4版。

⑤ 古愚：《论各学科之价值及其教授之方法（四续）》，《大公报》1910年4月16日，第1张第1版。

对中国之调查，始自1886年汉口乐知堂。日俄战后，日人的调查遍及内地边疆，日文报刊、书籍中有大量各类在华调查报告。其时，中国科学地理方兴，内外调查未行，只能据诸外人，《西藏通览》的编者明言“搜括如日人《外交时报》及《地学杂志》中关于西藏各节”，[①] 汇辑成书。

中国新学地理本诸翻译，以致出现“凡外人之所述者，则复冗无节，外人所未述者，则漏略弗祥”[②] 的状况。中国地学会声言为行学战，构建能与世界先进相争的科学地理，急需调查全国。然而中国地大，个人力有不逮，唯有仿东西各国组建地学协会合力调查，“则庶几山川扼塞、河渠水利、原隰土宜、疆域险易、方物息耗、交通便否，皆有以周知其故”，“则裨益于学术、政治者岂浅鲜哉”。[③]

其时在国人的认知中，不仅地理，“西人各种事业皆以调查为起点”，甚至“俱有一种调查之学问”，“至于各种专门学会及一切企业会社，尤以调查为专务焉”，为各界共识。《顺直谘议局预备议案》声称：我国人民缺乏调查知识，又无“专任调查之各种团体，故每欲有所兴作，不能办”，[④] 提出设立事业调查会，推进调查事业，以为国用。

地理研究与政治关系密切相关，朝廷又严禁政治团体，张相文等人基于中国士子以学干政的传统，承继戊戌以来学会热衷政治的现实，欲以学术为沟通政界与发挥社会影响的手段，力求学以致用，借助学会组织参与政治，故发起新学地理专门社团——地学协会。

张相文等地学协会的发起人，多为旧学出身，改宗西学，故在倡言科学地理的同时，拟定以“专以考证本国地理为主，旁及世界各国”为宗旨。会所暂设天津，待会务拓展，“设干会于京师，设分会于各省，以此推进及于各府州县”。常会每月“朔望午后五时”开会，由会员陈述意见，讲演心得，“临时遇会中要务，或延请名人讲演，由主任者随时告知，或先期登报通知”。由会员推举总理、会长、编辑部长等，处理会务。中外人士资助图书、经费者，列为名誉赞成员。凡有志研究地学者

① 《西藏通览》，《四川》第1号，1908年1月5日，“广告”。

② 罗汝南撰，方新校绘《中国近世舆地图说》，宣统元年广东教忠学堂石印本，“自序”。

③ 《地学协会启》，《大公报》1909年9月22日，第2张第4版。

④ 《顺直谘议局预备议案》，《大公报》1909年11月2日，第2张第2版。

投函本会，会员共同认可后，皆可入会。会员会费年二元，担任本会职务的，皆有撰写调查报告的责任，可无偿得“刊布之报告杂志一份”。①

地学协会发起人共27人（见表1-1），《泗阳张沌谷居士年谱》谓有邑人韩怀礼，后世多延续此说，然而事实上韩此时并未入会，此说当为多年后的记忆错误。其实张相文年谱舛误不少，甚至将地学协会的发起错记为宣统二年（1910）八月。

表1-1　地学协会发起人一览

姓名（生卒年）	籍贯	教育背景	主要经历及成就	时任职务	学会职务*
孙雄（1867—1935）	江苏昭文	师翁同龢	进士，吏部主事，精诗文。参与维新变法，京师大学堂文科监督，北洋师范学堂经学教员，曾赴日本考察学制	北洋师范学堂经学教员	评议员
白毓昆（1868—1972）	江苏通州	1885年入江阴南箐书院，1899年入南洋公学师范院	兼任南洋公学教习，其后任上海澄衷学校、北洋女子师范学堂、北洋法政学堂地理教员。同盟会会员	北洋女子师范学堂、北洋师范学堂、北洋法政学堂地理教习	编辑部长
张相文（1867—1933）	江苏桃源	乡塾、县学；1899年，南洋公学师范班	1899年起任南洋公学教习，寿州商校校长，江北师范学堂教务长，北洋女子高等学校教务长、校长，北洋师范学堂、法政学堂、客籍学堂地理教员。先后加入同盟会、教育会等。办桃源县教育会、集议两等小学堂。治地理，有文名，译日书	北洋女子高等学校校长，北洋师范学堂、法政学堂、客籍学堂地理教员	会长
英华（1867—1926）	满洲正红旗	习武，1888年自学法文	信天主教，参与维新变法，1900年为蒙自领事馆馆员，1902年办天津《大公报》	《大公报》总理	编辑员
任宪吉	四川华阳	1902年日本弘文书院速成师范科	戊戌时结社成都，1903年任县令，湖北幼稚园及附设女学堂监督，天津劝业场		会计员
耿兆栋	直隶行唐		译日书，1932年撰《景县志》		编辑员
汪继清					

① 《地学协会启》，《大公报》1909年9月22日，第2张第4版。

续表

姓名（生卒年）	籍贯	教育背景	主要经历及成就	时任职务	学会职务*
陶懋立（1870—1934）	江苏桃源	私塾、县学	1903年文明书局编纂员（地理），《东方杂志》投稿人，追随张相文办桃源县教育会、集议两等小学堂，江北师范学堂、北洋女子高等学校地理教员	北洋女子高等学校地理教员	编辑员
吴鼎昌	直隶清苑	举人，北洋法政学堂，日本弘文学院师范科	直隶省视学，直隶学务处（公所）科员，保定女子师范学堂监督，北洋女子师范学堂提调	北洋女子师范学堂提调	干事部长
阎敏					
齐振楠（1868—1931）	直隶蠡县				
孙桂岩（1880—1960）	辽宁盖县	北洋优级师范史地科	1907年任辽宁省立第一中学地理教员，其后任校长。共和促进会、同盟会会员	辽宁省立第一中学校长	
吴治恭	江苏金山	留日	军国民教育会东京学生军，译日书，北洋女子师范学堂修身、国文、心理教员	北洋女子师范学堂修身、国文、心理教员	
苏正冕	辽宁辽阳	北洋优级师范史地科			编辑员
王绍廷					编辑员
李权衡（1883—）	直隶大名	私塾、秀才，北洋师范学校			
袁希涛（1886—1930）	江苏宝山	上海龙门书院，举人	广方言馆教习，新政后创办县学堂、上海龙门师范学堂等，曾赴日考察教育。1909年任直隶学署总务科长兼图书科长	直隶学署总务科长兼图书科长	评议员
姜艺林	直隶南皮	北洋师范学校	南皮第一高等小学校长		编辑员
赵惠南					
刘树楷					
于溥	天津	国学生			

续表

姓名（生卒年）	籍贯	教育背景	主要经历及成就	时任职务	学会职务*
王维藩（1885— ）	直隶清苑	日本法政大学、高等师范学校	1925年，察哈尔教育厅厅长		编辑员
王荫春	辽宁抚顺	北京国立大学			
白月恒（1876—1940）	直隶卢龙	私塾、永平府敬胜书院，1905年北洋师范学校史地部	1903年永平府立中学堂史地课教习，1909年直隶省清苑中学教习	直隶省清苑中学教习	编辑员
王文超					
史廷飏		通东文			编辑员
王延社					编辑员

注：*指中国地学会建立时担任的职务。

资料来源：主要来源于各种人物词典、传记、地方志、文史资料、时人日记、年谱等。

1909年9月28日，地学协会召开初次大会，到会五十余人，公推傅增湘为主席，宣布学会宗旨，选举职员（见表1－2），讨论发行杂志的办法。会议公推傅增湘为总理，蔡儒楷、袁希涛等任评议员。选举张相文为会长、白毓昆为编辑部长、吴鼎昌为干事部长，白月恒等为编辑员。①

表1－2　地学协会职员一览

姓名（生卒年）	籍贯	教育背景	主要经历及成就	时任职务	中国地学协会职务
傅增湘（1871—1950）	四川江安	家塾，保定莲池书院，进士	1898年翰林院庶吉士，1902年入袁世凯幕，办北洋女子师范学堂、京师女子师范学堂，1908年直隶提学使	直隶提学使、北洋女子师范学堂总理	总理
蔡儒楷（1869—1923）	江西南昌	举人，北洋大学堂	1906年北洋大学堂监督，1911年直隶提学使	北洋大学堂监督	评议员
梁志辰	直隶丰润	南洋公学译书院，早稻田大学	内阁中书，北洋师范学堂教务长，译日书	北洋师范学堂教务长	评议员

① 《开会纪闻》，《大公报》1909年9月30日，第1张第5版。

续表

姓名（生卒年）	籍贯	教育背景	主要经历及成就	时任职务	中国地学协会职务
张寿春（1876—1951）	天津	北洋水师学堂，赴日本考察教育，留学美国	1904 年办私立敬业中学		评议员
傅世炜	四川华阳	进士，留日	凤翔知府，北洋女子师范学堂协理	北洋女子师范学堂协理	评议员
李士伟（1879—1926）	直隶永年	早稻田大学政治经济科，补用知府	北洋师范学堂监督，直隶学务处会办	北洋师范学堂监督	评议员
傅裕生					编辑员
王曜西（1872—1955）	直隶涿鹿	举人，保定北洋师范学校	天津高等工业学校教员	天津高等工业学校教员	编辑员
吴公之		龙门师范学堂	圣约翰大学，龙门师范学堂教习		编辑员
汪介浮					编辑员
谷仲言		留日	同盟会会员		编辑员
孙康廷					编辑员
杜鲁林	江苏苏州	1904 年留日师范生			编辑员
吴永培（1872—1923）	直隶新河	私塾，信都书院，北洋师范学堂	1906 年新和县高级小学堂堂长，1910 年孙村小学堂	新和县高级小学堂堂长	编辑员
李钟元		早稻田大学	同盟会会员		编辑员
赵允元			1906 年学部总务司行走		编辑员
连之铎	山东	文会馆，留日		北洋女子师范学堂英、算、博物教员	会计员
赵德荫	天津	廪生		北洋女子师范学堂书记	书记员

注：已见诸地学协会发起人一览表的，为免重复则不录。

地学协会成立时据称有会员百余人，确切可知为会员的有发起人、职员等共 45 人。析其来源大体有三：一为新式学堂地理教员，以随张相文、袁希涛北上的苏籍教员为主体，联合直隶本地教员组成；二为教育行政官员，有久与张相文相知的傅增湘、蔡儒楷等官员，以及天津新式学堂的创办者、管理者；三为津门名流，天津《大公报》主笔英华为张相文好友，天津劝业场的任宪吉则为傅增湘的同乡。他们的教育经历较为复杂，但以习旧学而趋新、新式学堂毕业生及留日归国学生为主。

地理教员热心办会，原因较为复杂，但中国士子宗“孔氏之教”，重“干禄致用之术”，[①] 立停科举后“作教员亦与官无异，欲遂本怀，惟退而讲学”，[②] 欲以办学会得清名，博奖励，为进取仕途之路，当是重要考量。此外，以日本速成师范、国内新式学堂毕业生为主体的地理教员，学无根基，结会研究以壮声势是为一途。教育行政官员、名流入会在得清名外，还期望互为奥援。

地学协会成员，主要因张相文而聚。学会建立后，“真正任事者”[③] 为张相文、白毓昆、陶懋立三人。白毓昆、陶懋立长期追随张相文，以其为主，故会务基本为张相文掌控。为壮学会声势，张相文邀请中外名人7位为名誉赞成员（见表1－3）。其中，粤人邝荣光是首批留美幼童，时居天津，治矿学，为新学界前辈。美人德瑞克，地质学博士，北洋大学地质学教习，经张相文好友北洋大学堂监督蔡儒楷介绍相熟。“乡先生”张謇，与张相文在上海相识后，过从甚密。通过张謇，又得以邀请时任南通州国文专修馆馆长的西北地理大家屠寄。王舟瑶，为南洋公学旧人，时任礼部顾问官。淮扬名流何震彝，进士出身，精诗文通外语。吴闿孙受邀原因则不详。

表1－3　地学协会名誉赞成员一览

姓名（生卒年）	籍贯	教育背景	主要经历及成就	时任职务
邝荣光（1860—1962）	广东新宁	留美幼童，美国拉法叶学院地矿专业	开滦煤矿	
德瑞克	美国	博士	北洋大学地质学教习	北洋大学地质学教习

① 《答铁铮》，马勇编《章太炎书信集》，河北人民出版社，2003，第179页。

② 《致钱玄同》，马勇编《章太炎书信集》，第139页。

③ 张星烺：《泗阳张沌谷居士年谱》，张相文：《南园丛稿》（五），沈云龙主编《近代中国史料丛刊》第300册，第2405页。

续表

姓名（生卒年）	籍贯	教育背景	主要经历及成就	时任职务
屠寄（1856—1921）	江苏武进	府学，进士	1888年入张之洞幕，1892年翰林院庶吉士，1896年黑龙江舆图总纂。1902年扬州仪董学堂总教习，1903年京师大学堂史地教习，1909年应张謇邀任南通州国文专修馆馆长	南通州国文专修馆馆长
张謇（1853—1926）	江苏通州	状元	吴长庆幕（袁世凯同在），翰林院编撰，江苏谘议局议长	江苏谘议局议长
王舟瑶（1858—1925）	浙江黄岩	杭州诂经精舍，举人，1907年赴日考察	主讲清献书院、东湖书院、文达书院。南洋公学特班教习，京师大学堂师范馆经史教习，两广师范学堂监督。创办黄岩公学，1909年礼部顾问官	两广师范学堂监督，礼部顾问官
何震彝（1880—1916）	江苏扬州	家学，进士，精诗文通英语、日语	江南四公子之一	
吴闿孙				

三　会务初展

1909年10月3日，地学协会召开职员会，定名中国地学会。决定创办会刊，“译英文张君伯林、王君梦臣主任；译东文张君蔚西、吴君蔼臣主任；绘图史君庚言主任”。因经费缺乏，杂志编辑员暂为义务，“印刷费张君蔚西垫筹”。[①] 每月第一和第三个星期日，则召开职员会处理会务。

中国地学会为宣传会务，拟在《大公报》刊登广告，英华“慨允，嗣后会中刊登告白，概不取费”。[②] 天津《大公报》为舆论界翘楚，得朝野各方的关注，时人称：“现在摄政专阅各报，尤以天津《大公报》为最。”[③] 中国地学会借此渐为各界所知，对会务的推广极为有利。

讲演是学界交流学术、普及知识、扩大影响的常用手段。中国地学会建立后，广邀学会内外地学界名流讲演。1909年12月26日，中国地

① 《开会续志》，《大公报》1909年10月5日，第1张第6版。

② 《中国地学会广告》，《大公报》1909年10月5日，第1张第2版。

③ 《盛文颐致盛宣怀函》，陈旭麓、顾廷龙、汪熙主编《辛亥革命前后——盛宣怀档案选编之一》，上海人民出版社，1979，第72页。

学会召开特别会议，由蔡儒楷邀请名誉赞成员德瑞克“演讲地学”,[①] 到会百余人。德瑞克“初言大地构成皆水火二力，特其变化极微，人不能觉。后乃历举美洲西部及中国北部山脉河流，以相印证。并携有绘图数幅”。[②]

1910 年 5 月 16 日，由张伯苓邀请美人崔伯，“讲演山西物产，及塞外、宣府、大同等处人民之生活与救治之方法，指陈利病娓娓不倦，逾两小时之久，听者咸鼓掌称善”。[③] 6 月 19 日，陶孟和讲演地学。[④] 1911 年 5 月 21 日，王志一讲演南洋群岛情形。[⑤] 各讲演由《大公报》事前广告与事后追踪报道，然而受主题为地学专门，听众为缴费会员的限制，可称学术交流，难言知识普及。

1910 年 3 月 1 日，中国地学会会刊《地学杂志》第 1 号出版，成为其传播知识、交流学术、扩大社会影响的平台。是时，销行千份是报刊获利的底线，日本驻汉口领事水野辛吉向桂太郎报告《汉报》办理情形，即称：“每天印刷 1000 份，勉强能够维持其印刷事业。”[⑥] 然而近代中国时局动荡，经济凋敝，学术不振，报刊倏现倏灭，维持不易。

《地学杂志》的印刷费加上中国地学会的各项杂费，月需大洋 200 元左右。中国地学会是专门社团，“会无基金，专赖捐募”,[⑦] 创办初期声名不彰，主要靠张相文个人补贴大洋千元，方得以维持。故迫切期望通过会刊获利，摆脱困境。杂志定价每册大洋三角，半年五册一元，全年十册两元，会员免费得一份，每期销售千份即可获利 200 余元。

深知编译新书及地理教科书获利至多的张相文，显然志不仅于此。为推广杂志，1910 年 5 月 8 日，傅增湘函直隶各学堂及各省提学使，“学堂科目地理一门最系重要”，然“旧有图籍率陈陈相因，无当于实

① 《中国地学会广告》，《大公报》1909 年 12 月 22 日，第 1 张中缝。

② 《学会纪盛》，《大公报》1909 年 12 月 28 日，第 1 张第 5 版。

③ 《讲演地学》，《大公报》1910 年 5 月 17 日，第 1 张第 6 版。

④ 《中国地学会广告》，《大公报》1910 年 6 月 15 日，第 1 张第 2 版。

⑤ 《中国地学会广告》，《大公报》1911 年 5 月 19 日，第 1 张第 2 版。

⑥ 《有关汉口的报纸情况》，转引自刘望龄编著《辛亥首义与时论思潮详录》上卷，第 178 页。

⑦ 孟森：《张君蔚西墓表》，张相文：《南园丛稿》（五），沈云龙主编《近代中国史料丛刊》第 300 册，第 2405 页。

用”。近年新出号称完善者，“又多译自东西洋，裨贩摭拾与国民教育之旨未必适合”。《地学杂志》“研求学术，有裨教科”，按学部“将所制用品传知各省学堂购用”的规定，传送贵处“以备各学堂采阅”。[①] 随函附送杂志，计23省199份。其后，黑龙江提学使复函，杂志已分发各学堂存阅；云南复函，订杂志6份；陕西复函，订购10份。在杂志发行量增加，学会经费得以自给的同时，又有了传播知识、交流学术、扩大社会影响的平台，达到了普及知识、提高学会在学界的话语权与社会影响力的目的。然而专门杂志，受众有限，欲达到通俗报刊普及知识以开民智的目的，显然甚难。

张相文是同盟会会员，又称“中国人民程度低浅”，宜“逐渐改良”，因此政治观念“素主和平，偏重康梁等君主立宪派，不赞成激烈革命”。[②] 其人又在清廷的腹心之地天津任职谋生，所以其主导的《地学杂志》，虽然欲以学议政建言当道，但是仅能将政治意图隐藏于专门学术之后小心为之。

第1号《地学杂志》正文前刊登中国地学会职员表，自谓为宣统元年八月选举，实际上该表为后出。将其与《大公报》登载的职员表相比对，评议员由7人增加到9人，即英华由编辑员改任评议员，另增天津府官立中学堂堂长王用熊。编辑员减少3人，为18人，保留史廷飏、耿兆栋、白月恒、陶懋立、姜艺林、王绍廷、王延社、苏正冕、王维藩、赵允元等10人，新增王映庚、傅宾书、汪惟清、杜应震、苏莘、温继峤、张福年、杜之堂等8人。增加干事员柴春霖、解家麟2人，赵德荫由书记员改为会计员。

其时，舆论疾呼，“国于天地必有兴立，舍学术即无以自存”，[③] 将学人结会研究学术，视为国家竞争的根本。政府各机关则因职能的需要，提倡专门学会，如“学部各堂宪会议，以各省设立专门各学会，于学务大有裨益，特饬各省提学使详细察核存案，设法维持，以期进步”。[④]

① 《本会纪事：三月二十九日总理傅咨送各省提学使、札饬直属各学堂稿》，《地学杂志》第1年第4号，1910年5月28日，第1页（栏页）。

② 孟森：《张君蔚西墓表》，张相文：《南园丛稿》（五），沈云龙主编《近代中国史料丛刊》第300册，第2408页。

③ 《近世学术思想变迁大势论》，《民吁日报》1909年10月21日，第1页。

④ 《维持学会》，《大公报》1909年10月29日，第2张第1版。

中国地学会适逢其时，按律当报备直督，并分送民政部、学部立案。出版会刊后，傅增湘以其“成效卓著”，向直督陈夔龙申请立案。其禀称东西各国学术进步，新学理、新器物层出不穷，除国家提倡外，“实由下之业此者，分途致功，每遇困难学科，自立学会”合群研究。新政以还，政府在农、商、教育诸领域“颁布新章，分饬各省立会研求”。上年八月，天津各学堂教职员创办中国地学会研究地理，“以濬新知，以济实用，取材统合地文、地质、地志等门”，兼及政治、农务、商业等，“特先就研究所得，汇成杂志”。地理关系“国家强弱，人心智愚。财用盈亏，工商良窳，莫不根源于此”。同志感于时势，“概国学之荒弃”，结会研求，咨请宪台念学会“留心实学，有关公益”，[①] 准予立案，并分咨民政部、学部一体立案。

1910 年 4 月 13 日，陈夔龙批示：“据详已悉，该职教员张相文等组织中国地学会，编辑杂志，借资研究，足见留心实学，深堪嘉尚，应准予立案。仰即饬遵，并候分咨民政部、学部查照立案书存送此缴。”[②] 中国地学会诸人重视立案，目的不同，获得选举资格，博得当道奖励，收获清名当为重要动因。

1911 年初，经过一年多的苦心经营，中国地学会气象初具。但其极力提倡的全国调查，却囿于经费，举步维艰。3 月 20 日，禀请陈夔龙出面筹款，称调查全国“挹注为难，故东西各邦皆由其国家主之”，今日国家“财政支绌”，拟“普告海内名公巨卿、通人学士量力捐助”。请大帅登高而呼，“异日地学昌明与世界各国争先并进，皆大帅维持之力也”。陈夔龙批示：“由本大臣捐助银圆伍百元，以资提倡。”[③]

同时，中国地学会又以地理与军事关系甚重，向正在筹划测绘全国舆图的军咨处禀请经费补助。早在宣统元年（1909）八月，军咨处即奏“拟设京师陆地测量局，先行测绘顺属地图”，[④] 获准。1910 年 5 月，军咨处颁布《测绘全国舆图之计划》，称：“军咨大臣以军政事宜关系紧

① 《本会纪事》，《地学杂志》第 1 年第 3 号，1910 年 4 月 29 日，第 1 页（栏页）。

② 《立案批准》，《大公报》1910 年 4 月 18 日，第 1 张第 5 版。

③ 《本会纪事：二月上北洋大臣直隶总督部堂陈禀并批》，《地学杂志》第 2 年第 14 号，1911 年 5 月 18 日，第 1 页（栏页）。

④ 《宣统政纪》卷 19，宣统元年八月，中华书局，1986 年影印本。

要，非有详细图表，不足以资研究。因决定通咨各省，仿照南北洋办法，设立舆地测量所，专司一切测绘事宜，遇事与本处测地局直接办理，以期组织完备。”① 载涛批示中国地学会的禀请，“具见该职员等研究精深，诚堪嘉尚，本处办理测量于地学一门采用尤广，着即将该会所辑各书，按期封送以凭参考”，并由“本处拨给银伍百元，以资提倡”。②

陈夔龙、载涛的奖励，极大地缓解了中国地学会的经济压力，使其得以致力于事业的开拓。此外，清季的专门社团承继甲午以来学会以学术干预政治的一面，主张学以致用，热衷议论时事、时政，时有学会被政府查禁。陈夔龙、载涛的认可，对于亦持此主张的中国地学会来说，不啻为一张护身符。以至于多年后张相文尚感慨，“清末各当道尚有奖励学术者”。③

中国地学会创建后，朝野各界颇有期许。学界论其立案说：“地理之学不明，则将来对于行政、外交种种受无形之障碍。吾国人素忽地学一科，近年始有人知其关系者。张君等以其恒心毅力，组织斯会，为研究地学之一助。使上而能诱掖之，下而能推广之，其有益于中国地学之前途，当不浅鲜也。”④

中国地学会是由张相文联合同志创办的专门社团，学会的经费由他筹措，会务被其长期掌控，个人办会色彩浓厚。其旧学出身而以新学知名的学术经历，以及主张君主立宪却与革党为伍，又依附北洋得安身立命之地的复杂观念与行事，显示其深受时代和自身素养中西新旧杂糅的制约。缘此，其掌控的中国地学会在移植外来学理和体制的同时，仍受中国士人固有观念与行事的影响，学术上倡言推行全国调查，建构科学地理，与世界争先并进的同时，又以考证地理为宗旨，试图贯通中西；行事上则以学术为沟通政界与发挥社会影响的手段，力求学以致用，借助学会组织参与政治，具有远较西方及后世专门学术团体更加复杂的面貌。随着经营的稳定，中国地学会声望渐高，成为清季民国具有代表性的著名社团，其复杂的事业与职能对后起的专门学会有深远影响。

① 《测绘全国舆图之计划》，《大公报》1910 年 5 月 3 日，第 2 张第 1 版。

② 《本会纪事》，《地学杂志》第 2 年第 15 号，1911 年 6 月 16 日，第 1 页（栏页）。

③ 孟森：《张君蔚西墓表》，张相文：《南园丛稿》（五），沈云龙主编《近代中国史料丛刊》第 300 册，第 2405 页。

④ 《海内外学务：中国地学会批准立案》，《华商联合会报》第 6 期，1910 年，第 83—84 页。

第二章　学术研究的开展（1910—1912）

中国地学会作为地理专门社团，开展学术研究是为当然。在学理上，其舍旧谋新宗外来的科学地理，认为中国地理旧籍虽多，但价值不大。因此，在引入东西学理构建科学地理的同时，援引西学系统条理中学旧知，编织学人谱系，构建学科系统，试图纳中学地理入西学分科体系中，以符合世界学术潮流。

海通以来外人逼处，边疆危机日重，引起学界的关注。主张疆域盈缩的根源在不明地理的中国地学会，承西北地理之余绪，欲以调查为本，研究边疆建言献策。中西海通以来，认识与内国相对的世界，以达知己知彼，渐为国人重视，在学者游历海外实地测量、调查难行的时代，中国地学会研究世界以译文为基石自为无可如何之举。

第一节　构建科学地理

清季学界华洋新旧杂糅，各家观念歧异，竞相争锋。光宣之际，新学渐有一统之势。其时中国科学方兴，学理尚极浅显，趋新者以鼓吹新知、构建科学为己任。乘势而起的中国地学会，以构建能与世界争先并进的科学地理为号召，几乎将新学地理名家尽数囊括，成为新学地理的旗帜、专门社团的代表。如此有组织、有系统地努力构建科学地理，即使在清季群起建设新知识的潮流中也不多见，对中国地理学科的形成及学术的发展流变有着重大影响。

既往学界对中国地学会构建科学地理已有所关注，但受派系眼光及研究观念的限制，认识与实情相去甚远。而且关注的目光大都集中于中国地学会引入科学新知的一面，对其深受传统观念与行事的影响，追求专门、古雅的另一面取向，以及为挽国难致富强，以学术研究参与时事时政等面相，少有注意，难以全面深入地理解中国地学会在华洋新旧学理以及学术理想与政治现实之间的纠结与挣扎。尽可能地搜集史料，将其置入近代中国华洋新旧杂糅的历史现场，全面考察中国地学会构建科学地理的事实，方能理解前人意图，并体会创业者筚路蓝缕的艰辛。

一 以调查植根基

清季学界华洋新旧争锋，如何取舍至为关键。趋新者认为中学不足以应变局，倡言“因为是旧学问不好，要想造成那一种新学问；因为是旧智识不好，要想造成那一种新智识”。[①] 日俄战后，时人深感日本对中国持侵略主义，忧虑新学步趋日本，断言“故人而无精神上之独立，则人将非人；国而无学问上之独立，则国将不国”，若早得教育、学问的独立，“日本人虽有野心，奈何我国人”。[②] 光宣之际，以“留学东西毕业专门者及毕业本国高等以上学堂者”[③] 为主体的专门学者群体形成，科学学会蜂起，构建新知识的条件初步具备。

由趋新地理学者组建的中国地学会，认为人类聚族求存，而天演剧烈“势不能各守封疆无相侵夺”，故疆域随民族的盛衰而盈缩，“然溯厥由来，亦惟地理上之知识优劣不齐”。近世以来中国外交失败，边事日亟，“虽欲画疆自守，聊固吾圉，而犹不可得”。今日地理虽为学校重要学科，学者兢兢业业“披舆图、考疆索、分经析纬”，但相比西人调查水陆要地“以资生利用者”[④] 尤不足言，以致出现“近世地理诸书大抵译自外国，凡外人之所述者，则复冗无节，外人所未述者，则漏略弗详”[⑤] 的尴尬局面，急需调查兴学，以竞争求存。

其时在国人的认知中，不仅地理，“西人各种事业皆以调查为起点”，甚至“俱有一种调查之学问”，“至于各种专门学会及一切企业会社，尤以调查为专务焉”，[⑥] 因此朝野上下热议调查。中国调查方兴，只能通过外人调查了解自国，国人痛言：“鄙人有心于蒙古久矣，寄居异国，不能身入该地，从事调查，而又鲜国书参考，苦极苦极。不得已功

① 《论本报第三年开办的意思》，《杭州白话报》第3年第1期，1903年，第1页。

② 韩梯云：《注日本高田早苗之支那教育论（未完）》，《直隶教育杂志》第2年第18期，1906年11月30日，第5页（栏页）。

③ 李守郡：《清末结社集会档案》，《历史档案》2012年第1期。

④ 《地学协会启》，《大公报》1909年9月22日，第2张第3—4版。

⑤ 罗汝南撰，方新校绘《中国近世舆地图说》，“自序”。

⑥ 《顺直谘议局预备议案》，《大公报》1909年11月2日，第2张第3版。

课之暇，访问游蒙诸日友，及涉览外人之著作。”[①] 外人在华调查，限于中国地大，又有种族、语言、时间、交通诸多不便，范围有限。来华调查的外人抱怨：“盖外人旅行于中国内地，甚为困难。所可调查者，仅沿官道一线，及其附近之地而已。”且调查者又非必为专家，“其所报告大抵据土人传说”，[②] 欲以此为基础构建科学地理，显然不够。

中国地学会认为中国土地广阔，地理环境复杂，调查全国仅靠个人力有不逮，政府又不作为，唯有合群分测，因此定调查为会员的义务。为了推行调查，决定将会所暂时设在天津，日后拟在京师设干会，各省设分会，由此推及各府州县，以方便调查。

中国地学会除重视调查、发展学术以外，兴学战、保利权亦是重要考量。海通以来西人屡屡来华调查，“北自天山，西北至卫藏，东南际海，中国官吏或有所未至，欧人之车辙马迹，已无不交错于道”。[③] 光宣之际，国势愈衰，外人来华调查几无忌惮。1909 年 6 月 21 日，舆论报道入藏外人“无一而非野心家也”，[④] 西藏不亡何待；6 月 23 日，又谓日本政府数年来派法政学生赴中国调查，福建、两广、云贵皆已完成，“以视我特设之调查局，其呈功为奚若也”。[⑤] 反观中国，因地理不明，内政不修，外交失利，于是有人起而呼吁：“非正疆域无以策治理之方，非勘边界无以戢侵越之渐，非悉险要无以筹攻守之法。”[⑥] 视地理学及其相关调查为治国卫疆守土的重要凭借。同时，随着地方人办地方事的地方自治主义兴起，各地纷纷设立调查会，调查本地各项事业，助力官绅办事。缘此，中国地学会定调查兴学、资益内政外交为主要事业。

西人认为，地理学成为独立学科的条件之一是拥有专门报刊。甲午战后，国人兴学会办报刊，倡议维新，鼓吹新学，但多政论少专门。1910 年前后，舆论认为专门报刊与学术关系甚大，“盖实业专门之学日盛，则其报日多，报日多，则实业专门之学愈盛”。[⑦] 中国地学会在发起

---

① 《蒙藏宗教谭》，《东方杂志》第 7 年第 1 期，1910 年 3 月 6 日，第 1 页（栏页）。
② 《中国矿产》，史廷飏译，《地学杂志》第 1 年第 1 号，1910 年 3 月 1 日，第 4 页（栏页）。
③ 王与龄：《忠告上篇》，《昌言报》第 10 册，1898 年 11 月 19 日，第 2 页。
④ 《外人入藏如此之多》，《民呼日报》1909 年 6 月 21 日，第 2 页。
⑤ 《日本调查浙江详情》，《民呼日报》1909 年 6 月 23 日，第 2 页。
⑥ 《皇朝舆地通纪例言》，《申报》1898 年 7 月 26 日，第 2 版。
⑦ 高松如：《农会报序言》，《湖北农会报》第 1 期，1910 年 5 月 23 日，第 1 页（栏页）。

时，即将编辑杂志列入章程。正式建立后，选举有编辑部长、编辑员。1909 年 10 月 3 日，中国地学会开会讨论会务，自承应办事项甚多，但因经费支绌不能全部筹办，拟先按期出版杂志作为交通联络的机关。杂志的编辑由会员尽义务，印刷费由张相文垫付，又预定下次会议筹议发行杂志的办法，审定“调查册式样及条目”。[①]

1910 年 3 月 1 日，中国地学会正式出版会刊《地学杂志》，作为学会内外发表研究、交流学术以及推行全国调查的机关刊物。《地学杂志叙例》写道：外人游历我国，辄就调查编著图说，“归以饷其友群，或转而溉其余沥于我国”。国人游域外，对彼邦“则耳熟焉，而未能详也”。域外且不论，国内“间有之亦略而弗瞻，否则十年数十年以上之陈述无当于目前事实，否则日记月报一见再见而弗能为继，否则偏隅撮壤传闻异辞而未窥乎全局，皆非所以观变迁审形势也”。人类合群居住，“竞争应事而生”，为唤醒国人特办刊，“拟以见闻所得，汇录杂志。其体裁则略依史例，变易其规，经以中夏，讳以列邦”，内容注重民生、物产、疆域沿革，“国际为尚，教材次焉”。[②] 其后，中国地学会发布启事，谓政、学、军、商各界君子有调查所得、见闻所及，请予赐稿，“以期互相研究，交换知识”。[③]

《地学杂志》出版后各界对其甚有期望，舆论称世界愈进化需要专门人才愈多，“假令承学之子咸知自奋，则专科杂志之出也，适足以投其所好而已”。中国地学会诸君共同努力，“至吾国地学之发达，吾亦将于是杂志之风行卜之矣”。[④] 中国地学会会员马登瀛、贾树模认为，地理是施治的基础，“且非知其最近情形不能应用。而吾国地理学图书或取材古籍，或则恃外国之本，实不免明日黄花及以讹传讹之弊。自有此会会员各尽调查之义务，有《地学杂志》以报告全国，从前之弊可一扫而空矣”。[⑤]

中国地学会虽极力推动国内调查，但经费匮乏，维持会务所需的每

① 《开会续志》，《大公报》1909 年 10 月 5 日，第 1 张第 6 版。

② 《地学杂志叙例》，《地学杂志》第 1 年第 1 号，1910 年 3 月 1 日，第 1 页（栏页）。

③ 《启事》，《地学杂志》第 1 年第 2 号，1910 年 3 月 30 日，前附页。

④ 《地学杂志》，《教育杂志》第 2 年第 5 期，1910 年 6 月 16 日，“绍介与批评”，第 2—3 页（栏页）。

⑤ 马登瀛、贾树模：《新疆行程记》，《地学杂志》第 2 年第 11 号，1911 年 2 月 18 日，第 2 页（栏页）。

月二百大洋，尚需张相文补贴，调查计划举步维艰。1910 年 5 月 8 日，中国地学会总理、直隶提学使傅增湘致函各省提学使以及直隶各学堂，称地理涉及甚广，“非联络各省、各属不足以广调查”，今就《地学杂志》“以为交通之机关”，[①] 交换各地地志，合力调查全国。其实际意图则是售卖杂志，获得维持会务与推行调查的经费。然而，《地学杂志》是受众有限的专门杂志，获利维持会务尚且勉强，求其用于全国调查，不啻杯水车薪。1911 年 3 月 20 日，中国地学会禀请直督陈夔龙出面筹款，谓调查全国、编译杂志，“挹注为难，故东西各邦皆由其国家主之”，今日国家财政支绌，“拟即普告海内名公巨卿、通人学士量力捐助，请大帅登高而呼”，“异日地学昌明与世界各国争先并进，皆大帅维持之力也”。陈夔龙批示：“由本大臣捐助银圆伍百元，以资提倡。”[②]

中国地学会调查计划难行，除经费外，人才缺乏亦是重要原因。其时，趋新人士多为旧学出身，通过杂志、译书改宗西学；留学日本归国的则多为速成师范毕业生，未经过专业训练，又缺乏仪器，期望其进行专业性的调查，也是强人所难。清季《地学杂志》刊载的会员调查报告，仅有张相文《大梁访碑记》《粤西琐谈》《冀北游览记》《滦阳纪行》《豫游小识》，英华《关外旅行小计》，马登瀛、贾树模《新疆行程记》等寥寥数篇。考各家作文的目的，以文学知名的张相文主要是访古与回忆旧闻，英华为病后散心，马登瀛、贾树模因为有事于新疆顺道而为，既非以调查为目的，又未进行实测，类皆重文采轻专门，未脱固有游记的窠臼。

当然，近世以来，中国国难日亟，学者难以独善其身，即使是寻奇探幽的文字，亦不免涉及艰危的时势。直到 1930 年代，张其昀还不免慨叹：“地理学固有赖于游历，但世人所发表之游记，其足称为地理著作者实甚少。余曾言从前游记之作，每重文辞之美，留连光景，低回陈迹，是其所长，而今日学术之所尚则异焉。”[③]

---

① 《本会纪事：三月二十九日总理傅咨送各省提学使、札饬直属各学堂稿》，《地学杂志》第 1 年第 4 号，1910 年 5 月 28 日，第 1 页（栏页）。

② 《本会纪事：二月上北洋大臣直隶总督部堂陈禀并批》，《地学杂志》第 2 年第 14 号，1911 年 5 月 18 日，第 1 页（栏页）。

③ 张其昀：《近二十年来中国地理学之进步（续）》，《科学》第 20 卷第 6 期，1936 年 6 月，第 453 页。

中国地学会的调查计划搁浅，致使《地学杂志》所载调查报告多系译文，详外略内，兼国事艰危，救国迫急，欲实行调查，时间难裕，只能采用旧有，其痛批的“略而弗瞻”、“陈迹”及“传闻异辞”等弊病自然难以避免。章太炎批评清季学术详于域外略于内政，谓：“有清末叶，国事纷扰，外侮日迫，有志之士，欲唤醒国人迷梦，故对于域外记载，不厌其详，其流弊至使内政要点，处处从略。”① 其实，详外略内也有不得已的苦衷。中国地学会会员苏莘论及调查全国之事，“以土地如此之广大，实测者百什不及一”，而“分省分道分县实行调查”，② 必须有强大的人力、财力支撑。遗憾的是，中国二者皆十分窘迫，调查自然难行。

二 引入东西学理

中国地学会建立时，适逢中西学术异势。早在1906年2月，在华传教士就已经察觉到中国的变化，谓：“时至今日，华人之讲求洋务者众矣，仿效西法，崇尚西学者亦日益多。”③ 西学的引入较西法又少政治方面的障碍，所谓“惟学科之研究，器械者也”，可以移花接木，因此学术的引入“交易之性质耳，无所谓权利于其间也”。④ 而欲谋学问的独立，首先应引进学理做根本的改革。中国地学会认为地理旧籍不足用，科学还处萌芽时期尚极幼稚，引入东西学理是构建新知识的前提。其时，国人对此多有认同，雷铁厓称：“中国数千年来安于旧有学识，方自得为文明大国。今日欧潮东渐，民智渐开，乃觉人之文明优于我，我不追风步影，以求其可立于竞争之地位，则必归于天演之公理，此近日吾国民之心理也。”⑤

中国地学会规定《地学杂志》刊文以国际为尚，意欲引入外来学

① 《在金陵教育改进社演讲劝治史学并论史学利弊（一九二四年七月上旬）》，章念驰编订《章太炎演讲集》，上海人民出版社，2011，第283页。

② 苏莘：《地学丛书序》，张相文编订《地学丛书》，民国17年铅印本，第1页。

③ 《商原》，《益智汇编》（1906年2月），转引自刘望龄编著《辛亥首义与时论思潮详录》上卷，第183页。

④ 韩梯云：《注日本高田早苗之支那教育论（未完）》，《直隶教育杂志》第2年第18期，1906年11月30日，第2页。

⑤ 《谠言（一九一〇年十二月九日）》，唐文权编《雷铁厓集》，华中师范大学出版社，1986，第130页。

理，兼通中西。纯粹学理代表学术的高度与成就，又是致用的基础，成为中国地学会输入的主要内容。引进外来地学学理，自以西洋为首选，如德国自然地理、法国人文地理、美国气象学之类。然而是时中国尚无在欧美学习地学回国的留学生，国人通西文者又无专门知识，求其做纯粹学理的翻译显然为难。中国地学会只能将名誉赞成员德瑞克在学会的演讲，以《论地质之构成与地表之变动》为名刊发，聊胜于无。其称中国地学“古有发明”，因未被学者列为专科研究，“故后世卒鲜进步”。当今地理范围极广，关系各科甚深，研究地理学“须先明与地理关系最切之地质学”，盖地理学以考察山脉、海洋与生物分布为主，“而其生成及作用”无不关系地质学。至于讲演的依据，一由实地考察所得，一就地质学学理推断而来。此前中国锁国，旅行求学者绝少，故地理学不发达，现在中国地学会提倡实地调查，各处情形不难明白。“况地质学精，则山海之成因，生物之分布，皆可推复而明其故。地理学之进步，不难一日千里矣。”①

除德瑞克的讲演外，中国地学会会长张相文之子、其时刚从哈佛大学化学系毕业的张星烺，翻译美国唐雷《地轴移动说》。文章以抽象理论解释现实中的国界争端，指出地球有绕日、自旋两种移动，其中自旋每 24 小时一周，速率每小时约 1000 英里。地球自旋带来极点变动、纬线变迁，导致国家间边界改变，极易引起国际争端。如美国与加拿大边境有一段以北纬 49 度为界，若因纬线变迁发生争端，“虽依公法裁决，然习惯之地址必因实测之纬度，生出许多纠葛，可预言也”。而其移动的规律，因地球“质体”不一，不能拘泥于一说，至今未有定论。② 石焕如自东文转译的《人类起源之时代》，是柏林大学地理学教授宾古在日本东京帝国大学的演说，内容主要是提倡综合各学科研究人类的起源。③

西洋学理的引入，因地理距离与语言障碍，颇受阻隔。不过，中国地学会有留日、知日的会员，熟知东京地学会及其会刊《地学杂志》，

① 德瑞克讲演，王世英口译，耿兆栋笔述《论地质之构成与地表之变动》，《地学杂志》第 1 年第 1 号，1910 年 3 月 1 日，第 1—9 页。

② 唐雷：《地轴移动说（续前）》，张星烺译，《地学杂志》第 1 年第 9 号，1910 年 11 月 21 日，第 6—7 页（栏页）。

③ 宾古演讲《人类起源之时代》，石焕如译，《地学杂志》第 2 年第 16 号，1911 年 9 月 12 日，第 1—7 页。

所以引入的学理大体为东学。时人亦称：“世界文化最高之国，无过于英法德美奥者。而东方新兴之国，厥惟日本。”[①] 中国地学会编辑员史廷飏翻译的中村清二《极光之成因》认为，从极光的地理分布来看，距离地磁极愈近愈多。其出现的频度与太阳黑子的活跃度有密切联系，“黑点多时极光亦多”，且周期皆为11年。最后中村指出：“盖所谓极光者，即空气上层极稀薄处所存之一种真空放电也。以真空放电之故，而使地磁气变动，又使大气发光。极光之现，实由于此。”[②]

1910年5月28日，《地学杂志》刊发可权译佐藤传藏《冰河原始论》。文章指出冰河期的生成，前人“或谓当归于天文学者，或谓当归于地理学者”。主天文学者，可信的如克罗尔，根据“地球轨道变化”与“春分点之前进”阐释冰河生成的原因，“未必能十分勘透，然其中固含有许多真理”。主地理学者，则大多“主张陆海变迁、洋流改道与陆地之高度增加，因使气候寒冷，为冰河发见之理由”，以与克氏相争。今世学术进步，鄂雷斯合天文、地理二家学说解释之，“且有确凿之证据，是亦一快事也”。[③]

中国地学会认为地理不明，每致交涉失败，丧权失地，欲研究地理以保利权，因此对涉及领土的新学理极为敏感。而此类问题亦是国人与舆论注目的焦点，典型的如飞行器，得到各界的关注与舆论连篇累牍的报道。《东方杂志》称飞行器开启了战术革命，欧美各国无不力求进步。[④] 军咨处会同陆军部、海军处通告各省，氢气球各国应用已久，“颇得效力，现拟先于全国陆军添备交通专队”，并着各省访查保送“曾在外洋习练熟谙此项制造运用专门人才”。[⑤]

中国地学会从地理专门视角，重视随飞行器产生的空中领土论。

---

① 陆费逵：《论各国教科书制度（1910年）》，陈元晖主编《中国近代教育史资料汇编·教育思想》，第875页。

② 中村清二：《极光之成因》，史廷飏译，《地学杂志》第1年第3号，1910年4月29日，第1—5页（栏页）。

③ 佐藤传藏：《冰河原始论》，可权译，《地学杂志》第1年第4号，1910年5月28日，第1—3页（栏页）。

④《战术上之大革命》，《东方杂志》第6年第10期，1909年11月7日，第90—91页（栏页）。

⑤《陆军飞球专队预备法》，《东方杂志》第6年第12期，1909年1月6日，第394—395页（栏页）。

1910年4月29日，《地学杂志》刊载《飞行器与空中领土》指出，近来英、美、德、法、日均设有飞行器研究会，随其产生的空中领土问题得到国际法学家的关注。若以飞行器“可得升上之范围”为领土，违反现有国际法，但随着飞行器的进步，空中领土的范围“早晚必有确定之一日”。各国热心研究“空中领土可得侵犯与否”，[①] 以维护国权，中国亦不可不早做准备。之后，舆论呼吁列强竞相发展航空事业抢占空权，中国却茫然无知束手待毙，“恐大陆瓜分之局必一变而为空中瓜分之局，言念及此可为寒心，吾愿我国民勿以此为怪诞，勿以此事为夸大”，[②] 与中国地学会的担忧和主张不谋而合。

中国地学会援引外来学理，除发达学术外力求学以致用。梅雨是中国长江中下游、韩国南部、日本中南部，每年6月中下旬至7月上半月持续天阴有雨的地理现象，与生活、生产关系甚密。江苏全省皆有梅雨，苏人主导的中国地学会当然关注其研究。史廷飏译《梅雨发生论》，称梅雨的成因，气象、地理两家说法不一。马场信伦主张低气压说，其后顿野广次郎提出高气压说予以反驳。冈田武松为支持马场的低气压说，著文进行了详细的解释，批评“世人之论梅雨者，谓起于季节风交代时，因气流反对冲突，致令淫霖不止”，缺陷在“第一不知季节风之理由；第二不知时期之差异，剿袭旧史，诞妄不经，未足为据也”。[③]

海通以来外来专门学者的在华调查报告，以致用而言价值颇高，至于其本东西学理条理、剖析中国地理材料，亦值得中国学者参考。1910年3月30日，《地学杂志》刊发杜之堂译石井八万次郎《楚蜀之山形地质谈》。石井自称1902年在宜昌至成都间旅行，考察地质。他记述湖北、四川的岩层大部分是片麻岩，“褶曲如磐城之高原”，其余赭土、砂岩、石灰岩“亦层累褶曲，不为水平线而为波动势”。经过外力的侵蚀，“向斜谷为赭土、为砂岩，其色如赤铁矿，小邱起伏，风景畅快，农园村镇所在多有。背斜谷之两侧，石灰岩耸立，谷幅峭狭，阴郁而险峻，中国

---

① 《飞行器与空中领土（节录）》，《地学杂志》第1年第3号，1910年4月29日，第8—9页（栏页）。

② 牛逊：《论航空事业我国急宜防备》，《民立报》1910年11月22日，第1页。

③ 《梅雨发生论》，史廷飏译，《地学杂志》第1年第4号，1910年5月28日，第1—4页（栏页）。

画家每峭石壁立悬瀑奔湍，即背斜谷之特色也”。[①] 其后，史廷飏译《钱塘江沿岸之地质》，称江西与浙江之间“多赭色砂岩及中生代砂岩，因此砂岩之作用”，[②] 成为鄱阳湖与钱塘江的分水岭。沿江的桐庐主要是花岗岩、石英斑岩，诸暨则大部分为结晶片岩。根据调查，钱塘江南源衢江沿岸的岩层内储藏有煤炭，但因运输不便，没有开采的经济价值。

中国地学会欲引入外来学理构建新知识，受时代、语言及自身学识的限制，输入的主要是新兴的东洋地学，而非西洋学理。由于日本地理面积狭小，环境单一，其研究难以对应土地辽阔、地形复杂不下数十倍的中国。以中国地学会极为重视的导淮研究而论，日本国小河短，没有治理大江大河的经验与理论，而大洋彼岸的美国，虽有治理大河及建设近代大型水利工程成功的案例，但中国苦于引入无门，不得已，只能因循旧理。

三　借外来学理解决中国问题

清季中国科学幼稚，教育与学术多本译文。舆论反思学习外人以前太过保守，今日又有点过火，中国虽有不足，“岂能就把中国整个的不要了，改随外洋去吗？”故“只可以学他们的精神，不必尽求其形式”。[③] 尤其地理学又是地域材料性较强的学科，外人对于世界其他地区的研究，显然无法照搬用于中国。学界对此早有注意，张相文即鉴于地理教科书取材域外，学生对所学惘然不知，特“就中国地文上事实，羼以普通地文学之教材”，[④] 编著《新撰地文学》，大受师生欢迎，热销二百万部。光宣之际，接受系统西式教育的毕业生开始进入学术界，他们依据新学学理，以专业视角研究中国地理，自与外人有别。

中国地学会会员东京帝国大学地质系学生章鸿钊，1909 年假期回家

① 石井八万次郎：《楚蜀之山形地质谈》，杜之堂译，《地学杂志》第 1 年第 2 号，1910 年 3 月 30 日，第 1—2 页。

② 《钱塘江沿岸之地质》，史廷飏译，《地学杂志》第 1 年第 7 号，1910 年 9 月 23 日，第 5 页（栏页）。

③ 《太过与不及》，《伊犁白话报》1911 年 4 月 23 日，转引自刘望龄编著《辛亥首义与时论思潮详录》上卷，第 345 页。

④ 《张相文呈新撰地文学改正再呈审定批》，《学部官报》第 136 期，1910 年 10 月 23 日，第 2 页（栏页）。

乡湖州省亲，游览当地名胜黄龙洞，著《黄龙洞生成观》。文章谓《吴兴志》记弁山黄龙洞“石随龙势”，相传有黄龙出而得名。历代游记多记其形胜、雄奇，岩质及生成原因则未有涉及，于是“龙见之说所以历久未去”。据调查，弁山是赤色砂岩，“其下恒有含炭之砂岩层”，且富含黄铁矿石。山道多是石英岩，洞外是方解石，洞内是石灰石。由岩石及地质构造证以地方志，山洞的生成“已彰彰无以遁其形矣”。洞南的圆石“为洞口沉积之证”，即所谓喷泉塔，与孟莫司泉的生成当“在伯仲之间”，[①] 可知黄龙洞的生成仅千余年。章鸿钊沟通中西，以地质学原理、方法解释地方志的逸闻及地理现象，可谓有得。

中国自古以农立国，农业是国家、民族的生存基础，历来受国人重视。地理与农业关系甚大，中国地学会欲引外来学理研究农业，促进其发达。留学日本拟学习农科、受名额所限改学地质的章鸿钊，在调查时注意到杭州乡民将石灰作为肥料使用，甚为忧虑，遂着手研究肥料学的要点、石灰为肥料的利害以及地质、气候与肥料的关系，撰为《论杭属以石灰代肥之隐忧》。其指出农业生产必恃肥料，若选择不当则膏腴为石田，其他国家或许可以用工商业补助农业，工商凋敝的中国唯有束手待毙。

肥料学的要点在于知道植物生长所需与所缺，所需十余种要素除“窒素”、磷酸、“加里”必须人为添加外，其余均广泛存在于自然界中，且用之不竭。农家不懂肥料学，只知沿袭先辈经验，而不知石灰是没有肥力的间接肥料，利在“（一）石灰能使土中有机物速为分解；（二）石灰能化土中不溶解物为溶解物；（三）石灰能治诸种之矿毒”，害处是“（一）耗竭地力；（二）消灭耕土；（三）能使产物品质渐劣”，长期使用，势必导致地力衰竭。日本为指导农家施肥，设有肥料检查所，“以长官监督之”。[②] 中国应借鉴其办法，设立专门机关调查地质、物理的关系，以图农业的发达。

因地力关系国家盛衰、朝代更迭，日本札幌农学校中国留学生陶昌善，议论地力养成的原理及方法，作《地力说》，刊载在1911年3月20

---

① 《黄龙洞生成观》，《地学杂志》第1年第2号，1910年3月30日，第1—4页（栏页）。

② 章鸿钊：《论杭属以石灰代肥之隐忧》，《地学杂志》第1年第10号，1910年12月21日，第1—6页（栏页）。

日的《地学杂志》。文章称就农业经济学而言，地力是土地的生产力，土质不同则地力有异。地力又有广狭的分别，广义有负力、植力、养力；狭义仅指养力，即“土地之中贮其天然养分，供诸植物吸收，得助其生长者是也”。土地收获与养力正相关，中国“文化日进需要益奢，人口日众生计愈艰”，国土又遭外人侵蚀，“不足供四亿人民之食”。唯有恢复地力，“或灌溉以匀其养分，或排泄以除其卑湿，或用农业机械以深耕，或施人造肥料以肥土，或轮作栽培使地力无偏枯之虞，或耕地整理使土地尽利用之道，更或撒布细菌类以摄取空中窒素，或举行客土法以改良偏颇土质”，方能足食。纵观四千年历史，“吾中国地力之消长，实与朝代之隆替相循环于其间也”,[①] 亟宜研究以为国用。

日俄战后，日本觊觎中国内海渤海，强指其为公海，征收渔业税，登刘公岛伐木,[②] 挑起国际法、领海权的争论。中国地学会为维护国权，连续刊文与之相争。《渤海湾全部为中国领海说》阐述渤海为内海的理由，斥责“稍明国际公法及地理学者类能知之，乃日人故为异议，哓哓强辩，多见其不知量耳。虽然强弱异势，公理或淆，三人市虎，曾参杀人，听者不察，恒多附和，所以不费言辞与日人争辩”。[③] 实际上渤海问题争论的本质不在地理或者国际法上的证据，有贺长雄声称：“苟亦以国际法争之者，迂之极也。要惟在以实力速与对手国（即中国）结特殊之条约而已。”[④] 1910 年 12 月 24 日，《民立报》报道外务部与日本公使交涉，亦称：“探系确因该国兵队觊觎渤海，有实行占据之说，故极力要求撤退，否则另有办法云。”[⑤] 故渤海之争在实力而非学术，然而书生舍学外，夫复何为！

1911 年 3 月 1 日，舆论谓渤海交涉尚未结束，外务部咨奉天省实地

① 陶昌善：《地力说》，《地学杂志》第 2 年第 12 号，1911 年 3 月 20 日，第 1—4 页（栏页）。

② 《第二之东沙岛又现》，《民吁日报》1909 年 10 月 23 日，第 2 页。

③ 《渤海湾全部为中国领海说》，《地学杂志》第 1 年第 5 号，1910 年 6 月 26 日，第 43 页。

④ 《东三省中日交涉近闻》，《东方杂志》第 7 年第 6 期，1910 年 7 月 31 日，第 133 页（栏页）。

⑤ 《渤海之风声鹤唳》，《民立报》1910 年 12 月 24 日，第 3 页。

测量划清领海与公海的界线，“以固疆圉而保主权”。[①] 5月13日，又报道政府命各海关道“查明海权界线”。[②] 缘此，中国地学会会员白月恒著《渤海过去与未来》，分洪水以前、洪水以后、自今以往三个时期考察渤海海域的变迁，论证其未来必然为桑田。文章说，在冲积纪华北平原皆为大海，随着水力、风力等搬运的泥沙沉积，“水量日缩，陆地日增，四围山脉陡起，自然有海岸迴绕之势”。根据地质及历代史志推测，洪水期以后的渤海海岸线，“较今日渤海面积增二百里至三百里之间”。未来渤海若以此前每千年沉淀五十里的平均速度计算，两千年后“当半为桑田矣”。[③] 白月恒本意在以学术参与交涉，但政府对外交持秘密主义，防范舆论，又严禁士子议政，所以只能据地理学理研究渤海海域的变迁及未来趋势，间接为争端寻证，进而引起国人的关注。

20世纪初，国人的种族意识觉醒，各界热议人类及中国种族的起源、形成等问题。种族与“黄祸论”起自欧西，德皇首倡黄祸，“欲撩动欧美人之妒忌心以倾覆中国”。[④] 同为黄种的日本人附和其说，因“日本自以为执东方各国之牛耳，以统一亚细亚人，抵制欧罗巴人之势力，为其目的之一”。[⑤] 俄国为侵占蒙古，声称汉人移民蒙古，渐及俄国边境，且日进不止，若任由四亿汉人蔓延，将影响俄国内地以及欧洲各文明大国。又在蒙古掘坟，以证其原有人种是白种人。[⑥] 学界关于人种起源主要有多源说、一源说，西人倡中国人种西来，国人看穿其在学术外为殖民张目的意图，力主国人“黄帝其祖，中国其名，满汉蒙回苗藏安南朝鲜其同谱而一系者也”。[⑦]

1911年11月10日，《地学杂志》刊载的熊秉穗《中国种族考》，以中国古典附会西学，称中国民族的起源主要有帕米尔高原和本土两种说法，然而，“本世界以前，当有无数世界”。据说《河图》《洛书》即是

---

① 《关于领海之部咨》，《民立报》1911年3月1日，第4页。

② 《嘻领海尚未划界》，《民立报》1911年5月13日，第5页。

③ 白月恒：《渤海过去与未来（节录）》，《地学杂志》第2年第14号，1911年5月18日，第1—7页（栏页）。

④ 《论世界之祸变》，《民立报》1911年9月30日，第1页。

⑤ 《日本与印度》，《东方杂志》第8卷第1号，1911年3月25日，第17页（栏页）。

⑥ 《俄国对蒙之大阴谋》，《民立报》1911年3月1日，第1页。

⑦ 瓜刨：《中国学界联合会序》，《民立报》1911年5月27日，第1页。

此前世界刻石沉入水中，至大禹时被发现始得以再次出世。又证以墨西哥万年前的古碑，“盖荒古时文明之扫荡如此类者，不可胜数也”。他还曲解外来学理，混合多源与一源说，声称中国及巴比伦的古传说均不足为据，但人类起源久远，“中西古籍所记皆同亦可异矣”。据近世地质学家的论证，人类在距今一万至十万年间即有大迁徙。“本世界太古时洪水淹浸大陆”，欧亚大陆地势最高的葱岭一带成为人类的避难所，水退后分徙四方，“是故谓各洲人民皆发生本土者，乃洪水以前之事，谓来自帕米尔者，乃洪水以后之事也”。而洪水时避居本土高地的遗民，各据本土“蕃育子孙”，日久遂与外来的客民“相混合而不能辨”。

为自证其说，熊秉穗“试就中国民族贯古今通中外而纵论之”。黄帝以前中国已有人类，如神农、炎帝、蚩尤等部落，因此国人自称黄帝子孙“殊不确”。但黄帝来自西方的说法亦不错，《史记》记黄帝归老昆仑，因黄帝部落由帕米尔东迁中国，“既老，不能无故乡之思，故归于昆仑墟耳”。实际上亚洲各民族无一未经迁徙，“且多缘迁徙而强盛，几若自成一公例”。数千年来，“大抵能得善地则兴盛，不能得善地则衰败”，黄帝率部落东迁，世君中国，“赫然为全国各族代表之故，可以类推矣”。沙漠族群匈奴、突厥、蒙古，相继以迁徙得地利而强盛；通古斯人散居北方，鲜卑、回鹘、契丹、女真等各族群相延，“今人以满洲为东三省地与人之总称，实非其旧”。至于各族内迁后汉化，“皆顺天演之自然为同化也”。[①] 熊秉穗意图以地质、进化、种族说附会中国传说与古史，证中国民族“贯古今通中外”与西人各族并无不同，进而探究种族盛衰的道理以为鉴戒。

近世以前国人基于中华文化的自信与包容，对待外来学术，每行取珠还椟之策，取其精华弃其形式，融入中学之中，从而造成一种新学问。地学的特质也决定了外人以域外为对象的研究难以符合中国情形，故中国地学会借外来原理、方法解释中国地理问题，是构建新知识的必由之路。但此种做法对学者自身的学术素养要求较高，高明者自能因地制宜解决问题，庸俗者则易流于穿凿附会，但因其论证符合大众心理，往往

① 熊秉穗：《中国种族考》，《地学杂志》第2年第18号，1911年11月10日，第1—12页（栏页）。

较高明者更受欢迎。

四　用西学地理系统条理中学

光宣之际，国内实行西式教育未久，新学中坚几乎皆是旧学出身改宗西学，欲引进新理，又与旧学难以割舍，试图贯通中西自创新法。仅就地理而言，西人公认古代"中国的地理学研究，是广博的学术传统中的一部分，超过了同时代的基督教欧洲所知道的任何东西"，[①] 如何处置中西古今学术的关系，考验学人智慧。高田早苗声称："支那真有变法自强之一日，其必在于举支那旧来之学问与西洋新学而调和之。"[②] 1906 年 11 月，尚热衷西学的王国维，论文科大学欲聘遗老任本国学术教师，称遗老即使愿意应聘，"或学问虽博而无一贯之系统，或迂疏自是而不屑受后进之指挥"，故若无合格的教授"则宁虚其讲座"。而学生经过大学的系统教育，通外国哲学、文学则研究本国学术必将超越老辈，"故真正之经学、国史、国文学之专门家，不能不望诸此辈之生徒，而非今日之所能得也"。[③] 其时中国学界不仅新学，旧学家亦有人主张灌输欧美文明，补救先儒学术。[④]

中国地学会宗科学地理，引入外来学理的目的之一在改造旧学，将其纳入新知识体系之中。1910 年 9 月 23 日，《地学杂志》刊载李志敏译《古代地理学》。文章称古代地理学"非说古代平面地理，又与搜查邦邑建设之遗址，寻求人文发展之径路"的历史地理不同。其研究地球形成以来各个时代的地理环境，以及人类对地形、自然界的影响。研究方法有纯属地质学范围的，如研究岩石的生成与变迁；有借助动植物学家的，如研究古生物化石的时代与"形质"，以及比较古生物与今日动植物的异同；还有需依据考古学家、历史学家的调查，及复原的古物与古建筑的，如考察历史时期人类的分布与迁徙；另外地震研究等学科的方法亦值得借鉴。其意图引进系统的外来古地理学体系入中国，上溯地理学至

---

① 杰弗里·马丁：《所有可能的世界：地理学思想史》，第 52 页。

② 韩梯云：《注日本高田早苗之支那教育论（续）》，《直隶教育杂志》第 2 年第 19 期，1906 年 12 月 16 日，第 1 页（栏页）。

③ 《教育小言十则》，谢维扬、房鑫亮主编《王国维全集》第 14 卷，第 86 页。

④ 《广告：克复学报》，《民立报》1910 年 10 月 11 日，第 1 页。

地质时代，补中国地理所缺，以使其“完成为一科学”。[1]

地图是地理发展的标帜，厘清地图学史则大体可知地学史的脉络，且直观易于比对，容易分别家派、形成系统。中国地学会编辑员陶懋立著《中国地图学发明之原始及改良进步之次序》，引西法条理中国地图学，试图将其系统化，并建立清晰的学术脉络与学人谱系。其称中国偏居亚洲东部，自周至唐虽有地图传世，“然不知世界之大”。宋以后蒙古疆域达到欧洲，得阿拉伯方法，地图学得以“大进”，知世界之大。今世五洲大同，西人地图学输入中国，“因是以有今日地图学之进步”。据此中国地图学可分为三期：第一期从上古至唐为中国自制地图的时代；第二期从宋元至明为阿拉伯地理学传入的时代；第三期从明末至现世为欧洲地理学传入的时代。

陶懋立在构建出完整的中国地图学史的基础上，又做出阐释，谓中国地图学起源于夏，“所谓一种之地籍图也”。晋裴秀制《禹贡地域图》，提出“制图六体”，被称为“吾国发明地图学之第一人”。隋唐开拓疆域，西控西域，南达南海，“而地图学亦极发达”，其时一行“有用子午弧测定事业，是法或由阿拉伯传来，而间接受希腊之影响者也”。他强调地图学的发展需引入外来学理，声称欧洲人引进中国的罗针、火器、活版印书，不以外来为耻，中国地图学引入外来学理得以进步，也无须讳言。如元朝得阿拉伯地球仪，知道世界的辽阔，“益肆其扩张领土之雄心”，而随着疆域的扩张，“得以扩充地理上之智识”，故地图宋不如唐，明不如元。

明万历年间耶稣会士入华，引西学入中国，地图由不完善的方井式地图，进而为精确的经纬网。清初用西法测绘的地图，“记述大备，珍藏秘府，皆前古所未有者也”。以致其后的《海国闻见录》《海国图志》《历代沿革图》《大清一统舆地图》四部私家著述，虽有世界观念，“然皆本于周天三百六十度之法，布设准望”。现今地图愈出愈精，大体可分为透视、投影、麦加多三种方法，“然其轮廓方位，未尝稍变，故不复论及之也”。

陶懋立认为地图学的发展，在学术以外与政治的兴衰及疆域的变更

---

[1] 《古代地理学》，李志敏译，《地学杂志》第1年第7号，1910年9月23日，第1—2页（栏页）。

关系甚大，“大约国势经一次扰乱之后，地图必有一次更变”，或进或退，固“由其国力委缩，抑亦关系于学术者居多”。又以西法附会中国古法，谓西法以北极定纬度，中国“以星次定分野”。黄帝至春秋战国疆域狭小，分野星次的方法尚可。汉唐开疆拓土，分野星次不足用，“亦骎骎乎有变通统一之势矣”。其强调中国地图学的内生性，称若非宋明崇尚语录、科举败坏学术，“即无阿拉伯之科学，耶稣教之宗徒为之导线，必有人焉。俯仰六合出其伟大之思潮，祖裴秀、祢贾耽更为吾国地图学辟一门径，蜚声于世界之上可断言也”。[①] 故中国地图学当以固有为本，输入外来学理，发达学术以为国用，显示出中国地学会对待中西新旧学问的态度。

1911 年 6 月 16 日，中国地学会《本会征文启》明确提出“顾维新知，启迪既有，赖与专家旧学商量，期无封于故步”，[②] 再次表达了兼容新知旧学的态度。1911 年 10 月 11 日，陈学熙在《地学杂志》发表《中国地理学家派》，赞誉地理学最为广博、实用，是人类生存必需的智识，“向与历史学互相效用而并重者也”。西人当国者重视地理，以地理教育普及程度定国与民的强弱。印度土人不知地理，社稷倾覆。克莱武因知地理，以一介商会殖民印度。阿美利加著美洲地理，英、西次第殖民其地。就中国而言，富源、矿产、边徼属地，“我尚茫然无知，或知焉不知所以借手，彼已了如指掌，外交失败固亦宜矣”。据此，地理对于个人是谋生利器，对于国家是强弱的根源，对于世界是“天演淘汰之准绳”。故吉田松阴说：“地不离人，人不离事，欲论人事先究地理。”

陈学熙一方面主张学理应舍旧谋新，谓吾辈研究地理当摈弃无谓的考据、错误的事理，本“实地测践”以发达学问。另一方面，又与旧学难以割舍，试图引新学学理改造旧学，所谓“欲知今当观古”，欲发达学问，必先保存国粹，“而商量地理，分别学派，以发挥而光大之，是亦保存国粹之一端也已”。

陈学熙还附会中西，称地理学由希腊语“地球”与“记录”两词组成，我国向来称为舆地。世界地理学始于公元前 168 年，我国则在黄帝

---

① 陶懋立：《中国地图学发明之原始及改良进步之次序（续第一十号）》，《地学杂志》第 2 年第 13 号，1911 年 4 月 18 日，第 1—9 页（栏页）。

② 《本会征文启》，《地学杂志》第 2 年第 15 号，1911 年 6 月 16 日，第 1 页（栏页）。

时期。上古中国地理首推《八索》《九丘》，次为《禹贡》《山海经》。《禹贡》为地理之祖，《山海经》后人不以地理书视之，然“人类未进化时地理学材料”皆如此，再证以西人地质学，其为地理书毋庸置疑。为与后世新学的世界地理、中国地理体系相合，他又曲解《禹贡》《山海经》二书，“一则为域中地理学派之鼻祖，一则为域外地理学派之鼻祖”。

其后，陈学熙以所谓古代中国地理学的禹贡、山海二派，系统地对中国地理学进行派分与整理。禹贡派即域中地理学派，古代地理书大半出自此派。“然其初属于财政范围”，班固继作，一变而属于历史，然皆未形成独立科学。其后学术昌明，禹贡派离史独立，分为三家：一为地志家，即今日普通教育中的中国地理，“盖取法乎禹贡之九州”，可分为郡国都城宫苑志、沿革志、形势志、利病志、游记五门；二为水经家，“盖法禹贡导水而作”，可分为域于一地者、域于一水者、专志于海者三门；三为山经家，“盖取法乎禹贡之导山”。古人自大，不谈域外，故山海派势力稍弱，进步极迟，可分为二家：一为瀛寰家，即今日普通教育中的外国地理家，有国志、游记二门；二为自然家，即地质、地文学。二派五家或证经或考史，皆重在古今沿革，并非材料、学力不足，乃时势使然，“不能执此以咎古人之疏漏也”。

陈学熙又杂糅中西新旧学理，分萌芽阶段的新学地理为五家：一为游记家，专志旅行兼及山川形势，为禹贡、山海二派的混合家，由王锡祺《小方壶斋舆地丛钞》开创，小学地理教员“多宗其意”；二为新化家，研究山脉深得《禹贡》之意，创始人邹代钧办会译图，著述中小学地理教科书沾溉士林；三为中国地理学家，注重中国普通地理，由龚柴、张相文、屠寄、马晋义四家创始，为禹贡地志家的新学家；四为外国地理家，以龚柴为鼻祖，《瀛寰全志》为代表；五为自然家，多翻译少自著，张相文撰地文、地质两教科书，“一切例证悉以中国之事实为本”，诚为教育国民的善本。文章最后感慨，在世界各国地理学中，“我国地理学派家数之多，学理之明，图籍之繁，大地世界雄飞突步，东西两洋奚多让焉；聊就所见，述为是编，贡献社会，为图史目录之一助，完全学说，是望通人”。[①] 虽然

① 陈学熙：《中国地理学家派》，《地学杂志》第2年第17号，1911年10月11日，第2—7页（栏页）。

豪言壮语，可是由其派分的新学地理各家，著述多为译书或据译书编著的教科书，中国科学地理的幼稚已暴露无遗。

中国地学会为纳旧学地理入新知识系统，引外来学理对固有知识进行条理、改造，构建学科系统，编织学人谱系。其本意则较为复杂，后世研究者谓："至少对清末的文人来讲，接受西学本身既非目的，亦非必然。为了捍卫中国文明的价值，他们必须重新组织自古相传的学术结构，以便跟海外传入的学术相衔接，并且主动地改变自己。"至于其结果，早在 1894 年 5 月 30 日，有人就断言，中国格物与泰西"名同而实异"，如"仅赖传出，剽窃万一，类皆小试端绪，未能穷究根源，而欲以中西格致之学，合二为一，岂通论哉"。1906 年 12 月，章太炎也指出："中西学术，本无通途，适有会合，亦庄周所谓'射者非前期而中'也。"引西学"以征经说，有异宋人以禅学说经耶？""而强相皮傅，以为调人，则只形其穿凿耳。"[①] 二者议论的对象虽非地理，却与近代中国地理学的取法大致吻合。照此看来，中国地学会的会通中西，结果也难逃皮傅穿凿的命运。

辛亥武昌事起，中国地学会的实际负责人张相文、白毓昆、陶懋立等积极参与革命运动，各项会务暂停。民初其人又借助中国地学会参与政治，构建科学地理的事业始终未能继续。至于清季中国地学会试图构建的科学地理，因调查全国的计划未获施行，早已失去根基，用力甚多的引入学理与改造旧学，受时代及自身学术素养的限制，引进的大体是经过日本条理的二手学理，改造更是穿凿附会多于真知灼见。加上其中一些人治学掺杂功利目的，"故其学苟可以得利禄，苟略可以致用，则遂嚣然自足，或以筌蹄视之。彼等于学问固无固有之兴味，则其中道而止，固不足怪也"。[②] 构建科学地理的重任，只能留待后人。

第二节　研究边疆

海通以来外人逼处，边疆由皇朝边缘一变而为御敌前线，引起朝野

① 《与人论朴学报书》，马勇编《章太炎书信集》，第 159 页。
② 《教育小言十则》，谢维扬、房鑫亮主编《王国维全集》第 14 卷，第 124 页。

各方的注意。为应变局，学界倡言学战，其中与边疆研究最有关系的当属地理。在清季，随着西学的引入，地理学界出现了华洋新旧学理共存争锋的复杂局面，如中学地理以经世致用为标的，自道咸以来用力于考据西北边塞，一时号称显学；趋新者则宗科学地理，主张调查实测，以保利权固疆圉。各家治学旨趣有异，但筹议边务以挽国难的目的则同。

1909 年建立的地理专门社团中国地学会，因经营较好几乎将新学地理名家尽数会聚旗下，特别是其会刊《地学杂志》作为清季民初唯一的一份专业报刊，所载文字代表了新学地理研究的方向、深度与成就，但既往学界对其学术研究与成就却少有提及。实际上对于专门学会而言，学理研究才是安身立命的根本。以《地学杂志》载文为核心，广泛搜集各类材料，结合时代发展大势，全面考察清季中国地学会的边疆研究，既能了解其时新学地理边疆研究的大致情形，又可深化对专门学会的认识，展现近代中国历史的多重面貌。

一 研究边务，利于交涉

近世西人东侵，中国边事日亟，学者忧国，每思挽救。其中，与边疆研究最为切要的当属地理。古代中国讲求以文献与目验相发明的地理之学早已发达，但士子华夷之见甚深且身体羸弱，视边疆为僻远苦寒之地，绝少涉足。乾嘉学者由考史而及于地理，将数千年地理旧籍整理殆遍，后学在学力与方法上势难超越，只能将治学的范围扩展到前人用力较少的边疆。加之道咸以来边疆内忧外患，以经世致用相号召的西北地理一时号称显学，然而其重在考据文献，目验仅被视为佐证，学者又多未涉足边疆，故未脱前人书斋地理之窠臼。

中学地理因为缺乏实地调查测量，故所定地望多为大概，不能确指，显然难以用作需要划出一条明确边界线的对外交涉的依据，甚至被列强用来作为侵夺中国土地的证据。如俄人据何秋涛《朔方备乘》要求黑龙江胪滨府满洲里一带的土地，[①] 又基于洪钧制帕米尔图强占领土。不仅私修，历代官修志书、舆图对边界亦不甚了了。1892 年英、俄争夺帕米

① 孟森：《视察蒙古郭尔罗斯后旗报告》，《东方杂志》第 9 卷第 5 号，1912 年 11 月 1 日，第 10 页（栏页）。

尔，进兵苏满窥伺色勒库尔，新疆巡抚“陶模派兵驻守其地，以固门户，旋奉总署电咨，以乌什库尔《西域图志》载在界外，责令尽数撤兵，以地让人。今查一统舆图，乌什库尔确在界内，盖《西域图志》谓在界外者，别藩界与国界也。一统舆图绘在界内者，指藩界即国界也”。[①] 而主管对外交涉的总理衙门——外务部，“又皆不学无术，高可充翻译，下乃供奔走”，[②] 以致交涉无不失败。

时论称中国边事坏在“任事之人平居无事则一切放任，坐视其坠坏于冥昧之中，而不为之计”，遇事则张皇失措，安得不失？欲保边疆，“则必正其疆埸，修其法制，莞其财赋，施其教化，兴其利而除其害，夫然后可以告人曰，吾实有此土地焉云尔”。[③] 又谓：“非正疆域无以策治理之方，非勘边界无以戢侵越之渐，非悉险要无以筹攻守之法。”[④] 缘此，不仅对外交涉，筹划边务、经营边疆以及收回利权等也需研究边疆。而以趋新眼光考据旧籍的西北地理不足以应变局，亟当引入西学、西法，筹议边务以固疆圉。

西学地理以调查实测为根基，追随西人殖民全球的脚步而发达，明末由耶稣会士引入中国。其后，因礼仪之争愈演愈烈，中西学术交流中断。19 世纪初，来华传教士接续前人事业，将新兴的科学地理带到中国。为殖民与学术计，入华进行调查实测的外人络绎不绝，国人了解边疆却只能据诸译文，给数千年来一直居于东方文明中心、拥有高度的文化自信心与自尊心的中国学界以强烈刺激，其奋起倡议师夷长技，构建能与世界文明国争先并进的学理，以竞存于弱肉强食的世界。

中国地大，进行全国调查仅靠个人力有不逮，政府又不作为，所以趋新学者倡议合群调查。处此大势之下，新学地理名家张相文等人，在天津创建中国地学会，将调查定为会员的义务。中国地学会发起启事混同进化论与殖民主义，声称人类“聚国族以谋生存，而天演剧烈势不能各守封疆无相侵夺”。国土的消长“亦惟地理上之知识优劣不齐，其影

---

① 徐仁镒：《论新疆中俄边界之沿革》，《东方杂志》第 9 卷第 6 号，1912 年 12 月 1 日，第 34 页（栏页）。

② 明水：《欧洲最近外交事情》，《国风报》第 1 年第 17 号，1910 年 7 月 27 日，第 2 页（栏页）。

③ 《藏事厄言》，《东方杂志》第 6 年第 1 期，1909 年 2 月 15 日，第 1—2 页（栏页）。

④ 《皇朝舆地通纪例言》，《申报》1898 年 7 月 26 日，第 2 版。

响遂被于国家，其祸端并延于种族，此亦物竞天择之公例矣”。近世以来，帝国主义辟地海外“蕃殖其种族”，中国积弱“外交失败，边事日亟。虽欲画疆自守，聊固吾圉，而犹不可得”，亟须研究地理“则裨益于学术、政治者岂浅鲜哉”。[①]

面对亡国灭种的危机，在学界倡议学战的同时，朝中有识之士提出准许士绅、舆论议论外交，以发挥民情、舆论的作用。如钱恂上折称光绪三十三年（1907）八月十三日明诏，“大权统于朝廷，庶政公之舆论”。就外交而言，失败在“任事者”无识无谋，“多以秘密二字，为惟一之政策”，“以济其私”。归国留学生则“于内地民情，未必窥及细微”。故政府当“用报纸以觇风气”，“若使任事者不宗秘密，将办理情形公诸舆论，则事前既可使民情以挫外焰，事后又可借民情以恕委曲，是亦任事者之利也”。[②]

此外，就学术的源流而言，中国地学会会员多为旧学出身改宗西学，在讲求科学新知的同时，又追求古雅专门，晚清重西北地理的学风对其影响甚深。加之其时新学尚处幼稚时期，照搬西法硬套中国材料的研究已可称为高明，[③] 相较而言，遗产丰厚的西北地理更易嫁接新法。在学界内外种种因素之下，中国地学会定调查、研究边疆为主要事业，以筹议边务，建言当道。

日俄战后，东北南部、内蒙古东部成为日本的势力范围，为掠夺利权，其公私机构纷纷派遣熟悉地理的间谍潜入调查，引起中国学界的关注。1909 年 12 月 8 日，舆论报道日本夺取旅顺后一直将其作为军港使用，致使商务衰落，“现闻日政府已决议废撤军港，专力经营商港，而以大连为辅助港”，[④] 并减免税务引诱中国商民以振兴实业。奉天视学员萧鸿钧到复州视学兼调查地方利弊，留意到该州沿海六个岛屿“地均肥沃，饶鱼盐林矿，雕羽海狗诸品，无不丰富”，但其中五岛因临近金州被日本强占，“仅长兴一岛，尚为我有，而日人已屡往调查”。长兴岛上居民贪

① 《地学协会启》，《大公报》1909 年 9 月 22 日，第 2 张第 3—4 版。

② 《前出使义国大臣钱恂奏外交事应公诸舆论折》，《东方杂志》第 7 年第 2 期，1910 年 4 月 4 日，第 28—32 页（栏页）。

③ 如张相文在以东文书籍为底本编著《地文学》《地质学教科书》时，注意以中国材料替换之，从而大受欢迎，其书行销数百万册，一时被视为新学地理大家。

④ 《日人经营东省之一斑》，《申报》1909 年 12 月 8 日，第 1 张第 4 版。

图日本税务较轻，纷纷加入日籍，“并送子弟于日学校”，[①] 极易滋生交涉。缘此，其调查长兴岛著《旧长兴岛之新布置》，以备日后交涉的证据。1909 年 9 月 3 日，奉直隶出品协会之命赴承德调查物产的傅增淞著《承德府调查记》，也称虽然道路泥泞难行，但“常有日本人来此绘图测量”，[②] 警醒国人亟当设法维护国权。

在东北同日本竞争失败的俄国，为稳固远东局势，加紧对蒙古的侵略，其边防军司令部蒙古科与皇家地理学会派遣大批人员赴蒙古调查。[③] 对此，理藩部在蒙古推行新政，“拟劝谕各蒙旗王公贝勒振兴军政、学务及劝认蒙路股款等”，[④] 又准备改蒙古旗兵为巡防队，保护地方拘捕土匪。[⑤] 为揭露俄国的野心，中国地学会译日人《俄国经营蒙古》，谓其经营蒙古以“抚绥马贼”、利诱王公及修建道路为主要策略。近时又派哥萨克驻屯蒙古，东督与之交涉，俄人虽然暂时退却，“仍时欲乘机南下，包藏祸心，已尽人而知之矣”。[⑥]

不仅蒙古，新疆的俄人势力也日益膨胀。1909 年 9 月 17 日，舆论报道政府因新疆、伊犁与蒙古接壤的区域，“荒田荒山所在皆是，前议移民屯垦，业有端绪”，现拟由伊犁将军派人“赴各边境详加勘测，分别山岭平原，绘具图说，并酌议开垦”。[⑦] 政府对边疆虽屡有筹议，然多徒托空言，因此 11 月 19 日《民吁日报》节录倚剑生“游历西北，调查各种情形”的《玉门关外之哀鸿》，使国人“知西北之危，不可不尽一分子救国之责任”，并“将此书转达政府，促其猛醒”。[⑧]

新疆孤悬西北交通不便，要求以天津地理教员及教育行政官员为主体的中国地学会，耗费年月远赴新疆实施调查，显然为难。因此，为尽学会责任，1910 年 3 月 30 日，《地学杂志》刊载耐道人《阿尔泰山附近

① 《旧长兴岛之新布置》，《地学杂志》第 1 年第 1 号，1910 年 3 月 1 日，第 28 页（栏页）。
② 傅增淞：《承德府调查记》，《地学杂志》第 1 年第 1 号，1910 年 3 月 1 日，第 24 页（栏页）。
③ 《日俄在东三省之近事》，《东方杂志》第 7 年第 12 期，1910 年 1 月 25 日，第 377 页（栏页）。
④ 《京师近事》，《申报》1909 年 9 月 4 日，第 1 张第 5 版。
⑤ 《京师近事》，《申报》1909 年 9 月 21 日，第 1 张第 5 版。
⑥ 《俄国经营蒙古》，《地学杂志》第 1 年第 1 号，1910 年 3 月 1 日，第 37 页（栏页）。
⑦ 《京师近事》，《申报》1909 年 9 月 17 日，第 1 张第 5 版。
⑧ 倚剑生：《玉门关外之哀鸿》，《民吁日报》1909 年 11 月 19 日，第 2 页。

情形》。其自称为“觉山川之形势，采荒服之民风”，跋涉西北两万余里，“乃稍悟世界强国辟地殖民，不遗于炎荒冰海为有由也”。特别是新疆北部屏障阿尔泰山，不仅形势险要，而且森林茂密，矿产丰富，又得“河流之便，山脉之雄。苟稍加经营，即成富庶”。现今俄人觊觎其地，国人则不重经营，“抑何与世界强国辟地殖民之政策相违反耶?”文章期望国人追随世界潮流，“殖民边疆”，“凡我国民苟知生存竞争，则东望图们，北登杭爱，皆我国旗所建之域，尔田尔宅利赖无穷，又岂独阿尔泰山一隅哉”。①

1910 年 4 月 15 日，《申报》报道距中俄界约重修之期已不足一年，东督锡良“以界约大事稍一放纵，损失匪鲜，特委熟悉中俄界线情形各员先行调查一切，以备修订时有所把握”。② 加之第二次日俄密约签订后，俄国对东三省北部的野心益形暴露，时有趁边界模糊移动界碑的侵占之举。5 月 21 日，该报报道锡良因黑龙江省陆路边界虽设有鄂博，“然年久失修，新旧参错已多疑误，水路虽有河流而港汊歧出，中间淤洲属此属彼易生争执”,③ 特于上月委派李兰洲等为调查专员前往调查。国会请愿代表认为日俄协约关系中国存亡，亟宜研究对待办法，并“通告各省团体一致进行以扶危局”。④ 而在中俄划界谈判中，俄国恃强蛮横无理，勘界“不啻即为割削中国之土地”,⑤ 所以中俄划界委员会及锡良屡次电请外务部，“筹谋对待之策，以免临时误延云”。⑥

朝野热议中俄交涉，中国地学会也有意参与，但因驻辕天津的直督陈夔龙憎恶舆论介入时政，只能隐晦从事。8 月 24 日，中国地学会在《内兴安岭山脉形势》编者按中指出，额尔古纳河西、南皆为中国领土，“设治谈边，俱极紧要，向来地志不详，舆图不备。但有武进屠氏一图，亦略记一二”。今黑龙江省进行实地调查，“其言皆确有根据，爰亟采

① 耐道人：《阿尔泰山附近情形》，《地学杂志》第 1 年第 2 号，1910 年 3 月 30 日，第 4—6 页（栏页）。

② 《东省续修中俄界约之预备》，《申报》1910 年 4 月 15 日，第 1 张第 5 版。

③ 《中俄交涉之困难》，《申报》1910 年 5 月 21 日，第 1 张第 5 版。

④ 《国会代表与日俄协约》，《申报》1910 年 8 月 19 日，第 1 张第 4 版。

⑤ 《中俄勘界之警耗》，《申报》1910 年 4 月 6 日，第 1 张第 5 版。

⑥ 《蒙古之兵祸不远矣》，《民立报》1910 年 10 月 14 日，第 2 页。

录，为我国筹边者之一助”。[1] 12月21日，《地学杂志》刊登宋小濂《额尔古纳河旅行记》，称“己酉之秋，有北行调查之役，特由陆路至吉拉林”，雇佣小舟抵达额尔古纳河河口。归来时河水湍急，船只难行，“陆又无道路”，只能“乘俄人邮政船溯黑龙江上游而行”，[2] 极言交通不便，调查难行。

1911年10月11日，中国地学会为《逊河调查边务日记》加按语，谓黑龙江兴东、瑷珲、呼伦贝尔三道与俄国接壤，是北控江防的边塞要地。然而“吾国图志类，语焉不详”，近人游记亦罕见记载。现在朝野鉴于外交失败，对边务已经有所留意，但不知形势与山川道里，无从着手。“一时志士每以探访边地事实为要，但三边绝远”通信不便，调查“关于地理者多限于呼伦贝尔各境至瑷珲道属”。兴东山岭险阻，移民屯垦方兴，“而边务调查，转付缺略。兹觅兴东徐道日记，篇幅虽短，顾于疆域，形势大略已具，亦有心时局者，所急宜注目也”。

《逊河调查边务日记》则比较中俄，称俄国阿拉底居民“约数百家，我仅沿江茅屋数间，均小本商店未免相形见绌”。俄国极力笼络鄂伦春人，为稳定以打猎为生的鄂伦春人心，“鄙意拟画出森林地段，以培林业，且为该部打牲之区。否则驱之外向，于我固伤国体，于人则益增势力”。最后感慨中俄调查条件的天壤之别，“是日遇俄人调查殖民地共七人，带有测量机器、照相机器乘轮船至此，相形之下未免难堪”。[3]

中东之战北洋海军尽丧，“外交内政，常受制于外人”，[4] 朝廷屡有重建之议。1909年5月，军机处饬陆军部“速议定设港”。[5] 7月15日，定载洵、萨镇冰“充筹办海军大臣”，[6] 计划用七年时间建立海军，第一年应办整顿旧军、订购军舰、设立海军学堂、建设军港等项。1910年5

① 《内兴安岭山脉形势》，《地学杂志》第1年第6号，1910年8月24日，第32页（栏页）。

② 宋小濂：《额尔古纳河旅行记》，《地学杂志》第1年第10号，1910年12月21日，第10页（栏页）。

③ 《逊河调查边务日记》，《地学杂志》第2年第17号，1911年10月11日，第11—15页（栏页）。

④ 冯承钧：《世界海军调查》，《东方杂志》第6年第9期，1909年10月8日，第11页（栏页）。

⑤ 《电报一》，《民呼日报》1909年5月30日，第2页。

⑥ 《大事记》，《东方杂志》第6年第7期，1909年8月10日，第331页（栏页）。

月，《申报》报道载洵认为广东偏远，大连湾、刘公岛又难以收回，军港在象山外“惟大沽口最为合用”，拟与英使磋商收回。但受《辛丑条约》限制，大沽口只能“设临时军港”，[①] 因此载洵转而提议收回刘公岛，“已经外部商由英使请示英国政府”。[②] 海军为国之重器，备受舆论关注，海军处有意控制，特咨民政部“筹备海陆军为宪政要端，宜守秘密，非经官报揭载，不准各报登载，载在海军处章程。乃近来京外各报于海军筹备各事违章登载，并多诽谤，请饬禁止”。[③]

1911 年 2 月 18 日，《地学杂志》刊登《论中国现有之海军港》指出，中国海疆近一万八千里，“昔日海防形胜，莫过北洋。今则藩篱尽撤，门户洞开，卧榻之旁，强邻酣睡，遂使北门锁钥，移镇南陲”。故以前用北洋控南洋，现在当以南洋控北洋。南洋港口中最险要的是虎门，但从全国来看，其僻处南粤，为兼顾南北两洋选择舟山“营作中军根据之地”最为适宜。此外，海军可再分为二：一驻山东“以固畿辅之藩篱”；一驻虎门“以严海南之门户”。[④]

中国地学会引西学、西法研究中国边疆，意图建言政府，用于对外交涉，以维护利权。然而在弱肉强食的殖民时代，决定交涉得失的是国家实力而非学界提供的文字证据。且清廷自知国弱，外交又屡屡以失败告终，为防止民情、舆论的反弹，素持秘密主义，禁止士绅议论、舆论登载，故学界只能以专门名义隐晦为之。鉴于此，中国地学会注意本地理学理，筹议经营边疆之策，以稳固边情。

二　设治移民，经营边疆

清季地方自治主义兴起，趋新人士认同梅谦次郎“凡立国于今日之世界者，无论立宪政体与非立宪政体，苟无此制，其国家断不完全”[⑤]之论。政府视其为宪政基础，“最忌各分畛域”，决议实行改土归流，所有土司“酌改县治”。[⑥] 加之财政极度窘迫，变革旗制也被列为宪政筹备

① 《中国收回大沽口之定议》，《申报》1910 年 5 月 23 日，第 1 张第 4 版。
② 《专电：电二》，《申报》1910 年 5 月 29 日，第 1 张第 4 版。
③ 《专电：电一》，《申报》1910 年 7 月 26 日，第 1 张第 3 版。
④ 《论中国现有之海军港》，《地学杂志》第 2 年第 11 号，1911 年 2 月 18 日，第 9 页（栏页）。
⑤ 梅谦次郎：《自治制讲习科开讲辞》，《国报》第 1 号，1908 年 2 月 3 日。
⑥ 《宪政篇》，《东方杂志》第 6 年第 5 期，1909 年 6 月 12 日，第 244 页（栏页）。

事项之一。朝野鉴于旗民依赖成性，“尚不甚乐于变通”，多方设法筹其生计。枢府饬变通旗制处调查各省驻防、地亩等事项。[①] 但清入关二百六十余年，旗汉杂处，旗地界线不明。1910 年 3 月 30 日，《地学杂志》刊载汪维清述《直隶旗地概略》，谓政府准度支部奏，“嗣后旗地民房地，准以民人互相买卖。其出外居住营生者，准其在各省置买产业”。“旗地，奉天、直隶皆有之”，奉天全省皆是，“直隶惟近京四五百里之内，及东山海关与民地杂处二百余年以来，变更不一，头绪甚多，约举大端，其别有四”，即旗圈、旗租、旗产、旗荒。“今略考源流”，[②] 厘清其大致，以资改制。

近世以前广西为地接番邦的边远省份，学界少有留意。随着法人势力侵入安南，广西一变而为前沿重地，急需划界设防。清政府为整顿内政，巩固边防，在广西推行新政，但大都有名无实，“甚至乃并其名而无之者，官吏之提倡，不过迫于考成，而绅民之顽固者，甚且从而破坏”。[③] 为筹谋划策，《地学杂志》刊发李六生《筹广西》，倡议在“君民共主之时代”，调查广西地势、气候、种族、风俗等项，筹议新政应办的事业，奠定自治的基础。

至于办理新政，首先应当改定行政区域，如太平、思恩、百色、庆远下辖的土州，“经界尤为歧异，有一州之面积，为他州点线所及者；有边径属此州，而中央一席之地反受他州治理者，参伍错综，令人不可思议”，而“思恩县之不属思恩府，而属庆远，尤当日划界命名之奇异”，故而急需改定。其次，肃清士林科举流毒，“组织报界”以开风气。再次，兴办新式学堂，培养学生热爱家乡、关心国事，“以视从前媚官畏官一班无意识、无学问之号称读书人者，相去何止万里”。最后，土匪肆虐是广西的心腹大患，官府悬赏重金缉拿但局面未见改变，“百计思维，不惟杀戮不可行，犹当馨香尸祝，以罗致此一班敢战敢死之豪杰。旂常钟鼎以养此国民之资格，推心置腹，提倡民权，以与我四百兆同胞同撑持已灭未绝危亡之局”。况且今日的中国，已从专制、国内相争进入君民共

① 《京师近事》，《申报》1909 年 12 月 10 日，第 1 张第 5 版。

② 汪维清：《直隶旗地概略》，《地学杂志》第 1 年第 2 号，1910 年 3 月 30 日，第 10—15 页。

③ 《广西庆元之调查种种》，《民呼日报》1909 年 7 月 5 日，第 2 页。

主时代、与外界战争的时代，企盼当局尽早觉悟，用筹得的饷粮、军械招募土匪，平息心腹大患。若此，“岂独乱可以平，将来之新广西当于二十世纪中，树独立之先声，辟西南之面积”。[①]

省城桂林僻处广西东北，不利于控驭边情，朝野屡有迁省南宁之议。1910 年 1 月 19 日，《申报》报道广西十一府士绅上书，称为防外人“入室”，当迁省南宁驻重兵控边，“于地理、国防、政治、经济各方面俱有绝大之关系”。[②] 5 月 28 日，《地学杂志》刊登《广西省改治南宁议》指出，近世时局变迁，广西宜迁省南宁已为“稍知时局者所共知矣”。督抚合奏迁省，“阖省闻之，欢欣鼓舞，以为广西从此可望发达”。然而部议中辍，人民大失所望。观其山川形势，水陆交通，“且观现在时势所趋，实具省会之资格”。

广西欲“谋幸福，计安全，其提纲挈领之于处，莫改省南宁若矣”。究其原因有四：一在内政，桂林在广西东北僻处一隅，南宁则位居全省中枢，便于控驭全局；二在外交，法人占据安南，窥伺广西，“边防形势，趋重西南，疆臣驻此，常则消患无形，变则调度灵便”；三在商务，桂林舟车不便，“故开省数百年冷淡如故”，而南宁扼守西江要道，可通汽船，“商埠又复开通，将来铁道尤为中心点，贸易兴盛可指日计”；四在汇聚人气，省城本应汇聚全省人气，但各府赴桂林的寥若晨星，“不得地利可知矣，广西文明之不发达实由于此”，南宁则“生计上胜于桂林”，故能吸引各府人士。

中西海通以来，桂林已经变为腹地，失去屏蔽湖南、控驭边地的作用，南宁则位居桂越防务的中枢，不愿迁省“真不通时务之言也”。而且在万国交通的时代，建省治于闭塞之地，文明不进，实业难兴，“此尤讲政治地理所最宜注意者矣”。考诸历史，广西建省始于元代，“桂林一郡，尤迁徙不常”，“况今昔情事既殊，形势自异，未可泥守古制”。部议迁省南宁，耗资“非数十万金不可”，其“不知谋国之道”在远虑，“将来或过于所费，与其吝费而贻事后之悔，何如不惜费而谋磐石之安”。因此广西省治不但宜改，且宜速改，“改迟而无补，不如早改为愈

① 李六生：《筹广西》，《地学杂志》第 1 年第 2 号，1910 年 3 月 30 日，第 1—7 页（栏页）。

② 《广西士绅陈请建议书（续）》，《申报》1910 年 1 月 19 日，第 2 张第 2 版。

也”。[1] 时论直言广西迁省实为桂林、南宁两地的利益之争，至于省城当设何处“此不必问一地之是非也，但问国家之利害耳。时值承平无事则以内地为重，省桂林便；时值边隅多故则以边隅为重，省南宁便”。[2]

外人逼处之下，清廷为加强管控，在边疆仿照内地制度“添设道府县各缺，以便整顿”，[3] 台湾、新疆、东北建行省，东部蒙古设府厅州县即为此例。1909 年，考察日本宪政大臣李家驹奏立宪官制，称地大物博的“大清帝国以其包有满汉蒙回各族之故耳，今并兴行省，对举以完帝国二字之意”，[4] 不应学日本仅设府县。1910 年，留日学生陈赞鹏《治藏条陈》建议，“划区域”设民政官治理西藏，“至少亦须设府二十余，设县百余矣”。[5] 甚至有人建议废理藩部，“盖今日因有理藩部之故，以致各部之行政权，不能直接及于全国”。[6] 若废理藩部，边疆与内地行同一制度，即昔为藩属仅以羁縻事之，今则行中央集权，由藩属一变而为领土以利于推行新政。

奉天北部的洮南原属科尔沁右翼后旗，庚子后放荒招垦，移民日众，故于 1904 年 7 月设府治理。洮南生业日繁，引起俄国的觊觎，派官兵数十人测绘地图，又请开商埠、设领事、驻军合法化等，遭到清政府的拒绝。[7] 其后，俄国远东事务长以洮南府蒙民入俄籍日多，“遇有词讼案件，仅凭华官判断，难免有不妥之处”，[8] 请驻京公使再度向外务部要求设洮南领事。1910 年 9 月 23 日，《地学杂志》刊载《洮南府之新造》，称光绪初洮南“仅为喇嘛及蒙旗土人居住”。庚子后，俄兵入侵东三省，“辽沈长春避难人，多往归之，遂成大村落”。1903 年，盛京将军增祺“奏请移民垦荒”，[9] 其后设府下辖三县。同年，热河都统锡良鉴于承德府以及丰宁县下辖面积过大，政府推行新政，“一切调查自治各事宜，地

① 《广西省改治南宁议》，《地学杂志》第 1 年第 4 号，1910 年 5 月 28 日，第 1—2 页（栏页）。
② 《广西迁省平议》，《申报》1910 年 1 月 19 日，第 1 张后幅第 4 版。
③ 《电报一》，《民呼日报》1909 年 6 月 21 日，第 2 页。
④ 《宪政篇》，《东方杂志》第 6 年第 7 期，1909 年 8 月 10 日，第 333 页（栏页）。
⑤ 陈赞鹏：《治藏条陈（上驻藏大臣）》，《东方杂志》第 7 年第 2 期，1910 年 4 月 4 日，第 68 页（栏页）。
⑥ 朱文邵：《官制私议》，《东方杂志》第 8 卷第 2 号，1911 年 4 月 23 日，第 6 页（栏页）。
⑦ 《俄人之野心二》，《民呼日报》1909 年 6 月 12 日，第 2 页。
⑧ 《俄人仍请添设洮南领事》，《申报》1910 年 7 月 20 日，第 1 张第 4 版。
⑨ 《洮南府之新造》，《地学杂志》第 1 年第 7 号，1910 年 9 月 23 日，第 1 页（栏页）。

面太宽，办理动多窒碍。亟应于该府县毗连之间，增设隆化县治”。①

朝野以为边疆改制能改变局势，事实却往往不能尽如人意。如吉林“初改行省，政繁费绌，艰窘万状”，年财政收入仅为二百七八十万两，赤字却高达三百六七十万两，“盖据地质物产而论，吉省诚为东省之最”，唯“地利未兴”，“万难自立”。② 1910年10月22日，《地学杂志》刊发《呼伦贝尔疆域沿革》称，经过调查，发现呼伦贝尔办理新政，多为虚应故事，如改设的兵备道、直隶厅两署，“只有经理市面之权”。③即使是设省三十余年的新疆，仍被时论指为风气未开，“人民之蛮鲁，盖依然一未开化之地也”，④ 实在出人意料。因此，在情形迥异的边疆仿内地设治管理，并不是解决危机的万灵药方。

移民实为古代中国经营边疆的惯用政策，清季中西并立，其中不免掺杂外来的殖民主义。时人指出，政府欲设殖务部拓殖边疆，就事实而言，征服“种殊”的异国，“殖民”比军事更有效，“惟各国殖民政策，为对于异国度之疆域而行之，非对于同国度之疆域而行之者。且恒以殖民政策列为一学科而研究之，视为一种专门学问，故其政策有如斯之进步，而日益加良也。我国士夫之思想，犹数千年以前之思想也。数千年以前之思想，而欲以其耳濡目染之腐败经验辅行之”，何以得殖民之精髓？故中国殖边“当以营业主义行之，不当以政治主义行之”，⑤ 即组织拓殖公司进行经营开发。

哲里木盟科尔沁左翼后旗博多勒噶台亲王条陈整顿蒙古政策，则称中外筹议蒙古“不外垦荒设治，实则交通不便所垦之地有限，而设治又无富教以善其后。若欲统筹善策，莫如先修铁路”，铁路通“则农工商业及兴学、练兵、设官等事，皆可以次而理”，⑥ 政府交理藩部、邮传部会议。1911年1月10日，《民立报》报道日本政府“近见我国上下对于东三省问题大为注意”，遂采取急进主义，除进行移民外，还在伦敦募款

① 《热河新设隆化县》，《地学杂志》第1年第7号，1910年9月23日，第6页（栏页）。

② 《东三省总督徐世昌署吉林巡抚陈昭常奏历陈吉林财政困难情形折》，《东方杂志》第6年第5期，1909年6月12日，第13页（栏页）。

③ 《呼伦贝尔疆域沿革》，《地学杂志》第1年第8号，1910年10月22日，第1页（栏页）。

④ 《时评：其二》，《申报》1910年8月23日，第1张第6版。

⑤ 元：《对于吾国设殖务部之忠告》，《申报》1909年9月13日，第1张第3、4版。

⑥ 《蒙王条陈筹蒙政策》，《申报》1910年4月1日，第1张第5版。

六百万镑扩张满铁以“对抗中国”，[①] 俄人也大起戒心拟议增兵防卫。[②] 2月11日，该报又谓俄国因庚子以来中国自行移民，“至今日汉人之移居南蒙一带者，竟有数十万人之多”，[③] 为与中国竞争特派商队远征蒙古。

中国地学会借《哲里木盟疆域表书后》指出，闭关时代政府对蒙古有三种政策：木兰行围，“示威武也”；年班入觐，“通情谊也”；尚主联姻，“所谓外家甥舅耳”。各盟旗与政府关系最密切的外蒙古为三音诺颜，内蒙古当数哲里木盟。政府特设“别于六官之外”的理藩院管理藩部，“揆其意义，岂非借以敦亲睦示怀柔乎”。然而制度不同导致内外隔膜，蒙人“于事实上仍保其行国之旧风”，“因而今日鹫瞵鹰击，外力内侵，只有束手骈足，无可为计，曷言乎隔膜也”。每逢蒙古有事，理藩院又必持旧例，于是内外蒙古各盟旗，“他非所知，但知有例。不知有朝廷，但知有理藩院”，阻碍新政的推行。尤其是内蒙古东四盟，拱卫京师，“肘腋辽沈，所谓唇齿带砺者”。我国不驻兵，不设防，“视之若要荒戎索，无足重轻”。当前日俄觊觎蒙古，为保疆土亟宜开放垦荒，移民实边。

东南诸省地狭人稠，“已无复可垦之区”，蒙古地广人稀实业不兴，不如移东南人民于蒙古，兴业保疆。仅以哲里木盟为例，全盟面积一百五十六万余方里，与临近的直隶相比“当容人二万八千八十万”，以山西、陕西计“亦当容二万二千三百五十万至一万六千六百五十万人”。有人认为不能如此相比，是不知“时代递变，气候递迁。仆且以谓现今之哲里木盟，其地方，其水利，微论关中，尚优胜于太行东西远甚”。中国除江浙数省外，“几见有方里百万悉为沃野，天然之农产地哉?”且其地位于北纬四十三度至四十八度，与吉林省相等，若开放“当十倍于吉也”。[④]

中国边疆地阔人稀，东南则人口过剩，流民日增，政府无力救济，各界鼓吹移民实边。另外，为应付“已占最优胜地位”[⑤]、俨然以东三省主人自居的日本，时论认为“厥惟救满之道，今日切实可行者，舍移民

① 《日人对满之方针》，《民立报》1911年1月10日，第2页。

② 《欧洲通信》，《民立报》1911年1月10日，第2页。

③ 《俄商入蒙远征队记（续）》，《民立报》1911年2月11日，第3页。

④ 劭：《哲里木盟疆域表书后》，《地学杂志》第2年第11号，1911年2月18日，第14—16页。

⑤ 《满洲乎谁是主人》，《民立报》1910年12月14日，第2页。

垦荒外殆无他道”。[①] 1909 年，湖北有生员禀时任鄂督的陈夔龙，称湖北人口稠密，如遇灾害灾民流离，政府又囿于财政无力救济，不如将各县饥民“送往黑龙江省开垦以固边圉”。[②] 不仅湖北欲移民东三省，江浙等省亦有此意。1910 年 8 月 21 日，《申报》报道江督、鄂督与东督筹商，将游民“陆续移殖于东三省各处”，政府诸公对此极为赞成，“拟设法推广于西北等处”，并特设移民事务专员与民政、农工商、理藩等部“互相联络专理其事”。[③]

其时，中国舆论界风起云涌，外人感叹“近来亚人政治思想大进，报纸与有力焉。谈论政局一如伦敦市上之政治家，中国穷僻之乡学者所学一如欧洲大陆之京城，日本一言一语悉为所闻”。[④] 然而直督陈夔龙厌恶舆论议政，对报刊管控极严，本部设在天津的中国地学会只能隐讳为之。其会员、江苏谘议局书记长孟森《调查东三省拓殖事宜之报告》表示东三省移民问题，“大系国民之心目，首发端者为湖北，而筹之无素，徒为殷鉴”。因此趁在北京参加谘议局会议的机会，“就近赴东考其真相”。东三省官民、同乡“悉心此事者，指导开示，并尽得前此已成之调查报告多种。参以所闻，稍稍贯串，贡之吾谘议局，并以告海内共规画之”。

报告称东三省土壤肥沃，优于各省，“盖开辟较晚，且多旷土，故天然肥料之流注雍积于地壤者既久且深”。[⑤] 其地每年一熟，三至八月为农作物生长期，品种有棉、水稻、麦、大豆等。东三省地旷人稀，垦荒官方宜用屯垦，民间宜设大公司，又因雇工不便，所以使用机械最为适宜。闻某试验场购买有多种外国农具，特往参观，“迅疾无比，一机足当数十百人之用”。至于民情，移民实边以保存中国，“社会固然而明达之，长官尤汲汲于此，以为救东三省即所以救国也”，[⑥] 是以移民受到东三省各

① 无用：《移民救满私议》，《民立报》1910 年 12 月 7 日，第 1 页。
② 《请移灾民实边》，《申报》1909 年 9 月 17 日，第 2 张第 4 版。
③ 《政府对于移民殖边之筹画》，《申报》1910 年 8 月 21 日，第 1 张第 5 版。
④ 锡君：《旁观不平之演说（续）》，《民立报》1910 年 12 月 9 日，第 1 页。
⑤ 孟森：《调查东三省拓殖事宜之报告》，《地学杂志》第 2 年第 13 号，1911 年 4 月 18 日，第 1 页（栏页）。
⑥ 孟森：《调查东三省拓殖事宜之报告（续）》，《地学杂志》第 2 年第 14 号，1911 年 5 月 18 日，第 3—4 页（栏页）。

界的欢迎。

国人期望通过移民，既能解决内地贫民生计，又可以开发边疆增强实力，以激起边民对国家的向心力。但中国各地地理环境、风俗文化差异极大，御史赵炳麟奏称湘鄂等省饥民近百万，移民东三省需要银两千万两之多，“况南北气候之差，饥民室家之累”行之不易，如吉林双城堡、黑龙江呼兰“迭议移驻京旗屯垦，而或未满原议移驻之数，或将已至之户资遣而归”，风土相近的京中情形尚且如此，“鄂湘迁民之难不问可知”。①

三　实行学战，收回利权

中国地学会研究地理意在裨益学术、政治，故其本专门学理研究边疆，除用于对外交涉与整顿内政外，发达学术与外人进行学战，以收回利权亦是重要目的。根据《朴次茅斯和约》，俄国将旅大租借权转让给日本，至宣统年间其25年的租期已经近半。1909年11月4日，《民吁日报》报道日本欲废关东都督府，“改置卫戍，为永远占据旅顺、大连计”。② 其实，日方早就在为侵占旅大造势，曲解学理即为其一，日俄战前有贺长雄就声称延期占据与定期租借，“虽均租借，或有期，或长期，然实借保全土地之名，为分割他国地方之一新法”。③ 战后，其《论日本战胜之利益》叫嚣旅大25年租借权已过8年，“然据清俄间元来之条约，非必二十五年即当还付也”。期满后应由两国共同斟酌，“固可协议租借继续，而清国对于租借继续之要求亦无拒绝之权，故旅大租借之期限而未定也”，④ 进而提出租借旅大在治权外还拥有主权。

面对日本的步步紧逼，国人忧心不已。1910年4月29日，《地学杂志》刊发中国地学会名誉赞成员陶履恭（孟和）《大连湾说略》，称大连湾本是渔村，面积三十余方里，因航道水深不冻成为北洋海军的军港。北洋海军溃败后，俄人、日人相继租借经营。现在大连港航路西达天津，

① 《民度两部奏驳议移民政策》，《申报》1910年7月14日，第1张第5版。

② 《专电》，《民吁日报》1909年11月4日，第2页。

③ 有贺长雄：《续各国阳借保全土地之名而阴收利益之法》，《外交报》第15期，1902年6月30日，第4页。

④ 有贺长雄：《论日本战胜之利益》，《中国新报》第1年第2期，1907年2月20日，第161页。

南走芝罘、青岛、上海，东联貔子窝、安东县以及朝鲜仁川、日本神户，海路交通便捷。又可通过南满、东清铁路连接西伯利亚铁路进行水陆联运，商旅极为方便。故其迅速崛起与牛庄并列，号称东三省第二港“非偶然也”。大连出港货物“日货占三分之二”，故日人野心勃勃欲以大连为“商工业之中心”，旅顺为“军事上攻守扼要之天险”。[①] 其后，中国地学会更是借助《旅顺》一文，明确指出日本全力经营旅大，“其能于十四年后，归还此地与我耶噫”。[②]

日本不仅觊觎东北、蒙古，对中国海疆亦虎视眈眈。在南海，日人擅自登陆中国大东沙岛，兴办实业，引起中日交涉。因中方证据“多有可恃”，[③] 日本被迫承认主权属于中国，但不承认日商登岛办实业是破坏行为，并要求赔偿损失16万元。赎回大东沙岛后中国政府派人驻岛管理，又饬广东劝业道会同善后局招商开采磷矿。[④] 1910年4月29日，《地学杂志》刊载《大东沙岛》称，日本承认大东沙岛主权属于中国，特此调查“该岛之位置、形势、历史、物产，及其关系数端”，[⑤] 筹备经营之策，吸引国人前往开发，以杜绝日人的觊觎。

同时，广东方面汲取大东沙岛的教训，派官员“筹辟西沙群岛”，进行测量、设立局所，并筹款“专办该埠事务”。[⑥] 9月23日，《地学杂志》刊发《粤东查勘西沙岛小记》，谓广东方面为保卫海疆，调查西沙群岛。因岛屿面积甚小，不宜开埠，“因暂将东面一二岛经营开埠事务，其余则一律兴办种植、实业、渔业、盐田”。[⑦]

在北部沿海，日本强指中国内海渤海为公海，征收渔业税，并擅自登陆刘公岛伐木，舆论担心其步大东沙岛交涉之后尘。[⑧] 为维护领海主权，清政府向日本提出交涉，双方学界也就国际法、领海权等问题展开

① 陶履恭：《大连湾说略》，《地学杂志》第1年第3号，1910年4月29日，第1页（栏页）。

② 《旅顺》，《地学杂志》第1年第4号，1910年5月28日，第11页（栏页）。

③ 《广东东沙岛问题纪实（续篇）》，《东方杂志》第6年第5期，1909年6月12日，第134页（栏页）。

④ 《东沙岛收回后之整理》，《申报》1909年11月4日，第2张第3版。

⑤ 《大东沙岛》，《地学杂志》第1年第3号，1910年4月29日，第7页（栏页）。

⑥ 《辟西沙群岛近事》，《民呼日报》1909年5月26日，第2页。

⑦ 《粤东查勘西沙岛小记》，《地学杂志》第1年第7号，1910年9月23日，第18页（栏页）。

⑧ 《第二之东沙岛又现》，《民吁日报》1909年10月23日，第2页。

激烈的争论。中国地学会为维护利权，连续刊文与之相争，《渤海湾全部为中国领海说》明确指出渤海属于内海，“稍明国际公法及地理学者类能知之，乃日人故为异议，哓哓强辩，多见其不知量耳。虽然强弱异势，公理或淆，三人市虎，曾参杀人，听者不察，恒多附和，所以不费言辞与日人争辩”。[①] 中国地学会编辑白月恒著《渤海过去与未来》，据地理学理研究渤海海域的变迁及未来趋势，证明渤海确是中国的内海。文章称在冲积纪华北平原本是大海，随着水力、风力等搬运的泥沙沉积，“水量日缩，陆地日增，四围山脉陡起，自然有海岸迴绕之势”。洪水期以后的渤海海岸线，“较今日渤海面积增二百里至三百里之间”。未来渤海若以每千年沉淀五十里的平均速度计算，两千年后“其不为桑田者有几”。[②]

清末“利权收回之议，遍唱于全国”，[③] 国人欲通过修改条约、和平赎买等手段收回被列强攫取的路、矿等利权。近世以前云南僻处西南，学界少有留意，但法占越南、英占缅甸后与强邻相伴，战略地位凸显。早在1902年，喜新学地理的福建士子林传甲就意识到云南是连接中国与东南亚的枢纽，在日记中写道：“云南据金沙江上流，善于开筑，运通舟楫，则东南皆其指顾中。东南乘澜沧江之上流，足制法属越南。西南乘潞江，上流可制。”[④] 1910年1月，滇越铁路通车，“故法之势力缘之以大而迤西”。[⑤] 为与法人竞争，英国谋求云南路权。时论悲叹英、法“均欲扼长江上流之商权”，于是云南成为其铁路竞争的焦点，“必不免为东三省之续”。[⑥]

路矿权益与地理密切相关，中国地学会顺应时势介入。5月28日，《地学杂志》登载《云南铁路》一文，研究英法在云南修建铁路对中国

① 《渤海湾全部为中国领海说》，《地学杂志》第1年第5号，1910年6月26日，第43页。

② 白月恒：《渤海过去与未来》，《地学杂志》第2年第14号，1911年5月18日，第2—7页（栏页）。

③ 蒋嘉珍：《山西煤矿概论》，《地学杂志》第2年第15号，1911年6月16日，第1页（栏页）。

④ 况正兵、解旬灵整理《林传甲日记》，第213页。按：据文意，“上流”后可能缺“英属缅甸”之字样，“西南乘潞江，上流可制”句读则应当断在“上流”之后。

⑤ 拾得：《庚戌大事回顾录（其二）》，《民立报》1911年1月26日。

⑥ 贺绍章：《片马交涉之感言》，《东方杂志》第8卷第7号，1911年8月15日，第13—14页（栏页）。

的危害。文章称观察中国形势，“天下大局，数年一变，地势亦因之而俱变”。此前所言江防、商务等皆“不足恃”，“有非另筹抵御之策不可者”。英法谋求云南路权，“英修昆仑线，一由缅甸之莽达拉，达于怒江，经思茅至东川各府，折而入于四川抵金沙江之上源”；“法则由海防、老挝，直达云南省城”，“亦拟接金沙江上源”。察两国意图，“无非思据我上游，无事则扩其商业，攘我内地之利权。有事则占我疆土，逞其外交之野心”。

国人争路权大都注重川汉、粤汉路，“而置云南一路于不问也”，事实上云南铁路“实亦国家利害之所攸关也”。如果英法在云南修成铁路，西南的货物可经缅、越出口欧西，不再需要经长江至上海，由此“我国之岁入益少，财力亦必困难矣”。而英国通过铁路控制扬子江上游后，沿江商务将尽入其手。且英法必沿路驻军，一旦有事，云南为其囊中之物，“云南失则南部危，南部危则北部亦必动摇，而全局遂震。此其所关之重且大也，夫何异于俄日之东清、南满两铁路哉，亟谋设法赎回”。①

随着第二次工业革命的深入，人类的通信与交通发生了革命性的变化，陆路联系日益方便。尤其是美、德崛起，重心在海洋的英国反而优势渐失，陆权说趁势而起。1902 年，麦金德发表《历史进程中的地理要素》，两年后又在英国皇家地理学会宣读《历史的地理枢纽》，提出了“心脏地带”的战略概念。亚欧大陆中心的广袤地带，引起世界学界的瞩目，先行的当然是地理探险。外人涌入中国中亚部分调查实测，引起清政府的注意，1909 年 10 月电令新疆巡抚，帕米尔“为中蒙俄英四塞之地，人类不齐，时起交涉，日久恐酿祸端，务请随时简派干员前往稽查，竭诚劝导，庶使各安生业，不致互相冲突”。② 时人称中俄英争葱岭，“三国得失，于亚细亚中部验之”。③

1910 年 3 月 22 日，时论指出“外人之觊觎我满蒙权利也非一日矣，未有不以调查入手者也”，④ 以至探险队遍布边疆，即使位居中国地理中心的青海也未能幸免。林传甲在日记中指出，“西宁办事大臣控青海，在

① 《云南铁路》，《地学杂志》第 1 年第 4 号，1910 年 5 月 28 日，第 7—8 页（栏页）。

② 《京师近事》，《申报》1909 年 10 月 28 日，第 1 张第 5 版。

③ 况正兵、解旬灵整理《林传甲日记》，第 214 页。

④ 《时评：英俄之探险队》，《申报》1910 年 3 月 22 日，第 1 张第 6 版。

我境内，不似驻藏也”，以形势言之，若在“河套、青海皆设行省，形势较完”。[①] 8月16日，舆论报道理藩部因整顿青海各项要政及筹划垦荒矿务等“延期甚久，尚无一定办法，因循泄沓，必误事机”，[②] 电饬西宁办事大臣来京会议。

8月24日，中国地学会编辑陶懋立在《青海探险》编者按中指出，1907年夏俄国皇家地学协会科次罗夫调查中国西北，欲至青海湖探险，“西宁府官吏止之不可”，渡水至灵岛“施种种探测方法”。[③] 同时，《地学杂志》登载张福年译《大探险家司俨芬黑丁氏中国旅行概略》，谓黑丁（即斯文·赫定）大学毕业后游历东方，“特于中央亚细亚注其全力以调查之”。1894—1897年，他由斯德哥尔摩乘火车横断俄罗斯抵达欧尔连堡，换马车赴帕米尔，经葱岭进入新疆，游历塔里木盆地西部，开始了第一次中亚探险之旅。为调查罗布泊，1899—1902年其第二次探险中亚，对塔里木盆地中第一次“探险中所未至之处，更精细调查，进行至昆仑山脉与喜马拉牙山脉间之西藏地方”。对中亚沙漠，“就其自然地理而研究之者，厥维黑丁氏”，另外“其关于历史上、考古学上之发见，亦甚重大焉”。[④]

1902年，斯文·赫定在罗布泊发现楼兰古城，引发世界学界探险新疆的狂潮。英国人斯坦因、法国人伯希和、俄国人普尔热瓦尔斯基、德国人格伦威德尔及勒柯克、美国人华尔纳、日本的大谷探险队等接踵而至。瑞典人贡纳尔·雅林在《重返喀什噶尔》中说：“对新疆的探险活动来自于这个国家之外的地区”，“有些探险家并没有科学研究的背景，在有些情况下他们到新疆旅行与强权政治、战略利益相联系，或仅仅是出于好奇。无疑中国人意识到了这一点，但这是在中国政府处于无能状态的那些年月。所以那时候中国人被迫成为对这些活动的消极旁观者”。[⑤]

斯文·赫定等西人主要在中亚开展所谓“探险活动”，日人则更注

① 况正兵、解旬灵整理《林传甲日记》，第205页。

② 《理藩部言念西陲》，《申报》1910年8月16日，第1张第4版。

③ 《青海探险》，陶懋立译，《地学杂志》第1年第6号，1910年8月24日，第25页。

④ 《大探险家司俨芬黑丁氏中国旅行概略》，张福年译，《地学杂志》第1年第6号，1910年8月24日，第17—25页。

⑤ 贡纳尔·雅林：《重返喀什噶尔》，崔延虎、郭颖杰译，新疆人民出版社，1999，第156页。

重东北、蒙古。1910年10月22日，《地学杂志》刊发白鸟库吉《满洲史迹》，其自认旅行东北考古察地，搜索古代器物，收碑文“有百二三十枚，其中大半为世人所未知者”。其中尤为珍贵的是，在金朝上京白城遗址，“亦掘有碑石数种，然此物已为清国官吏所押收，现在托川上总领事与之交涉，尚未见还”。另外此行还得古钱、古镜、古铜器等无数，如在宁古塔得到的金代铜印与清发源时期的甲胄等“皆为罕见之物，稀世之宝也”，今并陈列在东京文社楼上。研究满洲，朝鲜史迹最难考证，“今忽于无意中觅得五千年之史料”，[①] 实为意外之喜。中国地学会通过白鸟的文章，揭露其掠夺中国古物的行径，目的在唤醒国人奋起抵制。

日人认为“凡经营殖民地之第一事业即如工业”，石炭外“满洲物产其最著者为大豆”，[②] 所以极力拓展大豆及豆饼事业。中国地学会在会刊登载《满洲工业》，指出该地区将来可能发达的工业，“其一为改良；其二为将来新起之工业”。满铁设置中央实验所研究工业，对“其最有可望者，若豆油精制业”，以及高粱酒酿造、造纸、柞蚕制丝等项，“加以种种研究”。[③] 中国地学会研究日人在东北兴办工业的成败得失，意在为中国开发东北、殖产兴业维护经济利权提供借鉴。

各界热衷收回权利，政府却“向无外交方针，惟知随时应付而已”，民知失败“全由政府之昏庸，于是愤激之极，辄纷然并起”。至于外交官“向来但知敷衍而已，近来乃稍稍争持”，也非本意，“不过舆论迫我抗争”，“故聊且为之”。其不知作为“实天下之至不幸”的弱国，更需研究外交，“善事”[④] 强国。至于由列强手中收回的利权，限于资本、技术以及组织管理等原因，往往经营并不如意，甚至不具备接收的条件。如黑龙江省要求收回俄人伐木权，但呼伦贝尔兵备道宋小濂鉴于国人无大资本续办，为避免木业衰落，函请黑抚“暂予通融办法，准其续砍一年”。[⑤]

---

① 《满洲史迹》，《地学杂志》第1年第8号，1910年10月22日，第13页（栏页）。

② 《满洲之新事业（续）》，《民吁日报》1909年11月18日，“译日本《太平杂志》”，第1页。

③ 《满洲工业》，《地学杂志》第1年第8号，1910年10月22日，第5页（栏页）。

④ 《敬告政府今日外交之危险》，《东方杂志》第8年第8号，1911年10月16日，第8—9页（栏页）。

⑤ 《边道贪小利破坏新章》，《民吁日报》1909年10月30日，第3页。

四 游记文学，抒发心臆

清季中国地理学界华洋新旧并存，中国地学会学人多为旧学出身改宗新学，受时代及自身素养的限制，在讲求科学新知的同时又追求专门古雅。对于边疆研究，其认为："数十年以来，谈西北各边舆地者，为最当行之业。其实足迹不出塞外一步，虽极有名之作，从无实地调查眉目清朗者。圣武神威，腴词满纸，以视近日外人地志各书，奚啻霄壤之隔，学术之不能比并于世界，忧方大耳。"[①] 从而倡议以调查为根基，本新学、新法研究之。但中国地学会既缺乏调查人才与经费，难以开展成规模的边疆调查，又未真正掌握外来学理，以至有限的数次游历边疆，也没能形成科学的调查报告，大都付之旧学色彩浓厚的游记了事。

古代中国游记记风土人情、访古迹、搜逸闻兼考证沿革，自来就是中学地理的重要组成部分。其内容大多重文采轻学术，更似探幽炫奇的文字。然而，近世以来中国国难日亟，学者难以独善其身，即便是重在抒发个人心境的游记，亦不免涉及艰危的时势。在趋新者的认识中，西学地理游记是各界人士通过有意识进行的调查所得，对学术与现实均极为有用，甚至决定了国家的强弱，所以内忧外患的中国亟当重视。如《民立报》之《征求名人游记启》呼吁，"国民之有远志与否，视其游记之多少可以知矣。故强国政府之成功，其种种布置，种种调查，非尽政府中人才也，而社会上实居多数"。海通以来中国边疆多事，"外人之窥伺日甚，而内地当改革者，当表章者，并发现以资参考者；外国之当研究者，当防备者，当输入以作模范者正复不少"，皆请"随时见赐"。[②]

中国自办的京张铁路，是加强与蒙古联系的战略要道，被国人寄予厚望。1910 年 9 月 23 日，中国地学会转载《东方杂志》汪国垣《京张铁道之旅行谭》，称"鄙性好游，迩来铁轨交通，无在不可以达吾人之目的"。此次旅行的目的有二："其一则以该路线经过之处，有我国莫大之建筑物在，其物维何，长城是也。其一则以吾国筹办铁道有年，比来

① 孟森：《视察蒙古郭尔罗斯后旗报告》，《东方杂志》第 9 卷第 5 号，1912 年 11 月 1 日，第 11 页（栏页）。按：本文虽在 1912 年 11 月发表，但实际是孟森依据 1911 年 7 月 29 日赴东北，亲至郭尔罗斯后旗游历调查日记而成。

② 《征求名人游记启》，《民立报》1910 年 11 月 8 日，"广告"。

陆续告成”，各路“或借款他族，或取材异域，卒至主权丧失，祸迫眉睫。京张则独由我国筹办，工程师全用华人，为自办铁路之嚆矢，不可不一观其成绩”。[①]

11月21日，中国地学会会长张相文署名沌谷在《地学杂志》上发表《粤西琐谈》，记其在粤任教期间，询问粤西友人所得当地土俗、特产、政情等。[②] 由于其本人并未亲到粤西游历调查，仅据个别友人的谈话，真实性与学术价值均有待商榷。张相文素有文名，1911年2月18日，《地学杂志》刊登其《冀北游览记》，记北京西、北两面之山，[③] 与其称为地理调查，不如视为文人采风之作。

1910年秋，中国地学会总理、直隶提学使傅增湘“慨念口外各属，学风不振”，前往巡察，因张相文“素嗜舆地之学，而塞外山川，又足以资雄览也，约与偕行”。张相文据此行作《滦阳纪行》，记滦阳地势、风俗及民情，又杂糅华洋新旧观念论地理、人生与风水，宣称：“盖地理与人生之关系如此，此以知天地之间原不无风水吉凶之说。惟统一区域一种族，以规其局势，则堪舆家所谓生旺墓库，休囚死绝之理亦自历历不爽矣。”[④]

1910年，中国地学会会员马登瀛、贾树模应新疆提学使之邀往任农学教员，由保定出发转道俄罗斯历时两个月方辗转到达，二人合著《新疆行程记》。“谨将二万余里之闻见，汇录如后，以代调查，于农业上、地理上或亦不无小补欤。”文章称由内地赴新疆借道西伯利亚铁路最为方便，“然以中国人至中国地，而必假道于他国，利权外溢者犹小，国耻不已甚耶，惟愿邮传部诸公听之”。又谓在国人印象中，新疆是僻处西北一隅“势同瓯脱”的蛮荒之地，然而“二十世纪之大势，非讲殖民无以为国。我有大平原不自治之，人欲殖民苦无其地，欲免强邻之生心也，能

① 汪国垣：《京张铁道之旅行谭》，《地学杂志》第1年第7号，1910年9月23日，第24—25页。

② 沌谷：《粤西琐谈》，《地学杂志》第1年第9号，1910年11月21日，第11—14页（栏页）。

③ 沌谷：《冀北游览记》，《地学杂志》第2年第11号，1911年2月18日，第6—9页（栏页）。

④ 沌谷：《滦阳纪行》，《地学杂志》第2年第12号，1911年3月20日，第7—11页（栏页）。

乎不能乎”。[①]

新疆偏远交通不便，来往经年累月，或需绕道他国，国人去之不易。日俄竞争激烈，风雨飘摇的东北地接京畿，又有铁路、海路相通，学界多有前往调查者。1910年12月21日，《民立报》刊登虞愚《安奉铁路观土记》，谓去年因安奉铁路事件，“故调查至满洲”，[②] 今年暑假中再来调查得是篇文字。文章称中国自营的京奉铁路通车后，日本降低南满铁路客货票价的百分之二十与之竞争。[③] 1911年2月3日，舆论报道邮传部行文东督调查京奉、南满铁路情形，奉天交涉司及商务总会查复，京奉铁路竞争不力原因在票务不便与车次安排僵化，不能“按人数随时加减车辆，不致有拥挤之患”。[④]

天津《大公报》总理、中国地学会编辑员英华，因为“动多胶滞”，“以致郁郁多病”。友人“拉同作关外之游”，[⑤] 以消积郁，沿途有感而发成《关外旅行小记》一文，自1911年3月20日起在《地学杂志》上连载。文章云由营口至奉天，中日铁路各有一条，“两相比较，则我中国相形见绌之情，真无国格矣”。察其原因：“一则实事求是，奉公守法，一则因循敷衍，蔑理循私。”进而痛呼“呜呼！国之兴衰强弱，岂有他缪巧哉”。

旅途中停留营口2天、奉天3天，“所见闻者不过什一于千百，已有如许可伤心、可痛苦者。倘知而不言，则天良有所不忍，但言之无济，则罪不在我”。国家大事当深谋远虑，个人“耳触目接”，“既为个人利害之所系，且为长官聪明所难周，故聊一敷陈，冀或得进步改良”。当今政府推行新政带来一线光明，“惟中国历来官事，有才志者权力不属，有权力者才志不及”，[⑥] 甚难期望其成功。

---

① 马登瀛、贾树模：《新疆行程记》，《地学杂志》第2年第11号，1911年2月18日，第1页（栏页）。

② 《安奉铁路观土记》，《民立报》1910年12月21日，第6页。

③ 《东三省通信》，《申报》1910年11月21日，第1张后幅第2版。

④ 《中日铁路之比较》，《民立报》1911年2月3日，第3页。

⑤ 英华：《关外旅行小记》，《地学杂志》第2年第12号，1911年3月20日，第14页（栏页）。

⑥ 英华：《关外旅行小记（续第十三号）》，《地学杂志》第2年第16号，1911年9月12日，第18—20页（栏页）。

国人旅行好为寻幽探胜、抒发情怀之游记，外人旅行则撰写实用的调查报告，以为殖民异域、掠夺利权的依据。如自1901年以来，上海东亚同文书院的学生，“每遇暑假，辄组织旅行团，分赴各处，实行侦查”。1910年已赴东北北部“深入边地，从事调查”。[①] 学界及中国地学会往往以人才、经费的匮乏与边地不宁为借口，以解调查计划仅仅停留在纸上的尴尬，然而上海东亚同文书院学生利用微薄的经费，经年累月跋涉于中国边疆，所成的调查报告连篇累牍，时至今日查看其与满铁的调查报告，仍不得不惊叹日人对中国之用心与野心，愤懑中国士子之空言救国。至于中国地学会同人游记的价值，1936年张其昀指出：“地理学固有赖于游历，但世人所发表之游记，其足称为地理著作者实甚少。余曾言从前游记之作，每重文辞之美，留连光景，低回陈迹，是其所长，而今日学术之所尚则异焉。”[②]

清季边疆危机日亟，朝野热议应付办法，新学地理界以为旧学不足用，欲承西北地理之余绪，引入新学、新法研究边疆以为国用。故其研究以专门学理为依托，资益对外交涉与整顿、经营边疆为目的，意欲得学术救国之效果。然而在弱肉强食的世界，势弱的中国在办理交涉时外受列强欺凌，内有舆论鼓吹民情沸腾，“处于内外受制，左右为难之地位”。[③] 缘此，政府向持秘密主义，若外务部拟通咨各省督抚，重大交涉“准官绅呈递意见书”，“惟不准军学两界干涉”，[④] 故学界研究边疆每遇对外交涉仅能隐晦为之。

清政府在边疆推行新政，以求稳定局势，但边疆情形与内地迥异，加之官吏庸懒无为，改革多为敷衍塞责，乃至办理不善激起民变。中国地学会及其同人欲为整顿、经营边疆建言献策，然而是时中国正处于科学方兴的幼稚时期，受时代及自身学术素养的限制，学理舍外人牙慧几无所余；再者，其人多为不解边情与实际的专门学者，又缺乏可以远赴边疆进行调查实测的人才与经费，研究只能据诸旧籍与外人在华调查所

① 《东三省要闻汇录》，《东方杂志》第7年第8期，1910年9月28日，第212页（栏页）。

② 张其昀：《近二十年来中国地理学之进步（续）》，《科学》第20卷第6期，1936年6月，第453页。

③ 《邹嘉来卸肩》，《民立报》1911年8月12日，第3页。

④ 《专电》，《民立报》1911年8月18日，第2页。

得，求其提出切实可行的治边策略，显然勉强。

第三节　研究世界地理

古代中国地理之学注重内地，甚少涉及边疆，禹域以外更是几乎未曾留意。明末清初来华传教士引世界地理知识入中国，国人接受后置入中学之中隐而不显。海通以来外侮日亟，讲求经世致用的士子及趋新人士为知己知彼，研究世界地理以为国用。1909 年创建的地理专门社团中国地学会，舍旧谋新宗科学地理，又受近代欧洲地理起于探险拓地的影响，以研究考证本国地理旁及世界各国为宗旨，视世界地理研究为中国地理研究的辅助。全面考察清季中国地学会的世界地理研究，既能了解其时世界地理研究的大致情形，又可深化对专门学会的认识。

一　留意极地

1909 年，新学地理名家张相文等在天津创办中国地学会，定宗旨为“专一研究考证本国地理为主，旁及世界各国”。[①] 然而古代中国数千年居中华文明中心，眼光向内，边疆尚被视为蛮荒，非无奈不愿涉足。外藩情形则多据贡使，几无目验。至于西洋各国，远隔重洋，路途艰险，全凭传闻。正史四夷传、外国传，多因袭，少创见，即使是与中华交往两千年的日本，历代修撰日本传多据《魏志·倭人传》及宋初来华日僧的奏对。明中后期倭寇为患甚巨，始有《日本考》《日本考略》等专书问世，但各书多为汇编旧有史志的考据之作，与实际情形相去甚远。

晚明耶稣会士入华，西学地理被引入中国，为趋新学者接引入中学。但地理关系经国大事，西式地图、地理知识因为精良而被深藏内廷，公开出版的图籍仍采中国固有。官修《四库全书》等虽有收入西式地理图籍，但持的是“存异文”的态度，守旧者已是痛心疾首。

19 世纪，在华新教传教士译西书、办报刊，欲普及世界地理知识，限于国人的接受度，销量及传播范围极不理想。国人的世界史地著作，如魏源《海国图志》、徐继畬《瀛寰志略》等，虽然号称据西洋文献

---

① 《地学协会启》，《大公报》1909 年 9 月 22 日，第 2 张第 4 版。

“以西洋人谭西洋”,[①] 实际仅是考据域外文献的书斋地理。

通商以来，对外交涉每以失利告终，国人痛惜之余，起补牢之念，以知彼为交涉的前提。同治初奕䜣奏，“查自各国换约以来，洋人往来中国，于各省一切情形日臻熟悉，而外国情形，中国未能周知，于办理交涉事件，终虞隔膜”，拟派使节前往各国“探其利弊”。[②] 其后斌椿、志刚、孙家谷、崇厚、郭嵩焘等相继出洋，皆有文字呈报总署。中国人关于世界各国地理的记述，即始于此一时期派往各国的使节、出洋游历考察的官员，以及留学各国学生的报告。

1880 年代中期，清廷酝酿选拔官员出洋游历。1887 年 5 月 18 日，清廷颁布《出洋游历章程》，第九条规定游历各员“应将各处地利之要隘，防守之大势以及远近里数、风俗”详细记载。[③] 6 月 2 日，《申报》刊登《论游历使之责重》指出，“中国向无游历之人”，士大夫“不欲驰域外之观”。海通后知“泰西各国之开疆拓土日致富强，大都先得于游历”。中国对外情懵然无知，“亦一大可耻之事”。此前中国派往外洋游历各员，无中学根底，所得有限。期望“今日所派则悉属正途，个人隐有四大洲于胸中，故此次派出游历而所以期望之者亦甚厚。将来中国悉知外洋各国之山川风土人情物理而纤悉靡遗，胥由于此矣”。[④] 至于国人出洋的障碍，张謇称“派出各员，不谙外国语言文字，仅观粗浅，莫探精微，或限于资斧，无从游览”。[⑤]

戊戌时期，国人所办报刊、译书，已经有意刊载世界各国地理。庚子后推行新政，科举改试策论，士子热衷世界地理，而在采用西式分科教学的新式学堂，独立的地理学科分为中国地理、世界地理两大体系。时论认为西人各学科中，地学“编译环球各国地志，举凡政治地理、实业地理（谓农工商实业地理）及地文、地质等学之作，靡不搜载。要在

① 魏源：《海国图志》，道光二十九年古微堂刻板，“序”。

② 中华书局编辑部、李书源整理《筹办夷务始末（同治朝 4）》卷 39《奕䜣等奏派同文馆学生三名随赫德前往英国游览折》，第 4 册，第 1621 页。

③ 王彦威纂辑，王亮编《清季外交史料》卷 71《出洋游历章程》，王敬立校，书目文献出版社，1987，第 4 页。

④ 《论游历使之责重》，《申报》1887 年 11 月 10 日，第 1 版。

⑤ 《代鄂督条陈立国自强疏［清光绪二十一年（1895）］》，张謇研究中心、南通市图书馆、江苏古籍出版社编《张謇全集》第 1 卷，江苏古籍出版社，1994，第 38 页。

比较各国国力、民风、地势、气候、物产、交通（谓航路、铁道、邮电等类）之优劣盈绌，以图进步”。[①]

光宣之际趋新学者信奉世界主义观念，1906 年 5 月，《汉口中西报》自称取名“中西”意在“注重世界知识，把国际要闻列在重要篇幅，以唤起国人注意”。[②] 1909 年 9 月，世界教育公会明确指出：“近代文化日趋大同，国家主义驯变为世界主义。”[③] 同年，有治地学者谓地学纲领有二：“一须有世界之知识；二须有爱国之思想。”[④] 1910 年 8 月，戴季陶声称报的性质和作用，“是要把世界各处的情形，社会各方面的状态，说把社会上的人晓得”，但“世界是什么东西，就是学界的人也还有许多全然不明白的”。[⑤] 10 月又谓国民须有世界智识，“认清世界大势才能强国，才能避免被吞并”。[⑥]

探索世界上的未知之地，素来是地理学者的至高追求，地理大发现以来，西人探险队、调查队遍布全球各海域及新旧大陆，奠定了近代西方地理学的根基。20 世纪初，西人掀起南北极探险热，欲征服地球上最后的处女地。

1909 年 9 月，《申报》连续报道美国人柯克北极探险事，谓其声称“探得北极所在”，[⑦] 引起抵达北极与否的争议。此问题虽然存疑，“而外间讨论新地之主权，美国检事长声称设觅得之新土果有价值则拟即在该处颁行宪政”，[⑧] 英国等则称不可轻信其已经抵达北极，种种迹象显示各国争议的实为版图。不久，柯克造假事发，被纽约探险家俱乐部开除。柯克探得北极虽被证明是乌龙事件，但大大刺激了一贯自认是探索新地

① 《湖北学报例言》，《湖北学报》第 1 卷第 1 期，1903 年 2 月 12 日，第 1 页。
② 《汉口中西报》1906 年 5 月 23 日，转引自刘望龄编著《辛亥首义与时论思潮详录》上卷，第 187 页。
③ 《世界教育公会公启并简章》，《北洋官报》第 2191 册，1909 年 9 月 13 日，第 55 页（栏页）。
④ 罗汝南撰，方新校绘《中国近世舆地图说》卷 1，第 6 页 a。
⑤ 《本报阅者诸公请看（1910 年 8 月 13 日）》，唐文权、桑兵编《戴季陶集（1909—1920）》，华中师范大学出版社，1990，第 58、59 页。
⑥ 《世界国民论（1910 年 10 月 14 日—16 日）》，唐文权、桑兵编《戴季陶集（1909—1920）》，第 108 页。
⑦ 《北极探险家之成绩》，《申报》1909 年 9 月 4 日，第 4 张第 2 版。
⑧ 《柯博士北极探险记三志》，《申报》1909 年 9 月 5 日，第 4 张第 2 版。

先锋的英国皇家地理学会及其旗下的探险家，加快了他们进军极地的脚步。

中国地学会敏锐地察觉到中国学界、舆论及社会对极地探险的热情。1910年3月1日，中国地学会史廷飏译《南极探险》称，1909年6月12日，霞克敦（即沙克尔顿）率南极探险队安全返回英国，受到朝野的欢迎。28日，其在皇家地理学会演说探险征程，英国皇太子莅临现场。霞克敦谓探险队在南极一分为二，一队“达南磁极，建英国国旗”，并调查沿途山脉、冰河；一队“遂取英国皇后所赐之国旗，建于八十八度二十三分之地，是余此次探险所到之极端也”。[①]

中国地学会编辑陶懋立译《南极探险》，追述1903年斯科度（即斯科特）首倡探险南极，组织远征队“欲调查南极情形，并在洛士海区域内，关于学术之事，取美好之结果”。其计划“非但欲觅海陆分限，而其关系于学术者甚大，如磁力、地质、气象诸科学，皆将有所研究，而发明其真理焉”。[②]

5月28日，陶懋立译日人日下部《欧北旅行记》指出，为调查云雾弥漫、“冰雪严寒”的北极，古今探险家耗费无数金钱，“掷几多之性命，其事极为困难，世人所共知也”。[③] 今日耗时一个月，花费不过千金，即可成行。9月23日，《地学杂志》载《南极地方之气候》，原文为1901年至1904年探险南极的某英国探险家，在南纬七十七度十分五十秒、东经六十六度五十五分四十秒地方检测的气候报告。[④]

其时，不仅英美两国为探险南北极展开激烈角逐，日本及挪威等国亦积极参与其中。11月22日，《民立报》报道日人白濑中尉组织南极探险队，“因预算经费十万，现仅募集六万余元”，[⑤] 故请名流大限重信等为之募款。1911年4月7日，该报报道司各脱（即斯科特）南极探险队来电已“觅得新地”，引发英国、挪威、日本三国探险队“同时争先恐

---

① 《南极探险》，史廷飏译，《地学杂志》第1年第1号，1910年3月1日，第38—39页。

② 《南极探险》，陶懋立译，《地学杂志》第1年第3号，1910年4月29日，第9页（栏页）。

③ 日下部：《欧北旅行记》，陶懋立译，《地学杂志》第1年第4号，1910年5月28日，第15页（栏页）。

④ 《南极地方之气候》，《地学杂志》第1年第7号，1910年9月23日，第52—53页。

⑤ 《南极探险队之难》，《民立报》1910年11月22日，第2页。

后而进，将来不知鹿死谁手”。[①] 扩张版图外也有国人认识到探险极地对于学术的重大价值，指出人类智识“近年来进步之最著者，空中飞行业及南极探险是也”。南极探险“果能大有成效，则裨益于各种学术上者，殊非浅鲜”。[②]

世界地学先进国掀起探险南北极的热潮，中国地学会限于经费及组织能力，欲随附尾翼而不得，在翻译东西探险家论著外，只能考据文字聊以自慰。11 月 10 日，中国地学会会员丁义明《北极探险之丛谈》以西学附会中国经典，声称周公精于算，考其言“以今地释之，中衡之下，冬有不死之草，今所谓南洋群岛”；“夏有不释之冰，今所谓北冰洋”。然国人“谨慎畏葸，循守禹迹，不勤远足”，数千年来足迹不出亚洲，偶尔冒险边远，“则已诧为仙释之所至”，以致先人之业因无人承继而绝。文章最后罗列 1901 年至 1909 年 4 月探险北极的欧美人名单，感叹“西人探险所由日进无疆欤，噫！”[③]

二　注重周边

中国地学会研究世界地理，用于对外交涉是目的之一，所以注重与中国关系更大的周边是为当然。中国地学会会员王桐龄《日本东西京之比较》自称久居东京，趁学校放假之际，游历京都。比较而言，“东京实为新式代表，京都实旧式代表也”。两地在建筑、机器动力、服装上都有新旧之别，风习则“东京学生悲歌慷慨豪放不羁，有古燕赵之风焉，其弊也野。京都学生风流放诞，跌宕不羁，有南六朝风焉，其弊也荡”。

东京人好美食，“虽衣服故敝，而面色常红润，滋养丰、气血足也。故脑力、体力矫健，出其余力足以与外人抗衡”。京都人好鲜衣，“虽而有菜色而衣服必整齐，好饰外观不求实益也。故脑力、体力颓唐，自保生命不暇，又安能与外人竞争也”。总之，“东京处处振作，长足捷步”，直追西欧，京都因循守旧，萎靡不振，犹如末世之风。故日本风气尽如

① 《探险家新开世界》，《民立报》1911 年 4 月 7 日，第 2 页。

② 许家庆：《南极探险之效果》，《东方杂志》第 8 卷第 5 号，1911 年 8 月 19 日，第 32—36 页（栏页）。

③ 丁义明：《北极探险之丛谈》，《地学杂志》第 2 年第 18 号，1911 年 11 月 10 日，第 61—63 页（栏页）。

东京则国强，尽如京都则国亡，“识时务者不可不知所择矣”。[①] 其文本意，在借日本之事警醒国人。有意思的是，1887 年奉命游历日本的傅云龙，对东京的感受与认识适与王桐龄相反，[②] 短短 20 余年，国人的观念已发生如此颠覆性的改变，值得深思。

日俄战争后，失去旅大的俄人将远东商埠海参崴改为军港，并另辟毛口崴为商埠，“抵抗日本在韩国新开轻津港之商务”。[③] 锁港导致海参崴商业衰落，1909 年 10 月 26 日《民吁日报》报道俄国有意开放海参崴，“为各国通商口岸”。[④] 11 月 1 日，《申报》报道俄国财政大臣科齐夫将到海参崴，当地商会预备说帖“请将海参崴开放为有限自由商埠，并请将来往北满洲铁路运脚减轻，以便往来商旅，是亦南满洲铁路一劲敌也”。[⑤] 12 月 8 日，该报又称俄国改海参崴为军港，“各项商业顿为衰落，日人乘此时机在韩国清津港急起经营，居然此盛彼衰”。为此俄政府有意“将海参崴重行开放为自由港，以保持该国远东之商业”。[⑥]

1910 年 4 月 1 日，《申报》刊载杨志洵译自《日本通商汇纂》的《俄国东方自由口岸闭锁之原因及影响》。根据俄国的东方贸易情形、东方政策以及欧俄工商大势，认为海参崴锁港的原因为日俄战后俄国在远东采取保守主义，导致输出不力，但欧俄部分的工商业则因受到保护而有所发展。[⑦] 29 日，陶懋立译《俄国极东锁港之政策》，分析其原因、影响及效果，“以供谋国者谈论焉”。文章谓俄国地跨欧亚大陆，工商实业“全用保护政策，本为地理上自然之趋势”。近年其不遗余力经营远东，“尤以锁港为惟一主义，此世人所共知也”。俄人远东锁港的目的，一在奖励自国商业，“但主输出，不主输入”；二因日俄战争后“俄人注全力于领土内之经营，以敷设西伯利亚复线铁道、黑龙江铁道及移殖农民于

① 王桐龄：《日本东西京之比较》，《地学杂志》第 1 年第 1 号，1910 年 3 月 1 日，第 40—42 页。

② 参见傅云龙《游历日本图经》卷 10，王宝平主编《晚清东游日记汇编》，上海古籍出版社，2003。

③ 《俄人之第二上海》，《民呼日报》1909 年 6 月 6 日，第 2 页。

④ 《俄国有开放海参崴消息》，《民吁日报》1909 年 10 月 26 日，第 3 页。

⑤ 《海参崴商会请开有限自由商埠》，《申报》1909 年 11 月 1 日，第 1 张第 4 版。

⑥ 《俄人经营远东之一斑》，《申报》1909 年 12 月 8 日，第 1 张第 4 版。

⑦ 《俄国东方自由口岸闭锁之原因及影响》，杨志洵译，《申报》1910 年 4 月 1 日，第 2 张第 2 版。

西伯利亚之三事为本，而其希望在使极东之军事、财政咸克自立”；三则俄国欧洲本部工商业，“欲在极东扩张销路，故不使他人插足其间”。俄国锁港的影响现在尚不显著，将来虽然不可预见，但其因极东商业不振，欲修铁路由海参崴经珲春至图们江与韩国贸易，必然影响日韩。

俄国在极东的另一大政策是财政独立，但始终未能成功在于移民效果不佳。究其因，“施强迫之政令一也；乏农学之智识二也；人民无教育，多掠夺之行为三也；视极东等于外国四也”。极东财政不能独立，锁港政策显然难以持续，故其在海参崴一面“设立税关”锁港，一面议论“设置自由港”，持开放主义“招徕各国商旅，则其隐情可以想见矣”。①

俄国远东地区本国移民增长缓慢，中韩移民却日增，引发俄人的担忧。为限制华人移民，俄国“特别加重华人税则”，② 海参崴华商电请外务部与俄国公使交涉。中国外务部“请俄公使电其本国免收海参崴华侨人头税”，③ 俄政府回复已“展期至明年举行”。④ 1909 年 12 月，舆论指出海参崴华侨屡被虐待，“我商务委员又不敢问，侨民不堪其苦，多有舍其原产而归原籍者”。甚至有侨居二世的华人归国，“海埠倘有一线生路，亦不肯归来”。⑤

1910 年 1 月 5 日，《申报》报道海参崴侨民因重税，“生计已约减十之七八矣”。⑥ 8 月 24 日，《地学杂志》刊登译文《俄国海滨省移居人问题》谓，近五十年来中韩人移居俄国远东海滨省，“真有一日千里之势”。1907 年，未入籍华人海滨省有七万多人，阿穆尔省有一万四千人；韩国则分别为三万四千人、两千五百人，合计已占海滨省人口的三分之一。现今文明各国皆严格限制移民，俨然已成世界趋势。黄种人“以本国窘于生计，视俄境可得大利，方趋之若鹜”。俄人移民则“因其地距其国中央省份甚远，又以水上风俗，多不习惯，故迁移之民，非常迟

① 《俄国极东锁港之政策》，陶懋立译，《地学杂志》第 1 年第 3 号，1910 年 4 月 29 日，第 9—10 页（栏页）。

② 《海参崴华商电》，《民呼日报》1909 年 6 月 30 日，第 2 页。

③ 《北京电》，《民呼日报》1909 年 7 月 27 日，第 2 页。

④ 《电报一》，《民呼日报》1909 年 8 月 1 日，第 2 页。

⑤ 《各地华侨近状：海参崴》，《东方杂志》第 6 年第 12 期，1910 年 2 月 4 日，第 445 页（栏页）。

⑥ 《海参威侨民之无告》，《申报》1910 年 1 月 5 日，第 1 张第 4 版。

缓”。缘此，俄国政府将来必定会设法限制黄种人入境，“使不与俄人受同等之利益，以固其藩篱。以后黄种移民之生计，恐将不能自由也”。[①]

华人不仅在俄国远东备受排挤，即使在素来占据优势的南洋，自西人入主后亦每受虐待。1909 年 6 月 15 日，舆论痛陈荷属爪哇华人“苦其苛待久矣”，“必须设一领事”加以保护。[②] 其中，华人认为最劣者，一为人头税，一为强迫入籍。1910 年 12 月 21 日，中国地学会为翻译日人的调查报告《南洋之中国殖民地》加按语，指出南洋爪哇现属荷兰，“惟中国人民居岛者，从事各项事业甚夥”。荷兰政府待华人苛虐，南洋华人上报中国政府，“而中国惟派大员慰谕之而已，迄未设有保护华工办法也”。为探其究竟，“兹将日人所调查详情译登于左，以资参考云”。[③] 至于日人的调查，事项极细，对地利、住民之人数、交易、米、咖啡、烟草、茶叶、竹等皆有所留意。

在法属越南，中国人虽掌控商业，然亦“颇受法人虐待”。[④] 越南东京海防华商会馆致电上海商务总会称：“法官背约，设立身税苛例，不以人类看待。动辄严拿监禁，驱逐凌辱，种种苛待，不可言喻。”[⑤] 对此外务部拟派驻河内领事与法方交涉，且拟每年派大臣前往慰问。自 1911 年 3 月 20 日起，《地学杂志》连载会员韩怀礼译日人《越南现状》，声称东亚形势与日本甚有关系，其中尤以“法领越南与吾日本最切近”，故亲至其地旅行、调查。旅行前，“凡地理学上有可以考核者，悉心翻阅，以为将来之印证。然每苦于无完全事物，及至其地得色色新知识，始知平日多为书物所误，百闻不如一见也”。

法领越南分为东京、安南、老挝、交趾、柬埔寨五部分，主要有马来人、希亚人、安南人、太依人、中国人、混血人六种。中国人在越南“占优胜地位，社会上势力亦大”。他们保留原有的风俗，没有定居的念

① 《俄国海滨省移居人问题》，《地学杂志》第 1 年第 6 号，1910 年 8 月 24 日，第 43—45 页。

② 《爪哇华人之苦况》，《民呼日报》1909 年 6 月 15 日，第 3 页。

③ 《南洋之中国殖民地》，《地学杂志》第 1 年第 10 号，1910 年 12 月 21 日，第 1 页（栏页）。

④ 《中外近事述要：安南》，《东方杂志》第 6 年第 8 期，1909 年 9 月 9 日，第 248 页（栏页）。

⑤ 《各地华侨近状：安南》，《东方杂志》第 6 年第 11 期，1910 年 12 月 7 日，第 380 页（栏页）。

头，获得财富后即迁回本国。至于越南地势，“非单简笔墨所可序述，特就其卓荦大端说明之”。[①] 其主要河流如红河、湄公河，以及山脉皆由西藏高原延伸而来。其海岸线呈 S 形，长约 2900 千米，上部为东京湾，下部连接中国南海。在越南，中国人与法国殖民者结合，经济地位甚至在欧美人之上，“恐不久又将有排斥中国问题发生矣”。且法人占据越南，本就有意以其为基地窥伺中国，所以“法国近日排斥中国人不遗余力”。[②]

中亚为欧亚大陆的战略中枢，列强在此展开激烈的争夺。时论指出，为保疆域，国人当“速求世界的智识”。[③] 1911 年 2 月 10 日，有报纸指出俄国在中亚的扩张势头为英国阻止，苦心经营多年的满洲又被日本分润，故“不得不转其锋于蒙古”。若能占据蒙古，“则东可以抵制日本，南可越长城而席卷中原”。[④] 18 日，《地学杂志》载佩玉译日人《俄国中亚政策》称，日俄战后俄国“欲保其余喘”，不愿放弃东亚。北京政府视俄国为“最可恐之邻国”，为抵制俄国势力的侵入，计划移民蒙古，并延长京张铁路至乌里雅苏台。俄国虽对满蒙有野心，但由于人口不足、财政困难，现在只能全力经营中亚，“由此方面逼近中国之领土，无非欲痛加压迫于清国故耳”。[⑤] 其具体政策则有修铁路方便交通、改订条约蚕食领土等。

海通以来，周边多事，中国地学会注意研究，以为国用。然而中国地理旧籍极少涉及域外，专书更是难觅，又受经费及专门人才匮乏的限制，中国地学会及其同人难以亲到周边展开调查，故研究主要依据外人尤其是日本人的调查报告。就学术而言，其研究尚处于萌芽时期，距离本专门研究裨益政治的目标，任重而道远。

---

① 小林敬一：《越南现状》，韩怀礼译，《地学杂志》第 2 年第 12 号，1911 年 3 月 20 日，第 21—24 页（栏页）。

② 小林敬一：《越南现状（续前）》，韩怀礼译，《地学杂志》第 2 年第 13 号，1911 年 4 月 18 日，第 13 页（栏页）。

③ 《日本人之东进西进南进北进篇（续）》，彰孚译，《民立报》1910 年 11 月 27 日，第 1 页。

④ 渔夫：《蒙古之祸源篇》，《民立报》1911 年 2 月 10 日，第 1 页。

⑤ 《俄国中亚政策》，佩玉译，《地学杂志》第 2 年第 11 号，1911 年 2 月 18 日，第 18 页（栏页）。

三 借鉴世界

光宣之际新学渐趋一统，学习外来知识与制度以富强成为趋新者的共识。王辑唐环游欧美后声称："见闻既广，感慨益深，其片言双字，皆足以激励国人增长智慧。"[①] 中国地学会研究世界地理，目的之一即在探求西人富强之术，献诸当道。

1910年4月19日，《地学杂志》载史庚言译《坎那大中部农产》指出，坎那大（即加拿大）中部大平原，气候温和，盛产小麦、燕麦，"此天然之好农场也"。此前因交通不便，农产品输出受阻故不甚发达，自政府修建沟通太平洋沿岸港口的铁路后，遂有一日千里之势，并新设撒州、阿州管理其地。近年来坎那大大力修筑铁路，通车里程从1901年6月的122569.8里增加到1906年6月的144170.6里，新增路线又大都集中在中部，使谷物运出更为方便。故六年来"小麦增四倍六分，燕麦增六倍"，可以说坎那大农业的发达"实铁路有以启之也"。俄罗斯西伯利亚与其"气候地形相似，土壤膏腴、矿产丰富相似，横断铁路亦相似，其农产之发达，殆如操券"，今其锐意垦务，"吾人当拭目以观其后也"。[②] 史译文章一方面意在指出加拿大农业的发展得益于铁路交通的发达，一方面警醒国人俄国修筑铁路开发西伯利亚，东三省及蒙古局势益加险恶，亟当筹谋。

通商以来，外人持特权在华扩张商业，为维护利权，国人倡议商战。清末新政时期，位居四民之末的商人地位上升，大众及舆论将绅、商、学界并列，政府亦设农工商部"职在提倡实业，保守权利"。[③] 时论甚至将中国"以农宗立国"，列强"以商宗立国"，视为中西治乱兴衰的根源，声称："农宗之国，其人少受教育，是以乱多而治少；商宗之国，其事常资心计，是以民富而不贫。"[④] 缘此，陶懋立著《世界通商地之沿革》，谓中国自古贱商，人民所需"大都依政治之区域，以资灌输"，故

① 《环游琐谭》，《民立报》1910年12月17日，第6页。

② 《坎那大中部农产》，史庚言译，《地学杂志》第1年第3号，1910年4月29日，第11—12页（栏页）。

③ 《农工商部奏订筹备事宜分年列表呈览折》，《预备立宪公会报》第2年第7期，1909年5月17日，第7页。

④ 《对于吾国设殖务部之忠告》，《申报》1909年9月13日，第1张第3版。

“无所谓商业历史也”。通商五十年来，中国“曾无只轮一埠立足于北美、西欧之港口者”，“方今海内困敝，外族交迫，上下营营，补苴无术，余故览世界通商之地，著其沿革，备参考焉”。

文章指出世界商业的第一时代是地中海商业时代，地中海气候温和，土地肥沃，“故其人民开化最早”。其又为“三洲之门户”，有苏伊士通欧洲，尼罗河通非洲，波斯湾至中亚细亚，“为上古商业交通之第一市场”，[①] 先后由腓尼基、迦太基、希腊、罗马及汉莎同盟主导。

15 世纪突厥占领君士坦丁堡，地中海商业为之顿挫，“至葡萄牙寻获喜望峰之航路，诱起世人探险之心，而地中海商务遂趋集于印度洋、大西洋之上”。同时，美洲大陆的发现及非洲航线的开通，“皆于商业占巨大之势力”，世界商业遂进入印度洋及大西洋商业时代。控制商路的葡萄牙、西班牙遂“占十六世纪商界之优势”，至 17 世纪又被荷兰、英国取代。

20 世纪，世界商业已进入太平洋及世界商业时代，“环太平洋而立国者，为中国、日本、朝鲜、美国及澳洲是也”。新世界发现后北美商业占其半，西岸旧世界各国则商业不振，未能造成太平洋时代的极观。近来美国勃兴，将执太平洋牛耳，于是形势为之一变，太平洋航路成为东西两世界“之冲”，万国商业会集于此。自沟通三洲的苏伊士运河通航，及疏通南北美洲脉络的巴拿马运河成，世界商业的联系将更为密切。

最后陶懋立声称，“太平洋者世界商业之中心，而中国与美国又居太平洋之主位”。美国在放弃门罗主义殖民菲律宾等地后，势力早已扩展至太平洋之上。又“连络吾政府诸公”，借四国银行团名义借款粤汉铁路，独立筹谋锦瑷铁路，“彼亦何爱于中国哉，特欲自确其利权耳。然吾政府诚利而用之，未尝不资以为臂助，竞争世界岂有独立无援而能久存者?”美、中占据太平洋东西两大陆的中心，实际上左右了太平洋商业。然而中国政府谋求联美的意图泄露，“为某国所败，亦可想外交家之诡秘矣。吾中国果欲振兴商业伸一臂于太平洋上，盖先慎所与哉”。[②]

① 陶懋立：《世界通商地之沿革》，《地学杂志》第 1 年第 5 号，1910 年 6 月 26 日，第 1—3 页。

② 陶懋立：《世界通商地之沿革（续第五号）》，《地学杂志》第 1 年第 6 号，1910 年 8 月 24 日，第 1—14 页。

第二次工业革命后，德国崛起，为争夺欧洲乃至世界霸权，与英国分别组织同盟国、协约国两大军事集团。1910年代初，欧洲战争气氛日浓，引起中国地学会的注意。其会员史廷飏译《蒙德内革罗新首府》称，1908年3月9日在意大利的干涉下，蒙德内革罗将首府由塞提勒迁到安的法里港。意大利期望“一则于巴尔干半岛，得自扶植其势力；一则于撒罗利加，阻止奥国进行之路线”。另外新都还有铁路“会于威尼斯”。①

随着人类活动的加剧，特别是进入工业时代，地球环境遭到极大的破坏，引发地理学者的反思。史廷飏译日人《阿非利加旅行记》，谓由康斯坦丁乘快车向西抵达法属阿非利加北部领地，游历调查。感慨数千年前此地森林繁茂，水源丰富，气候温和，惠泽先民。然而随着人类生齿日繁，自然出产不足日用，“乃逐水草，营牧畜，得是等土地，焚其荒荟”，以致森林退化为草场，草场又演变成沙漠，“岂不悲哉”。自法人拓殖以来，“禁止樵斤，大奖林业，希图恢复水源，调和气候，固已布置井然。惟区域寥廓，费用浩繁，成功尚须俟诸异日也”。②

据推算，哈雷彗星在1910年5月19日再次接近地球，国人以旧有灾异之说附会新学，妄指：“斯时地球上必见有异常之现象，其前后数日或有地震、暴风等事，颇为危险，报纸喧传，久成谈柄。”汪荣宝与友人“闲论此事，戏言若将欧洲扫去岂不大妙，余谓须将西半球同时扫荡，并将日本带去，方为安全”。③ 时论指出中国旧日谓彗星“主刀兵灾疫”，但以星的宫度定吉凶，“无所谓灾异”。④ 5月19日，汪荣宝在日记中写道：“本日天气晴明，毫无异象。”“绝不觉彗星之通过。自此各国天文学家当又得许多之新知识矣。”⑤

① 《蒙德内革罗新首府》，史廷飏译，《地学杂志》第1年第7号，1910年9月23日，第51页。

② 《阿非利加旅行记》，史廷飏译，《地学杂志》第1年第8号，1910年10月22日，第16页（栏页）。

③ 韩策、崔学森整理《汪荣宝日记》，第149页。

④ 叶青：《记哈黎彗星之历史附录高葆真彗星无害说》，《东方杂志》第7年第3期，1910年5月4日，第30—31页（栏页）。

⑤ 韩策、崔学森整理《汪荣宝日记》，第150页。

8月16日，《申报》报道日本发生“从来所未有”[①]的大水灾，死910人、伤182人、失踪441人，计41万余户等待救援。10月21日，《地学杂志》刊发《日本水灾》称自哈雷彗星出现，世人多生恐慌，“惟有一派天文学者，谓此彗星出现之年，世界必多洪水之劫。其言殆近似，盖以吾国历史稽之，每当此彗星出时，常有大水灾生于其际，试以归纳论理推断，固可以知水灾之与哈利彗星有关也”。因此，是年吾国及世界各国，“亦多有水灾”。[②]文章以科学原理推论哈雷彗星将出现，附会中国灾异说，声称中国及世界将有大水灾，以请国人留意。

欧西实业发达，素为国人艳羡，仿而行之几成共识。1911年3月20日，《地学杂志》刊发《瑞士之工业》指出，瑞士气候温和“风日暄丽”，号称世界公园。瑞士工业“初以畜牧闻”，至今“其制造最精之器械，骎骎为世界各国所利用”。实际上交通不便、矿产匮乏的瑞士，工业发达不恃天地之利，“而端赖国民之气质，以瑞士工界精锐勤敏精神贯注故也”。究其因，一在“水力电气之应用”；二从历史来说，近二百年各国实业界注目钟表制造业，瑞士在竞争中胜出，“擅名海外”；三是欧美工业发达“虽系西土人民一时趋重细作器用，竞相观摩，而其实以器代力为风气之所趋。如北美、瑞士等国皆不专就一种器械，葫芦依样奉若玺符”，可知其人“不以一艺自囿也”；[③]四是重视工业教育，由国家创办工科大学，聘请名师奖励学问，以发达工艺。文章介绍瑞士的工业，证明其发达不在天时、地利，而在于人，进而期望中国兴学育人，以致富强。

同期登载的《荷兰排水法》则谓，“荷兰国小而富，土地浅洼，全国皆平坦”，且近海处“往往有低过海面者”，故“在欧洲各国尤以水利土木等工事最为著名”。[④]其筑堤防洪的不足之处，在洪水带来的泥沙可以淤积为肥沃的土地，修筑堤防后泥沙无从堆积，以致土层日薄，由肥而瘠。

世界各地的奇景异俗，向来是世人传诵的对象。1911年4月18日，

---

① 《专电》，《申报》1910年8月16日，第1张第3版。

② 《日本水灾》，《地学杂志》第1年第10号，1910年10月21日，第17页（栏页）。

③ 《瑞士之工业》，《地学杂志》第2年第12号，1911年3月20日，第4—6页（栏页）。

④ 《荷兰排水法》，《地学杂志》第2年第12号，1911年3月20日，第7—8页（栏页）。

《地学杂志》发表旅欧学生张相文之子张星烺的《夏期欧洲旅行记》，谓在柏林留学期间，暑假旅行“率皆名胜之区，随笔记之，以留鸿爪，并使不出户庭者，亦稍知天下事也”。[①] 10月11日，《地学杂志》载孙经武辑《北欧志异》称，1909年日本朝日新闻社“提倡周游环球事，应者五十余人”。旅行团抵达圣彼得堡后同行者皆东归日本，唯独安藤“又有拉普兰之行”，[②] 参观涅瓦河两岸的船厂、炮台。同期杂志刊登的《黄石公园》声称：“世界好景趣之处虽甚多，然地域广大，而且饶于趣味，能如合众国黄石公园者，盖亦稀矣。”[③]

甲午战争中中国苦心经营数十年的海军毁于一旦，此后政府屡议重建，皆无疾而终。1910年3月，留法学生王庆骥在《欧美列强海政论》中指出，今日已经进入太平洋时代，列强致力于海军军备竞赛。[④] 12月，清政府改海军筹办处为海军部，由载洵执掌，紧锣密鼓地筹备重建事宜。1911年4月18日，《地学杂志》刊登《六大海军国之比较》称，近来列强热衷海洋竞争，海军扩张热“自入千九百年十年以来，其倾向尤甚”。舰载大炮由十二寸升为十四寸，军舰吨位由一万吨猛增到三万吨，“由此状态观之，今后依然为此潮流所支配，可以预言，不第此也”。有经济学家预言，“世界将为海军扩张热，而至国际破产”。然而，中国海军舰船总吨位不过四万五千七十吨，新设的海军部现阶段仅将南、北两洋及广东、长江水师旧有舰船“联成一气，以为兴复之基础”。又计划用七年时间建成约二十五万吨的舰队，总计约需银一亿五千八百四十万两，“财政上已不免困难”。[⑤]

19世纪末，德国在统一后仅用二十余年时间，就实现了国强民富的目标，成功超越了老牌的大英帝国。正在苦寻富强之路的国人，试图探

---

① 张星烺：《夏期欧洲旅行记》，《地学杂志》第2年第13号，1911年4月18日，第17页（栏页）。

② 孙经武辑《北欧志异》，《地学杂志》第2年第17号，1911年10月11日，第16页（栏页）。

③ 《黄石公园》，《地学杂志》第2年第17号，1911年10月11日，第4页（栏页）。

④ 王庆骥：《欧美列强海政论（附表）》，《东方杂志》第7年第1期，1910年3月6日，第23—30页（栏页）。

⑤ 佩玉：《六大海军国之比较》，《地学杂志》第2年第13号，1911年4月18日，第14—17页（栏页）。

寻其成功之道以为我用。1911 年 8 月 22 日，舆论指出德国的成功除利用自然优势外，“而学者、制造家举国联合更为宜注意之点”。[①] 故史廷飏译《德意志之经济地理》指出，19 世纪末德意志在世界市场中崭露头角，“推原其故，厥非一端，今就其经济地理一研究”。

德意志“土地多用学理以开辟之”，从地质、气候、河流等来看，北部“由新地层以成，有用之植物尚未发达”，但适宜牧草、森林生长；中部“地多垆土号为沃壤”，[②] 极其适合发展农业；南部地形稍高，寒暑皆极酷烈，故多经营林业、畜牧。其工业最主要的是以马铃薯为原料制造酒精饮料；其次是以纤维植物，如亚麻、苎麻为原料的纺织业。此外，染料工业近年亦日见发达。

中西海通以来，认识与内国相对的世界，以达知己知彼，渐为经世及趋新学者重视。光宣之际，中国科学地理方在萌芽，受时代及自身素养华洋新旧杂糅的限制，中国地学会与较为纯粹地本专门学理研究世界的东西地理专门学会有所不同，在探究学理发达学术外更注重学以致用。因此，其关注与近代地理发达关系极大的殖民探险，留意各国探险家对极地的开拓，以发达学理，达到与世界文明国争先并进的学战目标；注目周边，是因海通以来外人逼处，藩属尽去，研究之以用于对外交涉；翻译关系德国、瑞士、荷兰等国的经济地理论著，则意在借鉴欧西国富民强之术。

中国地学会宗科学地理，研究的根本在实地调查，但“我国人民自视太高乏研究心”，加上语言、文字、衣冠、习俗等隔阂，以及交通不便与费用不足，赴外洋游历的人极少。至于出洋人员多属外交、留学两界，“其留心外情者甚少，彼方且视为独得之饭碗与可居之奇货，不但无诱导内地人士与外人交通之热心，甚且故为艰难之言以骇人听闻，致使出洋之人口少，而彼辈乃得以自标异于众”。[③] 缘此，关于世界地理的汉文资料匮乏，中国地学会的研究以裨贩译文为主自为无可如何之举。

---

① 博：《德国工业之调查及评论（续）》，《民立报》1911 年 8 月 22 日，第 1 页。

② 《德意志之经济地理》，史廷飏译，《地学杂志》第 2 年第 18 号，1911 年 11 月 10 日，第 12—16 页（栏页）。

③ 田光笔述《王氏环游全球归国谈（续）》，《民立报》1910 年 12 月 29 日，第 6 页。

第三章　研究地理　建言共和
（1912—1916）

中国地学会承继戊戌以来士子借学会干预政治与发挥社会影响的一面，以研究地理裨益学术、政治为宗旨。囿于清廷的管制，虽经多方努力，并取得一定成效，但始终未尽其志。辛亥年，革命党托名新知识社团文学社、共进会等组织发动起义，短短数月内即改天换地，成为近代中国社团介入政治，并取得巨大成就的最好体现。

民初共和取代专制的制度变易，在激发士子建设民国的热情的同时，也使言论自由、结社自由的观念深入人心，士绅纷纷组织团体建言共和建设。加之时处旧政治、社会秩序崩溃，新秩序尚未形成的过渡时期，许多地带出现权力真空，为专门社团借助学术与学会组织参与政治提供了难得的时机。

处此大势之下，新知识社团中国地学会把握时局的变化，做出最有利于自身的选择，获得较大的发展，几乎将新学地学名家尽数会聚旗下，掌控了地学界的学术资源与话语权，且在政治及社会领域也产生了一定影响，得以践行考据地理裨益学术、政治之宗旨。然而，成也萧何败也萧何，与时局、政治过度紧密的中国地学会，深受时势变化的影响，在二次革命后被迫蛰伏，袁世凯称帝甚至导致会务中止。

第一节　因学术与学会组织参与政治

民初政权更迭，制度变易。乱世出英雄，时局的风起云涌，中西新旧各方势力的大洗牌，为士子提供了更多的政治选择与机会。新知识社团中国地学会及其同人，密切关注时局的变化，出入政治与学术之间。后世研究者喜言中国地学会对辛亥革命的参与，甚至有人认其为革命团体。实则中国地学会及其同人囿于时代的限制及利益的考量，政治观念与行事复杂多变，对革命与民国的认识亦有极大差异。民元后其以学干政，积极参与政治的动机与成效也值得探讨。研究专门社团的政治活动与影响，难在材料的缺乏与对人事的把握。以中国地学会及其同人留下的文字为基础，广泛搜集各类材料，结合时势实行了解之同情或可大致还原历史的多重面相。

一　南下办会

1909 年创建的中国地学会，建立早、存在时间长、经营相对稳定，是近代中国具有代表性的专门社团。其时，地理学界华洋新旧杂糅，中国地学会及其同人在引入外来学理与体制的同时，限于时代及自身素养，仍然深受固有观念与行事的影响，承继戊戌以来士子借学会干预政治与发挥社会影响的一面，力倡研究地理裨益学术政治。清季受制于政府的严格管控，其虽然在学界产生一定影响，但参与政治的抱负始终难以实现。

1911 年 10 月 10 日，革命派借助新知识社团文学社、共进会等整合力量，发动武昌起义，南方各省及北方的山西群起响应，与清廷形成南北对峙。即便地处京畿要地的天津，倾向革命的人士亦活动频繁，局势一夕数惊。

主要在天津活动的中国地学会同人，密切关注时局的演变，据素有观念与自身利益的考量，做出政治选择。其主导者，会长张相文、编辑部长白毓昆、编辑陶懋立皆为同盟会会员，积极响应革命。白毓昆“乃令其妻、子治装南归，而君独留办红十字会”，[①] 作为革命的联络机关。

1911 年 11 月 1 日，天津红十字会在《大公报》刊登发起广告：“武汉构兵，伤痍满目，风声所及，一夕数惊。同人悯焉，拟联合天津各界发起赤十字会，同谋救济之方。”[②] 4 日，天津红十字会发起会在中国地学会本部河北第一蒙养院召开，“公举白雅雨为临时会长，胡伯寅、钟惠生、郑崇瑞、刘善庭、刘子良、曾栋臣、陈泽浦、仲子凤为临时干事员，

① 《编辑部长滦州殉难白烈士小传》，《地学杂志》共和纪元元年第 1 期，1912 年 1 月 20 日，第 86 页。按：民国元年各期《地学杂志》皆标当月 20 日为出版日期，实际上受时局影响，第一期直至七月中上旬方得出版，其后各期继之，正文中引用各文依据其实际出版时间，并以不影响行文为前提尽量予以说明，但考虑到体例的整齐，在标注引文时，出版日期仍按杂志自标。

② 《天津中国赤十字会发起广告》，《大公报》1911 年 11 月 1 日，第 1 张第 2 版。

继由各员分任筹款事宜”。[①] 10日，天津红十字会在法租界新学书院宫保堂召开成立大会，却排除白毓昆，公举徐静澜为正会长，孙实甫、金韵梅为副会长，仅由张相文出任庶务部副长。[②] 白毓昆等失去了对天津红十字会的掌控，借助其进行革命活动的希望落空。

在创建公开社团天津红十字会的同时，革命党人又在津门组织秘密党团，共和会、铁血党、光复会、急进会、北方革命总团、共和革命党、北方共和党等相继成立。其中，在法租界天增里生昌酒楼成立的共和会，又称天津共和会、北方共和会，由白毓昆发起并担任会长，20余名会员大多是其任教的北洋法政学堂及北洋女子高等学校的学生。共和会成立后积极联络京津民团，又设立弹药制造所，白毓昆“携女生数人”，“奔走于北京、张家口之间”，[③] 运送炸弹，预备起事。

10月29日，驻滦州的第二十镇统制张绍曾发动兵谏，要求清廷立即召开国会，实行真正的君主立宪。旋即兵变失败，张绍曾以回天津就医为名开缺，第二十镇军心不稳。11月24日，湖北军政府派胡鄂公北上津门，试图整合天津的革命力量，在京畿重地起事，动摇北方的根基。白毓昆与其讨论策动第二十镇军“响应革命事”，[④] 并由共和会派于树德、凌樾、张良昆赴滦州组织，“复属其友张蔚西挟策南下，约民军由海道北上袭据山海关”。[⑤]

张相文年谱记此事称，“在津与白雅雨名毓昆等思策应之法，白先赴滦州，参与军事”，张相文与陶懋立则“迂道秦皇岛，航海至沪，请求南京政府元帅黄兴，令烟台海军赴援”，[⑥] 里应外合直捣京津腹地。1912年1月2日，滦州宣布独立，成立北方革命军政府，以王金铭为大都督，白毓昆为参谋长。3日，兵败雷庄，白毓昆突围至古冶，被俘就义。

---

① 《十字会开幕》，《大公报》1911年11月5日，第1张第5版。

② 《红十字会志略》，《大公报》1911年11月12日，第1张第5版。

③ 《编辑部长滦州殉难白烈士小传》，《地学杂志》共和纪元元年第1期，1912年1月20日，第86页。

④ 胡鄂公：《辛亥革命北方实录》，中华书局，1948，第82页。

⑤ 《编辑部长滦州殉难白烈士小传》，《地学杂志》共和纪元元年第1期，1912年1月20日，第86页。

⑥ 张星烺：《泗阳张沌谷居士年谱》，张相文：《南园丛稿》（五），沈云龙主编《近代中国史料丛刊》第300册，第2409页。

张相文、陶懋立抵达上海后，多方设法联络南京临时政府，上书黄兴，请求派兵北伐，事未成滦州革命已失败，遂留沪。30 日，《申报》报道白毓昆的革命事迹谓，南通州白毓昆为天津法政学堂地理教员，兼中国地学会编辑部长，“九月间创办红十字会未就，为革命运动益勤，津地有秘密党会一，并无会名，此次滦州举义，确与该党有关”。[①] 报道中的秘密党会即天津共和会，其记载的白毓昆事迹亦基本属实。

中国地学会及后世一些研究者喜言其对辛亥革命的参与，甚至称其为革命团体。实则中国地学会毕竟是地理专门社团，职能有限，其主导人物张相文、白毓昆、陶懋立等参与革命，也没有依托学会，而是另行创建天津红十字会、天津共和会等公开或秘密组织。至于学会成员或领袖的政治观念与行事，是否可以完全归于学会颇值得商榷。且中国地学会职员中，总理傅增湘、评议员蔡儒楷等为北洋中坚，立场自不待言，有留日背景的干事部长吴鼎昌甚至被革命舆论视为“客冬民军起义反对最力”[②] 之人。即使积极参与革命的张相文，政治观念与行事的动机亦值得探讨。其年谱声称，张相文自言“政治观念，素主和平”，又因为人民程度较低，主张应按部就班，“逐渐改良国家组织，不宜根本动摇”，所以向来“佩重康梁等君主立宪派，不赞成激烈革命”。[③] 然而宣统帝即位后，“亲贵用事，朝廷中满汉偏见甚深，使人不得不赞成大破坏而后收拾之主张矣”。[④] 年谱还称张相文在北洋并非没有人脉，只是不喜官僚作风，故不与为伍。

考察张相文的行事，与立宪派领袖、乡先生张謇相交，且过从甚密；与革命派蔡元培、章炳麟等亦称相得，并加入同盟会；与北洋系傅增湘、蔡儒楷等交好，又在其大本营天津任职。因此，简单地将游走于各派之

---

① 《与滦同亡之烈士》，《申报》1912 年 1 月 30 日，第 6 版。

② 《女师范之烈风潮》，《民立报》1912 年 8 月 26 日，第 8 页。

③ 按：张相文年谱虽然未见其与康梁交往的文字，然而不难发现蛛丝马迹。如张相文 1914 年春游历河套后著《绝句一首》《塞北纪行》《成吉思汗园寝之发见》，皆以“来稿”刊载于《大中华》上，后二者不少报刊皆有转载，但绝句为他刊甚至自办《地学杂志》所无。其与屠寄关于成吉思汗陵寝的争议，也被《大中华》整理成专案登载。

④ 张星烺：《泗阳张沌谷居士年谱》，张相文：《南园丛稿》（五），沈云龙主编《近代中国史料丛刊》第 300 册，第 2408 页。

间的张相文归入革命派的做法，难以反映历史的多重面相。

1912年9月9日，《民立报》报道沪上人士在张园为白毓昆等四位革命烈士举办追悼大会。王伯揆报告烈士事迹称，白毓昆“以中国体育未能发达，特赴天津组织一体育会实行提倡”，[①] 对于中国地学会则只字未提，可知时人对其参与革命与中国地学会的关系之认识。据此，大体可言中国地学会主要成员中，江苏籍的主导者积极参与革命，北洋系的官员与教育行政人员敌视革命，直隶本地的新式知识分子亦不乏反对革命者。

中国地学会是由张相文发起并主导，个人办会色彩明显的地理专门学会。张相文自称：“然职员中委身以任其事者，惟余与雅雨。至于文字撰述，一惟卓如是赖。”[②] 革命军兴，三人投身革命，致使中国地学会会务暂停。

南北对峙之际，张相文、陶懋立滞留南方，一时难以返回津门，遂在上海续办中国地学会。1912年2月12日，中国地学会在上海召开会议选举职员，公推蔡元培为总裁，选举蔡儒楷、袁希涛、姚明晖、顾琅、夏清贻、李士伟、英华、张寿春、孙雄、傅运森及梁志宸等11人为评议员，张相文为会长，白月恒为编辑部长，章鸿钊为总干事长。[③]

时任南京临时政府教育总长的蔡元培，是光复会、同盟会的元老，与张相文为南洋公学师友，又皆加入中国教育会，往来甚密。两江师范学堂地理教员姚明晖，以编写地理教科书闻名，与张相文并称“北张南姚”。顾琅毕业于东京帝国大学地质系，1908年回国任北洋高等工业学堂教务长，1910年在中日本溪煤铁公司任采矿部部长。夏清贻是日本早稻田大学的毕业生。傅运森与张相文为南洋公学师范班同学，合作翻译过日书，又曾同在广州任地理教员。东京帝国大学地质系留学归国的章鸿钊，1911年参加京师学部留学生考试，得“格致科进士”，时任南京临时政府实业部矿政司地质科科长，民元前即在《地学杂志》上发文数篇。其余职员大多为天津老人，由于南北相隔，会中办事者皆为南方诸人。

① 《江汉燕辽之英灵来格》，《民立报》1912年9月9日，第10页。

② 张相文：《中国地学会新置会所记》，《南园文存》，张相文：《南园丛稿》（二），沈云龙主编《近代中国史料丛刊》第300册，第616页。

③ 《中国地学会职员》，《地学杂志》共和纪元元年第2期，1912年2月20日，第1页（栏页）。

民国肇造，时论谓：“自民国成立言论、结社皆得自由，报馆、党会乃纷纷而起。”[①] 朝野对专门学会亦甚有期许，1912 年 2 月 21 日，江苏吴县傅镛庭《为社会教育问题致教育总长条陈》极言建立专门学会是社会教育的必需，宣称“设立学会以促进文明也”，其“研究范围在乎分别科目，各出其长”。故亟宜设立，并由“教育总长自为会长”，“会中更分股研究或译或著”。[②] 蔡元培《对于新教育之意见》则称：“历史、地理，实利主义也。其所叙述，得并存各主义。历史之英雄，地理之险要及战绩，军国民主义也。”[③]

缘此，中国地学会由张相文、傅运森、陶懋立、章鸿钊等联名呈请南京临时政府教育部立案，并拨款补助以维持学会。教育部批示：“该职员等以地学专家，在天津创办地学会，并月刊杂志一册，以为交通联络之机关，热心殊嘉尚，自应准予立案。惟本部甫经成立，财力未充，止能每月补助洋二百元。”[④] 教育部的补助虽然“仅足以备会中办事人之伙食及杂志印刷费而已”，[⑤] 但对缺少稳定经济来源的中国地学会来说，却是维系存在的根本。另外，随着会员数量猛增，会费成为一大收入，加之各种捐款，民初的中国地学会经费较为充足，为会务的拓展奠定了根基。

二 移会北京

南北统一，张相文返回天津任职。其年谱标榜“谋革命者大抵皆已升官发财”，张相文却“两袖清风，依然如故也”。[⑥] 实则在南方因与革命新进不甚相得，没有谋得理想位置，“且与直都督有渊源”[⑦] 的张相

① 《出版结社大自由》，《民立报》1912 年 10 月 23 日，第 8 页。

② 《江苏省吴县傅镛庭为社会教育问题致教育总长条陈》，中国第二历史档案馆编《北洋政府档案》第 89 册，中国档案出版社，2010，第 3—5 页。

③ 《对于新教育之意见》，高叔平编《蔡元培全集》第 2 卷，中华书局，1984，第 135—136 页。

④ 《本会纪事》，《地学杂志》共和纪元元年第 1 期，1912 年 1 月 20 日，第 83 页。

⑤ 张星烺：《泗阳张沌谷居士年谱》，张相文：《南园丛稿》（五），沈云龙主编《近代中国史料丛刊》第 300 册，第 2405 页。

⑥ 张星烺：《泗阳张沌谷居士年谱》，张相文：《南园丛稿》（五），沈云龙主编《近代中国史料丛刊》第 300 册，第 2409 页。

⑦ 今之伤心人述《北京女子师范学校最近大风潮闻见记》，《妇女时报》第 9 期，1912 年，第 51 页。

文，应好友直隶提学使蔡儒楷的邀请，携陶懋立等北上出任北洋女子高等学校校长。

中国地学会随张相文回迁天津，仍设在河北第一蒙养院内。3月24日，张相文在《大公报》上刊登广告：武昌军兴，全国响应，“九月以后，鄙人因事南行”，编辑部长白毓昆殒身滦州，编辑星散，“自十七期后杂志遂以停刊”。2月，中国地学会在上海召开会议改选职员，在新政府立案，并得到补助，“此后无论如何为难，一俟布置稍定，必当继续推广，决不敢废于半途”。[①] 宣告中国地学会在天津恢复活动，及《地学杂志》即将复刊。稍后，正式出售民元前已经编辑完成，因革命未及发行的总第18期《地学杂志》。[②]

张相文北上后，对江苏政局仍极为关注。如关系苏省全局的南北之争，引发各方角力，江北各团体致电袁世凯请建行省，袁复电允其派代表赴参议院陈说理由，“以待公决”。[③] 4月26日，江北议会选举张相文、裘步蟾、陈士髦、赵鸣传以及武同举五人为代表。[④]

6月19日，中国地学会在《大公报》上发布《中华民国元年第一期〈地学杂志〉出版》广告：“今者赶为编印民国元年第一期，即与十八期相续售。费亦挨次结算。”[⑤] 请学会会员及订购诸君，将通信地址函告天津河北第一蒙养院学会事务所。

为抓住共和带来的发展机遇，中国地学会试图跳出天津一隅，实现在北京设立总会、各地创建分会的夙愿，以提高声望扩大影响。6月底，中国地学会因“筹设中央会所恳予拨用公屋事”，由张相文、章鸿钊、傅运森等联名上书教育部称，“窃思地学与国家建设，关系绝大”，地学不明则政治、教育、军事、实业的进行必生窒碍。现今地球各国生存竞争日益激烈，唯有“善因自然，始能运用入妙，否则危殆弗适”。中国地大物博，此前没有统一的地质、地文调查，“对于进化潮流，学理实行，俱称缺陷”。中国地学会于民元前三年创办，致力于调查全国。新政

① 《中国地学会诸君鉴》，《大公报》1912年3月24日，第1张第7版。

② 按：《地学杂志》第18期公开发行日期当在1912年3月底至6月初。

③ 《清江浦电报》，《民立报》1912年4月21日，第3页。

④ 《清江浦电报》，《民立报》1912年4月27日，第3页。

⑤ 《中华民国元年第一期〈地学杂志〉出版》，《大公报》1912年6月19日，第1张第6版。

府成立后得教育部立案，并给予补助，感激莫名，“所为亟思振作”。

合群调查全国地理，“必须立总会于中央，设支会于各地”，由支会分任调查事项，总会负责集成汇编。中国地学会欲开展全国调查，“宜先定总会地点”，综合考量自以中央政府所在地最为适宜。故而拟移驻京师，“以谋逐渐推广，庶足扩张学业，而补裨实行”。闻国子监南学有闲置房屋，且地方偏僻，方便研究，用作总会甚为合适。教育部批示，“该会拟于京师地方设立总会”，请拨公屋为总会会所，事属可行。查国子监南学前改为京师初级师范学堂，现已停办。留法勤工俭学会申请在此办预备学校，“借用之屋甚多，当尚有余屋，可以分拨”，请与其协商分割，“仍照留法俭学会与京师学务局声明原案，作为借用可也”。①

在谋求移会北京的同时，张相文、章鸿钊、白月恒、史廷飏等代表中国地学会，呈请直隶都督张锡銮，请拨款“恳予维持”。张锡銮批示：中国地学会所送的杂志等书，“具见研究有素，深堪嘉尚”，② 捐银洋五百元以资补助。

7 月 27 日，《大公报》刊登中国地学会广告：“今共和国成，人民任重，欲胜斯任，端在求学，学科握要首推舆地。”舆地学范围甚广，对建设前途影响尤其重大。学会鉴于此，特扩充《地学杂志》，由年出十册增为十二册，篇幅亦酌量增加。为此以民国元年正月出版的杂志为第一期，接续总第十八期，“用以贡献海内外诸同志为共和之纪念，博研究之兴味焉”。再者，英国增兵片马，设立警察等行政机构，企图长期占据，“而我国人士于片马所在每多茫然”，③ 为此重印 1911 年学会以云南防团兵备处地图为底本，“标出经纬度，内容注记详细”④ 的《云南全省舆图》。

该广告标注学会在国子监南学，发行所为天津河北第一蒙养院，可

① 《本会纪事》，《地学杂志》共和纪元元年第 3、4 合期，1912 年 4 月 20 日，第 3—4 页（栏页）。

② 《本会纪事》，《地学杂志》共和纪元元年第 3、4 合期，1912 年 4 月 20 日，第 4 页（栏页）。

③ 《中国地学会广告》，《大公报》1912 年 7 月 27 日，第 1 张。

④ 云南防团兵备处绘，中国地学会重印《云南全省舆图》，北京图书馆善本特藏部舆图组编《舆图要录：北京图书馆藏 6827 种中外文古旧地图目录》，北京图书馆出版社，1997，第 488 页。

知中国地学会已准备将会务移往北京。张相文年谱称："夏后辞职，至北京专办地学会。"[①] 实际上其去职原因甚为复杂，主因在辛亥革命后女权运动大兴，天津是近代中国女子教育及女权主义兴起较早的地区之一，北洋女子高等学校、北洋女子师范学校[②]学生运动不断，进而经有心人的推波助澜，发展为排张运动。

8月26日，《民立报》报道自吴鼎昌担任北洋女子师范学校校长以来，"所有校内一切开支浮冒均入己囊，客冬民军起义反对最力，平昔女生对之恨入骨髓，直人士皆欲去之"。吴知之，乃极力运动在教育部任职的范源濂、袁希涛，谋得北京女子师范学校校长一职，为掩盖前事，推荐邓毓怡继任北洋女子师范（学校）校长，但遭到"直绅全体反对"。张锡銮与蔡儒楷为调和，"及节省经费起见"，令北洋女子师范学校与北洋女子高等学校合并，以张相文为校长。吴鼎昌素知张相文秉性公直，"不易交代"，遂一面指使女学生退学"借为排张之计"，一面设法"使张迟来接收"。[③]

《妇女时报》论张相文与吴鼎昌的龃龉称，吴鼎昌谋得北京女子师范学校校长后，欲援引前清先例兼任天津女子师范学校校长。然而"张相文者在天津办女校久，且与直都督有渊源，于是直都督径令提学与以女师范之任。吴闻之殊出意料之外，愤愤不平，乃日思所以倾张者，使人倡言张外省人不宜在直隶办学。其语令张闻之，意其必辞职也。乃张竟未辞，吴无如之何，不得不再出于他策。适会吴张办理交代，张核其款目甚严，吴心益憾"。不久"有学生反对张相文之事"，迫其去职，但"京津人士无不知其内容者"。[④] 实则张相文与吴鼎昌在天津共事已久，关系远非如此简单，张相文创办中国地学会时就邀吴鼎昌出任干事部长，此事后吴鼎昌与学会仍然互有借势之举。

中国地学会与留法勤工俭学会协商后，得国子监"南边闲房十多间"，招工人修理房屋，"开支七百余金"，呈报教育部，并请督学局

---

① 张星烺：《泗阳张沌谷居士年谱》，张相文：《南园丛稿》（五），沈云龙主编《近代中国史料丛刊》第300册，第2409页。

② 原名为"北洋女子师范学堂"，1912年春改名为"北洋女子师范学校"。

③ 《女师范之烈风潮》，《民立报》1912年8月26日，第8页。

④ 今之伤心人述《北京女子师范学校最近大风潮闻见记》，《妇女时报》第9期，1912年，第50—51页。

“准借桌凳若干，以济会所之需”。[①] 移会后中国地学会发布公告：“本会宗旨，系在对于全国舆地种种为统一之调查，以奠文明进行之基础，追逐世界学术之潮流。”现民国初立，百度维新，“本会精神亦宜力谋发展”。[②] 为调查全国舆地，学会同人商定移驻北京，以国子监南学作为总会事务所。嗣后投稿及订购杂志诸君，寄信北京国子监南学即可。其时，《地学杂志》的分销处增加到北京琉璃厂文明书局、奉天鼓楼北文明书局、天津大胡同文明书局、汉口黄陂街文明书局、广州双门底文明书局、天津河北学会事务所、保定官立中学堂苏少衡、广东南门内师范学堂冯次香等八处，据此大致可知其传播范围与学会影响所及。

中国地学会为交流学术，扩大在学界及社会的影响，及为参与政治造势，积极寻求与国内外相关报刊进行交换。移会之初国内有《济南日报》《吉长日报》《上海新世界杂志》《民国报》《海军杂志》《农林公报》等六种；日本有《地学杂志》《地质学杂志》《人类学杂志》《史学杂志》《历史地理学》《东亚之研究》等六种。[③] 其后拥有适宜会所、稳定经费来源的中国地学会，会务扩展，会员大增，代表学术交流的范围及学会在学界影响力的交换杂志，新增《湖北教育杂志》《民国经济杂志》《教育杂志》《数学杂志》《实业杂志》《国风日报》《新纪元星期报》《军学研究社》《大自由报》《亚东新报》《国光新闻》《生活》《新中华报》等十三种。而为加强会员之间的联系，中国地学会刊印会友录，“以供调查而资联络”。[④]

同时，“因势力逐渐扩张，交涉事项日益繁赜”，中国地学会职员会议公推时在东京帝国大学留学的会员王桐龄出任驻东外交员。1912年底，王桐龄学成归国，推荐东京帝国大学讲师理学士中村久四郎继任。中国地学会一切照准，并制定驻东外交员职责五项：一为交换新闻杂志；

---

① 《本会纪事》，《地学杂志》共和纪元元年第7、8合期，1912年8月20日，第1页（栏页）。

② 《本会广告》，《地学杂志》共和纪元元年第5、6合期，1912年6月20日，第1页（栏页）。

③ 《本社交换新闻杂志列目》，《地学杂志》共和纪元元年第5、6合期，1912年6月20日，第2页（栏页）。

④ 《本会广告》，《地学杂志》共和纪元元年第7、8合期，1912年8月20日，第1页（栏页）。

二为卖书订报，凡日本新刊专门学术书籍，外交员认为有益于学会者，“可将书名及内容报告本会要求购买”；三为收集原稿；四为招徕会员；五为“管理在学界为本会扩张势力”。①

中国地学会以调查全国的名义，向教育部申请会所，移会北京。实因感于共和为士子与社团参政议政提供了良机，为实现借助学会组织干预政治、扩大社会影响的目的，迁居全国政治中心北京。对其时正在谋划进入政界的中国地学会同人，如欲回乡运动国会议员选举的张相文而言，北京显然较天津更为适宜。

三　建言共和

专门学会参与政治，根本自然在本学理研究现实，以学干政。复会后中国地学会以《地学杂志》为平台，引外来学理研究地理关系政治、民生的问题，建言共和建设。1912 年第 1 期《地学杂志》刊登章鸿钊著于 1912 年 3 月的《中华地质调查私议》，指出地质与国家极有关系，随着 19 世纪工业与科学的发达，美日等国相继设立地质调查局，至今“无国无调查局”。地质调查已成为世界文明各国的共同事业，中国若无调查，彼“将詈我为世界文明之侮辱”。

清季中西交通，各国竞相来华调查，侵占矿权。今共和新立，“方政体之革新，而人民之担负愈重。负担愈重，则生计愈艰。生计愈艰，则发展愈滞。故谋国者首宜尽地之利，以裕民之财，而后新政可得而言焉”。地质学是地域性较强的学科，中国地大物博，在世界地质界占有重要位置。仅就地质而言，“顾日本枝叶也，中华本也”，异日中国地质学必可在世界学界占有一席之地。至于“以调查事业，委之于私立学会之手者，其例古矣，而不适于今。取之我国，尤无济焉，是调查局之设尚矣”。故为保利权、裕民生、兴学理计，应仿东西各国设立国家地质调查局，组织全国调查。

地质调查可分为学理与实用两种，“昔欧西以调查事业委之学会者，是专为研究学理之时期。至其利已普，而以公帑经营之，是由学理而渐

① 《本会纪事》，《地学杂志》共和纪元元年第 9、10 合期，1912 年 10 月 20 日，第 1 页（栏页）。

进于实用矣”。[1] 实行调查有三项不可或缺，即“经费、地图与地质专门人才”，中国三者皆无，“亟设局所以为之经略之基，亟趋实利以免于首事之困，亟兴专门学校以育人才，广测量事业以制舆图”。[2] 因此当由实业部设地质调查局矿山大学培养人才，调查、制定全国三十万分之一至十万分之一地图。

陶昌善为《中华地质调查私议》作序称，近世科学可分为纯粹与应用，地质学无论学理与实用均与国家的发展及前途息息相关，“故非得国家提倡而维持之，不足以大展其用”。章鸿钊研究地质学有年，“驳难欧儒之说，舌战日师之诘”，“此篇乃首论中华地质所占之地位，次则地质调查之缓急，终乃其计划布置也”。[3]

革命以来，外蒙古、西藏相继宣布“独立”，集兵内犯，加上外人觊觎，边疆陷入前所未有的危机，各界热议保疆。中国地学会承西北地理之余绪，借助外来学理，调查、研究边疆，建言当道，并唤起国人的注意。如中国地学会为《西藏旅行记》加按语称，各国觊觎藏卫富源，“苟或一日动摇，我国西南门户危矣。建瓴直下，席卷甘肃、四川、云南，踞江河上游，茫茫中原岂堪设想哉，我国忧时志士，亟宜注意于此”。[4] 其后相继在《地学杂志》上刊登的白月恒《论蒙古之屯田及林牧业》、陶昌善《南北满洲森林调查书》以及樊镛《科布多琐录》等，皆值得研究边疆者留意。

中国地学会为扩大稿源，发布《中国地学会同人敬启》谓，学会创办三年来，承蒙惠赐稿件。现已经进入共和建设、科学猛进的时期，“矧在地学支配前途，更非笔墨所能殚述，是钻研启辟，鞭策愈亟”。海内外仁人志士，对于地学的进展，皆当竭力谋划。杂志作为学界的交通联络机关，“当新益新、博益博，苏耳目而焕精神，庶研究兴味一日千里”。缘此，学会同人期盼政、学、军、商界诸君子，“有珍闻斋见，关于地学

① 章鸿钊：《中华地质调查私议》，《地学杂志》共和纪元元年第1期，1912年1月20日，第1—9页。

② 章鸿钊：《中华地质调查私议（续第一期）》，《地学杂志》共和纪元元年第3、4合期，1912年4月20日，第14页（栏页）。

③ 陶昌善：《序中华地质调查私议》，《地学杂志》共和纪元元年第1期，1912年1月20日，第1—2页。

④ 《西藏旅行记》，《地学杂志》共和纪元元年第1期，1912年1月20日，第28—29页。

者均祈随时惠教”。[①] 可见其时中国地学会办理《地学杂志》的意图，以及对待学理与现实的态度。

移会北京后，中国地学会会务日渐发达，为明确职能，章鸿钊著《地学会应行事务之商榷》。其指出学会与政府不同，学会的本旨不外联络会员、扩张会务，助力社会的发展、学术的昌明。因此，学会的发展有赖政府与社会的补助，自不待言。中国地学会是由学者组成的专门学会，对于地学研究范围内裨益社会、指导行政的事务，“均宜规画笼举相机进行”。具体来说，中国地学会应着手进行的事务，“曰研究、曰讲演、曰旅行、曰编辑”。其中研究分为三项：一是纯粹学术；二是地理上关于行政者，“如开港、治河、交通设备、行政区域以及城市兴废等问题，均宜研究讨论，发抒所见以为行政之一助”；三是研究关于实业者，以助力农工商业的发展。

讲演当在每年春秋学校放假期间，“开地学讲话会”，请专家演说普及地学智识。地学研究重在旅行调查，出发前应纠集会员协议地点、考察事项、方法，“而后准备图书器具，定期前进”。对路途遥远艰险的地方，宜设立后援会，“以社会之力补助之”，目的则在助益“国力之发展”。编辑事业，在《地学杂志》以外，当仿日本地学丛书体例编辑丛书。又因“我国教科未备，讲授为难。审定名词，尤赖宿学”，当集同志“分任编纂、互相考订”，以期裨益教育，统一译名。至于地学图书室与“列品室”，以及“全国舆图测量与气象测候”等皆与地学相关，然仅据学会的力量有所不逮，“吾人宜建白政府或提议参议院使之筹办可也”。[②]

1912 年 9 月，中国地学会建立三周年，白月恒执笔作《地学会三周年纪念祝词》称，地球“水陆气界著于外，金石矿产郁于中”，“若政治、若宗教、若物产、若风俗，若者利于军事，若者适于农事，若者宜于商业，若者便于牧畜，莫非地球之所赐”。先民“蕃殖”一隅，“片土列邦峙立，夺地争城，此界彼疆，载在图籍，于斯时也”。地理大发现以

---

① 《中国地学会同人敬启》，《地学杂志》共和纪元元年第 2 期，1912 年 2 月 20 日，第 1 页（栏页）。

② 章鸿钊：《地学会应行事务之商榷》，《地学杂志》共和纪元元年第 3、4 合期，1912 年 4 月 20 日，第 2—3 页（栏页）。

来交通方便，调查精确，西学地理的进步一日千里。中华民国合五族而立，“而于诸学母、万事根之地学，迄未研究。是地球之真相，有于世界列强，尚未有于中国之人心也”，是为“地球之恨事，亦中国前途之恨事也”。[①] 故而同志立会研究地学，以期发达学术，致用实业。

其时，不仅中国地学会期望以专门学术建言共和建设，各界对专门学会也颇有期许。孙中山在北京学界欢迎宴会上演说称：“学界与此次革命大有影响，盖以前鼓吹革命，学界力量居多；则今日革命成功，学界功劳亦最大。”“今日革命功成，建设方始”，学界“尤须大发宏愿”。[②]

民元制度变易，共和新立，行政区域的变更提上日程。张相文谓革命风靡全国，破除陈规陋习，“则向之所谓破省域，饬官常，通社会者，乃及今而大可为也”。[③] 中国地学会一贯认行政区域为地理关系政治的重要问题，为研究行政区域，汇集同人附设厘定行政区域研究会。其指出中国革命成功，进入共和时代，“然政体维新，山河依旧”，“苟不先于基础上整顿而廓清之，则一切建设经营必无可着手之处”。旧的行政区域积累的弊病，此前被专制压制，现在国民精神焕然一新，“遂一发而不可收拾”。东西各国每遇事关国家的重大问题，“出必召集全国专门名家，参酌其意见，宽与以岁时，以供国人之研究，资政府之采择”。[④] 学会仿是例设立厘定行政区域研究会，征集全国专门名家的意见，以“妥慎研究厘定行政区域事务为宗旨”。厘定行政区域研究会研究成果将刊入《地学杂志》，并汇集成书，“呈由大总统先行核定，以备国会之公决”。[⑤]

其后，行政区域研究成为中国地学会及其同人的主要关注点之一，仅与《厘定行政区域研究会公启》在同期《地学杂志》上刊登的就有白月恒《直隶絮谈》、张得馨《青海改建行省刍言》以及沈同芳《江苏省

① 白月恒：《地学会三周年纪念祝词》，《地学杂志》共和纪元元年第7、8合期，1912年8月20日，第1页（栏页）。

② 《孙中山赴北京学界欢迎会演说》，《大公报》1912年9月4日，第2张第3版。

③ 沌谷：《导淮一夕谈》，《地学杂志》共和纪元元年第2期，1912年2月20日，第8页（栏页）。

④ 李志敏：《厘定行政区域研究会公启》，《地学杂志》共和纪元元年第3、4合期，1912年4月20日，第1—2页（栏页）。

⑤ 李志敏：《厘定行政区域研究会章程》，《地学杂志》共和纪元元年第3、4合期，1912年4月20日，第1—2页（栏页）。

分合问题与升道为省共同之关系》等。

清季民初中国报刊对边疆问题的密集报道，特别是一些激进言论，屡次引起外人的干涉。1912 年 11 月 28 日，《民立报》报道临时大总统袁世凯与国务总理赵秉钧论库伦事，“谓俄报以中国报纸之鼓吹征库为仇俄之举动，实属荒谬已甚。然关于中俄国交上感情亦不可不联络，观各文明国政府发布一种政策必与各报馆沟通，作一致之主张，不可议论喧豗”。故“此后关于俄库问题，当由内务部集合各新闻记者开一秘密谈话会，发布政府确当政策。庶与内治外交两有裨益，不致惹起意外风潮”。[①] 外人干涉与政府管控的加强，使中国地学会的边疆研究由关注时局逐渐向较为纯粹的学理研究转变。

四 参与政治

专门学会以学干政，在本学理研究现实建言当道以外，借助学会组织参与政治是为另外一途。1912 年 11 月 24 日，革党喉舌《民立报》刊载《地学会徒有虚名》称，张相文“研究地学有年，曾著有《导淮一夕谈》”。前在北京发起中国地学会，“入会者颇为发达，皆系专门地理家”。日前委托同乡陈文甫前来江北组织中国地学会江北支部，假共和党会所开会，“到会者四十余人，当时推定黄以霖为部长，其他评议、编辑、各部干事员，除武同举、于述祖二君对于地学上素有研究外，其他各人皆与地学毫无门径，即长江流域、黄河流域尚有不知区别者，故旁观者一般言论谓该会如此组织恐徒有虚名，不足以致实用云”。[②] 其实志在研究地理裨益政治的中国地学会自成立以来，官员即为会员中一大群体。张相文组织中国地学会江北支部的本意也非研究学术，而在为回乡竞选国会议员造势，黄以霖当选支部部长则因时任江北巡察使。

中国地学会自称江北支部首批会员共 36 人，“会所设清江浦城内之丰济仓，联络多数同志研究地学，赞助本会进行”。[③] 1913 年 1 月，又谓近来支部渐立，但支部简章尚未拟定，学会章程亦须“酌为增订”，[④] 俟

---

① 《蒙古风云录（百八）：政报界之一致》，《民立报》1912 年 11 月 28 日，第 6 页。

② 《地学会徒有虚名》，《民立报》1912 年 11 月 24 日，第 8 页。

③ 《本会江北支部会员提名》，《地学杂志》民国 2 年第 4 期，1913 年 4 月，第 1 页（栏页）。

④ 《本会广告》，《地学杂志》民国 2 年第 1 期，1913 年 1 月，第 1 页（栏页）。

改定后登录。

1月15日，《申报》报道桃源众议院初选“当选人十九名”，[①] 张相文、陶懋立均在其列。张相文年谱云：“冬，全国办国会选举，江苏第三区选举在清江浦举行。时孙铁吾名剑虹为睢宁县知事，来浦极力为之奔走撮合，遂被选。”张相文得以顺利当选，固然因在桃源办教育会、学校等素有名望，又得到曾随其就学的地方官孙铁吾的力助，但其办中国地学会赢得的声望与积累的人脉亦起到相当作用。

张相文为国民党前身同盟会会员，又与共和党观念相近往来甚密，当选众议员后，两党均邀其加入。其年谱称：“与张謇为莫逆交，而与袁世凯亦不无渊源”，但“甚不喜官僚政治之再活，乃与在野之国民党结合”。[②] 事实上革命以来，民党占优，第一任国务总理唐绍仪特加入同盟会。1912年8月25日，国民党在北京成立。9月27日《民立报》报道，赵内阁成立原因在“赵本系国民党党员，与党中感情素优”。[③]

10月7日，该报又谓：“他如江苏一隅原为共和党势力范围，今则国民党极行发达，入会者已有七八千人。”其原因在共和党主要由民社和国民协会组成，“究之国民协会官僚派居多数，民社则新学界人，元素不同化合物自异，冰炭不相容，早为识者见及。现又以正式国会成立在即，民社分子则主张举黎元洪为总统，国民协会分子则属意袁总统，彼此意见甚深云”。[④] 共和党内新旧人物相争甚烈，况且新学界大多加入国民党，即有入籍其他政党者，因与持守旧、官僚主张者之龃龉，多有退党改入国民党之意。如共和党籍教育总长湘人范源濂，“素与黄宋诸公极表同情，暗中鼓吹革命之功，原亦不小。今春当同盟会未改组政党之先，故入共和党籍。后以党中多卑鄙之流，羞与为伍，屡欲宣告脱党，以无机会不果。自国民党成立，受全国人民欢迎，改党之心为之一决”。[⑤] 而该共和党不允，愈益离心。至于国民党“新由六政党合并而成，势力极为雄厚，精神极为团结，为目下政界最大之党，在参议院中占过半数，

① 《桃源》，《申报》1913年1月15日，“地方通信”，第6版。

② 张星烺：《泗阳张沌谷居士年谱》，张相文：《南园丛稿》（五），沈云龙主编《近代中国史料丛刊》第300册，第2410、2412页。

③ 《赵内阁成立原因》，《民立报》1912年9月27日，第7页。

④ 《政党之隆替观》，《民立报》1912年10月7日，第7页。

⑤ 《国务员升沉记》，《民立报》1912年10月19日，第6页。

本足以揽握政权”。[①]

在江北，国民党请都督蒋雁行出任名誉支部长，气焰一时。[②] 江苏省议会选举，“国民党大胜利占十分之八计二十四名，其外共和党七名，民主党一名，超然两名”。[③] 张謇此时正属意江苏省议会正议长，然而1913年2月22日江苏省议会选举议长，国民党推出的徐鼎霖当选正议长，钱崇固与共和党沙元炳为副议长。“国民党实占优胜，旧官僚及张党皆为失色”，[④] 体现了苏省各派系势力的消长，以至国民党舆论揶揄：“张季直辞众议员而不为，盖自命为将来省议会议长者也。今最后战胜议长一席竟属他人，张之丧气如何！张党之丧气又如何！呜呼！难为张季直矣！”[⑤] 26日，该报刊载国民党南京支部通告，江北省议员解树强等十人脱离共和党，加入国民党。[⑥]

3月17日，时论直言当选议员为加入何党待价而沽。[⑦] 4月8日，中华民国第一届国会开幕，民党势大为一般人的共识。16日，许宝蘅在日记中写道：“谈今日众议院预备会情形，仍国民党人占多数。”[⑧] 17日，《申报》报道众议院议员总数596人[⑨]，其中国民党288人、共和党150人、统一党100人、民主党40人、“无所属、未选举者共二十六人”，[⑩]“国民党议员殆与他三党共有之数相埒”。[⑪] 19日，《大公报》报道众议院党争激烈，其中国民党占有极大优势。[⑫]

江苏是民党荟萃之地，张相文的师友蔡元培、吴稚晖、孟森、钮永

---

① 《各政党隆替观》，《民立报》1912年10月19日，第6页。

② 《国民党消息》，《民立报》1912年12月14日，第8页。

③ 《南京电报》，《民立报》1913年1月19日，第3页。

④ 《南京电报》，《民立报》1913年2月23日，第6页。

⑤ 《天声人语：难为张季直》，《民立报》1913年2月24日，第2页。

⑥ 《公电：江北省议员加入国民党》，《民立报》1913年2月26日，第7页。

⑦ 《新国会议员到京之怪现状》，《大公报》1913年3月17日，第1张第5版。

⑧ 许宝蘅：《许宝蘅日记》第2册，许恪儒整理，中华书局，2010，第436页。

⑨ 该数据来源于各政党自行公布的数字。由于各党均将跨党议员计算在内，重复统计之下总和为604人。且因其时议员脱党入党者不乏其人，导致数据不断变动。如1913年2月选举结束时，众议院议员中，国民党269人，共和党120人，统一党18人，民主党16人，跨党者147人，无所属者26人。

⑩ 《北京政界之推测》，《申报》1913年4月17日，第2、3版。

⑪ 《罗致议员之方略》，《申报》1913年4月17日，第3版。

⑫ 《众议院党争之日烈》，《大公报》1913年4月19日，第1张第4版。

健、傅运森等皆为国民党，且以同盟会为根底的国民党，甚得民心，在政、学、商各界均占优势。缘此，意欲在政治上有所作为的张相文，舍国民党外夫复何求！

1913年1月，中国地学会宣称“今吾国革命初平，共和肇建。则对于世界革命发源，共和先导之邦，正不能不特表欢迎，弥深注意。若是者法兰西之内容，诚地理学上所不能略焉”。魏树荣“嗜地学而爱祖国”，今赴巴黎游学，“将入彼自由之海洋，含英咀华”。学会同人公推其为驻法外交员，“今而后凡关于法兰西之调查报告，购买交换等事，胥于魏君是赖焉”。[①] 察其意，在加强与法国学界的交流外，师法先进建设共和，亦为重要考量。学界热衷参政，时论却颇不以为然，略谓：“晚近政坛之风亦甚矣，稍具知识者，均乐于政客坛中占得一席，因得发表其半烘不熟之意见，以误己，以误人。”[②]

民初中国科学地理尚属幼稚，老辈又不屑杂志之学，以致《地学杂志》稿源不足。中国地学会发布广告称：学会“虽基础渐固，规模渐展，而质诸吾辈之愿力，究嫌进步之迟迟。即杂志一项，亦欲新益求新，博益求博”。会员分居各地调查，“群策群力，而融合之交换之”机关，应以学会杂志为宜，“诸君有调查所及，研究所得，或独立发明，或转译鸿著，均与学术进步有密切之关系。尚祈弗吝珠玉，时赐我会，扩仝人之知识，即广学术之范围”。[③] 学会杂志出版以来，风行各地，获得政学军商各界欢迎，本年推广事项有四：其一，“思潮膨胀，民气称雄，学术飙进”，故杂志增加五十页；其二，“汉封居胥，唐复吐蕃，援今证古”，注意蒙藏地理；其三，“政治精神则法令标其最新也”，增加法令一门，专登政治关于地理者；其四，“登高作赋，临流赋诗，高山流水，贻我遐思，则文苑特选好词也”，[④] 增文苑一门。杂志注意蒙藏地理，增加法令栏目，是为本科学研究时事参与政治的体现。文苑栏目则体现了中国地学会及其同人在追求科学新知的同时，仍然难以摆脱中国士子固有观念与行事的影响，讲求专门古雅的复杂面相。

---

① 《本会纪事》，《地学杂志》民国2年第1期，1913年1月，第1页（栏页）。

② 选：《实业说（续）》，《大公报》1913年3月10日，第1张第2版。

③ 《本会广告》，《地学杂志》民国2年第1期，1913年1月，第1页（栏页）。

④ 《本会广告》，《地学杂志》民国2年第1期，1913年1月，第2页（栏页）。

4月，中国地学会新任编辑部长陶懋立发布启事，称原编辑部长白月恒受聘北京高师地理教授，辞去编辑职务，由“敝人驻会专办”，“所有以后编辑手续一仍前例”。[①] 同时，《中国地学会新绘蒙古详图出版》广告称，“蒙事告急，士夫皇皇，咸思购图考证”，求诸全国书肆“几不可得”。于是学会取邹代钧图为底本，“复考群籍，折中而绘斯图”。中俄边界的界碑、山脉、水道、牧地、沙漠、城村、驿站等“搜罗选择，繁简适宜”，绅、学、军、警各界“爱国诸君子洵不可不争先快睹者也”。[②] 其所绘蒙古图与前出之片马图，既有唤起国人注意，以保国权之意，又不无消费爱国主义牟利的嫌疑。

5月，中国地学会公布《拟定各支部对于本部之简章》，值得注意的有：宗旨，地学事业范围甚广，学会尤其注重国防与民生两大问题，“并参考世界趋势借资奖励”；权限，学会是研究学问的机关，不关他事，“如各支部有与官府交，同涉事件未曾通知本部经评议部许可者，不得滥用本部名义，以防流弊”。[③]

7月，东三省筹边使章太炎，以筹边使公署的名义赠送中国地学会《黑龙江图说》《黑龙江详图》以助研究，并期望其注意研究东三省，以资益边事。10月5日，中国地学会请评议员丁文江演讲滇黔地质，并赞其“游学英国研究地质学有年”，“尤热心提倡地学，创办地质研究所于京师，兼任本会评议员，诚吾国地质学专门家也”，[④] 至于目的则在保利权、寻富源。

五 回归学术

武昌起义后，革命形势狂飙突进，专制时代对人的种种限制一朝去除，社会心理日趋激进。且南北分立，政府掌控力下降，舆论借助共和时代言论、集会自由之力，议论时政，臧否人物，表现极为活跃。士子则集群结社，干预政治。大势之下，中国地学会以学干政积极参与政治。

① 《本会纪事》，《地学杂志》民国2年第4期，1913年4月，第1页（栏页）。

② 《中国地学会新绘蒙古详图出版》，《地学杂志》民国2年第4期，1913年4月，第1页（栏页）。

③ 《拟定各支部对于本部之简章》，《地学杂志》民国2年第5期，1913年5月，第1页（栏页）。

④ 《本会纪事》，《地学杂志》民国2年第10期，1913年10月，第1页（栏页）。

然而袁世凯接任临时大总统后，逐步加强对舆论及社团的管控，如1912年秋福州《群报》、汉口《大江报》因触犯福建、湖北当局遭到封禁。10月2日，《民立报》报道“内务院日前通咨各省都督、民政长等，略称集会结社原听人民自由，惟本部职司内务，为行政上之便利起见，当有调查之必要”。兹将辖区内会社，每三个月结集汇报一次“以便查核”。[①] 核查的项目有名称、宗旨、会所、发起人姓名和职业、执事人姓名和职业、在会人数、成立日期、批准立案日期及备考等。

1913年2月18日，京师警察厅发布命令，“查集会出版虽许自由，而警察之监视检查，实为职权所关，未容放弃”，[②] 加强了对出版物的检查。政府的动作很快传导到舆论界，4月4日，中国地学会编辑部长白月恒在《国都问题之研究》后谓：“此稿系成于民国二年之初，当时国都问题聚讼不已，恒因就管见所及构成此篇。今者参众两院正式成立，舆论虽少宁息，或恐有复起之波折也。”[③]

4月13日，《民立报》报道黑龙江都督宋小濂密电北京称，“俄人近借口中国将行与俄宣战，陆续增兵北满，跃跃欲试”。北京政府接电后，“电令转告俄人中国实无战意”，并由袁总统命令“内务部通电各省取缔报馆，不得登载军事外交”。[④] 同时，宋教仁遇刺身亡，国内局势陡然紧张，山雨欲来。政府加紧对舆论的控制，《国风报》《民国报》等倾向国民党的报刊相继被封。8月25日，二次革命已处尾声，《民立报》指责舆论对于袁世凯的所作所为噤若寒蝉，“自放弃其监督政府之天职”，秉公直言者“无一不遭袁氏之忌，被其肆意蹂躏。迄今极目神州，民党之言论机关，皆因触袁氏之忌，遭祸停版”。[⑤] 此论虽为立场不同，然当时情形可窥一斑。影响所及，中国地学会的研究以及《地学杂志》的刊文，热议时事的势头渐弱。

二次革命后，外人感叹“现时社会心理，已由破坏趋于保守”。[⑥] 不

---

① 《调查集会结社》，《民立报》1912年10月2日，第7页。

② 《京师警察厅应为调查辖内未报党会未经批准报馆分别名称地址等项列表具报致外城左四区警察署令》，《北洋政府档案》第173册，第127页。

③ 白月恒：《国都问题之研究》，《地学杂志》民国2年第4期，1913年4月，第1—6页（栏页）。

④ 《蒙藏警报：蒙警声中之取缔报馆》，《民立报》1913年4月13日，第6版。

⑤ 宗良：《言论之厄运》，《民立报》1913年8月25日，第2页。

⑥ 游欧客：《英人之上海治安论》，《申报》1913年9月6日，第1版。

仅倾向民党的《民立报》等各报被封，寄身公共租界内的华文报纸亦有被取缔者，甚至“广西民党之劲敌也，素以拥护中央为宗旨，自宋案、借款及湖口独立事起”，与国民党《民风报》、梧州《梧江报》相抗的南宁《指南日报》，也因触怒广西政府，被警察厅“勒令停派”，[①] 舆论指之为文字狱。中国地学会感于时局的变化，在10月发布征文启事称，杂志创办四年来，“赖海内外同志匡助，凡有赐与文稿无不陆续登载”。“惟是甄录既多，淳驳互见，调查所得详略攸殊，陈陈相因，既耳慵而目倦。琐琐为道，亦锦碎而珠零。体要无关，裁剪曷当”。现“再广搜罗”，不分会内外，“各有所见所闻，或取地方利病演为篇章，或撷海外精华”，[②] 皆为刊载。启事与前之极言“思潮膨胀，民气称雄”，注意蒙藏地理、“政治精神”的意气风发，以及“登高作赋，临流赋诗，高山流水，贻我遐思”的志得意满，不可同日而语，具见其被迫回归学术以避祸的无奈。

1913年11月初，北京政府解散国民党，剥夺国民党籍议员资格，参政两院共460多名议员去职，张相文亦在其列。认二次革命为“轻燥暴动”，而不以为然的张相文，在“国会解散”后，被迫交还议员证书，“在北京闲居”。[③] 次年春以农商部特派调查农田水利的名义，远赴西北调查河套垦荒情形。

民初经济凋敝，税收无门，财政濒于崩溃。时论直言：“民国成立以来，财政困难之状，已达极点。”[④] 1913年9月出任总理的熊希龄，“毅然挟一减政主义而来”。[⑤] 教育总长汪大燮主张裁人不减薪，舆论传闻“教育部须裁十分之五”，[⑥] 其他各部未定。面对严峻的局面，汪大燮清理冗费，中国地学会的经费补助亦在取消之列。

张相文视教育部取消补助为政治举动，声称汪大燮“仰承袁总统意旨”，欲取消对中国地学会每月二百元的补助，并追还国子监南学房屋。

---

① 《广西之文字狱》，《申报》1913年12月5日，第6版。

② 《本会征文特别启事》，《地学杂志》民国2年第10期，1913年10月，第1页（栏页）。

③ 张星烺：《泗阳张沌谷居士年谱》，张相文：《南园丛稿》（五），沈云龙主编《近代中国史料丛刊》第300册，第2412页。

④ 《论民国将与外债相终结》，《大公报》1913年2月12日，第1张第3版。

⑤ 《减政主义之敌》，《申报》1913年10月2日，第2版。

⑥ 《各部裁汰冗员之办法》，《大公报》1913年9月28日，第2张第1版。

时在教育部任司长的袁希涛，“闻之急走相告，乃四出托人说项”，[①] 又请农商总长张謇出面缓颊。经多方协调，1914 年 1 月 5 日，中国地学会由李厚基、张相文、白月恒等出面，“为会款支绌，再恳补助”，呈文教育部申请补助。同日又呈文农商部谓，“敝会讲求地学，发内国之秘奥，撷世界之精华”，刊行杂志对农田、水利、林业、矿务等“旁搜博采，不厌详尽”，以资实业发展。现请农商部各司将调查资料及报告，“所有关于地学者，随时发交敝会”，刊于杂志，互相研究，于学术、实业两有裨益。12 日，农商部批示：“已据情转饬本部各厅局司，知照至地方农田、水利、林业、矿务等局所有报告等件应呈送本部。”

19 日，中国地学会“为会款支绌恳予补助”再度呈文农商部称，前请大部拨发调查报告，幸获批准。大部“宏奖科学之盛心，莫名咸佩”，“惟是资料者，学术之根底；经济者，事业之补助”，故因经费不足请予补助，“俾地学会得以继续进行，实为公便”。20 日，教育部批示：“呈已悉，该会既创办有年，屡请名人演说，刊行杂志图书，于学术不无裨益，兹因本部经费支绌，所有每月补助费，改给银币壹百元。”24 日，农商部批示：“由本部按月津贴该会银元壹百元，自本年一月起支。”[②] 其后，中国地学会的研究及《地学杂志》刊文中有关农田、水利、矿务、林业的调查规划分量渐增，另一方面，每逢两部总长换人，张相文即需“求人说项，维持地会补助费”。[③]

2 月初，国子监南学被教育部收回，办北京第十七小学校，中国地学会“迁至西单牌楼旧刑部街”。[④] 会所被收回后，中国地学会只能每月出二三十元房租赁居民房，且因无固定会所，经常变更通信地址，给发展会务、联系会员、杂志征稿、收藏图书等带来诸多不便，“会务进行自不能如前矣”。[⑤]

---

① 张星烺：《泗阳张沌谷居士年谱》，张相文：《南园丛稿》（五），沈云龙主编《近代中国史料丛刊》第 300 册，第 2413 页。

② 《本会纪事》，《地学杂志》民国 3 年第 1 期，1914 年 1 月 20 日，第 87—89 页。

③ 张星烺：《泗阳张沌谷居士年谱》，张相文：《南园丛稿》（五），沈云龙主编《近代中国史料丛刊》第 300 册，第 2413 页。

④ 《北京中国地学会本部迁移广告》，《大公报》1914 年 2 月 11 日，第 1 张第 3 版。

⑤ 张星烺：《泗阳张沌谷居士年谱》，张相文：《南园丛稿》（五），沈云龙主编《近代中国史料丛刊》第 300 册，第 2413 页。

4 月，北京政府颁布《报纸条例》，第三条规定发行报纸应由“警察官署认可后，给予执照，并将发行人原呈及认可理由，呈报本管长官，汇呈内务部备案”；第六条规定缴纳保押费，“月刊者一百五十元”，“在京师及其他都会商埠地方发行者，加倍缴纳”，但“专载学术、艺事、统计、官文书、物价报告之报纸得免缴”。[①] 5 月 20 日，《地学杂志》发行人林敏树呈文警察厅称，按条例《地学杂志》属于月刊种类，“因为专载学术之报纸事”，[②] 当免交保押费。如蒙核准，请予执照。24 日，警察厅批准予以注册，且免交保押费。

中国舆论界“方以新报律取缔太严，不胜其愤激”，外人的认识却有所不同。适于其时来华考察新闻事业的美人威廉，在中国日报欢迎宴会上演说称，中国报界尚属幼稚，“而限制二字，尤不可以不知。知之深而持之有道，则新闻家之事业，乃至高尚而至可称誉之事业也”。[③] 国内也有人将减政主义与减言主义并论，谓：“一国健全政治，必自健全言论产出之。然言论界何由而健全，非稗贩异洲异国之陈言，可以炫示新异也。非毛举不痛不痒之空议，可以缪托中庸也。”故“新民国之飘摇风雨，患在人民无真程度，尤患在言论界无真是非。故今日救国之方针，必行减政主义，减政非消极之谓，节滥用所以供正用也。今日指导救国之方针，又必行减言主义，减言非默尔之谓，节泛论所以抒党论也。无论蜩螗邪说，必一扫而空之。即使持之有故，言之成理，而其事为今日所万不能行，则言之亦等于赘。是故言论界之职志，外以验诸人情之所顺，内以得乎吾心之所安”。[④]

秋，陶懋立应中国地学会会员福建督军李厚基的邀请，赴闽任职。中国地学会编辑部长的职务由浙江章嵚接任。章嵚为光绪二十九年举人，曾留学日本，精于旧学尤以史地见长。其自定年谱称，7 月应张相文邀请，“赴京主《地学杂志》笔政”。学会藏书极富，且“张公待余

① 《报纸条例之公布》，《申报》1914 年 4 月 6 日，第 11 版。

② 《五月二十日地学杂志发行人林敏树具呈警察厅文稿》，《地学杂志》民国 3 年第 6 期，1914 年 6 月 20 日，第 101 页。

③ 《论中国之报纸》，《东方杂志》第 10 卷第 11 号，1914 年 5 月 1 日，第 17 页（栏页）。

④ 《论言论家所占之地位》，《东方杂志》第 11 卷第 1 号，1914 年 7 月 1 日，第 13 页（栏页）。

极厚”。[①] 章嵚主掌《地学杂志》后，刊文及文风更趋专门古雅。

中国地学会回归学术后为交流知识、充实稿源，动用人脉，遍邀新学宿儒，其中之一就是请叶翰致书西北地理名家丁谦邀稿。1915 年 1 月 20 日，丁谦回信称去年于报纸中知悉《地学杂志》，“想其内容必多杰构，深以未获雒诵为憾”。顷接叶翰“征及敝书”，甚为欢欣。本应立时寄上，但副本已在庚戌岁丢失，仅存正本 20 册。因杭州图书馆馆长提议代为刊刻，遂将书稿全部送去。现在搜索故簏，只有旧稿五本，“先行呈请教正，不知有可采否。以外尚有新著数种，以方发缮，俟缮讫，再付邮递”。[②]

1915 年底，章嵚得北京高师校长陈宝泉的礼遇，“由讲师改教授，充国文系主任”，[③] 遂辞去中国地学会编辑部长职务，专心任教。1916 年 3 月，中国地学会公推刘仲仁接任。其与白月恒为同学，皆是张相文在北洋师范学堂的学生。6 月 25 日，刘仲仁发布启事称，自中国地学会创办以来即参与末议，“而短言拙译亦时贡丑于大雅之林”，唯身为教职不能多作。章嵚辞任后，“邀鄙人驻会专办”《地学杂志》。3 月，已经到会接办，至于编辑体例“一仍前例”。[④]

中国地学会承继戊戌以来士子借学会干预政治与发挥社会影响的一面，以研究地理裨益学术政治为指归。清季囿于学会初立及政府的严格管制，虽经多方努力，并取得一定成效，但始终未尽其志。辛亥年，革命党借助新知识社团的名义凝聚力量，发动反清起义，迅即发展成为可以与清政府抗衡的力量，社团的组织能力与作用受到朝野各方的关注。中国地学会地处京畿重地天津，同人的政治观念与利益又大不相同，显然难以公然响应革命，故而倾向革命的江苏籍主导者另行创建秘密党团，组织北方军民起事。

民元共和取代专制，言论、集会自由的观念俨然成为时代潮流，加之时处政治、社会秩序崩溃，新秩序尚未形成的过渡时期，能够掌控全

---

① 章嵚：《天行草堂主人自定年谱》，北京图书馆编《北京图书馆藏珍本年谱丛刊》第 199 册，北京图书馆出版社，2001 年影印本，第 8 页。

② 《来函照登二：丁益甫先生著书之近情》，《地学杂志》民国 4 年第 1 期，1915 年 1 月 20 日，第 1 页（栏页）。

③ 章嵚：《天行草堂主人自定年谱》，《北京图书馆藏珍本年谱丛刊》第 199 册，第 8 页。

④ 《本会纪事》，《地学杂志》第 7 年第 4、5 合期，1916 年 6 月 25 日，第 131 页。

国局面的政治力量尚未形成，诸多领域出现权力真空，为社团参与政治提供了前所未有的机遇，各界纷纷组织团体发表政见阐述主张。中国地学会及其同人密切关注时局的演变，本专门学理研究现实问题，建言共和建设，在几乎将新学地学名家尽数会聚旗下的同时，又援引新政府的官员特别是教育行政官员入会，掌握了学术资源与话语权。为遂治世之志，其借助学会的组织与影响参与政治，主要成员或入官场或为议员，在政治及社会领域也产生了一定影响。

二次革命后，北京政治气氛大变，国民党、议会相继被解散。成也萧何败也萧何，与时局、政治过度紧密，倾向民党的中国地学会被迫蛰伏。加上《报纸条例》颁发，舆论检查日趋严格，中国地学会逐渐疏远政治，回归较为纯粹的学理研究。对于清季民初专门学会出入学术与政治之间，章太炎谓“前以国事板荡，无术拯乱，有人劝以超然，无党之人建设学会，然亦‘复社’、‘几社’之流，不能纯讲朴学”，[①] 本此言或可理解中国地学会及其同人的言论与行事。

第二节 研究行政区域 裨益政治

民元共和取代专制，为了方便建设，改定行政区域成为燃眉之急，加上革命带来的参政议政热潮，朝野各方就如何变更行政区域展开激烈的博弈。一向有意在政治上有所作为的中国地学会，认行政区域为地理关系政治的重要问题，借助学会组织联合学会内外的同志附设厘定行政区域研究会，倡言以《地学杂志》为交通联络机关，据专门学理研究古今中外行政区域，上书总统、国会。

其时，中国地学会经过三年的苦心经营，几乎将新学地理名家尽数会聚旗下。缘此，其行政区域研究代表了民初中国科学地理研究的方向与水准。以中国地学会用力较多的行政区域研究为主题，从内部的自我变更与外部因素的互动，考察学会事业重心在学术与政治领域的变动，探究其动机、目的与实效，或可推动研究的进展。

---

① 《与钱玄同》，马勇编《章太炎书信集》，第148页。

一 设会研究

20世纪初，随着地方自治主义的兴起与新政变易外官制，规划行政区域成为时人关注、时论热议的焦点问题之一。民初政权更迭，制度变易，为建设共和国家，改定行政区域成为国人的主流认识，朝野各方就其方案展开激烈的博弈。1912年1月3日，南北相争正酣，章太炎在中华民国联合会成立大会上发表演说，指出“中国本因旧之国”，不能事事改弦更张。革命党欲模仿的美国本是殖民地，联邦各州皆有特权，与中国“统一已久不同，故决不能破坏统一而效美之分裂”。将来只需按照山川形势划分行政区域，“如三十六郡之例已耳”。[①] 20日，章太炎与张謇论政，认为边疆与内地有别，“若骤言共和，在我则势有不行”。因此，东三省、新疆“政体当与域内小殊”，蒙古、西藏“惟有存其王号，因其神权，设总督以监理之”。[②] 大体上章主张中国与美国国情不同，当依据地理划分行政区域，东三省、新疆与内地当有小别，蒙古、西藏则暂行旧制。

南京临时政府内务部为制定地方官制向法制院提出四项先决问题，关系行政区域变更的是第二项“各省行政区域应变更否”。[③] 法制院答复保留省制，但“省区域宜变更使缩小，大约现今一省可分为二三省”，并重划省界改变犬牙交错的状况，以使“省界自然消除”。省级行政区域变更，其下自不可不变，故“道府宜废去，只存县”，[④] 即废道府存省县二级。

2月12日，宣统皇帝发布退位诏书，南北统一，朝野各方纷纷就消除旧有行政区域的隔阂，维护统一提出自己的主张。中华民国联合会致信袁世凯称，民国统一改良政务，变更官制成为先决问题。至于外官应当废省存道、废府存县，改督抚、都督为军官隶属陆军部，不参与民事。满洲、新疆、蒙古、青海及西藏等边疆区域，“应有特别治法，俟交通便

---

① 《在中华民国联合会成立大会上之演讲（一九一二年一月三日）》，章念驰编订《章太炎演讲集》，第123页。

② 《与张謇论政书二》，汤志钧编《章太炎政论集》，中华书局，1977，第553页。

③ 《内务部提议地方官制先决问题》，《民立报》1912年2月7日，第1页。

④ 《法制院拟定地方官制先决问题》，《民立报》1912年2月6日，第1页。

利，人民同化，再行改归一律”。[①] 2 月底，统一共和党公布政纲，第二条就是“厘定行政区域以谋中央统一”。[②]

4 月，副总统黎元洪提出废省存道，军民分治。11 日，《民立报》称：“吾国行政区域应否一律变更，以及变更地方行政区域应否经参议院决议，定为全国行政区域之规画，以期政权之统一，此其事不能不有待于政府成立之后。”现在为维持现状，“惟有仍行省之旧制，伸都督之治权，以专责任，而杜纷扰”。[③] 直指变更行政区域事关政体与各方势力的消长，影响全国统一的大局。

早在清季江苏就有南北之争，1904 年废漕督改设江淮巡抚的分省之举，虽因省内外的反对昙花一现，但双方意见愈深。革命后，上海、江苏、江北三都督分立，加上松江、扬州等军政分府的存在，苏省分合问题引起各方角力。其中，江北离心力最强，各团体致电袁世凯请建行省，袁复电允许派代表赴参议院陈说理由“以待公决”。[④] 4 月 26 日，江北议会选举张相文等五人为代表进京陈情。[⑤] 张相文被推为代表，一则曾长期在北洋任职，与袁世凯等要人有旧；一则精于地理，方便演说新省区划。

中国地学会是由张相文联合江北同乡创办，并长期主导的社团，不免或主动或被动地卷入苏省之争。另一方面就学理而言，行政区域研究与地理和行政皆甚有关系，新学地理名家荟萃，以研究地理裨益学术、政治为宗旨，沟通学界与政界为目的的中国地学会，致力于此自为必然。中国地学会总干事长章鸿钊在《地学会应行事务之商榷》中明确指出，研究是学会的本职，在纯粹的学术研究外，对地学范围内“有裨补社会，指导行政之事务，均宜规画笼举相机进行”。如对于地理关系行政的开港、治河、交通设备、行政区域以及城市兴废等问题，“均宜研究讨论发抒所见，以为行政之一助”。[⑥]

中国地学会研究备受时人关注的行政区域，意在借助专门学理与学

① 《与袁世凯》，马勇编《章太炎书信集》，第 440 页。

② 《统一共和党成立公布》，《申报》1912 年 2 月 29 日，第 7 版。

③ 啸秋：《分治与割据》，《民立报》1912 年 4 月 11 日，第 7 页。

④ 《清江浦电报》，《民立报》1912 年 4 月 21 日，第 3 页。

⑤ 《清江浦电报》，《民立报》1912 年 4 月 27 日，第 3 页。

⑥ 章鸿钊：《地学会应行事务之商榷》，《地学杂志》共和纪元元年第 3、4 合期，1912 年 4 月 20 日，第 2—3 页。

会组织参与政治，因此为规避风险附设厘定行政区域研究会开展活动。由李志敏署名的《厘定行政区域研究会公启》称中国政体虽已更迭，但“山河依旧”。旧有行政区域，“或本诸封建之遗迹，或基于历代豪雄之割据，土地庞大，犬牙错综。而山川之形势，施政之便否，民情、风俗、言语、习惯之异同不问也”，以致“内讧迭见”。专制时代行政区域之间的矛盾被压制，民国实行地方自治，国民精神焕然一新，累积的弊病若“江、皖南北之违言，川越东西之分派”等遂一发不可收拾。“苟不先于基础上整顿而廓清之，则一切建设经营必无可着手之处”，所以为建设共和国家，亟宜进行行政区划。

行政区划是财政、官制等“一切之基础”，事关中央与地方、地方与地方之间的利益分配，涉及国家统一、民情舆论、选举、征兵等问题，还是中央集权与地方分权两大政策消长的体现，必须慎重对待。东西各文明国家遇到重大问题，必会召集全国专门名家，“参酌其意见，宽与以岁时，以供国人之研究，资政府之采择”。本此精神学会同人组织厘定行政区域研究会，“用是布告各政治家、地理家发抒宏见”，“必举民情、风俗、言语、习惯之素相融洽者，结为自治团体”，方便建设，“无误于民国前途”。[①]

厘定行政区域研究会成立后谓，“本会以征集全国专门名家意见，妥慎研究厘定行政区域事务为宗旨”。研究成果“当汇集成书，并绘图说帖，呈由大总统先行核定，以备国会之公决”。并特别声明“本会一切由地学会筹之”，[②] 明确厘定行政区域研究会是中国地学会附设的专门研究机关。

二　争议省制

民初改定行政区域的难点是省制，根源则在以中国旧有制度、理念强行对接外来的政治制度、理念。[③] 尤其是留日学生归国在政界、学界

---

① 李志敏：《厘定行政区域研究会公启》，《地学杂志》共和纪元元年第3、4合期，1912年4月20日，第1—2页。

② 李志敏：《厘定行政区域研究会章程》，《地学杂志》共和纪元元年第3、4合期，1912年4月20日，第1页。

③ 参见关晓红《从幕府到职官：清季外官制的转型与困扰》，生活·读书·新知三联书店，2014，第494—496页。

占据要津，多欲模仿日本的行政区划，然而日本国土面积小，地方设置府县郡村而没有行省，省制问题遂成为困扰中国行政区域变革的焦点与碍难。7月，临时大总统袁世凯依据军民分治原则制定省制草案，提交参议院审议。8月20日，《民立报》报道袁世凯因“各省反对军民分治，是以将原议之省官制由参议院抽回”。其后，国务院数次召开会议，“拟出调停办法”，大致为军民分治，长官改称省尹，但都督可兼省尹，省尹可兼都督，并设民政长以为辅助。[①]

朝野争议省制之际，中国地学会积极介入，在《地学杂志》1912年第3、4期合刊上登载白月恒《直隶絮谈一》、张得馨《青海改建行省刍言》、沈同芳《江苏省分合问题与升道为省共同之关系》等三篇学会内外持不同观点的文章。

中国地学会编辑部长白月恒《直隶絮谈一》称，“立国大地之上，不能浑沦漫漠以治，则必划分区域，而标以名称”。行政区域的名称多因地理而定，“而关于人事者盖寡焉”。但奉天、直隶都是以人事命省名，违背平等理念，与共和宗旨相悖，不更改“国民精神必隐中其毒于不觉，而国家将间接以受其病痛，若直隶二字其最甚者也”。[②] 又谓革命以来行政区域之间矛盾频发，成为建设共和的障碍，所以厘定行政区域与官制，关系“建设前途之根本解决”。“今欲破其鄙陋，扬其精华，必自分省入手”，省域缩小后“地小易察，民少易治，事简易行”，异日成功各省“不让欧洲一小国也”。[③]

民国肇造内地改行共和，情势有别的边疆地区仍然暂行旧制，又不能以藩属相待，[④] 亟宜改定行政区域与官制。清季青海由于地处中国地理中心，外来势力难以进入，“故筹边者于国防上、外交上均未重视之”。辛亥以来蒙藏风云日亟，隔离蒙藏的青海战略地位凸显。时论指出“蒙藏而果存也，而青海与蒙藏若春秋时代之虞虢成辅车唇齿之形。蒙藏而竟灭也，青海则与蒙藏若胡元时之宋金有先后覆亡之惧”。鉴于朝鲜在

① 《省官制之修正》，《民立报》1912年8月20日，第7页。

② 白月恒：《直隶絮谈一》，《地学杂志》共和纪元元年第3、4合期，1912年4月20日，第9—10页。

③ 白月恒：《直隶絮谈二》，《地学杂志》共和纪元元年第5、6合期，1912年6月20日，第3—5页。

④ 《蒙古未来之行政》，《民立报》1912年4月7日，第7页。

汉、安南在汉唐皆列为郡县，其后被无端割弃“沦为外域”，可知“天下万事万物，我不能包有者，他人即得取而有之，此亦优胜劣败之公理，不得概责彼之强权也”。青海在新莽及隋曾设立郡县，清则被置于外藩之末，任其荒芜，“若再不为经营整顿，一旦事发，猝至与蒙古、西藏偕亡，即为朝鲜、安南之后续耳”。①

张得馨谓清平定青海，分蒙古人为二十九旗，“编以佐领，统以西宁办事大臣，会盟朝贡悉如漠南北诸族之制”。黄河南岸的三十九姓土司，也纳赋于西宁办事大臣。青海地广物丰，然而二百年来清“以化外视之”，“一任其盲塞而不教，土芜而不治，遂至弃利于地”，形同石田，“以启强敌之戎心矣”。“今值黄汉肇邦”，正宜变军府为民治，设行省置郡县，“其奚以整挈戎索，建威销萌哉”。况且建置行省，“固所以复汉唐之旧观也”。

行省制度首重区划，为“使其东陲幅员稍广借足回旋，且满清旧制青海大臣驻西宁”，宜将甘肃西宁府管辖之三县四厅划入，以成辅车相依之势。次重省会，西宁僻处东隅本不足控驭全境，清设置军府意在“羁縻异族为用”，“此后民政肇兴，万端待理，大使秉节非驻于中央水陆之会，断不足以亭毒群伦”，故省会“则莫如黄河曲处之西岸，恰克图河之会流，土尔扈特南中旗之境内”。

青海全省可设七府三十余县，难称大省，然与黑龙江、新疆相较，亦在伯仲间。改建行省后若能选通达疆吏，振兴畜牧工商，不出十年，“其雄伟殷富之气象，当非复今日之旧观也”。② 其时，边疆多事，为维护统一，主张仿内地设行省的议论比比皆是，如《民立报》刊登《整顿西藏计划》倡议改西藏为前藏、后藏二省，“一切制度悉仿内地行省”。③

早在5月初，江北各界接到裁撤江北都督的命令后，就召开联合大会，“筹对付方法，宁死不与江南合并”。④ 对江苏的南北分合之争，民党舆论称：“记者素主张缩小行政区域者也，谓宜乘此速行厘定。省既废

① 无生：《筹边刍议（六）：说青海》，《民立报》1912年6月25日，第2页。

② 张得馨：《青海改建行省刍言》，《地学杂志》共和纪元元年第3、4合期，1912年4月20日，第2—6页。

③ 《整顿西藏计划》，《民立报》1912年4月1日，第6页。

④ 《清江浦电报》，《民立报》1912年5月4日，第3页。

则省界自消，而道府多为一单位，则一省中之冲突亦无自而起，公私两便，莫善于此矣。”[①] 武进沈同芳在清季曾任江苏教育总会总干事、预备立宪公会会董等职，1912 年 1 月出任江苏都督府秘书长，4 月离任，深悉苏省南北纷争的因缘利弊。其文章指出，清时江苏教育总会设宁、设苏的争论，导致南北之分萌发，继而江苏省谘议局又有南北之争，纷争不绝致使“其时主分者，视前尤甚”。

民国施行共和，“则今之分省，断断不必袭前清时代之旧制”。且清省制因于明，“而实劫自元”。今日论者动辄有种族之辩，唯独省制沿袭元，“而不知取法唐宋抑又何耶”。清季改订官制，考虑到省制的不便，拟设内阁、督抚、州县三级制度，然而变官制不变省制，“则异名不异其实”，“当此鼎新时代，百废待举，不从行政区域先行厘定，则皮之不存而毛将安傅”。放眼全国，江苏的南北之争“其小者也”，皖南北、川南北、山东海陆、浙粤东西“亦且暗潮汹涌”，为今之计不如参酌唐宋州制，缩小行政区域，“改省之名词为道，即以原有道之区域酌量移并”。

他此前主张南北合省，因专制时代的人民，“虑政府之不可恃，尤须合力以对外”。民国以共和立国，“省为衙署之名称，道府州县则区域之名词，省字本不通”，不如废弃。清江苏一省，总督驻宁，巡抚驻苏，提督驻江北，革命后临时政府——留守府驻南京，此外尚有苏州、江北、上海三都督，此疆彼界纷争不绝。江北人民心里多数不愿附和于江南，故江北都督依据地方团体的公决一再上书总统，请求独立设省及议会。究其根源在江南北相争互否议案，以致“江北议案十九不得通过”。实际上江南否定江北的议案不是为了标新立异，“即视利害以为衡”，为彻底解决纷争，不若废省置道。江苏在清分为五道，“今拟以宁镇通海（此指海门）为一道，苏松常太为一道，扬淮徐海为一道（此指海州）”。至于有人担心中央权力会被削弱，可以参考美国各州，“其区域类吾国之府而弱，惟其直接中央，故政令一。而区域则不嫌其分，且因分而进行，愈见其便利，又何病焉”。[②]

白月恒认为厘定行政区域是建设共和的前提，主张改变不适于共和

① 少白：《大陆春秋：行政区域问题》，《民立报》1912 年 5 月 6 日，第 7 页。

② 沈同芳：《江苏省分合问题与升道为省共同之关系》，《地学杂志》共和纪元元年第 3、4 合期，1912 年 4 月 20 日，第 23—27 页。

精神的各省名称，同时为解决区域矛盾、方便治理应分大省为小省，日后发达当不让于欧洲文明国家。张得馨建议保存省制，寄望通过改建行省发展青海，以加强对边疆的管控，杜绝外人觊觎维护国家统一，并将其与新设行省黑龙江、新疆相较。沈同芳指斥行省本是元朝旧制，且容易引起地方纷争，不如依据风土、语言等，缩小行政区域面积，升道为省方便地方自治。三文大致能够代表民初省制争议中的主要观点。

中国地学会会员大多是留日或知日的新学地理家，主张借鉴日本的行政区域制度。如留日归国的陶亚民撰《日本行政区划》，明确指出“痛乎！我国省制之为害最烈也，作俑于元，弊极于清”。今日省界成见已深，“省议之讧愈亟，于此而不思所以更张之，欲以支离灭裂之局，奠国基于共和自治之区”，如何能够成功。欧美诸国的行政区域暂且不论，日本行政区划大而司法、陆军、海军、山林、土木、税务、邮便，小而府、县、郡、村，“莫不条理严密”，足“以为吾国借鉴”。①

1912 年第 5、6 期合刊《地学杂志》刊载宗嘉禄《长淮分省导淮议》，从治水的视角研究省制，颇值得注意。其认为“近世东南之患，莫大于淮水为灾”。导淮难行，原因在流域内的苏鲁豫皖四省，“利害异形，缓急异势”，所以要求其一致行动“决不可得”。兼依据政治地理学理，江南、江北人民在风俗习惯、语言交通上天然具有隔阂，“决不能施同一之政治”，强划为一省“即如今皖省南北两党之冲突，苏省南北政治之不统一”。② 因此，不如依据自然地理形势，将苏鲁豫皖各省管辖的淮河流域合为一省，上下齐心，导淮自可事半功倍。

中国地学会是地理专门学会，研究行政区域自然以学理为本。白月恒《厘定行政区域备考》指出划分行政区域，“此人类自治所必由”，至于依据则有自然形势与人事之别。数千年来中国行政区域变更，“由州而道而省府县，界划之变更，大者十余次，小者数十次，伸缩异势，优劣异形”，而厘定者的本心“则万殊一源，莫不欲归宿于至善”。所谓“区域定而国泰民安者，得乎天然之精神者也”，即人道合乎天道。近来

① 陶亚民：《日本行政区划》，《地学杂志》共和纪元元年第 5、6 合期，1912 年 6 月 20 日，第 29 页。

② 宗嘉禄：《长淮分省导淮议》，《地学杂志》共和纪元元年第 5、6 合期，1912 年 6 月 20 日，第 1—2 页。

国体变革，政治革新，厘定行政区域的问题再起，“斯殆改革历史劣点之时机乎”。[①] 故考中国历代疆域沿革，旁及世界各国区域规划，以为借鉴。

9月28日，舆论报道政府拟定省为行政区域，以明确官治与自治的权限，及“省官制之改称”。但是省长官“政府主简任，国民党主选举”，[②] 双方相持不下，以致省官制案几经修订也未能通过，引起各界热议。其时，《地学杂志》刊登耕石《省官制之末议》称，省官制第二次修正案“愈改愈歧，于无可如何之中”，提出废省置道，引起主张限制中央集权防范专制余毒者的强烈反对。然而治国理政当据时势，“鉴于以往之陈迹”因噎废食，“于立法之原理，及改革之大要，诚未见其得也”。观欧美各国行政区域，面积之大与层级之多，“未有如我国之现象者”。共和时代正宜废除弊政，“分省为道，大者三四，小者亦两道，以固中央之统一。缩小行政区域，以图自治之发达”。每道设一名行政长官，由中央简任，监督各县行政，同时废去府制改州为县，实行两级行政区划制度。

考中外行政区域沿革，中国明朝就已废除省制，美国“其所谓州不啻邦国，非地方行政区域”，英国“以三岛王国之联合而立国”，普鲁士省制“又不适宜于我国情”。加上中国两千年前就废除了封建制，消灭了邦国，“历史上合则治、分则乱一语，久已映入人民之脑中”。因此民国建立以来，“一般舆论多倚重于中央集权及实行统一”，主张废省置道“管理警察、教育、选举等事，外交、军事、财政、交通、邮传则统归中央”。[③] 其附会中西制度，认为欧美各先进国皆不设省制，中国当趁共和改制的时机废省置道，缩小行政区域，减少地方官厅的层级，这样既能提高治理的效率，又能发扬国民的自治精神。

三 划一地方

民元借助共和改制的机会，减少旧有的多层机构，划一地方行政区

① 白月恒：《厘定行政区域备考》，《地学杂志》共和纪元元年第7、8合期，1912年8月20日，第1页。

② 《省官制之争点》，《民立报》1912年9月28日，第7页。

③ 耕石：《省官制之末议》，《地学杂志》共和纪元元年第11、12合期，1912年12月20日，第7—9页。

域与官厅以便治理成为朝野共识。北京政府在稳定政局后，于1913年1月9日颁布《画一现行各县地方行政官厅组织令》，命各地在3月前将厅、州一律改为县，并划一县名。[①] 3月，《大公报》报道大总统袁世凯致函议长吴景濂称，“正式政府虽已经成立，而划一省制未颁，殊难收统一之效”，[②] 请国会迅速议定，吴回复时间太紧来不及制定。划一地方事关各方势力的消长，革命党与官僚派就此展开激烈的论争。《民立报》指出，政府此次制定的外官制“实采省道县三级”，然而江浙等省早已废除道制，也未见有何不便，现在复设“徒增一重纷扰”而已，因此应由各省行政长官斟酌是否设立。[③]

倾向国民党的中国地学会积极介入划一地方行政区域与官厅之争，中国地学会会员、闽人蔡玑《福建行政区域改革谈》指出，民国实行五族共和变更国体、官制，行政区域亦当因时而变以资治理。另外就各地的形势而言，四川、广东增设西康、海南省的争议，以及江苏、安徽的南北之争等皆已势成水火，划一地方行政区域已有“势之不容已者”。政府颁布《画一现行各县地方行政官厅组织令》后东南各省“亦多实行裁撤府道，改从县制”，改定县名的也指不胜数，“此虽政治上革命之影响，亦地理上之一大革命也”。

八闽父老热忱改革，但“福建光复传檄而定，用军之范围甚狭，故政制革易者鲜”，为建设计，亟宜裁并道府州县。至于专制的象征——省制，因与共和精神不符，总统公布地方行政官厅组织令，“虚省实道，亦即废省存道之预备矣”。[④] 蔡认为福建等受革命洗礼不深的地区，应当抓住政府颁布地方行政官厅组织令的机遇，加大力度革新旧制，以图地方的发展。他还认为政府划一地方的用意在虚省实道，为废除专制的象征——省制做准备。

在本学理研究划一地方的同时，中国地学会还注意各地的执行情况。4月，《地学杂志》登载四川民政长胡景伊《四川省府厅州一律改县呈文

① 《画一现行各县地方行政官厅组织令》，《地学杂志》民国2年第1期，1913年1月，第1—14页。

② 《大总统函商省制之颁布》，《大公报》1913年3月22日，第1张第3版。

③ 力子：《大陆春秋：地方行政中之道制（二）》，《民立报》1913年1月10日，第7页。

④ 蔡玑：《福建行政区域改革谈》，《地学杂志》民国2年第3期，1913年3月，第1—7页。

并批》，称根据《画一现行各县地方行政官厅组织令》，“查川省共十二府、九直隶州、三直隶厅、十一州、七厅，现即奉文统改为县，以归画一”，[①] 但为了公文行文的方便以及便民等，仍使用原名。5月，又刊甘肃都督兼民政长赵惟熙《改划甘省各道州县呈表并批》，谓甘肃原设七道，宣统三年“裁兰州道改设劝业道，原为一时权宜办法”。现在废除府制，“而以边剧、现情而论，似非规复兰州道，无以资承启，而利进行。惟旧日巡道区域，以府州为隶属，此远彼近，不得不迁就于其间。现即废去府直隶州，则属县自当以接近道治者，为改配之准则”。[②] 5月，内务部职方司编《中华民国区域沿革表》，明确划一后的地方行政区域。中国地学会予以全文转载，方便研究者利用的同时，也体现了舆论的传播功能。

早在南北和谈之时国都问题就已为各方注目，其中北京、南京、武汉等地呼声较高，革命派、官僚派及各种势力因于时势、实力、学理及公私利益的考量各持己见，长期相持不下。实则南方革命党又有主南京、上海、武汉的分别，主张革命军兴、革命党消的章太炎甚至据历史与全国局势主张定都北京。其《致南京参议会创建国都书》指出，“中国幅员既广，以本部计，燕京虽偏在北方，以全邦计，燕京则适居中点”。[③] 若定都南京，在文化、统一、财政等问题上皆有窒碍。江苏人则主要因经济问题，反对定都南京。[④]

1912年3月，北京发生兵变，南方迫于形势，勉强同意暂时都北京。但革命党仍未放弃原有主张，8月29日，孙中山谒袁世凯“谈及迁都问题，谓北京不足为永久国都，将来或迁武昌或南京否则开封”。[⑤] 31日，孙又在参议院欢迎宴会上演说，“大意北方全在外国势力圈内，绝非首都地点，欲巩固民国，将来非迁都不可”。[⑥]

① 胡景伊：《四川省府厅州一律改县呈文并批》，《地学杂志》民国2年第4期，1913年4月，第2页。

② 赵惟熙：《改划甘省各道州县呈表并批》，《地学杂志》民国2年第5期，1913年5月，第1页。

③ 《致南京参议会创建国都书》，汤志钧编《章太炎政论集》，第562页。

④ 《国都问题之要电》，《民立报》1912年1月24日，第7页。

⑤ 《北京电报》，《民立报》1912年8月31日，第3页。

⑥ 《北京电报》，《民立报》1912年9月2日，第3页。

中国地学会会员以江苏与京津人士为主，与国都论争极有关系。直隶白月恒《国都问题之研究》称革命“推翻四千年之历史”，建立五族共和，而“凡维新之国，盖莫不以建国都为先务”。当今国都问题纷争不决，人心不稳，“或恐有复起之波折，当斯之计，国民具有毫发之知识者，胥宜倾吐贡献以供通人之审查”。考世界历史，各国地理，都城有北胜南的定律，尤其是列强的国都，大多在北纬四十度线以北。因此，基于新政，中国适宜迁都。然而综合考察呼声最高的北京、南京、武昌三地，“除旧都陈腐不足新天下之耳目为一缺陷，若气候、若地势、若风俗，质诸历史、地理，证诸人心、国防，俱有不宜迁都之理由”。①

中国以农立国，但受地势、气候等自然因素的影响，属于灾害多发的国家，水利事业自然备受重视。然而中国数千年来行政区域沿革，多掺杂历史、人事的因素，而非纯粹依据山川形势划分，水利又涉及流域内各地的切身利益，极易产生纠纷，不利治理。缘此，出现重划行政区域以方便水利事业实施的声音。1913 年 6 月，《地学杂志》刊载李以炳《太湖源流之当规定一大区域》一文。李以炳，苏南太仓人，精研水利，深受张謇器重。文章指出，“水之区域与省之区域不同，水有定而省无定”。清太湖流域分属江浙两省不是依据山川形势，而在“规财赋之均平分配，浅陋无价直之划区也”。为了方便治水，不如将太湖流域划为一大行政区域，从而与“全区域之水利皆有关系”。至于其界线，“当以发源之山与阻流之山二种为界”，因此江宁、太平、宁国、广德等皆当“划入本区域”。②

8 月，《地学杂志》转载的美人詹纯（即詹美生）《江皖水灾调查及规划书》也认为，“中国省界区域非因山川形势而分”，致使淮河流域分属苏鲁豫皖四省，“各省疆界毗连犬牙交错”，但水利工程分省进行既事倍功半，又极易引发区域矛盾，不如“皆当作国事办理”。③

南北统一之际，南方各省因革命而起，集全省军政大权于一体的都督的职能、存废等问题，也引起各界的关注。1912 年 4 月，有人投书

① 白月恒：《国都问题之研究》，《地学杂志》民国 2 年第 4 期，1913 年 4 月，第 1—6 页。

② 李以炳：《太湖源流之当规定一大区域》，《地学杂志》民国 2 年第 6 期，1913 年 6 月，第 1—2 页。

③ 詹纯：《江皖水灾调查及规划书》，《地学杂志》民国 2 年第 8 期，1913 年 8 月，第 8 页。

《民立报》指出，今日最当解决的问题莫如都督，“此问题一日不解决，即乱机一日不消灭”，[①] 并从委任、权限、名称等方面展开阐述。北京政府首先着手解决的是一省数督并存的问题，如裁撤上海、江北都督统一江苏军政，但引起南方革命党的抗争。1913 年，副总统兼江西都督黎元洪声称江西没有设都督的必要，所以辞去，将废除都督的议论推向高潮。袁世凯则谓“各省都督拥兵自卫，不受政府节制。中央法令不克通行”，拟将“各省都督一律裁撤”，[②] 而先从江西、安徽两省开始试办。

南方革命党与北京政府围绕都督存废问题展开激烈的斗争，倾向革命党但总会设在北京的中国地学会，处境尴尬。陶懋立《裁并都督谈（续前）》称，黎元洪认为江西没有设置都督的必要，“余则决以为是矣”。都督的职能是“专制阃外，指挥全军”，原不必一省设一都督，而且“一省一都督椀脱于清代之总督、巡抚，已为过去之刍狗”，亟宜变更。进而指出，内观中国革命成功后人心厌乱，改民政长为省长与都督分治民政、军政已是大势所趋，省级行政区域又过大不适合自治，若能在一二年内“化省为道”解决此问题，“都督而亦无所附丽”，因此从国家治理上说可以裁并。外观列强的陆军编制与驻地，“大概征兵之法普及全国，而驻兵之域必择要塞”，所以中国腹地九省不必设都督，边塞及战略要地则应当暂存。

缘此，为“蕲合于内国之治体，而应世界之趋势”，不仅江西，闽、浙、湘、皖、黔、桂、鲁、豫、晋、秦等省也毫无保留都督的必要；甘、新、川、滇、东三省当“酌留一人”，统领边军以保疆卫国；天津、武昌、南京、广州四都督地处要地，可以专领军权，监控数省，所以“不可动摇。如是则兵权一，而国威振矣”。[③] 另外，蒙古、西藏二地名为我国领土，但因未实行“殖民”，导致内外隔阂，既不能改土归流，又不能改建行省，以致哲布尊丹巴、达赖受俄、英引诱心生异志，五族共和也“不足以维系彼心，则不得不另谋补救”。考中国东晋六朝古制及美、德、法的新法，唯有“设都督制之”。[④] 陶懋立认为都督的主要职能是对

① 《都督问题》，《民立报》1912 年 4 月 14 日，第 2 页。

② 《燕市燃犀录》，《民立报》1913 年 6 月 20 日，第 7 页。

③ 陶懋立：《裁并都督谈（续前）》，《地学杂志》民国 2 年第 6 期，1913 年 6 月，第 1—2 页。

④ 陶懋立：《裁并都督谈（续前）》，《地学杂志》民国 2 年第 7 期，1913 年 7 月，第 2 页。

外用兵，因此内地在保留天津、武昌、南京、广州四都督掌控全局外，其余应全部废除，而边疆因与内地隔阂，在外人的干涉下民族领袖容易产生异心，必须设都督进行节制，以维护统一。

1913 年 10 月 1 日，《申报》报道国务会议讨论省制存废及军区的划分，大致可分为五派：第一派主张废省置道；第二派主张在都督治下设军政、民政机关；第三派主张废除都督；第四派主张省制照旧不变，军区则划为西北、东南两区；第五派主张军区的划分与铁路有密切关系，“宜按全国干路画定驻军数目”。[①]

11 月，广西籍众议院议员、中国地学会会员翟富文《改定地方行政区域议》指出，省制存废是导致行政区划纷争不绝的根源，主存者大多欲采用联邦制，主废者则主张单纯国制。前者认为中国分省已有五六百年，就风俗、形势而言“各积有历史，其地方行政遂各含有半独立之性质”。虽然“我国今日宜于单纯国制，而不宜于联邦制，固不待智者而决矣”，但强力推行单纯国制废除省制，将使行政区域缩小丧失“独立之势力”，如是地方自治必将受制于中央专制而不能发达，“职是之故，虽明知联邦制非我国近日之所宜，而省制则期期以为不可废也”。

“窃尝论之独不谓然”，地方自治与中央集权的“利害在于权限之若何，与区域范围无涉也”。观东西先进国家，“其用单纯国制者，其地方行政区域最高级区域之广，未有若我国省制者，何尝病其非半独立之联邦制，少损其地方自治之发达哉”。民国建立以来，裁撤道府及直隶厅州以省领县，合省军政、民政皆归都督，其权力“比之曩者疆吏有过无不及”，“一则于中央统一有尾大不掉之嫌，一则于地方自治有广田易芜之弊”，因此不能不废除省制。“说者又或以为省制之为物质，含有国家行政与地方自治团体之两资格”，所以存废不能仅凭中央政府的决议，“而置地方团体之自由意志于不顾”。然而考察近年来各省地方团体的观念与行动，如四川、山西、安徽等各有两都督相争，江苏省江南、江北分省之争，以及广西桂林、南宁迁省问题等，“则常趋于省制必废之一途”。

改定行政区域当然不能仅凭少数人的提议，国会“俨然地方之待议，议士萃处一堂”，若能去除私利，以国家战略为重，用心研究省制，当可

① 《省制军区二问题阁议情形》，《申报》1913 年 10 月 1 日，第 3 版。

解决此问题。综合考量废去省制，外蒙古、西藏以外皆“因山川之形便，就道路之交通，考风土习俗之同异”，[①] 划分为若干道最为适宜。文章以中国的行省制度、观念，比附西方的联邦制、单纯国制、地方自治等制度与观念，主张废除东西先进国家皆不采用的省制，因地理与风土划分为若干道，以维护统一，发达地方。

外蒙古宣布“独立”后，集兵内犯，乌兰察布、伊克昭二盟成为重点进攻对象。[②] 为防范外蒙古叛军，有心内附的“归绥乌伊联合会”向国会请愿改办行省，“以规成效”。[③] 实际上早在1905年底御史左绍佐就“奏言西北河套伊克昭两盟旗地方腴沃，日俄战罢后西北重于东北，若外蒙古受俄所愚，则晋边各处需防，宜速设行省，廷议颇韪其言云”。[④] 1914年1月12日，《申报》报道中俄协约成立后，政府整顿边疆，拟划归绥及乌、昭两盟为独立的行政区域，已被总统核准。某总长又提议沿边各区均按此制办理，“以资控驭，而固边陲”，“日内即将提出国务院会议云”。[⑤]

20日，《地学杂志》刊发的国务院《乌昭两盟归并归绥之计划》指出，“内蒙改组行省之说，喧腾已久，惟以种种妨碍，不克实行”。今归绥、乌昭两盟人民联合请愿国会，要求改建行省，院议拟仿照热河建立特别行政区域。且库伦内侵，内蒙危急，攘外安内策略“莫急于绥远之自成一行政区域”，而山西口外十二县，“距省千余里，本有鞭长莫及之势”，故拟将其“并合西蒙乌昭两盟，为一行政区域”，“以征蒙边变迁情形”。[⑥] 事实上归绥在建立特别行政区域后，情形并无好转。时人在游历归绥各县后，痛言：“见其民生凋敝如故，吏治濡进依然。蚩蚩者氓，几不辨划分之利，甚有诋划分之非计者，此岂愚民可与乐成难与图始耶，抑或分区之利未可以一时计耶。”或谓“分省，归绥人之意也。建设特

---

① 翟富文：《改定地方行政区域议》，《地学杂志》民国2年第11期，1913年11月，第1—4页。

② 《蒙警汇报：逆佛分三路进攻内蒙》，《民立报》1913年1月9日，第3页。

③ 《北京电报》，《民立报》1913年3月12日，第3页。

④ 《奏陈边事》，《吻报》1905年12月4日，无页码。

⑤ 《行政区划之新消息：边省之划区域》，《申报》1914年1月12日，第6版。

⑥ 国务院：《乌昭两盟归并归绥之计划》，《地学杂志》民国3年第1期，1914年1月20日，第19—21页。

制，非归绥人之意也。果尔，则昔日乌伊十二县联合会之目的，犹未尽达乎”。[①]

1914年，北京政府内务部制定的《内务部拟划全国行政区域说明书》指出，“一国政务之进行，必首求行政区域之适当”，现以政权更迭、制度迥异，“尤不得不熟审乎疆域沿革，而立之准，以图行政之便利，而后政治发达，国力充实。庶可由内政以及于外交，与列强竞争于大地”。“查大政方针”，地方采用道、县两级制度，至于蒙、回、藏等“边陲地方，文化悬殊，政教各别，既未可强一以从同”，[②] 需要设立特别区域进行治理。至于行政区域划分的依据，有面积、山川形势、地理沿革、辖县、交通等。

划一地方关系政治的根本，因此朝野各方纷纷提出符合自身利益的方案，但革命以来中国权力分散，没有任何一派拥有将规划推向全国的实力，以致扰攘不绝。时论称：“前度废省为道与虚三级制之幻痕，曾读新闻纸类能道之。今中央又盛倡州制，凡分二十二省为八十三州，其实行与否虽未可决，要亦疆域历史中之一段旧痕也。”[③] 其言直指朝野各方提出的各种行政区域规划多为纸上谈兵，可谓一语中的。

四　研究学理

二次革命失败后，北京政府解散国民党，中止国会的活动，查禁倾向革命的党团、报刊，在严峻的现实面前，各界逐渐失去参政议政的热情。民元以来热衷借助专门学理与学会组织参与政治、倾向民党的中国地学会，虽因是专门社团而幸免，但为求生存只能谨言慎行回归纯粹学理研究。加上南方革命党星散，北洋势力独大，北京政府连续颁布法令划一行政区域，使其由革命以来的多变、多样走向稳定、规范。缘此，中国地学会的行政区域研究由致用转向纯粹学理，以及刊布、阐释相关的法令、公报、呈及批。

1913年12月5日，舆论认为省制存废“在今日已不成问题”，[④] 各

---

① 《归绥现状与将来》，《东方杂志》第12卷第2号，1915年2月1日，第1页（栏页）。
② 《序》，内务部：《内务部拟划全国行政区域说明书》，铅印本，1914。
③ 《志州制区域》，《华侨杂志》第2期，1913年11月，第33页（栏页）。
④ 《废省为州之反对者》，《申报》1913年12月5日，第2版。

方的争议主要是改行何种制度。有报纸报道熊希龄内阁“以改省为州，标列政策”，袁世凯“则主持重主义，以大乱之后恢复秩序为急，若纷更太甚，恐弊多于利，对于此事颇怀犹豫。现闻已于日前在总统府定议，名曰改省为道”。二者的主张似是而非，改州需要变更行政区域，改道则“就向来道之区域”。[①] 此外，值得注意的还有农商部总长张謇《道制草案》主张将“二十二行省分为八十二道”，[②] 以及内务部改省为郡的方案。[③]

张相文与张謇一向过从甚密，[④] 对导淮、行政区域及中国地学会的会务多有商讨。在张謇《道制草案》提出分省为道之时，《地学杂志》刊载国务院的《厘定行政区域说明书》予以声援。文章指出，中国“地方最高行政机关采用道制”，每道十五六县到三十县不等。旧有行政区域“往往失之破碎，今以道所治地为中心”，以河流、海岸、铁道等交通方便为原则，规划各道区域。内地各道“有数千年政治上之经验，办公之署亦可因旧”，沿海诸道设治则必须靠近海岸，以期发扬国民的海洋观念。中国县名多有重复，给政府的管理与人民的交往带来诸多不便，亟当根据山川、河流或“人事著显命名”。此外，省制虽废，但邮电、铁路、商埠以及会馆、公所之类大多使用省名，为方便计，“不妨仍存其旧，以从习惯”。[⑤]

1914 年 6 月 2 日，北京政府颁布《中华民国省道县区域表》，明确地方采用省、道、县三级制度，并划定行政区域。7 月 15 日，章太炎致函金嘉辛井指出：“盖行省者，本中央政府之分局，非地方都会之名目”，维持省制但实行军民分权，“独可方迹明世，拨元、清之乱法耳”。[⑥] 仅就民政区域而言，以省直属中央则过大，以府直属中央又过小，不若依据清设立的巡警道制，分一省为数道直属中央主持民政。章调和省道争议，主张实行军民分治，保留本属中央的行省主持军政，又

---

① 《道制问题之大决定》，《申报》1913 年 12 月 13 日，第 3 版。

② 《改州为道之发轫谈》，《申报》1914 年 1 月 3 日，第 6 版。

③ 《行政区划之新消息：全国之划区域》，《申报》1914 年 1 月 12 日，第 6 版。

④ 参见《张謇全集》第 6 卷。

⑤ 《厘定行政区域说明书》，《地学杂志》民国 3 年第 3 期，1914 年 3 月 20 日，第 32—33 页。

⑥ 《与金嘉辛井》，马勇编《章太炎书信集》，第 473 页。

分一省为数道直属中央主持民政。

中国地学会在政府申定行政区域后，注意对现行制度的研究，如编辑部长章嵚《道尹驻地等级表》汇编改定各道的道尹驻地，既为学界提供资料，又便于商民行事。此外，中国地学会还注意公布各地依据新制变更的行政区域，以便公私。8月20日，《地学杂志》载内务部《拟改各省重复县名呈文并批》，并阐释保留或更改名称的理由。[①] 又刊登《贵州移治增置各县名称呈表并批》，介绍贵州光复“首县”被裁，“现因地土辽阔，控治实难，斟酌情势，择地移治”[②] 的情形。

11月20日，《地学杂志》转载内务部《安徽安庆道淮泗道区域辖县之变更》，记述津浦铁路开通，安徽根据沿路各县距离道尹驻地的远近调整行政区域，将安庆道的滁县、全椒县、来安县与淮泗道的六安县、英山县、霍山县“互为划拨”。[③] 同期杂志还录有四川建南汉军统领赵南森呈四川巡按使的《改土归流之计画》，该文请政府改土归流设置镇守使，以开通民智，缓和民族矛盾，提高治理与管控能力，从而稳定边情。[④]

1915年4月20日，中国地学会全文转载内务部、财政部联合发布的《新疆沙湾县治之筹设》，指出根据“阿尔泰防守事宜”，决定增设县治。“以地理而论，沙湾迫近戈壁”，[⑤] 在国防上有重大关系，所以新设沙湾县。6月20日，《地学杂志》节录《奉天洮南突泉两县境域之变更及瞻榆县之筹设》，称洮南、突泉两县的日韩移民日众，为加强治理，大总统“拟在突泉县南段添设县治”，[⑥] 合并洮南县的部分区域设置瞻榆县。

杂志发表的章嵚《省及道名义之研究》，考察数千年来行政区域的

① 内务部：《拟改各省重复县名呈文并批》，《地学杂志》民国3年第7、8合期，1914年8月20日，第19—27页。

② 内务部：《贵州移治增置各县名称呈表并批》，《地学杂志》民国3年第7、8合期，1914年8月20日，第50页。

③ 内务部：《安徽安庆道淮泗道区域辖县之变更》，《地学杂志》民国3年第11期，1914年11月20日，第19页。

④ 赵南森：《改土归流之计画》，《地学杂志》民国3年第11期，1914年11月20日，第22—24页。

⑤ 内务部、财政部：《新疆沙湾县治之筹设》，《地学杂志》民国4年第4期，1915年4月20日，第1—2页。

⑥ 《奉天洮南突泉两县境域之变更及瞻榆县之筹设》，《地学杂志》民国4年第6期，1915年6月20日，第11页。

义与名，探究省及道的历史与现状。其指出建立行政区域，必先审其义，“义安斯名协”。历史上中国行政区域数十年一小变，数百年一大变，名称中古以前“最允者莫如州，差强人意者第为道”；近古以降有待商榷的是省，不可沿用的是司；沿用至今仍作为地方区划的仅有省。

省原为官衙之称，元设行省“犹云行署”，并没有用来区划地方，但“久则成为地方之代名词”。明清用布政使司代替省，“仅求行政之利便，而不问地方区划名义之合否”，“而行省之名称，习俗犹使用之”。就今日而言，省的区域“未为不善，而其名义，则惟有从习惯以解释之，视为地方区域之定号，而不以为元代官署之通称”。[①]

中国的行政区域经过历代，数千年来依据山川地理，参考时势、人事以及历史等因素，建制沿革，层层累积，本已难以厘清。清代又是少数民族入主中原，在划分行政区域时不免掺入私货，使情势更为复杂。尤其是近代中国势弱，为竞存于世界，趋新人士引东西知识与制度入华，与固有争锋，而朝野各方又基于观念、利益的不同，选择其中最符合自身利益者展开激烈的论战。其时，不仅不同派系与人物立场有异，甚至同一派系或人物因时间、地点的不同所持观念与行事有异的也不鲜见，因此华洋新旧不同的行政区域观念及其变形在中国或者得到认同，或者招致反对，使得民初的行政区域变更与研究举步维艰，动辄得咎。最终北京政府虽以法令形式予以确定，但关于行政区域的争议远未平息。

第三节　注重民生　研究导淮

晚清黄河北徙，故道废弃，淮河出海愈难，肆虐两淮，导淮势所必行。涉淮各方基于学理、立场的不同，意见纷歧。中国地学会成立后，缘学理、人事等关系积极参与导淮研究。其导淮言论，仅发表在《地学杂志》者，在 1909 年至 1916 年就有专文 13 篇，相关或涉及者数十篇，研究之盛可窥一斑。考察中国地学会的导淮言论，厘清学理背后隐藏的地域、人事、权力纠葛，有助于中国地学会研究的深入。

① 章嵚：《省及道名义之研究》，《地学杂志》民国 4 年第 4 期，1915 年 4 月 20 日，第1—3 页。

一　筹议导淮

导淮之议兴起于明代。黄河夺淮后，淮河出海不畅，一遇大水，横溢两淮。在保漕策略下，治淮主要使用“筑堤束水、以水攻沙”的方法。此法有一定成效，但不能改变泥沙淤积、河道抬高的趋势。下游河道淤塞，“徐、泗、淮、扬间无岁不受患，祖陵被水”，“而分黄导淮之议由此起矣”。[①] 万历年间，杨一魁主持实施“分黄导淮”，徐州以下运河水位下降，漕运受阻，兼不堵河道缺口，黄河于徐州决口，漫溢两淮，工程被搁置。其后虽屡有所议，但均未施行。张謇论此说：“故昔人谓淮病在河，河病在运。盖治河者必先保运……不得不以黄济运，筑堤抬高黄河，而不措意治淮。淮溢不治，壅溃之患，无岁无之。”[②]

1855年，黄河北徙，“淮水独流势弱，不能出海”。[③] 1860年清廷裁撤南河总督，治淮转归两江总督办理。1866年山阳士绅丁显再倡导淮，其后历任江督曾国藩、马新贻、左宗棠、刘坤一等相继筹办。“由治之无法，责任不明，经费无着”，[④] 均沦为纸上之议。20世纪初，两淮迭遭大灾，导淮热议再起。然而，“国家新旧政所需及庚子赔款”，[⑤] 致使财政窘迫，无力施治，同时随着地方自治兴起，士绅成为导淮事业的主导者。

中国地学会研究导淮，缘于地域，基于学理，以裨益政治、学术、民生及谋竞存为目的。1909年9月22日，《大公报》登载《地学协会启》倡议：“今与海内诸君子约，仿彼之例，组成地学协会。各怀集思广益之心，借取增壤溢流之效。则庶几山川扼塞、河渠水利、原隰土宜、疆域险易、方物息耗、交通便否，皆有以周知其故。……则裨益于学术、政治者岂浅鲜哉。”[⑥] 创建伊始的中国地学会，即将河渠水利作为谋竞存

① 《明史》卷84《河渠二》，中华书局，1974年标点本，第2056页。

② 《导淮程序先宜注重淮河历史地理说帖》，《张謇全集》第2卷，第284页。

③ 柏文蔚：《导淮兴垦条议》，《地学杂志》共和纪元元年第3、4合期，1912年2月20日，第1页。

④ 罗杰：《资政院提议治水案》，《地学杂志》第2年第14号，1911年5月18日，第6页（栏页）。

⑤ 张謇：《复淮浚河标本兼治议》，《地学杂志》第2年第12号，1911年3月20日，第16页（栏页）。

⑥ 《地学协会启》，《大公报》1909年9月22日，第2张第4版。

以及裨益学术、政治应该着重研究的内容。十余年后，张相文在《近五十年中国之水利》一文中回顾，是时“谈吾国水利者，率以治淮为先务”，[①] 导淮遂为中国地学会所重。

中国地学会成立于天津，根基却在两淮。张相文称：“真正任事者仅白雅雨、陶懋立及本人三人而已。”[②] 其中，张相文为会长，白毓昆为编辑部长，白在滦州兵变殒身后，由陶懋立继任。三人皆淮人，身受淮河之害，热心导淮。白毓昆早殒，留下文字甚少，张相文、陶懋立皆有导淮文字。江苏水利大家、导淮研究巨子武同举，则是中国地学会江北支部会员。

1910 年 3 月 1 日，《地学杂志叙例》明确指出，办刊“其目的则注重于民生之消长”。[③] 淮河流域几乎无岁不灾，“其灾地之广，灾情之重全球罕见，淮民荡析流亡，惨遭其毒，死者不知其数，生者无以自存”，引起中国地学会高度关注。1911 年 6 月 16 日，《地学杂志》征文，导淮是乙类征题。1912 年 4 月 20 日，中国地学会总干事长章鸿钊发表《地学会应行事务之商榷》提出，“地学会者，是以学者组合之学会，其于地学范围内，有裨补社会，指导行政之事务，均宜规画筅举相机进行”。其中，治河是“地理之关于行政者”，是中国地学会应该着手研究的“第二问题”。[④] 缘此，导淮成为刊文的主要类型之一，《地学杂志》是发表导淮言论的重要阵地。

张相文及中国地学会与主导清末民初导淮事务的张謇，渊源颇深。张相文与“乡先生”张謇，在上海办教育会相识后，过从甚密。1909 年，其拟办中国地学会，询问适于其时滞留天津的张謇，后者以邹代钧办舆地学会致贫病而亡事相劝告。其后，张謇出席中国地学会成立大会，成为中国地学会名誉赞成员。张謇认张相文为地学专家，常向其询问导

---

① 张蔚西：《近五十年中国之水利》，申报馆编印《最近五十年》，1923，第 6 页（栏页）。按：《南园丛稿》卷八收入。题侧有张星烺志：“此稿曾见申报馆出版之《最近五十年》，起草者为襄城姚士鳌，经先君再三笔削后始付刊。”

② 张星烺：《泗阳张沌谷居士年谱》，张相文：《南园丛稿》（五），沈云龙主编《近代中国史料丛刊》第 300 册，第 2405 页。

③ 《地学杂志叙例》，《地学杂志》第 1 年第 1 号，1910 年 3 月 1 日，第 1 页。

④ 章鸿钊：《地学会应行事务之商榷》，《地学杂志》共和纪元元年第 3、4 合期，1912 年 4 月 20 日，第 2 页。

淮事务。1911 年 7 月，张謇、张相文商议导淮，张相文因此作《导淮一夕谈》一文。1913 年，汪大燮任教育总长，拟停中国地学会每月二百元的经费补助，时任农商部长的张謇出面缓颊，由教育、农商两部每月各补助一百元。这笔补助对缺少固定经费来源的中国地学会来说至关紧要。而张謇关于导淮的重要文字，《地学杂志》多予刊登，以为响应。

中国"古法"治水，讲求不与水争、因势疏导、筑堤刷沙、分水减势等。近代西学分科中，水利工程成为专门学科，讲求精确测量、科学规划。西学东渐，水利工程之学传入中国，导淮采用何种治法，可见中西学术的消长。1911 年 3 月 20 日，《地学杂志》刊登张謇《复淮浚河标本兼治议》[①]。张謇认为导淮不可再由目验，须测量淮河流域各州县面积、水平高度、雨量、湖河容积及清口、马港口泄水量，"精绘全图，筹集巨款，然后施工，斯为上策"。[②] 其余大都依丁显复淮、浚河、以工代赈的旧议。5 月 18 日，《地学杂志》载罗杰《资政院提议治水案》一文，强调中国水患频发"由治之无法"，故治水"必由专门科学因势制宜"。[③]

1912 年 2 月 20 日，《地学杂志》刊登成文于辛亥年七月，因革命滞发的《导淮一夕谈》。文章特别指出前人治淮不成，因"于古人排决疏瀹之法，西人防沙护林之用，浸不晓为何事，惟知捧土筑堤"，以堤束水，以致"河身亦日垫"成为悬河，出海不畅，汇聚成灾。现治淮当合中国"古法"与西学专门科学之长。上游"培植森林"涵养水源，以滞水流；中游整理渠塘，"平易圳涂"；下游疏浚河道，畅通水流。[④] 中国地学会试图取中西治水之长，张謇感叹："惟此项人才，其曾游学而有新知识者，多暗于本国之历史地理。而曾涉猎水经治河之书者，又乏技术之知能。"[⑤]

民国肇造，百度维新。张相文《导淮一夕谈》附识谓："向之所谓

---

① 此文 1906 年刊于《政艺通报》，次年《东方杂志》第 4 卷第 3 号转载。

② 张謇：《复淮浚河标本兼治议》，《地学杂志》第 2 年第 12 号，1911 年 3 月 20 日，第 18 页（栏页）。

③ 罗杰：《资政院提议治水案》，《地学杂志》第 2 年第 14 号，1911 年 5 月 18 日，第 6 页（栏页）。

④ 沌谷：《导淮一夕谈》，《地学杂志》共和纪元元年第 2 期，1912 年 2 月 20 日，第 1—7 页（栏页）。

⑤《全国水利局之经过与进行》，《申报》1915 年 8 月 23 日，第 6 版。

破省域、饬官常、通社会者，乃及今而大可为也。”[①] 张相文以为共和制度建立，可以破除陈规，导淮时机已至。同受淮河之苦的皖人，也有持同样看法者，称：“今共和宣布，吾淮人即有光复之功，宜图久远之计。”

导淮苦于革命后，经济凋敝，筹款无力；借款导淮，又易招外人干涉，“恐两淮利权终不可保”，[②] 一时陷入困境。1912 年 3 月 10 日，袁世凯在北京就任临时大总统，南北获得名义上的统一。裁撤“民国光复之初，骤增至百余师，四五倍于前清之数”[③] 的军队，成为首要之务。时论认为，政府财政窘迫，无费用安置裁撤的军队，贸然裁兵其恐成为游勇，为祸一方。不若由中央政府筹借外债，“率江淮之军就近兴利”，[④] 移兵导淮。工程完成后，在涸出的田地上屯兵兴垦。因军饷难酬，军中将领也有持移兵导淮之论者，如在“扬郡有兵五万”的徐宝山，致电江苏临时省议会，“拟即寓兵于工，实行导淮入海”。[⑤]

1912 年 7 月 23 日，《民立报》报道陆军部编订各省新旧兵饷比较表，“江苏原兵四万四千，现兵十八万；原需饷缺，现需饷三十四万两”。[⑥] “南京财政岌岌可危”，第一军军长、皖督柏文蔚赴宁与江苏都督程德全“筹议遣散军队之办法”。[⑦] 同时，总统府军事处会议议定，军队“遣散经费应由各省预为筹备，如果无款可筹，中央可量为接济”。[⑧] 舆论谓第一军因“乏饷”取消裁并，“归皖”筹饷，但“安徽于二十一行省中为最贫”，清季仅养兵一旅尚且为难，“军兴各省残破之甚受祸之惨，未有甚于安徽者也”，养兵一师“犹且不给”，引发芜湖兵变，“是直归并第一军于安徽也，皖人力能胜乎？”[⑨]

柏文蔚，安徽寿州人，深受淮河之害，故推行移兵导淮最为用力。

---

① 沌谷：《导淮一夕谈》，《地学杂志》共和纪元元年第 2 期，1912 年 2 月 20 日，第 8 页（栏页）。

② 王荣：《屯兵导淮议》，《大公报》1912 年 6 月 13 日，第 2 张第 2 版。

③ 天厚：《废省议（续）》，《雅言》第 6 期，1914 年 3 月 1 日，第 2 页（栏页）。

④ 王荣：《屯兵导淮议》，《大公报》1912 年 6 月 13 日，第 2 张第 2 版。

⑤ 《以兵导淮之伟论》，《申报》1912 年 3 月 21 日，第 6 版。

⑥ 《各省兵饷额调查》，《民立报》1912 年 7 月 23 日，第 7 页。

⑦ 《南京财政转机》，《民立报》1912 年 7 月 25 日，第 7 页。

⑧ 《遣散军队办法》，《民立报》1912 年 8 月 26 日，第 6 页。

⑨ 秋水：《论柏督并军归皖事》，《民立报》1912 年 8 月 30 日，第 2 页。

中国地学会在《地学杂志》1912年第3、4期合刊上转载其《导淮兴垦条议》。文章力倡移兵导淮，在导淮完工后，“凡洪泽、高宝诸湖涸出之良田，凤颍泗诸属旷原不治之田，徐兖沂诸属高亢旱荒之田，约计可垦治者，无虑数百万顷”。政府又苦于裁撤的军队难以安置，不若“设兵村”屯垦，“为一举两得之计”。[①] 同时，柏文蔚派人与江苏导淮意见领袖张謇联络，商定导淮由苏皖二省“分头举办，仍先事测量，两省共举许九香君为局长”，实际上江苏主事者为沈君豹，安徽主事者为张某。至年底“苏省已将测竣，皖省地积较大，约计二月可以测竣”。[②]

柏文蔚热心移兵导淮，但淮河流域地处南北要冲，各方重兵云集，有国民党黄兴、柏文蔚掌握的革命党军，倪嗣冲统领的北洋军，张勋的辫子军，以及扬州盐枭徐宝山部。各方势力犬牙交错，情势复杂，明言裁军，实则招兵买马，移兵导淮之议不免流为空谈。柏文蔚热心导淮广为人知，以至在1913年袁世凯为解除南方国民党军权，促其辞职，提出的三大条件之一就是准其改任“导淮督办”。[③]

中国地学会倡议移兵导淮的同时，呼吁破除省域限制，统筹治水。清季推行新政以来，变更行政区域之声渐起。民初共和改制，变更呼声尤烈。淮河干流两千多里，流域面积二十七万余平方公里，流域内行政区域有苏、鲁、豫、皖四省，数十州县。各地犬牙交错，利益歧异，导淮关系各方利害，议论纷歧，成为一大障碍。为解纷争，民元前，罗杰就在《资政院提议治水案》中提议，“急将全国化为若干土木区，依水道之区域，以为监督区域”，[④] 以破除行政区域的界线，依江河流域统筹治水。张相文则在《导淮一夕谈》中特别强调，淮河“此真天地间自然之结构，而卤莽灭裂之省画，固不足以乱之矣”。[⑤]

1912年4月20日，中国地学会附设的厘定行政区域研究会公布

① 柏文蔚：《导淮兴垦条议》，《地学杂志》共和纪元元年第3、4合期，1912年4月20日，第1、6页。

② 《淮海归客谈：淮水之策勘》，《民立报》1913年1月6日，第7页。

③ 《安徽电报》，《民立报》1913年6月28日，第6页。

④ 罗杰：《资政院提议治水案》，《地学杂志》第2年第14号，1911年5月18日，第7页（栏页）。

⑤ 沌谷：《导淮一夕谈》，《地学杂志》共和纪元元年第2期，1912年2月20日，第7页（栏页）。

《厘定行政区域研究会公启》。其指出中国行政区域，“或本诸封建之遗迹，或基于历代豪雄之割据，土地庞大，犬牙错综。而山川之形势，施政之便否，民情、风俗、言语、习惯之异同不问也”，以致“内讧迭见”，与共和时代不符。民国建立后“政体维新”，专制时代的行政区域未变，“苟不先于基础上整顿而廓清之，则一切建设经营必无可着手之处”。现地方自治兴起，在专制时代被压制的地域争端趋于激烈，“国民精神翻然一变，旧来行政区域所丛集之弊，遂一发而不可收拾。举其大端如江、皖南北之违言，川、越东西之分派”，[①] 故调整行政区域成为共和时代的需要。

淮河流域行政区域大体有分、合两说，缘此导淮也有分办、合办之论。1912 年 4 月 20 日，《地学杂志》发表沈同芳《江苏省分合问题与升道为省共同之关系》一文，主分。文章指出，“当此鼎新时代，百废待举，不从行政区域先行厘定，则皮之不存而毛将安傅”。江苏省内久有南、北之分，江南、北议案互否“江北蒋都督电，江北议案十九不得通过”，“不为标新立异”，“纯以事实之利害为衡”。[②] 地方互相牵制，不利导淮，不若升道为省，去其掣肘。

1912 年 6 月 20 日，宗嘉禄在《地学杂志》上发表《长淮分省导淮议》，“持长淮自立为一省之议”，主合。其认为导淮“事关四省，利害异形，缓急异势”，“欲求苏皖齐豫四省公民为一致之进行，决不可得”。淮河流域民风剽悍，“专制时代以之分隶四省，自有其特别之理由”。共和时代调整行政区域，“长淮流域自立为一行省”，“依自然地理之区画固应如此，依政治地理之学理”，依民俗、习惯、语言、交通等，“长淮流域固具天然一大省之形势”。立省后公民“同一之利害”，[③] 公举都督兼任导淮，当可收事半功倍之效。

不仅淮河流域，1912 年 6 月《地学杂志》刊载的李以炳《太湖源流之当规定一大区域》，亦以为“水之区域与省之区域不同，水有定而省

---

① 李志敏：《厘定行政区域研究会公启》，《地学杂志》共和纪元元年第 3、4 合期，1912 年 4 月 20 日，第 1—2 页（栏页）。

② 沈同芳：《江苏省分合问题与升道为省共同之关系》，《地学杂志》共和纪元元年第 3、4 合期，1912 年 4 月 20 日，第 23—27 页（栏页）。

③ 宗嘉禄：《长淮分省导淮议》，《地学杂志》共和纪元元年第 5、6 合期，1912 年 6 月 20 日，第 1—3 页。

无定”。河流“往往受山之拘束而为一定之区域，治水者不可不知也”。现在“欲将太湖源流所及划为一大区域”，则“全区域之水利皆有关系”，[①] 方便治湖。时人论治淮说：“宜统筹全局，不可偏执一隅。若枝枝节节而为之，则利于此而不利于彼，是以邻国为壑，而非以四海为豁。”[②]

民初，行政区域争议不休，地方官制难产。袁世凯时期，“民国之国家行政区域，除蒙古、西藏、青海地方别有规定外，其分省地方仍如今之各省。省分为道，道分为县，省县之国家行政区域以各该省县现在固有之区域为区域”。[③] 规划淮河流域行政区域，以利导淮，仅止于议论。

二 导淮规划的争论

导淮规划中争议最大的是入海路线，主要有经黄河故道、海州及南下汇江入海等，因关系各方切身利害，论争激烈。张相文在《导淮一夕谈》中明确指出，入海不可再由黄河故道，原因有四：（1）“里下河为产米之乡”，是淮河流域内唯一得利之地，“若引淮以入之，则于目前之为害颇巨，而于将来之利益仍渺不可期”；（2）黄河故道已开垦，“自马头以迄八套”数百里间，“比户云连，田畴相望”，百姓繁庶；（3）黄河故道淤塞“高于堤外至数丈”，“无异于载水于高地”，不合水流之势；（4）“最大障害，盖莫甚于海口之淤浅”，即黄河故道入海口外的拦门沙，阻水入海。故不如开六塘河，由海州入海，兼治泗、沂、沭河，“诸水皆得与淮相汇，一淮治而诸水皆治矣。事半功倍，一劳永逸”。海州获利之处在淮河流量大，可以开港发展商业，并巩固国防。

同时，为保证里下河的灌溉水源，淮水不可全由海州入海，应“分置闸坝，使十九北流，以利害海埠之航行。留其十一，以资里下河之输灌可也”。导淮应由地方自办，费用当然为“言地方自治者，所宜有事也”。“然无论公司筹办或公家拨帑兴修，其力极于凿通干流而止”，支流治理依“向来惯例”，“别征地方之税，兴地方之利者。亦赖乎各地方

① 李以炳：《太湖源流之当规定一大区域》，《地学杂志》民国2年第6期，1913年6月，第37—39页。

② 王荣：《屯兵导淮议续》，《大公报》1912年6月15日，第2张第4版。

③ 《虚三级制地方行政法编制大要》，《申报》1912年11月2日，第2版。

之村正，好自为之而已”。[1]

上述原因外，淮扬特别是桃源的利益，可能也是影响规划的重要因素。导淮入海若经黄河故道，由云梯关入海，有两条路线可以选择：一由张福河至废黄河；二由桃源县内许家勒子经成子河、升官洼，在桃源县城东入废黄河。其中桃源路线距离短，所以主此路者较多。若选此路线，淮扬难获垦田、灌溉之利，且有决口隐患。若淮河大部归海州，分水入江，既可保淮扬之利，又无水患之忧。

1912 年 8 月 20 日，《地学杂志》刊刘炳钧《论导淮》，主张淮水全由海州入海。文章考察淮、沂、泗运河河道变迁的历史，提出“欲理运不得不导淮，欲导淮不得不先导泗沂”。反对导淮入江，主淮河全量入海，认为“淮自皖境上游导入江”，下游将失灌田之水，“恐害去而利亦随之”，“不若导淮于海之有益无害也”。就具体路线而言，淮河“自高邮下坝与子婴闸”入海，“河远工巨”，不若疏六塘，由海州入海。同时塞三河，绝淮河入江之道，涸高邮、宝应诸湖为田，“夫如是则除弊而兴利，海赣三区同沾乐利，淮扬二府永免水灾”。至于皖人“莫容复淹”，海州忧“高堰难防，六塘莫容”，“以摇惑当道者”，是其不知黄淮、洪泽湖历史。且导淮关系大势，“且利害当权其大，为一省计，不能为个人计。主持之者，自有权衡”。[2]

导淮出海口的热门候选之一海州，地处上海与青岛的中点，又是其间少见的良港。加上有即将贯通的海兰铁路沟通中国腹地，在军事、商务上极具价值，宣统二年时美、德、英就曾要求租借开为口岸。[3] 随着导淮时机日渐成熟，1912 年 10 月 27 日《申报》报道，有外人以为导淮以后，海州必为通商口岸，“闻有某国商人前往海州调查海岸地基。拟托华人代购”[4] 以牟利。

1913 年 3 月，受农商部委托调查湘皖水灾的章鸿钊、唐有恒，在《地学杂志》上发表《湘皖水灾调查报告》，指出：“导淮之议已熟，今

① 沌谷：《导淮一夕谈》，《地学杂志》共和纪元元年第 2 期，1912 年 2 月 20 日，第 1—8 页（栏页）。

② 刘炳钧：《论导淮》，《地学杂志》共和纪元元年第 7、8 合期，1912 年 8 月 20 日，第 1—4 页（栏页）。

③ 《德人不忘海州》，《民立报》1913 年 4 月 25 日，第 7 页。

④ 《南京电》，《申报》1912 年 10 月 27 日，第 2 版。

方设局从事测量，是淮水问题次第解决，所未解决者只筹款事务、出口路线及将来实行计划等项。”[①] 26 日，临时大总统令“任命张謇督办导淮事宜”，[②] 4 月 10 日又“任命柏文蔚、许鼎霖会办导淮事宜”。[③] 导淮似将进入实施，工程规划、筹还款方案、获益分配等关系各方利害，“各顾各地之陋说相呼和于议场者，则甚矣”。[④]

江苏省议员、中国地学会江北支部会员武同举将导淮后淮河分水入灌河，灌河口可开大港口作为陇海铁路南北线之争中选择北线的重要理由。《地学杂志》于 1913 年 4 月、1915 年 5 月 20 日发表其建议案《海兰路选择海口之争点》及与徐鸿宾合作的《海州灌河之评论》。其认为海州为“沂泗沭三名川下游”、“南北洋中心，而与胶州湾、扬子江口成犄角之势，形胜天然”。导淮计划沿黄河故道分水入灌河，“泄入灌水量可与珠江并驾”，[⑤] 可开巨港，极便海陆联运。海兰路南线终点在海门，“与上海接近，出江之水，无著名大川。若勉强决定彼处，商业必受影响”。[⑥]“以全线极东之大势观之，沂淮尾闾实为要害”，选择北线，“实有必要之理由而为当然之规划”。[⑦]

1915 年 12 月 20 日，《地学杂志》载宗嘉禄《论导淮入海宜由灌口》一文，论黄河故道与海州灌口之争，力主张謇之说。文章指出善治水者，需“远计夫于千百年之利害”，从而去害兴利。导淮主黄河故道者的根据主要有：(1)“其说以淮由灌口，侵及沂泗，恐海州人之争执也”；(2)“恐淮水流清”，灌口盐场“盐利将失也”；(3) 故道为数千年“故物”，“苟另辟他道，任何便利，阻难亦必多”；(4) 故道虽已开垦，“并未课粮，占有地主，不得横生异议。既浚之后，水行堤中，永无溃决之

---

① 章鸿钊、唐有恒：《湘皖水灾调查报告》，《地学杂志》民国 2 年第 3 期，1913 年 3 月，第 4 页。

② 《命令》，《申报》1913 年 3 月 28 日，第 2 版。

③ 《命令》，《申报》1913 年 4 月 12 日，第 2 版。

④ 虫缘：《导淮私议上》，《独立周报》第 2 卷第 11 期，1913 年 3 月 23 日，第 11 页（栏页）。

⑤ 武同举：《海兰路选择海口之争点》，《地学杂志》民国 2 年第 4 期，1913 年 4 月，第 1—2 页。

⑥ 武同举、徐鸿宾：《海州灌河之评论》，《地学杂志》民国 4 年第 5 期，1915 年 5 月 20 日，第 27 页。

⑦ 武同举：《海兰路选择海口之争点》，《地学杂志》民国 2 年第 4 期，1913 年 4 月，第 1—2 页。

患”。然而“闻诸西人之治水也”，为便利交通，“凡大川下游，必择适当之海口”。若以海州灌口为出海口导淮，灌口必可成大港，“巨舶皆可通”。再辟海州为口岸，与“欧亚大铁路”陇海铁路海陆联运，既便于发展淮河流域的贸易工商，又有助于“复吾海权”。故张謇“三分入江，七分入海。入江则以三江营为宜，入海则以灌口为宜。此诚为至当不易之说也”，“何惮而久不决者”。[①]

苏北为淮河尾闾，是入海必经之地，路线选择及流量调配事关根本。淮扬士绅为保灌溉之利，避决堤之险，主张淮水大部由海州入海，少量入江以保证淮扬的灌溉水源。海州士绅认为淮扬以邻为壑，利留淮扬而祸移海州，且淮沂泗合流，流量大增，河道难以容纳，海州将成为泽国，所以群起阻止。中国地学会中有力者多为淮扬籍，其导淮议论虽因人、因时有所差异，然多主前说。1929 年，田桐在《导淮根本计划书》中评以张謇为首的淮扬士绅的导淮主张说，“一以为高宝、兴泰之民永受淮水之赐而不改，一以为古今地势不同”，不宜复淮故道或全淮入江，“其论古今地势不同者，欺人之言，显然易见”。[②]

江苏省内淮扬与海州因导淮出海口问题龃龉不断，受淮河之害“情形不同，而各属受灾之区又轻重互异”的苏皖二省，则围绕洪泽湖水位的高低，展开激烈论争，几同敌人。苏人为保证灌溉水源，坚持洪泽湖应保持 13.5 米的高位，反对皖人泄尽湖水垦田的主张。柏文蔚《导淮兴垦条议》较能代表皖人立场，其认为现今淮河大部分入江，“综观长淮下流之水势，非一河所能尽泄，而东北一途自应为长准之正道”。“测定淮河盛涨时排水之量”，以定河道容量，“而后导淮自洪湖，出张福引河至西坝或假道盐河或浚淤黄，皆自安东县城东入潮河，由响水口直东北入淮”。[③] 浚运河及瓜仪、芒稻诸河畅入江水道，入海与入江水量为六比四。疏通洪泽湖湖内引河，泄水垦田。1913 年 7 月，张謇在《地学杂

① 宗嘉禄：《论导淮入海宜由灌口》，《地学杂志》民国 4 年第 12 期，1915 年 12 月 20 日，第 1—3 页（栏页）。

② 《导淮根本计划书》，王杰、张金超主编《田桐集》，华中师范大学出版社，2011，第 370 页。

③ 柏文蔚：《导淮兴垦条议》，《地学杂志》共和纪元元年第 3、4 合期，1912 年 4 月 20 日，第 2 页（栏页）。

志》上发表《导淮计画宣告书》，斥柏文蔚与海州士绅所持导淮异议皆为“无识人借为鼓吹阻挠之资料”。①

导淮规划的省域之争，苏皖外还涉及豫、鲁二省。1913 年 6 月，《地学杂志》刊载豫、省永城、夏邑士绅丁廷骞等上国务院《请浚疏永夏两县河道与导淮并案办理书》。其针对苏人主张只治干流之说，指出导淮不治支流，“仍恐奔腾漫溢”，淮北各州县灾害难除；不浚豫境诸河，则“上游波漫横流，永夏成灾而淮北亦未得独享其利”，因此请政府将巴、浍等河“与导淮并案办理”。②

1914 年 2 月 20 日，《地学杂志》载谈礼成《筹兴山东水利商榷书》，谓“以淮与沂泗有连带关系，而沂泗在山东，又与运河有连带关系”，导淮必兼治沂泗。且“治水者治上游而不治下游，则事倍功半。治上游而先治下游，则事半功倍”，故须在“导淮开始之时，苏鲁两省统筹治运”。③

在导淮规划的省域论争中，苏省大致持有以下观点：“治水必先治下游”；借款导淮，苏鲁豫皖四省获益，还款当四省分担，取之于淮河流域所有获益田地；为保证灌溉水源，洪泽湖应保持在一较高水位；导淮只治干流，支流归地方筹款自治。上游各省视苏省导淮为谋地方利益，与其相争，认为“治水必先治下游”，实为令邻处水火之中，而阻人自救；借款导淮，疏通下游，其利主要在苏，还款应以苏为主；沿淮湖河涸出之田，本为有主之物，当物归原主；淮河在苏，病在干流不畅，上游则病在支流壅塞，导淮当干支流并重。

导淮未及施行，各方为趋利避害，已争执不休，以致规划难以定案。1916 年 9 月 25 日，《地学杂志》刊登的柏文蔚《导淮意见书》指出，导淮议论经年，不建寸功，“不难乎工程，亦不难乎筹款，而惟规定下游入海之途为最难。盖路线一定，即无巨款，而权其缓急，逐段施工，分年

① 张謇：《导淮计画宣告书》，《地学杂志》民国 2 年第 7 期，1913 年 7 月，第 10 页（栏页）。

② 丁廷骞等：《请浚疏永夏两县河道与导淮并案办理书》，《地学杂志》民国 2 年第 6 期，1913 年 6 月，第 7—8 页（栏页）。

③ 谈礼成：《筹兴山东水利商榷书》，《地学杂志》民国 3 年第 2 期，1914 年 2 月 20 日，第 37—38 页。

筹款，尚可日进有功。否则日日言导淮，终成虚语耳”。[①]

三 与美方争权利

海通以来，外人侵入中国，攘夺利权。20世纪初，列强盛言瓜分，“当此危急存亡之际”，各界竞言救亡。中国地学会从组建起，即以学术救国为己任。《地学协会启》倡言当今世界“天演剧烈”，各国“势不能各守封疆无相侵夺”。国势消长，“日辟百里、日蹙百里”，“亦惟地理上之知识优劣不齐，其影响遂被于国家，其祸端并延于种族，此亦物竞天择之公例矣”。中国“外交失败，边事日亟”，禹域已为“他族权争利竞之场”，“内地亦几遭蹂躏”，“推原祸始，实由地学隔膜”。[②] 1911年4月18日，中国地学会直言：“异日地学昌明与世界各国争先并进”。[③]

淮河流域面积数十万平方公里，南接长江，北连黄河、陇海铁路直通西部，为中国腹心重地。外人屡起觊觎之心，皆因地处英德两强势力范围相接之处。导淮事关流域内土地、航道、口岸、税赋等利权，利益巨大，外人每借学理、借款相干涉。导淮工程复杂，对学理要求极高，且需巨额经费，欧洲列强因忙于内部纷争无暇东顾，日本则力有不逮。唯美国不仅资本雄厚，而且具有治理密西西比河、开凿巴拿马运河等大型工程经验，故积极介入。

美方介入导淮，开始于传教士在淮河流域的慈善活动。1911年，美国红十字会派工程师詹美生来华，其于1911年4月18日至1912年6月14日在调查淮河流域后，表示美方愿包办导淮工程并提供借款。其调查报告经美国公使呈递给临时大总统袁世凯。12月17日，舆论报道詹美生“水灾规画说明书由农林部刊刻颁发各署。现闻詹又上组织公司及借款办法与政府，大致谓公司中设总经理一员，其总工程师以外人为之”。工程款由公司向外国筹借债票，无须政府担保，“此条陈甚为美备，若该工程师者博爱为怀，不分畛域，尤足代表美人之特色也”。[④] 次年初，詹

① 柏文蔚：《导淮意见书（前续）》，《地学杂志》第7年第8期，1916年9月25日，第94—95页。

② 《地学协会启》，《大公报》1909年9月22日，第2张第3版。

③ 《二月上北洋大臣直隶总督部堂陈禀并批》，《地学杂志》第2年第14号，1911年5月18日，第1页（栏页）。

④ 《燕市寒云片片：没人关心水利》，《民立报》1912年12月27日，第7页。

美生又有说帖上国务院。导淮以外，其尚注意多项大型水利工程，如“呈请政府拨洋一千七百万修筑鄂省圩坝，则可得田一百万亩，岁获收成可值洋三千万元”。[①]

以近世工程家自居的詹美生，视工程本非专门科学，导淮基于“略研地理……考前哲治河之书，访每岁淮流之状”[②] 的中国士绅，“于治河之道，无专门学识”，[③] 双方屡生龃龉。张謇称詹美生的报告，“但因前迹，匆匆告竣，不获以新学理见饷，深引为憾”。[④] 舆论谓詹美生号称因慈善自费50万元调查淮河，实则意在借美国势力谋利，公在美国可借导淮借款扩张势力，私在得导淮总工程师之位。[⑤] 1913年3月31日，江苏省议会讨论詹美生条陈导淮案，民政长狄西健指出若以美人为总工程师，“则成为外国人支配本国内政”之先河。[⑥]

1913年7月，中国地学会在《地学杂志》上刊载张謇《导淮计画宣告书》，从学理、测量成果、规划方案等方面回应詹美生的报告。张謇自谓导淮测量开始于宣统三年，由南通师范学校附设的河海工科毕业学生分班开测，“现在河身高下、流量、流速”已测毕成图。根据测量图规划导淮，工程款需两千万，工期需五六年。因款项巨大，导淮与兴垦“均非借外债不行”，而为筹划还款方案，需在借款达成前赶办苏皖“两省沿湖、沿河之平面测量”，厘定田亩“缴价升科”。[⑦] 又重申“治河必先治下游”，如导淮与治理泗水、沂河，即当分而不当合。具体而言，导淮应规划路线分注江海，沂、泗当就现行路线加固。其后，为与詹美生报告争高下，“深愿质之世界，付诸公同之讨论”，[⑧] 故将《导淮计画宣

① 《特约路透电》，《民立报》1912年9月17日，第6页。

② 张謇：《导淮计画宣告书》，《地学杂志》民国2年第7期，1913年7月，第4页（栏页）。

③ 詹纯：《江皖水灾调查并规画说明书（续前）》，《地学杂志》民国3年第1期，1914年1月20日，第60页。

④ 张謇：《治淮计画英译序》，《南通师范学校校友会杂志》第3期，1913年9月，第1页（栏页）。

⑤ 《导淮事亦须举债矣》，《申报》1913年11月22日，第6版。

⑥ 《苏议会旁听记（六）》，《民立报》1913年4月2日，第7页。

⑦ 张謇：《导淮计画宣告书》，《地学杂志》民国2年第7期，1913年7月，第4—10页（栏页）。

⑧ 张謇：《治淮计画英译序》，《南通师范学校校友会杂志》第3期，1913年9月，第2页（栏页）。

告书》译为英文。

中国地学会为配合张謇的行动，自1913年8月起在《地学杂志》上连载詹纯（即詹美生）《江皖水灾调查并规画说明书》，将其依据的资料、学理，制定的规划公之于世。詹美生自称制定导淮规划所依据的中国测绘记录，“颇堪适用”。[①] 仅淮河出海口的海岸测量，“现无一测量精图足资实用者”，[②] 需请西人掌控的海关税务司测量。至于张謇主办的导淮测量机关，“既无领袖之人，章程亦散漫无纪。且管理之人，于治河之道，无专门学识”。自开办以来，“一事无成。至于测量记录，又紊乱无章”，“须重行改组”，[③] 建立永久机关主持测量事宜。为推动导淮，“现今最急之务，设立水利局或土木局是也”。[④]

对于淮河入海路线，詹氏认为淮河流域面积大，水量足，需经“黄河旧道而出海”，“经蒋家坝过运河之西而入扬子江”两路并举。淮扬地区惧怕淮河与长江同时涨水，但“其事不多见”。[⑤] 即使偶尔有之，因“淮水大部分不得不东流于海”，且导淮完成后，洪泽湖“足以吸收数倍于今日之水”，[⑥] 故不足为虑。

詹美生还主张治河应由国家统筹办理，不能拘于行政区域，作为地方事务办理。因此，其一，“中国自来治河，全拘于省界之见。试观苏皖两省，互相嫉忌，致害工程”，[⑦] 为免贻误工程，国家应将治河，“皆当作国事办理，不能作省事办理也”；[⑧] 其二，淮河流域的山川形势、降雨量、温度等，皆当由国家统筹，“详细调查研究”；其三，治河机关的经

① 詹纯：《江皖水灾调查并规画说明书（续前）》，《地学杂志》民国3年第1期，1914年1月20日，第60页。

② 詹纯：《江皖水灾调查并规画说明书（续前）》，《地学杂志》民国2年第12期，1913年12月，第10页（栏页）。

③ 詹纯：《江皖水灾调查并规画说明书（续前）》，《地学杂志》民国3年第1期，1914年1月20日，第60页。

④ 《导淮视观报告书（续）》，《大公报》1914年4月7日，第3张第2版。

⑤ 詹纯：《江皖水灾调查并规画说明书（续前）》，《地学杂志》民国3年第1期，1914年1月20日，第58页。

⑥ 《导淮视观报告书（续）》，《大公报》1914年4月6日，第3张第2版。

⑦ 詹纯：《江皖水灾调查并规画说明书（续前）》，《地学杂志》民国3年第1期，1914年1月20日，第60页。

⑧ 詹纯：《江皖水灾调查并规画说明书》，《地学杂志》民国2年第8期，1913年8月，第8页（栏页）。

费及工程费，“均由中央直接济以款项”。[①] 对此有人以苏皖士绅的名义附和，宣称对于导淮，国家“毫未着手于此事，现仅为地方问题，只有地方官民为之注意”，实际上应当作为国家事业，由中央承担经费，“聘精炼技师，设大水利局，以完成此事”。[②]

对中西学理之争，时人评论说：“窃羡欧美文明诸邦，水利之兴，溥而且大。治水之术，精而可当恃。非如吾国之治自治，灾自灾也。且喜吾国有水利局之设，通筹全局，逐渐进行，水利日兴，民福日增也。”[③] 1929 年，田桐总结三十年治淮经验，指出：“况世界各国农业居后，其治水也善于治海口而不善于治腹地，今日治海口宜师西人之法，如治腹地宜师中国之法。”[④]

1913 年，张謇谋划将导淮借款列入实业借款，借款双方仅为商业关系，权利全属国人，“在外人方面，仅处于债权地位，与所营事业之盈亏无涉。除普通利息外，各项利益为华人独享”。[⑤] 美国公使卫理获知后，照会外交部“要求向彼国商借，并保荐詹美生为导淮总工程师”。为此，外长孙宝琦会晤张謇协商，张謇谓：“鄙人虽曩者有向比国借款意思，尚无一定成见。若美国承借此款出以平和之手段，不为严苛之要求，亦未尝不可商借，但预先要求用人权，即聘为总工程师一层殊于我国行政权有碍，似难允许云云。”[⑥] 卫理恃强坚持，即使中国不借美款也要聘请詹美生为总工程师。外交部左右为难，斡旋其中。

筹谋导淮已久的张謇，“以兹事重大，欲议开工，须先借款”，拟在京暂设导淮总局“以为借款之主体”。并经国务院上书大总统，称据报告，淮河非速行疏导不可，成功后合计可得田一千五百万亩，“以该地将来之农产价格为担保，至少亦在五六千万元，可以开始议商借款，惟须先就京城暂设总局，乃有议借之主体”。[⑦]

① 詹纯：《江皖水灾调查并规画说明书（续前）》，《地学杂志》民国 3 年第 1 期，1914 年 1 月 20 日，第 60 页。

② 《导淮视观报告书（续）》，《大公报》1914 年 4 月 7 日，第 3 张第 2 版。

③ 孙量：《水利工事述要》，《北洋大学校季刊》第 1 期，1915 年，第 2 页（栏页）。

④ 《导淮根本计划书》，王杰、张金超主编《田桐集》，第 371 页。

⑤ 《筹划利用外资振兴实业办法呈》，《张謇全集》第 2 册，第 169 页。

⑥ 《新旧借款之进行谈》，《申报》1913 年 11 月 20 日，第 6 版。

⑦ 《导淮事亦须举债矣》，《申报》1913 年 11 月 22 日，第 6 版。

12月13日，《申报》报道“导淮局闻改为全国水利局以借款关系之故”。[①]舆论指出导淮之说发于清朝，久而未行在于中国财力不足，“而外国之借款又非若铁路、矿产之足以展其国势，应之者亦鲜”，故其款“则为中外所难筹者也”。“人人趋于急功近利之途，谁肯任此真实福民治事，国国皆怀侵地侵权之意，谁肯投此半为慈善之资”，张謇及美国“谓非今日豺狼蛇虎世界之凤毛麟角不可得也”。因此，导淮借款若签订，“淮河流域之生灵其将有幸乎”。[②]

中国积弱，且比利时要求更具商业价值的抵押品与利息，美国愿意接受以未来收益为抵押及较低利息，仅要求管押其地担保利息，最终比利时款因利息微薄而退，张謇的坚持终究只是美好的愿望。[③] 1914年1月30日，农工商总长张謇代表政府签订《导淮借款草约》，规定美国红十字会一年内“借款美金洋二千万元”，款项“以开垦之荒地，增入之地税，及运河之航行税为抵押品”，“该会有聘用总工程司，及指定承揽公司包办工程之权”。合同签订后詹美生即启程返美，“一俟财政事宜筹画既定，詹必被举办理此项工程”，借款“将照市价以五厘息发行，就商业之见解而论，殊不足以动人。惟料输捐办理中国红十字会事业之美国富翁，必抱慈善主义踊跃购此债票云”。[④]正约则需要驻外财政代表陈锦涛赴美与美国政府签订，总工程师“将由红十字会指派，詹美生将为顾问工程师”。[⑤]

2月5日，《申报》披露起初美国红十字会“以导淮工程浩大，果否能获胜利系一疑问。因托词调查以为延缓，其开调查费至七十二万元之多，适值英人亦有间言，谈判遂停”。在中央导淮局及全国水利局成立后，外人知道中国的确有意于水利建设，“则导淮自系于交通、矿政以外别标实业之一帜，因亦乐于从事，此为导淮借款成立之真因”。[⑥] 9日，该报指出，“导淮借款不成于比而成于美，其间亦具有慈善性质的历

① 《专电：北京电》，《申报》1913年12月13日，第2版。

② 冷：《淮河流域之生灵》，《申报》1914年2月1日，第2版。

③ 《中国铁路之国际竞争》，钱智修译，《东方杂志》第10卷第8号，1914年2月1日，第32—34页（栏页）。

④ 《译电：北京电》，《申报》1914年2月1日，第2版。

⑤ 《专电：北京电》，《申报》1914年2月1日，第2版。

⑥ 《关于借款之最近消息：导淮借款成立原委》，《申报》1914年2月5日，第6版。

史”，因美国红十字会历年来赈济淮河水灾“不下数千万磅，故淮河与红十字会关系之深，非寻常可比，借款不成于比而成于美者，此也”。①

草约签订后，美国红十字会派工程团来华测量。一时有各种风闻，“始有分淮入河之传闻。继有导淮入江之述议，谓淮既入江，洪泽湖可以尽涸成田，借款担任，本息有着。沂泗入海，分支入江，为另一说”。②

一方面为维护权利，一方面为反对尽泄洪泽湖、全淮入江等与中国地学会有异议的规划。1915 年 2 月 20 日，中国地学会在《地学杂志》上刊登张謇以全国水利局的名义撰写的《淮与江河关系之历史地理》。文章指出美国工程团“测量者仅十二三人，订时仅三阅月”，数十万平方公里的淮河流域，“乌能里里而测”。导淮应基于，“我四千年来关于淮河利害之历史，与数十万方里内关于淮河利害相因之地理也”。考淮河历史、地理“年代既长，地理之变更，亦极复杂。古图散失，无从取证，古书则多至千百卷。美工程师以三月最促之时期，无从尽知”，故导淮当“在我为主体”。

针对中西治水学理差异，张謇认为中国“无水准高下图”，“河淮地势之高下若干，言治水者亦只凭流向之目验以为准，自较仪器测量者精粗有别”。③ 经多方设法终于利用仪器完成淮河测量后，中国又缺乏“求世界之学术以考工，合本国之时地以画利”的人才，需“访聘荷、比、美富有经验著名河海工程师，详加勘估，确定入海及分流入江之路线”。④

根据测量图，导淮当“七分入海，三分入江”。入海经灌河口，洪水时由套子口分泄；入江由瓜州、三江营两路，以方便运河东、西灌溉田地。对于全淮入江及淮河半入江海的传闻，张謇坚持“最近清光绪三十一年之大水，未能知其流量，不敢凭空下断，以地理之关系推之尚是疑问”。即使以淮河一半水量入江，“江中之洲圩，不下二三十，农民数十万……如何能支”。因此一方面要保证里下河收淮水入江之利，“一方亦不得不为扬子江中江都、丹徒、太平、泰兴等县计，减淮水助江之害。

① 《导淮借款之性质及其条件》，《申报》1914 年 2 月 9 日，第 6 版。

② 《为驰勘淮北水灾请派员代理部务呈》，《张謇全集》第 2 册，第 10 页。

③ 全国水利局：《淮与江河关系之历史地理》，《地学杂志》民国 4 年第 2 期，1915 年 2 月 20 日，第 27—34 页。

④ 《导淮事可见实行矣》，《申报》1913 年 4 月 4 日，第 6 版。

目前姑规画为三分入江者以此”。[①] 时论评双方说，“闻工程司测量之结果有令全淮入江之说，江淮人士颇以为不然。水利局总裁张謇氏亦颇疑之”。然观测量报告，“足见淮水有百分之九十七八本来入江，并未因此而为患。则里下河之恐慌，固为无因，即江中各洲之危惧亦殊过虑。殆吾国人实测既疏，而多数士夫又常悬一道光时言论为标准，故有此皇皇之状乎”。[②]

1915 年春，美国红十字会工程团考察事竣，公布导淮报告“规画疏导大要”。同时，张謇以水利局总裁名义也有“规画导淮预计报告之披露”。中国地学会节录二文，冠名《导淮报告披露》刊于 1915 年 8 月 20 日出版的《地学杂志》上。美国红十字会工程团的导淮规划，基于最大限度获利，以偿还借款。故指中国导淮“浚导区域河流略图……测绘虽极精细，然就事实上言之，在计划中河流泛滥之治理方法，殊无关宏指”。导淮最大收益在尽泄洪泽湖水为良田，所以“不能开拓洪泽湖”的规划均为美方否定。为最大限度获利，美方主张淮河顺现今水势，“全股于镇江附近归入扬子江”。工程合计需款三千万美元，借款由每年运河通过费“二十二万五千美元，地租二百十三万六千美元，合计二百三十六万一千美元”偿还。为掌控导淮，美方称“总工程师应有完全筹画施工计划及方法之权力”，及“对于各问题特进忠告之权”。

张謇则谓自辛亥设局，测量淮河以来，“未竟之事……三项而已”。测量图经过荷兰工程师贝龙猛复核，“合测量积差之公例”。计算导淮工费“合计总数为二千二百四十五万七千三百五十五元八角”，借款“成则兼程进行”，“不成则分年渐举”。工程将“延二三外国工程师，为之指导与之商榷，其余皆选中人之曾习土木河海工程者佐之”，[③] 中西结合以我为主。

1916 年 1 月 20 日，《地学杂志》刊登署名江苏公民的《论导淮不宜全淮入江（上张季直）》，反对全淮入江，以壮张謇与美方相争之势。文

---

① 全国水利局：《淮与江河关系之历史地理》，《地学杂志》民国 4 年第 2 期，1915 年 2 月 20 日，第 27—34 页。

② 《导淮与巡河之商榷》，《申报》1915 年 1 月 14 日，第 6 版。

③ 《导淮报告披露（节录）》，《地学杂志》民国 4 年第 7、8 合期，1915 年 8 月 20 日，第 55—86 页。

章论全淮入江有四害，“一、携带之泥沙淤塞里下河流域之沟渠；二、长江中淤塞成沙洲、沿江之圩田有沉没之忧；三、沙洲妨碍航路；四、江淮水期相同，河道容纳不下。此外，尚有黄河再次改道，南下循淮入江之虞”，“窃顾先生坚持此议，与美十字会妥为商确”。[①] 1929年，田桐考察导淮问题，指出治河为“大略”，技术为“小术”，“大略非小术可比也。大略定于政治家，技术施于技术家”。“惟凡治水诸问题，先取决于外国技师，则误矣”，将小术为大略为导淮“根本之谬误也”。[②]

四 借款无望后的治标之争

导淮借款草约签订不久，欧战爆发，引发全球性金融紧缩，借款一延再延，终于无望。“中国全恃外资以兴要工，故外国金融市场不活动之时，中政府即未能发展国内之实业”，[③] 导淮事业因此陷入停顿。淮河治本无望，为减轻灾害，各地规划治标办法，筹款自治。其中声势最大的当为鲁省借款三百万疏浚南运湖河，相对成功的为皖省筹款二百万治睢、蒙诸河。

鲁、皖地处淮河上游，疏浚后水流畅通，河水汇聚下游，苏属承上游之水而去路梗滞，恐将积聚为灾，苏人惧之。苏属学人主办的中国地学会一面呼吁停止，一面谋划治理，以求解决。1915年10月20日，《地学杂志》邮筒栏目以《本会会员武同举君规画江北水利书》为题，发表武同举致北京地学总会函。武同举自称该函之作，因“追痛于连年之灾害，感触于邻省之刺激”。疾呼“近闻皖省有借款二百万治水之议，鲁省亦设局从事测量”，复借“美金三百万元治运”。若鲁、皖各水“一一沟而通之，以归纳于我下游江北之低原……虽无以邻为壑之意，而下游不治，其害何堪设想”。

为避此害，“今我为江北计，亦惟有急起直追力争先着”，即先行规划江北水利。虽然“善治水者，必统上下游之全局筹之”以治本，但“欧战发生，美款暂搁”，治本无望。为解燃眉之急，今宜先行治标之

---

① 江苏公民：《论导淮不宜全淮入江书（上张季直）》，《地学杂志》第7年第1期，1916年1月20日，第2—7页（栏页）。

② 《导淮根本计划书》，王杰、张金超主编《田桐集》，第371页。

③ 《欧战与中国铁路之关系》，《申报》1916年11月15日，第3版。

策。“疏运（即淮泗之水）”、“浚沂（包括沭水在内）”，引上游之水入江、海，“为导淮之先导”。并请中国地学会北京总会转江苏巡按使，“援照鲁皖两省办法，筹借巨款，疏浚淮沂泗沭，以防巨患而澹沈灾事”。[①]

舆论呼吁外，苏人请见主持山东浚运事务的潘复，言担忧之情，并试图阻之。江苏省省长齐耀琳也发函邀约江北士绅，同潘复会勘运河。为述鲁省浚运之宗旨，释苏省官绅及中国地学会学人之疑，山东南运湖河疏浚事宜筹办处总办潘复，于1916年2月20日在《地学杂志》上发表《疏浚山东南运湖河缘起》。文章指出南运湖河失治，汶、泗泛滥，为祸鲁南。明清时期为保漕运，“于是经营湖河诸水，畅助其流。岁有常规，罔敢废坠，虽其本意重在渠漕之交通，而沿河商民，固以饮其余惠”。河漕废后，运河“情移势迁与其为交通之航路，无宁谓水利之沟渠”，“昔以交通为主体非有水利之观感也，今以水利为范围交通之利自连带而生也。今昔异势，利害异形”。故治运今昔不同，“昔之治运在以湖河为支脉，今之湖河转以运道为尾闾”。具体而言，鲁南湖河的功能过去主要是蓄水济运，现在是疏浚水道涸田为利，所以宜束汶水以御黄，“展宽挑深，使上游异涨之水”，归于南四湖，再浚运使湖水“南下之路，节节疏畅，更何注溢之忧”。[②]

中国地学会会员、海州徐守增在《地学杂志》上读到武同举《规画江北水利书》后，为维护海州的利益，致函武同举商榷治标办法。1916年3月25日，《地学杂志》将其函公表于《来函照登》。徐守增称导淮苏鲁豫皖四省均可获利，现在鲁皖二省各自筹款先行举办，则当局与美国商定的数千万借款，“竟用诸江苏一省，俾负债偿还之责耶”。其中，鲁治理汶、泗诸河，浚通南运湖河，鲁南之水汇聚南四湖后经运河入江，“来源甚壮”，“去路宜筹”。至于治标办法，徐守增反对武同举“疏运”“浚沂”的规划，宣称淮河未治，运河“即入江之正道”，但上游畅通“运河果足容纳否？”夏秋间，长淮同时涨水，“长江不敢顶托否？”且浚

① 《本会会员武同举君规画江北水利书》，《地学杂志》民国4年第10期，1915年10月20日，第77—83页。

② 潘复：《疏浚山东南运湖河缘起》，《地学杂志》第7年第2期，1916年2月20日，第1—5页（栏页）。

沂事关沂、沭二水，灌河口、临洪口、列子口三入海口，不可不慎重，“不可不研究”。[①] 为防御鲁皖下泄之水，徐守增主张筑堤、堵坝，御水于海州境外。

对鲁浚南运河湖，上海《申报》评论说：“悉其欲举济宁以南诸湖之水，泻诸徐境之微山湖。以祸徐海，于是徐人反对甚力。该公司之计画顿变，改为导汶入江。于是淮人、扬人反对愈力。该公司之计画又变，不勘运河六塘，遥与洋工程师越赴灌河查看海口。……尽启诸闸，泻诸湖于运南，直下中运，本有建瓴之势，中运断无容纳之理。漫溢奔决，则海境三县，其鱼即能不决?”[②]

皖省筹款自治，成功者首推治睢。1916 年 9 月 25 日，《地学杂志》载严俨然《皖北归客治睢谈》。其谓淮河之灾，“苏之患在淮，而皖之患则在睢”。故灵璧县知事包幼卿，首倡治睢，“并联合附睢各县士绅，上闻省吏，特为之请款二百万金，为治皖北水利之用。于是治睢问题，得获成功矣”。淮河干流自苏，支流在鲁豫皖，治睢是广义的治淮，“使鲁豫一若皖之治睢，则淮亦易举矣”。至于苏皖二省治淮结果不同，因皖受害面积大而治理花费少，苏则反之，“故皖一倡议，而告厥成功，而苏则梗滞十年也”。文章最后特别强调，治淮艰难，“然则因噎废食，淮即可以不治乎？曰不可也”。[③]

徐守增因“皖鲁二省迫不及待，治水之计同时并举。我本省长官，因皖鲁居苏上游，山湖泉流，既经疏浚，全量下注，危险堪虞，乃通饬各属征集河流图说”，[④] “故将淮北全局，审沂、沭明往与现行之流向，列为二纲十二要”，[⑤] 即《淮北水利纲要书》。1916 年 11 月 25 日，《地学杂志》连载其文，其意不外以海州为先，修堤、堵坝，以御境外之水。武同举《淮北水利纲要书后》称：“为上游计，水量太多则放之使下。

① 《徐庶侯君致武霞峰君函》，《地学杂志》第 7 年第 3 期，1916 年 3 月 25 日，第 1—2 页（栏页）。

② 冷香：《江北水利之怒潮》，《申报》1916 年 12 月 1 日，第 6、7 版。

③ 严俨然：《皖北归客治睢谈》，《地学杂志》第 7 年第 8 期，1916 年 9 月 25 日，第 91—94 页。

④ 徐守增：《淮北水利纲要书》，《地学杂志》第 7 年第 9 期，1916 年 10 月 25 日，第 31 页。

⑤ 徐守增：《淮北水利纲要书（续）》，《地学杂志》第 7 年第 10 期，1916 年 11 月 25 日，第 20 页。

为下游计，水量太多则节制之以纡其流率。其势近争，其情可悯，在治标年代万不若逃。”①

综言之，1909 年至 1916 年，中国地学会因学理、地域、人事、权利等因素，积极研究导淮，对导淮学理、规划、地域与中外之争介入颇深。然而中国地学会终究是学术组织，着力之处多在学理讨论、规划设计、舆论呼吁等层面。1916 年，导淮因经费筹措无着，陷入停顿，中国地学会的导淮言论亦因之渐息。中国地学会大力推进导淮，成效却不彰，武同举论此说：“言之匪艰，行之维艰，以往之中辍，皆以筹款二字为最终不破之难关。”② 徐寅亮则认为，导淮无功“一由于工大费巨举办不易；一由于我国近十年来内乱不息，民不聊生，无暇及此。再者还有下游入海地点的争执迄未解决”。③

第四节 筹议保疆

民初政权更迭，制度变易，在中外、新旧、华夷等多种因素的交织下，外蒙古、西藏等地相继发生叛乱，乃至兴兵内犯，边疆陷入前所未有的危机，成为朝野各方关注的焦点。在仕与学一体两面的中国，士子历来以“治平”为己任，热衷于以学干政。学界中与边疆关系最切的当数地理，是时西式分科教育推行已近十年，加之革命后旧学耆老或退隐或凋零，新学俨然一统。处此大势之下，掌握了学术资源与话语权，从而几将新学地理名家尽数网罗旗下的地理专门社团中国地学会，倡言学以致用，欲承西北地理之余绪，本科学学理研究边疆，筹议保卫、经营之策，建言共和以为国用。从地理专门学会的视角，梳理民初新学地理学者群体边疆研究的论著，考察其成就与趋向，探究研究的动机、目的与实效，辨析仕与学一体两面相互纠结的复杂关系，揭示隐于其后的人事因素，既可了解其时新学地理边疆研究的大致状况，又能丰富对中国

① 武同举：《淮北水利纲要书后》，《地学杂志》第 7 年第 10 期，1916 年 11 月 25 日，第 23 页。

② 《本会会员武同举君规画江北水利书》，《地学杂志》民国 4 年第 10 期，1915 年 10 月 20 日，第 83 页。

③ 徐寅亮：《导淮问题的研究》，《东方杂志》第 20 卷第 11 号，1923 年 6 月，第 19 页（栏页）。

地学会多重面相的认识。

一　移民兴业

清季的中国是一个多族群聚居的大一统国家，主体的汉人主要居住在内地各行省，边疆地区则多为其他族群。1911 年，辛亥革命党在武昌起义，各地群起响应，南方各省及北方的山西相继宣布独立，与清政府对峙南北，双方无暇顾及的边疆地区则出现权力真空。同时，倡议“排满兴汉”进行“种族革命”的革命派将取何种边疆政策，引起各族及各方人士的忧虑。强邻又趁机煽惑，在中外、新旧、华夷等多种因素的交织下，外蒙古在俄国的鼓动下宣布“独立”，十三世达赖喇嘛则在英人的支持下宣布驱除西藏汉人，并兴兵内犯。

为解决边疆问题，维护民族团结与国家统一，革命派调整政策，政治革命、五族共和、人道主义逐渐成为革命者的共识。南北议和时南方代表又提出各民族一律平等，实行五族共和，及在边疆民族地区暂行旧制的方针。南北统一后，日益严峻的边疆危机，成为朝野关注与热议的焦点。革命派及其舆论倡言征伐离心的蒙藏，北京政府则鉴于民国新立政令尚难统一的艰局，主张怀柔，一面致电达赖喇嘛、班禅额尔德尼、呼图克图，“略谓：汉、藏、蒙、满、回同为一家，只因统治者之压迫，藏蒙才对中国之态度发生改变”，新政府将采取一切措施，“真诚改变这一态度”；[①] 一面试图以高爵厚禄贿其放弃“独立”。

政界争议保疆，历来以“治平”为己任、热衷借助学术参与政治的中国士子，不免或主动或被动地介入其中。学界中与边疆关系最切的当数地理，一贯主张学以致用、积极参与政治与社会的新学地理社团中国地学会，借助外来学理，调查、研究边疆，建言当道，并唤起国人的注意。然而革命带来的动荡尚未平息，外蒙古、西藏又宣布“独立”，赴边疆调查的条件甚至不如革命之前，一时难以成行。国人调查难行，外人则殊少碍难，时论谓“打箭炉及巴塘、里塘均有天主、福音等教堂，故外人之游历边地者，以英法诸国之教士居多。某教士固某国地理学会

---

① 《驻库伦总领事电》［北京，1912 年 3 月 15 日（第 374 号）；库伦，1912 年 3 月 15 日（第 505 号）］，栾景河编译，陈春华校《俄罗斯关于外蒙古独立问题未刊档案选译》，《近代史资料》总 105 号，中国社会科学出版社，2003，第 55 页。

会员，明目张胆测绘地图，地方官不加禁阻，且为保护”，[1] 甚至没有护照的日本人也能得到保护。

缘此，中国地学会的研究或借助外人的调查报告，或在旧著中寻觅仍有价值者。如其为《西藏旅行记》加按语说，藏地“不易入境，锁国已二千年，人民剽悍，文化未沾，世界有黑暗地之称”。故国人不知西藏，研究亦稀见。然而其地大物博，物产丰富，以致强邻虎视，果真失去则“我国西南门户危矣，建瓴直下，席卷甘肃、四川、云南，踞江河上游，茫茫中原，岂堪设想哉？我国忧时志士，亟宜注意于此”，[2] 特译斯文·赫定的探险记以供参考。

海通以来西方殖民主义思潮传入中国，加之清季民初边疆危机日亟，移民兴业以保疆土的声音高涨。1912 年 3 月 4 日，革命党的喉舌《民立报》刊《统一蒙古之政策》，谓振兴实业方能保全领土。[3] 4 月 1 日，再登蒙藏联合会致热河都统熊希龄电，主张经营蒙古亟宜建立拓殖会。[4] 16 日又载《筹边政策之近闻》称，临时筹备处边事股员陆宗舆、曹汝霖建议在科布多兴办屯垦，并电请科布多参赞“详查该属环山各处有无发现矿苗之地，及宜办农林各事宜，以凭核订云”。[5] 同时，为裁撤革命以来招募的远超需要的军队，解决“兵多饷绝，民穷财尽”[6] 的危局，地方大员吁请移兵屯边，兴业保疆。

中国地学会白月恒注意到这些方案大多未考虑内地与边疆地理环境的差异，特著《论蒙古之屯田及林牧业》，指出烟台胡都督致电袁大总统，请移兵蒙古、新疆及青海等地屯田，各省都督多盛赞“是合兴农、实边、移民、化种诸政策，胥括一举之中，济时伟略，奚以加兹”。然而“揆度地理”，屯田并非良策。若行斯议，不仅难得效果，“转于移民实边之进行，发生窒碍”，影响建设共和的前途。尤其是蒙古地近京畿，成败攸关利害，尤宜审慎。故论蒙古不宜屯田的理由，“别筹适宜之计画”，以备当局采择。

---

① 《边藏最近闻见录（续）》，《申报》1912 年 5 月 6 日，第 3 版。

② 《西藏旅行记》，《地学杂志》共和纪元元年第 1 期，1912 年 1 月 20 日，第 28—29 页。

③ 《统一蒙古之政策》，《民立报》1912 年 3 月 4 日，第 7 页。

④ 《蒙藏联合会致熊希龄君电》，《民立报》1912 年 4 月 1 日，第 6 页。

⑤ 《筹边政策之近闻》，《民立报》1912 年 4 月 16 日，第 7 页。

⑥ 《敬告各军官各军府》，《民立报》1912 年 6 月 1 日，第 2 页。

白月恒称人类据天地而食，“居平原者农耕之民也，居沙漠者游牧之民也，居海岸者渔业之民也，居山地者矿山之民也”，所以民从何业“皆天为之，人因之耳”。考蒙古的自然地理，东四盟东南及河套以外，多为水草、不毛之地，不宜农耕。究其因，在“气候之弗良”，以及“地质之弗适也”。若持人定胜天说，强行开垦蒙古，有害无益，“则沙漠之南侵是也”。《汉书·西域传》记载的楼兰等国，因过度垦殖皆堙没于黄沙中，“由是以推数百年后，黄河流域将尽为莽莽荒沙”。

蒙古不宜屯田，但依据“天然”，可兴林业、畜牧业。历史上蒙古各族往往起于丛林中，“又考世界地理，北纬五十度内外，皆系森林之带”，可见其地适宜种植树木。现在蒙古森林稀少，是因为数千年来的过度砍伐。且发展林业，还能蓄水、改善环境、防风沙及水土流失。林业外还当“因其自然，取法他人，研究牧业”，利用羊绒织造新式洋服，开辟利源“尤不可胜量矣”。其中最值得期待的是，“畜牧业最足以发达体育，造成强壮之国民”，如能实行同化政策，办殖边学堂，“使蒙汉互通方言”，双向移民，“久之必将为刚健剽悍之民族”，“他日征而为兵，必足为世界劲旅，其收效固非浅显”。[①]

白月恒基于地理学理，反对政府大员盲目地倡导移兵屯田，以及人定胜天说，认为蒙古的自然条件不适宜农耕，但因地制宜发展林业、畜牧业，同样可以达到富国强兵的目的。不仅中国地学会持此观点，有英人调查东蒙古后，在其国《地理杂志》上刊文亦谓：“至于蒙古东部其地最合牧畜之用，是处所牧之羊，其毛之美可与欧洲美林那羊者较胜。”[②]

其后，中国地学会发布公告，强调“本会宗旨系在对于全国舆地种种为统一之调查”，以“追逐世界学术之潮流”。[③] 然而是时中国地学会及其同人大多意在借助学会组织干预政治，对远赴边疆开展旷日持久的调查本无兴趣，加之经费与调查人才匮乏，计划自然无法实现。

辛亥以来日本政府态度暧昧，尤其在东三省行动诡秘。林业为东北

① 白月恒：《论蒙古之屯田及林牧业》，《地学杂志》共和纪元元年第 2 期，1912 年 2 月 20 日，第 1—8 页（栏页）。

② 《英人之满蒙垦荒谈》，《民立报》1912 年 8 月 8 日，第 7 页。

③ 《本会广告》，《地学杂志》共和纪元元年第 3、4 合期，1912 年 4 月 20 日，第 1 页（栏页）。

利源的大宗，历来是日俄觊觎与侵夺的重要目标，为维护利权，舆论指出应建设交通机关，推行拓殖事业。[①] 中国地学会陶昌善《南北满洲森林调查书》称，清入关后将东北列为禁地，严禁砍伐森林，以至森林遍地。清季兴垦，人口大增，交通发展，加上日、俄掠夺森林采伐权，满洲林业获得较大发展。近年政府逐渐知道滥伐的害处，奖励护林及造林，“兹就各地调查情形，条列如左，以资参考”。[②] 此外，中国地学会又在会刊《地学杂志》上转载日人《南满洲水田志》谓，“满洲之名，自清日战争三国干涉索还辽东半岛时，始见称于世界”。日俄战争后，满洲成为全世界注目的焦点，“开发满洲利源之声”[③] 高唱。

中国地学会因缺乏调查、研究东北的文字，致信时在吉林的会员魏声和邀文。魏声和回信写道，“游吉五年”，研究地学，“所苦满洲记载绝少”，清时将宋以降关系东北的著述全部删除，《四库全书》中除《冷山集》“未有见也”。至于钦定诸书，本就是为欺骗汉人，“亦全不可恃”。如记某地在吉林、宁古塔何方、何距离，“必含混出之”，“吾辈欲得一参考本，亦苦难得”，只能偶尔从土人的俗称地名，“辄与辽金史上有引证确合者”，定其地望。他“深知无诠证史书之能力，故特以笔记体裁出之，聊供他日修订通志之资料”。且其时吉林垦地渐开，汉满同化日深，旧地名行将消失，“故编是书似亦紧要之事”。因此，将“旁搜博采，足备掌故，迄今尚未杀青”[④] 的《塞上旧闻录》，交付学会，以供采择。

二 筹议安边

中国地学会及各界议论兴业保疆，但政府在科布多、川边战事不利，危机更甚于前。边疆现状尚且不能维持，何谈移民兴业。8 月 25 日，袁

① 陈琪：《东三省林业意见书》，《民立报》1912 年 4 月 7 日，第 12 页。

② 陶昌善：《南北满洲森林调查书》，《地学杂志》共和纪元元年第 5、6 合期，1912 年 6 月 20 日，第 1—2 页（栏页）。

③ 《南满洲水田志》，玉渊译，《地学杂志》共和纪元元年第 7、8 合期，1912 年 8 月 20 日，第 9 页（栏页）。

④ 魏声和：《塞上旧闻录》，《地学杂志》共和纪元元年第 11、12 合期，1912 年 12 月 20 日，第 9—10 页（栏页）。

世凯电各省都督，“征求平定蒙藏政策”。[1] 但国内各派系利益相左，财政又极端困难，平叛计划一时难以执行。且俄国干涉科布多战事，照会中国有“不能派兵入蒙等语”；[2] 英国公使亦呈文大总统，说英国政府承认中国拥有西藏的主权，但“中国兵队入藏，再立威权，豁治全藏，与千九百零六年中英条约大相违背”，“盖不欲干涉西藏之完全行政权也”。[3]

内外因素之下，重心在内的北京政府寄望通过交涉解决边疆问题。袁世凯在任命陆征祥全权交涉俄蒙，并加封达赖、班禅及蒙古王公以安其心的同时，解散各地的敢死队、征蒙队，禁阻请求开战的函电。革党借外人之口明言：“盖政府承认欲免外患，须先部署国内之秩序。”[4] 然而近世以来中国势弱，对外交涉每以失败告终，故政府素持秘密主义，不仅民间，官方非主事者亦不知情。若新疆都督杨增新电询政府，俄国领事照会谓科布多参赞大臣“帕勒塔已与库伦议和，约定以科布多归库伦，阿尔泰归中国”，[5] 是否属实。

政府主交涉，革命党则倡议国民外交以应对。11 月 1 日，《民立报》呼吁“今当民国肇始东亚外交之舞台活动初期，吾国民亟宜养成外交能力以应之也”。[6] 为开展国民外交，“我国民咸愿研究该地文言、宗教、风俗、政治，裨谋发展实业以兴边务”，革命党创办的苏州垦植学校即因满蒙风云日亟，“添招蒙藏两科”，“注重蒙藏文言、地理、农学，而以法政、经济、算测、军事学为附科”。[7] 倾向革命党，又有志于政治的中国地学会积极践行，研究边疆，筹议安边策略。

乌里雅苏台沦陷后，科布多孤城坚守，最终在 8 月 20 日沦陷。其为蒙古屏障、西北藩篱，若失守将危及全局，各界亟谋恢复之策。但科布多僻处西北，国人不知其详情。曾在清季赴科的樊镛称，友人“告镛曰，子知天津设有地学会否？子在科地十余年，盖将平日所历之山川形势、

① 《西藏风云录（五十三）》，《民立报》1912 年 8 月 26 日，第 7 页。
② 《北京电报》，《民立报》1912 年 9 月 1 日，第 3 页。
③ 《西报译电》，《民立报》1912 年 9 月 1 日，第 6 页。
④ 《西报译电》，《民立报》1912 年 11 月 27 日，第 6 页。
⑤ 《斜风冷雨闹鹅儿》，《民立报》1912 年 10 月 31 日，第 6 页。
⑥ 血儿：《国民亟宜养成外交能力》，《民立报》1912 年 11 月 1 日，第 2 页。
⑦ 《垦植学校之扩充》，《申报》1912 年 12 月 17 日，第 6 版。

风土人情，记载一二，以备考查家之采择，因辍鄙见所及”[①] 为《科布多琐录》，付诸中国地学会刊布，以唤醒国人。可见中国地学会的边疆研究已经超出学理与学界的范围，在社会上拥有一定的知名度与影响力，为一般关心边务者所知。

由于缺少有价值的研究文字，12 月 20 日，《地学杂志》转载 8 月 25 日《民立报》社论《说科布多》，谓科布多“领金山额鲁特之七部，与阿尔泰、乌梁海之七旗者也”。其地矿产丰富，航路畅通，清时即在该地设大臣，然有名无实，“对于内则一切不加整顿，对于外则一切不知扞御，绸缪未雨，手乏彻桑之能”。现在外蒙古在俄人的支持下内犯，科布多守军据险坚守，新疆援兵迟迟不到，政府的筹划又鞭长莫及，恐怕会独木难支。“其遂将自此无科乎？虽然无可如何也”，仍欲说科布多形势及对蒙古、新疆的影响，“以为同胞告焉”。[②] 文章考科布多幅员、山川形势，指出无科布多就无蒙古、新疆。蒙、俄侵略日亟，政府亟宜谋划挽救，以维护民国。

西北战局恶化，川边亦相持不下，政府决定派军西征。“用兵必先明地理”，[③] 故《地学杂志》转载《民立报》的《说川边诸府形势》，称“西藏之乱极矣”，尹昌衡都督率兵出征，胜负难料。川边与西藏关系“为最切”，“其于兵事地理上之利害，亦最重且要”，若不明其形势，何论用兵西藏。察川边地理可分为三类，“一曰新设之诸府；一曰旧有之诸府；一曰川边之各厅州”，[④] 所以分述其形势供国人认识。

同期杂志刊登的李安陆《西藏风俗记》指出，“政治本风俗习惯组织而成”，未有不知民情而可以论政治者。中国对西藏，“虽有保护之美名，究无驾驭之实力”，此中原因甚多，“而其所以致已有之物，将折而为他人有者，则病在不谙熟彼中情形耳”。西藏号称“闭秘国”，但东西洋地学家、探险家入藏考察，探悉民情者不乏其人。留日五年间，他注

① 樊镛：《科布多琐录》，《地学杂志》共和纪元元年第 9、10 合期，1912 年 10 月 20 日，第 3 页（栏页）。

② 无生：《说科布多》，《地学杂志》共和纪元元年第 11、12 合期，1912 年 12 月 20 日，第 27—29 页（栏页）。

③ 无生：《西藏用兵之军事地理谈》，《民立报》1912 年 7 月 9 日，第 2 页。

④ 无生：《说川边诸府形势》，《地学杂志》共和纪元元年第 11、12 合期，1912 年 12 月 20 日，第 25 页（栏页）。

意搜集关于西藏的资料，今民国“建设方新，而藏事尤为紧急”，故著为《西藏风俗记》登诸杂志，“以为研究藏事者之一助”。[①]

川边激战不休，片马的战略地位凸显，以致英人增兵片马，[②] 又设立警察、审判庭等行政机构，图谋长期占据。云南都督蔡锷电请政府与英国公使交涉，舆论则警告英人在“吾国家多难之秋”，“不宜为此乘危攘夺之计，以触吾全国人民之恶感，而贻莫大之损害也”。[③] 中国地学会通过钱桐《哀片马》，痛批当道“专事敷衍，坐视不救”。所以本天下兴亡，匹夫有责之义，“不忍睹神州灭亡之惨，而有野人献曝之愚，爰据所见，以质之当今执政诸君子”。文章考片马问题的由来及中英历次划界之争，据地理形势提出解决片马问题，一当在怒江西岸及英兵未占地方，“切实经营，办交通，修要塞，筹军政”；一当笼络土司，保护其权利，“以坚其内向之心，则见兔顾犬亡羊补牢”。[④]

国人为应对危机注意边疆地理，但旧学迂疏不足用，新学又方兴，精当的调查与研究极度匮乏，以致报刊所载大多不切实际，如《民立报》1912 年 12 月 11 日起连载的《中俄交界地势论》，对中俄边界地理形势多大言少具体，与致用相去甚远。因此偶见一有价值的地理论著出现，转载、复制蜂起，甚至有人用旧有冒充新知以骗取稿费，《申报》就特意发文警告如此将“名利两失”。[⑤] 中国地学会是新学地理名家会聚的专门社团，自当以发达学理为己任，所以在 1913 年度推广事项中特别提出“注意蒙藏地理”。[⑥] 又在《拟定各支部对于本部简章》中明确指出：“地学事业包括极广，本会尤注重国防及民生两大问题，并参考世界趋势借资奖励。”[⑦]

中国地学会欲据科学学理研究边疆地理，但受时代及自身学术素养

---

① 李安陆：《西藏风俗记》，《地学杂志》共和纪元元年第 11、12 合期，1912 年 12 月 20 日，第 9 页（栏页）。

② 《西藏风云录（二）》，《民立报》1912 年 5 月 9 日，第 6 页。

③ 血儿：《忠告英人》，《民立报》1912 年 12 月 13 日，第 2 页。

④ 钱桐：《哀片马》，《地学杂志》共和纪元元年第 11、12 合期，1912 年 12 月 20 日，第 29—30 页（栏页）。

⑤ 单骑：《新疆旅行记（五）》，《申报》1913 年 12 月 2 日，第 3 版。

⑥ 《本会广告》，《地学杂志》民国 2 年第 1 期，1913 年 1 月，无页码。

⑦ 《拟定各支部对于本部简章》，《地学杂志》民国 2 年第 5 期，1913 年 5 月，第 1 页（栏页）。

的限制，研究主要据旧籍或外人文字的局面一时难以改变。对此状况中国地学会亦无可如何，若其在邹代钧《中俄界记》文前附识称，“吾国幅员辽阔，边地荒凉，素鲜人居，而关于界约等书又不经见，所以西北分界碑卡鄂博恍惚渺茫，学者病之久矣”。[①] 中俄边界绵延万余里，自康熙以来历次划界，沿革难明。邹书虽是旧著，但考中俄边界沿革条理清晰，仍可借鉴，故将其刊布。

中国地学会不仅以大篇幅刊载旧著，对其学理与文字的考据亦难言精当。编辑陶亚民称，“吾国人士鉴夫库伦跳梁跋扈，咸汲汲焉讲求防边之策。然又多有昧于北檄情形习俗，而不得其真谛者”，[②] 吴禄贞《东西蒙古实记》有其参考价值，因此照录杂志，以供关心蒙事者研究。该文实为《东四蒙古实纪》，《西北杂志》连载时将篇名误为《东西蒙古实记》，中国地学会未辨其错，在转载时原文照录。[③]

外蒙古、西藏叛乱后，因宗教相同，隐然有联合之势。舆论报道：“藏番蒙古俄人交涉甚为秘密，并有最私密之文告数通。”[④] 不久，双方互相承认“独立”的《蒙藏协定》被披露。加上科布多沦陷，“漠北屏藩一时尽撤”，北疆风声鹤唳，草木皆兵。1913 年 1 月，《地学杂志》刊发新疆驻京办事处处长钱桐《恢复科布多之计划》，认为科布多失守，若无新疆相隔，外蒙古、西藏将连成一气，“骎骎乎有内犯之势，边事愈形棘手矣”。科布多领有萨彦图河流域，形势险要，但地方苦寒，人口稀少，杜尔伯特旗以外，“均贫不能自立”，粮食等俱需由古城子供给。现在其物资、兵马皆需从“约有三千六七百里之遥”的库伦输送，“以地势上与给养上之关系，蒙人断不能坐守孤城，历久不溃。即不然乞师俄人以为援应”，若政府派兵扼守承化寺，即便俄人出兵援应亦无计可施。所以政府当趁此时机建设镇守府，调拨新、甘之兵，一面整备交通，一

① 邹代钧：《中俄界记》，《地学杂志》民国 2 年第 1 期，1913 年 1 月，第 7 页（栏页）。

② 吴禄贞：《东西蒙古实记》，《地学杂志》民国 2 年第 1 期，1913 年 1 月，第 4 页（栏页）。

③ 忒莫勒：《吴禄贞及其蒙古观察——〈东四蒙古实纪〉解题》，忒莫勒、乌云格日勒主编《乌利雅苏台志略　科布多政务总册　筹蒙刍议（外五种）》，于逢春、厉声主编《中国边疆研究文库·初编》北部边疆卷第 5 卷，黑龙江教育出版社，2014，第 288—289 页。

④ 《北京电报》，《民立报》1913 年 1 月 14 日，第 3 页。

面沿乌伦古河流域布防，“以为恢复科布多之计划”。[①]

同期杂志刊发的《滇边形势说略》称，川边的“外敌”仅英国一国，滇事则关系英法两国，因此“滇省之边事倍于川省”。就形势而言，滇“比川更为危险。然揣量今日之时局，所最切要者，当注重藏事，而滇事犹次之”。故筹议安边策略，“窃谓外当策应川兵由滇入藏，盖无藏是无滇也；内当固丽（丽江）永（永昌）以阨门户，坚控楚（楚雄）大（大理）以保堂奥”。[②]

中国地学会主张安边须先解决蒙藏问题，然而苦于无详明的西藏调查报告与地图，研究难以开展。军方对此感同身受，1 月 12 日，参谋部“拟派蔡立卓等二十员，充西藏军事侦探，已呈总统批准，不日出发”。[③] 2 月，《地学杂志》刊发岑铭恕译英人花得荣《西藏中部及西南部兽产》和率痴《论波斯纵贯铁路与回藏问题》。岑铭恕自称，翻译时“篇内各地俱遵我国旧籍，否则必详所在以备参考”。[④] 后文指出德国经营巴格达铁路，英、俄为与其竞争，筹建波斯铁路，此路若开，“西藏主权、实业，将更为英俄两国之所攘夺，不待言也”。因此，亟当自建回藏边疆铁路，“若我国外交家与凡政客，能速着眼于此，以定国际上迎拒之方针，则利益之及于国家者尤为伟大无疆矣”。[⑤]

8 月，《地学杂志》转载可权《清季经营西康始末记》，指出藏地分为前藏、后藏、阿里及喀木四部分。西藏仅“包乎后藏、阿里”，故而也被称为康的喀木，统治权不在达赖而在四川，“即前清驻藏办事大臣之监督权，亦不及喀木，故喀木一部完全属之川边也”。[⑥] 文章意在厘清康、藏之别，以证政府出兵的正当性。

民元呼伦贝尔宣布“独立”，中国地学会据内外形势认为“解决无

---

① 钱桐：《恢复科布多之计划》，《地学杂志》民国 2 年第 1 期，1913 年 1 月，第 5—6 页（栏页）。

② 不惧：《滇边形势说略》，《地学杂志》民国 2 年第 1 期，1913 年 1 月，第 4—5 页（栏页）。

③ 《北京电报》，《民立报》1913 年 1 月 14 日，第 3 页。

④ 《西藏中部及西南部兽产》，岑铭恕译，《地学杂志》民国 2 年第 2 期，1913 年 2 月，第 12 页（栏页）

⑤ 率痴：《论波斯纵贯铁路与回藏问题》，《地学杂志》民国 2 年第 2 期，1913 年 2 月，第 14—16 页（栏页）。

⑥ 可权：《清季经营西康始末记》，《地学杂志》民国 2 年第 8 期，1913 年 8 月，第 5—6 页（栏页）。

期”，呼吁学人研究。然而其地偏远苦寒，少有文字记载，中国地学会闻知曾任呼伦贝尔副都统的宋小濂著有《伦边调查录》，遂委托魏声和访觅。惜原书已散佚，魏声和据残篇编辑成文，刊布于1913年3月《地学杂志》上，寄望“然他日筹边方略端资乎于此”。并附识称“往者清政府诡言立宪，强更旧制，征赋加苛，彼族已不免离心。适逢时会，中原多难，俄人以为百年梦想一旦可偿”，[①] 极力鼓动呼伦贝尔脱离中央。

科布多沦陷后，中国军队沿阿尔泰布防，与俄蒙军队对峙，前线战火暂熄。但外蒙古叛军时有扰害新疆的举动，如1913年1月14日杨增新密电总统府，“内称本月六日据侦探队报告，库匪约四百余人，现由扎萨克图汗部通新要路海臣鄂博他方，进犯新属镇西等情”。[②] 同时，俄国趁蒙藏叛乱，新疆孤悬西陲之机，增兵阿尔泰、伊犁，觊觎帕米尔，国内舆论哗然。[③]

5月，中国地学会转载充与《俄人测量帕米尔之警告》，称杨增新电俄国官员测量帕米尔，拟建炮台，野心“胡竟如是之大”。“今之论天下事者”，皆以为帕米尔万里遥远，不如满蒙新伊关系密切，所以漠不关心。实际上考地势，中国各大山脉“大抵均起点于帕米尔”，若失此地，蒙、藏、新皆危。此外，其还是亚洲的中心高地，以及主要山脉、河流的发源地，踞此可以居高临下虎视四顾。因此，满蒙新伊问题“仅属国境之一部分”，帕米尔的得失则不仅关系中国全部，“且亦有关于亚洲全部者也”。[④]

6月，中国地学会苏莘《论新疆边防》指出，自库伦宣布“独立”，举国关注，汇集各界视线，“朔边收局可用和平，或取决于武力，今难悬测”。然观内外局势，库伦问题暂时难以解决，毗邻的新疆省面积辽阔，与俄、蒙关联甚重，“为目前计固属筹备吃紧之区，即或幸蒙库事结，为

① 宋小濂原著，魏声和编辑《伦边调查录》，《地学杂志》民国2年第3期，1913年3月，第3—4页（栏页）。

② 《跳梁小丑犯新疆》，《民立报》1913年1月20日，第6页。按：此句中“他”应为“地”之误。

③ 无生：《论俄人测量帕米尔事》，《民立报》1913年1月12、13日，第2页。

④ 充与：《俄人测量帕米尔之警告》，《地学杂志》民国2年第5期，1913年5月，第22—23页（栏页）。

规画久远”,[1] 亦当进行整顿，以巩固边防。且俄人进逼联系天山南北的枢纽伊犁，事关全疆命脉，政府亟当训练各族、通电信、开道路以保新疆。

7月，科布多暂时停战协约议定。外交部屡次据约催促俄国撤兵，均为俄国以中国无力保护侨民、俄商为借口拒绝。9月，中国地学会转载《民立报》社论《新伊防务论》称，国人论防俄，重蒙古轻新疆、伊犁。事实上，新疆除西南一小段与英国交界外，皆与俄为邻，“是英不足深虑，而俄乃大可虑也”。民国以来俄人借口保商强入天山南路，侵蚀帕米尔各部。“葱岭之正支为新疆之屏蔽”，清强盛之时“皆偿隶属”，“今则全为俄人取去，藩篱尽撤门户洞开”，建瓴之势已成。另外，民元以来“新省回族之叛殆数有所开”，一在“旷悍性成”，一在“俄人诱激”。故“度量”防俄之策，直接交涉外“更宜屯驻重兵于疏勒”。[2]

三　巩固国基

二次革命失败后，革命党流亡海外，国内政局企稳，但在边疆问题上，面对武力不足的现实，激进派外人心思定。如外蒙古问题久拖不决，既需时刻防范，又在国家与族群之间处境尴尬的内蒙古王公，“要求袁总统于日内从速承认中俄蒙协约”,[3] 云南民政长、粤都督等亦通电要求迅速通过中俄协约。[4] 其实，早在1913年5月大总统顾问英人莫理循就在写给友人的信中称：“可是就我所知和所信的来说，中国从来没有考虑过在蒙古作军事冒险的政策。虽然有一些军队调往内蒙古的边境地带，但是人数微不足道，他们还只在公认属于中国领土和一些一旦发生骚乱，可能酿成国际纠纷的地方，执行巡逻和警械任务，此外别无其他目的。”[5] 6月，又谓：“中国自己既不愿把西藏当做属地，也不愿把它当做中国的一省，而是把它看成中华民国的五大分支（汉、满、蒙、回、

---

① 苏莘：《论新疆边防》，《地学杂志》民国2年第6期，1913年6月，第5页（栏页）。

② 不惧：《新伊防务论》，《地学杂志》民国2年第9期，1913年9月，第6—7页（栏页）。

③ 《西报译电》，《民立报》1913年7月11日，第7页。

④ 《疆吏之主张通过中俄协约者》，《申报》1913年9月7日，第3版。

⑤ 《致伊·雅·廊索思函》（北京，1913年5月13日），骆惠敏编《清末民初政情内幕——〈泰晤士报〉驻北京记者袁世凯顾问乔·厄·莫理循书信集》下册，刘桂梁等译，知识出版社，1986，第149页。

藏）之一，与中国其余各部分处于平等地位。”①

北京政府寄望以承认主权为底线，通过交涉和平解决边事。然而在弱肉强食的世界，实力决定外交，舆论早就点出“然无实力上之预备，战事上之决心，而依违其间，则必无良好之结果”。② 鉴于时局、人心的变化，以及政府对激进言论的控制，主导人物多为国民党籍各级议员、活动中心又在北洋大本营京津的中国地学会，为避祸持论趋于平和，注意筹议尚处北京政府掌控的边疆地区之经营办法，以巩固国基维护利权。

青海有海西蒙古与青南藏区，又“占蒙藏枢纽，逆佛与达赖久欲有所图谋”，以致青海人心惶惶，一夕数惊。如 1913 年 3 月 25 日舆论报道青海办事长官廉兴急电政府：“略谓现据探报，西藏已派兵扰及青海边界。此间兵单力弱，恐其深入无法抵御，请速派劲旅前来防御等语。”③为稳定局势，9 月，总理熊希龄提出移民屯垦青海议案四项，即“丈量青海西、北两部荒田之手段，筹备补助金之办法，添设屯垦使之意见，移民屯垦之布置法”。④ 10 月，中国地学会陶懋立在《青海之研究》中指出，青海数百年来一直是蒙古的牧场，所以不与内地同治，又因位居中国地理中心，山川险阻，外人绝少涉足，“然进化之机亦由是阻绝焉”。20 世纪是进化的时代，列强殖民远及“冰荒穷岛”，中国却对青海视若无睹，皆因“无所迫于外，斯无所动于中耳”。“往者朝鲜割而东省开，伊犁归而西疆理，祸变既亟，乃建新猷”，故考“外族侵掠青海之大略”，附蒙古二十九旗、番族四十土司之历史，“乃为现在及将来之青海计也”。

陶懋立认为欲使土人归心，须从调查入手，“更择取彼族明白事理，通达学问者”编写藏文册子，分头宣传“使知共和真理”。至于经营青海，一在兴实业，创立毛纺织业、林业与盐矿；一在办教育，“课以汉文、汉语”，灌输文化，融合感情，使其认同五族共和。有人认为青海改省分县，“则亦虚糜经费而已矣”，不如等财力充实，文明进步后再行筹

① 《致蔡廷干函》（北京，1913 年 6 月 25 日），骆惠敏编《清末民初政情内幕——〈泰晤士报〉驻北京记者袁世凯顾问乔·厄·莫理循书信集》下册，第 177 页。

② 《库伦种种商榷（三）》，《民立报》1912 年 11 月 27 日，第 2 页。

③ 《扰及青海矣》，《民立报》1913 年 3 月 25 日，第 6 页。

④ 《开垦青海议案》，《申报》1913 年 9 月 25 日，第 6 版。

设。青海“无他族逼处之患”，类似爱尔兰、北海道，“而其内力之雄厚，殆又过之”，政府若能“辟其交通之路，顺其自然之利，发其进化之机”，[①] 获利当为其数倍。文章本进化论，考青海史地，借鉴中外开发边疆的经验，建言政府经营青海当依自然之利兴办实业、发展教育，增加进化的机会，然后方能谈及自治。

二次革命爆发之际，防范外蒙古内犯的姜桂题部被调南下镇压国民党。[②] 安徽讨袁军在檄文中指责袁世凯，“私与暴俄立约，不恤弃蒙土万里资敌，以图悉兵南下，无异石敬瑭之弃幽燕”。[③] 外蒙古则生趁内乱“吞并内蒙之心”。[④] 热河地处战略要地，是外蒙古叛军进攻的主要方向，“散集于多伦诺尔附近者约四千余，王怀庆现正极力堵御，段芝贵不日往剿”。[⑤] 10月，《地学杂志》转载《民立报》的《说热河》称，满蒙之祸“事机已发”，情形“著于各报纸之端，腾乎各团体之口，人人之所注意者也”。热河地邻满蒙，危机四伏，为建言政府未雨绸缪，对其“详加考核，以告我国民，以告我政府，勉为先事之预备云”。[⑥]

英俄窥伺西藏、外蒙古，日本则觊觎东北、内蒙古，以为中国南北交战“实行大陆政策此时最为易易”，故主张辅助内蒙古“自立”，南满“独立”或“与内蒙同为一独立国”。[⑦] 10月5日，其以承认民国为要挟，攫取了满蒙五路的修筑权。参议院议员张嗣良等提出质问书，指出五路“不但伤我之主权，制我之死命，且与列强均势主义相刺谬”。[⑧] 1914年1月20日，《地学杂志》刊发《满蒙五路建筑谈》谓，日人取得五路利权，但其在与俄国获得的权益比较后，“犹以为未足”。实际上五路总长一千余英里，“殆已包括一切日本在满蒙间之势，大与吉会线相辅，于满蒙交通界别开生面”。[⑨] 现在五路仅定大纲，除开海线外，线路

① 陶懋立：《青海之研究》，《地学杂志》民国2年第10期，1913年10月，第1—9页（栏页）。
② 《燕市燃犀录》，《民立报》1913年6月17日，第7页。
③ 《讨袁檄文》，《民立报》1913年7月19日，第8页。
④ 《蒙人之得步进步》，《申报》1913年9月1日，第3版。
⑤ 《专电：北京电》，《申报》1913年9月28日，第2版。
⑥ 王旡生：《说热河》，《地学杂志》民国2年第10期，1913年10月，第6页（栏页）。
⑦ 《日本对于满蒙之政策》，《申报》1913年9月28日，第6版。
⑧ 《质问满蒙路事之详情》，《申报》1913年11月4日，第6版。
⑨ 《满蒙五路建筑谈》，《地学杂志》民国3年第1期，1914年1月20日，第25—26页。

均未确定，国人当高度关注其走向，以维护利权。同期杂志刊载的魏声和《旅顺考察》，极言日人经营旅顺，在教育、实业、行政、武功等方面均极为“成功”，可为国人经营边疆的“模范”。[①]

早在1912年12月，国内就有报纸指出“废止松花、黑龙两江流域中国人行业贸易权”，[②] 是俄国侵占东三省北部的六大政策之一。1914年3月20日，《地学杂志》刊登《乌苏里河归客谈》，称此前中俄边界交通极为自由，但1913年以来俄人边防愈严，几至断绝交通。其远东地区木材、皮革、渔业等，“向资吾地输入，为数甚巨”，现在“遂至绝迹”。加之中俄边界“各处江渚亦多漫无界限”，俄人每在调查后占领其地，“即谓国地日蹙，亦非过言云云”。为保疆域、维利权，根本办法在办交通，交通方便则移民日众，“然后种种兴业，庶可进行无滞”。文章最后感叹“东北之事亟矣。然言之于今日，谁复听者。余是三叹息也”，[③] 此言亦可视为中国地学会的心声。

同期杂志刊布的陶懋立《帕米尔形势及中俄英分界述略》称，帕米尔宽约五百里，长约八百里，是世界文明的发源地。但在人类迁徙各洲后，已沦为黑暗地域。考《大唐西域记》《旧唐书》等，帕米尔名称多有中国渊源，直至四十年前分居其地的数十个部落，尚“多为中国藩属”。1873年，英俄签订《帕米尔条约》，以帕米尔河为界分踞南北。其时，中国正值新疆回乱，“未遑远略”。1876年，俄人征服浩罕逼近新疆西部边境。次年，左宗棠收复新疆，进兵萨雷库里涧谷，“以遥制俄人侵略”。英人则唆使阿富汗进占瓦罕等地，“于是中俄英三国界务问题益纷纭矣”。

英俄两国“以关于帕米尔地理智识未能洞悉，乃各派员调查，以求正确之解释”。1894年，两国根据调查签约私分帕米尔，“攘我局中之地，章屏我为局外之人”。清政府以其分界与喀什噶尔有碍，“执约力争”，英俄借词搪塞，事实上其边界划至中国边界而止，“是犹夺小儿之糖果，而复少少与之，使之欲啼不得，欲笑不得”。以致帕米尔各部，“今或服于英，或役于俄，或归于阿富汗，疆界纠葛，迄未清理”。然而英人杨哈斯班绘制的地图，“犹以小帕米尔为中国领土”，“亦他日举行

① 魏声和：《旅顺考察》，《地学杂志》民国3年第1期，1914年1月20日，第32—36页。
② 不惧：《论俄人图谋北满之六大政策（续）》，《民立报》1912年12月20日，第2页。
③ 《乌苏里河归客谈》，《地学杂志》民国3年第3期，1914年3月20日，第56—58页。

勘界之人，所宜研究者也”。[①] 陶懋立揭示英俄私分帕米尔，侵占中国领土，中国国力孱弱力争不得，只能寄望将来。

古代中国为大陆文明，对海疆关注绝少。1914 年 4 月 20 日，《地学杂志》刊登啸秋《西沙群岛志略》，介绍西沙群岛的经纬方位，各岛屿地势、地貌。其虽然留意到海疆，但是依据的资料全部得自外人，如各岛的名称全以西人的命名为准。[②]

北京政府为抵制日俄在东北、内蒙古的压力，延续清朝经营开发夯实基础与实行开放维持均势，[③] 同时并举的策略。经营东三省，亟当调查富源，中国地学会会员顾璐将东三省矿产调查报告《满洲宝藏考》赠送学会，学会将其公表于《地学杂志》。其指出“民国成立，国人竞言矿业矣”。然而采矿权与技术皆握于外人之手，言矿业不过徒托空言。满洲“黄金国也，亦煤国也”，列强均欲染指。现在其矿山被日俄控制，中国人仅为苦力，不如开放矿权，“一以减日俄之势力，一以为开放之模范，保我主权，固我国土，计莫善于此，利莫大于此”。又期望国人，“具资者出其资，有力者出其力”，合群发达矿业，“庶不致使我富丽之满洲，沦于夷狄。则余之草斯考也，为不虚矣”。[④]

9 月 20 日，《地学杂志》刊发缪学贤辑《修浚辽河之计划》及《沟通松辽说汇录》二文。前者认为辽河淤塞，导致牛庄航运衰落，百业凋敝。为“与大连争胜”，[⑤] 当修浚辽河，发展商业为国谋利。后文宣称为开凿沟通松辽的运河，当汇集古今中外关于沟通松辽的设想以资参考。[⑥]

开发富源的同时，政府以“民风闭塞，商业衰微”[⑦] 为由，开归化城、张家口、多伦诺尔、赤峰、洮南、龙口、葫芦岛等七处为商埠。袁

---

① 陶懋立：《帕米尔形势及中俄英分界述略》，《地学杂志》民国 3 年第 3 期，1914 年 3 月 20 日，第 1—10 页。

② 啸秋：《西沙群岛志略》，《地学杂志》民国 3 年第 4 期，1914 年 4 月 20 日，第 37—38 页。

③ 《外交方针建议案》，《民立报》1913 年 6 月 19 日，第 6 页。

④ 顾璐：《满洲宝藏考》，《地学杂志》民国 3 年第 5 期，1914 年 5 月 20 日，第 1—4 页（栏页）。

⑤ 缪学贤辑《修浚辽河之计划》，《地学杂志》民国 3 年第 9 期，1914 年 9 月 20 日，第 1—2 页（栏页）。

⑥ 缪学贤：《沟通松辽说汇录》，《地学杂志》民国 3 年第 9 期，1914 年 9 月 20 日，第 10—12 页（栏页）。

⑦ 《新辟七商埠之形势》，《东方杂志》第 10 卷第 8 号，1914 年 2 月 1 日，第 11 页（栏页）。

世凯声称："总期扩张商务，巩固主权，兼顾并筹。"[①] 舆论盛赞"政府于此，可谓知本矣"。[②] 10月20日，《地学杂志》登载《新开之七商埠》，谓开七商埠意在借欧美制衡日俄，以保全东北、内蒙古，据闻已引起俄国公使的抗议，以及日本的不快。察七商埠，葫芦岛外"大抵皆为农村市场，非旦夕所可繁荣。虽经开埠，欧美之来者一时未必遂盛"。日本则国穷地狭，"取道甚便而谋利不远，此正其用武之地也"，[③] 故恐会事与愿违。

上述诸文外，涂儒翯《汉书西域传南山形势》另辟蹊径，期望通过发掘西域的古代遗迹，用历史材料证明主权在中国。故文章盛赞意大利"旁贝""伊赫鸠凄尼"被挖再现了古罗马的辉煌，中国也当通过掘地"使西域古国重见天日，为注汉书者添一新资料也"。[④]

四 留待将来

欧战爆发，聚集世界目光，列强无暇东顾，自然希望维持中国现状。民国为弱国新立，尚无改变局势的实力，若能抓住机遇潜心发展，以待将来有所作为，已是最好的选择。中英西藏交涉中国代表陈贻范直言，"西藏问题说到底是个势力问题"，取决于中英两国的国力。况且"中国作为一个大国的存在，并不取决于我们能否把西藏转变成一个行省"，等到中国真正强大，在满、蒙、藏还有什么做不到的呢？因此，"今天我们所应该做的，是体面地取得我们能够拿到手的东西，并且为未知的将来留下能够使用我们精力的空隙和余地"，[⑤] 此论大致能够体现北京政府的边疆政策。

地理与边疆交涉的关系最大，然而中国地学不兴，向为国人诟病。素谙外交的伍廷芳称，"中国儒者，素鲜游历，不谙边情，中外大势，惘惘如梦"，以致交涉屡屡失败。历史、地学沟通古今，中国"独无一详

① 《开归化张家口多伦诺尔赤峰洮南龙口葫芦岛等七处为商埠》，《东方杂志》第10卷第8号，1914年2月1日，第22页（栏页）。

② 《新辟七商埠之形势》，《东方杂志》第10卷第8号，1914年2月1日，第11页（栏页）。

③ 《新开之七商埠》，《地学杂志》民国3年第10期，1914年10月20日，第39—40页。

④ 涂儒翯：《汉书西域传南山形势》，《地学杂志》民国3年第9期，1914年9月20日，第3页（栏页）。

⑤ 《陈贻范来函》（上海，1915年5月27日），骆惠敏编《清末民初政情内幕——〈泰晤士报〉驻北京记者袁世凯顾问乔·厄·莫理循书信集》下册，第440—441页。

细准确地图”，“此时惟愿政府借鉴前车，讲求地学，特设专局，考察边防界址”。[①] 处此大势之下，中国地学会注重考据边疆地理沿革与时势，既为地理专门学会的职责，又能搜集主权在我的证据，留待将来国力复兴后有所作为。

1915 年 2 月 20 日，白月恒《青海历史考》谓“今世于地理之调查详矣”，如南北极、大洋底部等都有详细的调查报告。中国边疆的蒙古、西藏及天山南北路情形，“向之不甚彰明”，至今旅行记、报告书“日辉映乎吾人之眼帘脑海”，足不出户“而自足资生卧游之乐矣”。“乃独于逼近陇蜀”、位居中国中心的青海地理，“不能昭著于一般学子之耳目中者，岂非异事哉”。其欲赴青海调查而不得，“今先考其历史，以供研究青海地理者之资料焉”。[②]

中俄协约，中国以承认外蒙古自治为代价，勉强守住主权在我的底线。至于外蒙古“自治”的范围，包括清时驻库伦办事大臣、乌里雅苏台将军、科布多办事大臣辖地，“惟因中蒙无详细之地图，故历来界线未明。外蒙界址及科布多与阿尔泰分界之线，均作为宣言书中第五条规定谈判之事”。[③] 4 月 20 日，《地学杂志》载内务部、财政部联合上大总统的《新疆沙湾县治之筹设》指出，新疆巡按使因“阿尔泰防守事宜”，决定增设县治，“以控制北路，联络塔城”。派人调查后，综合各种条件认定沙湾最为合适，并上报中央。部议认为筹划边政与国防有重大关系，其调查、筹划“似尚未就全局规划，请饬下该巡按使，另派专员复勘，迅赴中央，再行核定县治”。[④]

12 月 20 日，《地学杂志》刊登的曾庆锡《中俄划界蹙地考》称，中俄边界由吉林至新疆绵延两万余里，自俄罗斯南侵，边疆多事，“界牌数更，一让再误日蹙百里”。甚至中俄每勘界一次，“即退缩一方”，如《北京条约》规定中俄“西疆未定之界，此后应顺山岭大河，及现在中国常驻卡伦”，但西疆勘界中国又失地千里。计自康熙至光绪二百六十余

① 《中华民国图治刍议》，丁贤俊、喻作凤编《伍廷芳集》下册，中华书局，1993，第 621—625 页。

② 白月恒：《青海历史考》，《地学杂志》民国 4 年第 2 期，1915 年 2 月 20 日，第 1 页。

③ 《要电》，《申报》1913 年 11 月 11 日，第 2 版。

④ 内务部、财政部：《新疆沙湾县治之筹设》，《地学杂志》民国 4 年第 4 期，1915 年 4 月 20 日，第 1—2 页（栏页）。

年间，中国“丧地几七百万方里，耗费无虑数十百万”，外交失败“莫甚于此”。中国一再失地，原因何在？“谓非当事者不谙地理之所致。”土地为国家重宝，“界记乃立国之经，不理界务，何以守国？不明界记，界务何从而理？”故考中俄勘界条约，述所失土地以“警我同胞”。[①]

地理不明容易引发边界交涉，若明晰自然利于厘清。中国地学会编辑部长章嵚撰《广西平南关正误》谓，“本邦南部沿边关隘之多，莫广西”。且主要分布在中越边界及广东开建迤至防城一带，“故省界明了易区别，对于越南方面疆界之淆惑，多在云南而不在广西者，宁不赖此”。[②]

欧洲列强耽于欧战，缺少制衡的日本趁机扩张在中国的势力，继出兵侵占青岛后，又强迫中国接受“二十一条”的大部分条款。即便如此也未能满足日本的胃口，其在野政党及舆论界“尤谓其政府外交种种失策”。[③] 对于日本的强权，国人群情激愤，政府为了不给日本寻衅的借口，谕令各省禁止排日活动与文字。

1915 年 9 月 1 日，中日间再生“间岛”交涉，即晚清签署的《图们江中韩界务条款》规定的韩民服从中国司法，在新条约签订后是否继续有效的问题。[④] 慑于日本的强势，以及北京政府的压制，国内报刊噤若寒蝉，中国地学会只能借《地学杂志》连载的宋教仁《间岛问题》“以古喻今”。文章指出，据历史、自然与人文的证据，中国“有领土主权于该地者已彰彰可信”。[⑤] 考“间岛”在昔为无名之地，自咸丰时朝鲜人渡江兴垦，“呼为垦土”，其后逐渐变为固有名词。适当其时，钟城背面的豆满江（即图们江）江中泥沙淤积，生成一岛，朝鲜人亦往开垦，“名曰间岛”，“间岛与垦土语音相近”，“因是乃有误指垦土为间岛者”。[⑥] 日本

① 曾庆锡：《中俄划界蹙地考》，《地学杂志》民国 4 年第 12 期，1915 年 12 月 20 日，第 19—22 页（栏页）。

② 厥生：《广西平南关正误》，《地学杂志》民国 4 年第 5 期，1915 年 5 月 20 日，第 55 页。

③ 高劳：《日人对于中日交涉解决后之言论》，《东方杂志》第 12 卷第 7 号，1915 年 7 月 1 日，第 37 页（栏页）。

④ 《中日间发生间岛交涉》，《东方杂志》第 12 卷第 10 号，1915 年 10 月 1 日，第 6 页（栏页）。

⑤ 宋教仁遗著，张焌校编《间岛问题》，《地学杂志》民国 4 年第 10 期，1915 年 10 月 20 日，第 66 页。

⑥ 宋教仁遗著，张焌校编《间岛问题》，《地学杂志》民国 4 年第 11 期，1915 年 11 月 20 日，第 6 页（栏页）。

据此以“间岛”称之，自此“间”“岛”二字，遂成通称。

“间岛”“实中、日、俄三国势力接触之缓冲地带”，“为北满洲之后门，当日本海之捷道，实足以出奇制敌而有余者也”。日俄战后，日俄两国在满洲拥有较大势力，美国以门户开放介入，“因是中国对于满洲主人翁资格，表而犹保存不坠”。“间岛”若为日本占据，东北“失平衡之局”，再置于一国势力垄断之下，“一任日人之所为而已，而所谓东北重地者非终于改图变色，又岂得已乎”。中国未被瓜分，亦“以各国之均势故也”，若日本在东北“独占优胜地位”① 破坏均势，中国危矣。

日本通过“二十一条”获得在东北南部及内蒙古东部的居住权，为筹备移民事宜，要求在赤峰、郑家屯及“内蒙某地”增设领事，外交部被迫允诺。② 为抵制日本，维护国权，北京政府通饬各省筹设移垦处，“移送腹地各省贫民开垦沿边荒地，以固边防”。③ 1916 年 3 月 25 日，中国地学会刘仲仁《满洲地理之研究》称，文明未发达的时期，天然胜人力；文明进化的时代，人力胜天然。山川、土地、气候、物产“天然为之也”，农、商、工、矿“人力为之也”。近世以来帝国主义盛行，列强拓地殖民，世界为其瓜分豆剖。近来殖民风潮，“乃渐倒逼于东亚，此满洲风云之所以亟也”。然而“往者印度夷而康藏通，伊犁归而西疆理，安南已去滇桂设防，祸变既亟，新猷乃建”，是故危机亦是东北进化的机遇。为保东北，政府应分区设治与内地相同。同时，“吾顾经国者”将奖励实业作为保疆政策，急谋开发东北，“务使山无遗利，地无潜藏，县无旷土”，④ 以免重蹈中国台湾、朝鲜的覆辙。观刘仲仁论东北的各点，多为此前《地学杂志》刊文的老生常谈，甚少创见。

8 月 25 日，刘仲仁又在《垦辟蒙荒议》中谓，自外患日亟，移民实边“乃中国经济上之唯一问题”，其中尤其以开垦内蒙古最为重要。内

---

① 宋教仁遗著，张焌校编《间岛问题（续前）》，《地学杂志》第 7 年第 3 期，1916 年 3 月 25 日，第 3—9 页（栏页）。

② 《日本要求在满蒙各处增设领事》，《东方杂志》第 12 卷第 11 号，1915 年 11 月 1 日，第 3 页（栏页）。

③ 《通饬各省筹设移垦处》，《东方杂志》第 12 卷第 11 号，1915 年 11 月 1 日，第 4—5 页（栏页）。

④ 刘仲仁：《满洲地理之研究》，《地学杂志》第 7 年第 3 期，1916 年 3 月 25 日，第 3—7 页（栏页）。

蒙古东邻东三省，北界外蒙古，现今东四盟已准许外人移居，“外蒙又予以自治”，强邻窥伺之下，“内蒙之辟荒问题，遂为保土卫疆之亟”。经营内蒙古，“则不可不先究其地理，故详述之以备殖边者之探讨焉”。考现在仍内附的内蒙古部落，即察哈尔及归化城、土默特等部，气候与内地相近，适宜农耕。为筹备移民垦荒事宜，当设立垦务局，拟定开垦办法大纲，扶持垦殖公司。待数年后移民增加，汉蒙融合，“凡屯垦之地，每方百里得有住民至五百人以上者”，由政府设立县治，“并比照内地一律升科，以裨正税，裕民裕国，此两利之道也”。[①]

近世西潮东渐，外人逼处，边疆多事。究其因，一在中国边疆虽早归版图，“惟是中朝之抚有外藩者，虽曰属土，而按照今日之万国公法，绝不相符”，即中国的宗藩与西人的领土，形似而实异，西人的公法观念流行世界，则中国边疆多事可知；一在帝国主义时代，国家相争以力为尚，外人挟强势而来，中国则国土日蹙、主权日丧，“外藩以我之不足恃也，转隶他人扶其自立，本无可怪”。[②]

民初边疆危机甚于晚清，以学术救国为指归的中国地学会，急起研究，以参与政治建言共和。但边疆局势未靖，实地调查难行，又无确切的科学地理图籍可用，中国地学会只能据诸旧籍或外人的调查报告，研究筹边策略，以为国用。然而受材料及自身学力的限制，其价值主要在唤醒国人，距离安邦保民的初衷则相差甚远。

其时，报刊连篇累牍地议论边事及交涉，冷眼旁观的郑孝胥特意在日记中录入辛亥三月刊于北京《宪报》的《觇国谈》，称：“近年报纸渐出，遇有边境胶葛交涉之事，辄亦大声疾呼以警全国。然仅能叫号无知之苍天及痛詈无能之政府而已。动曰力争主权也，保守国土也，敢问将何所恃以为力争之预备，又何所恃以为保守之筹画乎？”况且中国国土太大，自政府以至国民，“于保国之法素不研究，边远之地尤属茫昧”，“万里之外，名为领土，实则皆在若亡若存之间”。[③] 其言刺耳，但大体符合实情，尚堪为学者与舆论之戒。

---

① 刘仲仁：《垦辟蒙荒议》，《地学杂志》第7年第8期，1916年8月25日，第1—11页。

② 《中华民国图治刍议》，丁贤俊、喻作凤编《伍廷芳集》下册，第630、631页。

③ 劳祖德整理《郑孝胥日记》第3册，第1500页。

第四章　研究学理　编纂志书（1916—1919）

1910年代中期，民初喧嚣一时几乎统一政治、学术领域的新学新说，因时局的变动及国民的态度而暂时受挫，老辈所执的旧理有所回潮，持不同立场者难免相争，自以为执科学地理旗帜的中国地学会自然纠缠其中。1914年春，中国地学会会长张相文为避祸离开北京，赴西北调查地理，据调查结合清代文献以为得成吉思汗陵寝地望。中国地学会名誉赞成员屠寄考中西文献与其辩证，双方函书往来，引发了一场较有影响的学术论争。其论争看似是陵寝难寻而千年来争议不断的延续，其实在主张实地调查与文献考据的新旧之争外，尚有政治等现实的考量。近代中国西学日盛，贯通中西成为学人追求的目标。1910年代中后期中国地学会研究地理，以中西典籍互证，意图沟通中西，然而受眼界与学力的限制，武断附会之处不在少数。

1916年8月1日，国会在袁世凯身败名裂后重开，会员中多有参众两院议员的中国地学会重拾民初参政议政的心情，议论地方制度，以及关系地方利益的徐海路路线走向等问题。其中，最为成功的是，中国地学会联合中华书局，以林传甲为总纂，运动国会议员及各界人士，编修计划为3000余册的大中华地理志。目的是编修适合各级学校使用的教科书，培养学生的爱国、爱乡之情，并为民政、实业提供借鉴。其提议得到积极回应，一时承诺编修的达400余册。次年，国会再次解散，中国地学会诸项事业中，唯有大中华地理志的编修，虽遭中华书局撤资，仍有林传甲艰难维持，修成省、县志十数部。1922年，其病逝后，编书事业始告终结。

第一节　调查与考据：张相文、屠寄的成吉思汗陵寝之争

民国肇造，百度维新，新学新说乘时而起，几乎一统学界。然而其时新学方兴，在学理上只能步趋西人，不仅谨守旧学的老辈看轻拾人牙

慧的新学，人民亦大多笃守旧说，以至新旧之争反趋激烈。新学家效法西人喜批评与论争，老辈不屑与之辩，又对辛亥以来的时局感到绝望，从而自甘遗世，更何谈与新进公开论争。1910 年代中期，中国地学会会长、新学地理领军人物张相文与西北史地名家屠寄就成吉思汗陵寝问题展开辩证，双方依据学理，考量现实，函书往来公开论争，是少见的新旧之争案例。在学界对张、屠之争所据材料与观点已做系统梳理、考辨的基础上，[①] 突破既往将其作为单纯学术问题处理的思维定式，以张屠往来文字为核心，结合时论，回到历史的现场，探究事件背后的学术、政治及人事因素。

一 调查

近代中国学界，华洋新旧学理共存，难免相争。王国维指出："臣窃观自三代至于近世，道出于一而已。泰西通商以后，西学西政之书输入中国，于是修身齐家治国平天下之道乃出于二。光绪中叶，新说渐胜，逮辛亥之变，而中国之政治学术几全为新学所统一矣。然国之老成、民之多数尚笃守旧说，新旧之争更数十年而未有已，国是淆乱，无所适从。"[②] 新学家学西人，为学喜批评与论争，老辈不屑与肤浅不通者辩，又对辛亥以来的时局感到绝望，从而自甘遗世，王国维即称："所从论学者，除一二老辈外，同辈惟旧友钱塘张君孟劬，又从孟劬交元和孙君益庵。"[③] 缘此，民初新派人物虽屡有排斥旧学之举，但极少见到老辈有直接回应之语，公开的非议更是难以寻觅，至少在表象上多表现为新学家的自说自话。

在民初的地学界，新学地理社团中国地学会经营较为成功，在几乎将新学地理名家会聚旗下的同时，又得到教育部与农商部在经费与资料

① 如林超《中国现代地理学萌芽时期的张相文和中国地学会》（《自然科学史研究》1982 年第 2 期）认为张是通过科学方法调查所得，证据确凿；陈育宁《成吉思汗的葬地和陵园》（《社会科学战线》1983 年第 4 期）认为成吉思汗葬地和陵园为两地，从而倾向于屠说；仓修良主编《中国史学名著评介》（第 3 卷，山东教育出版社，2006）从史学发展的角度评价张、屠之争；陈得芝《成吉思汗墓葬所在与蒙古早期历史地理》（《中华文史论丛》2010 年第 1 期）则对相关史料进行了系统的梳理与考辨。

② 《论政学疏稿》，谢维扬、房鑫亮主编《王国维全集》第 14 卷，第 212 页。

③ 《汉书艺文志举例后序》，谢维扬、房鑫亮主编《王国维全集》第 14 卷，第 164 页。

方面的支持，从而掌握了学术话语权与资源。学理上其宗科学地理，主舍旧谋新，故屡有排斥旧学的文字。西北史地为晚清显学，民初耆老尚存，然其人大多类沈曾植隐世独居，又信奉述而不作，除二三知己外，世人多不知其深浅，更何谈与后学公开论争。

1914年春，张相文为避党祸，以张謇主掌的农商部公派调查西北农田水利的名义，远赴塞外。实际上，二张意在借北京政府开发西盟，大兴垦务的机会，[①] 在河套办公司垦荒谋利。据考察所得，张相文在同年"秋冬，与张季直筹划开垦河套事务，致书五原县，请王同春来京，共商进行方法，由部给以顾问名义"。王同春携二子抵京后，寓居西单牌楼旧刑部街中国地学会总部，与二张议定，"组织西通垦牧公司，立案于农商部"。[②]

在考察农田水利的同时，张相文就西行之便调查地理，著《塞北纪行》[③]、《河套与治河之关系》[④]、《成吉思汗园寝之发见》，又觅得成吉思汗、帖木尔郎石像照片各一幅，[⑤] 并赋绝句《三年游河套得成吉斯汗帖木尔郎两影像据传者云此像系转得之于库伦者喜成绝句一章》。[⑥] 其《成吉思汗园寝之发见》谓："余游鄂尔多斯旗，勾留达拉特王府者，凡三日。"有自称特尔罕的蒙人来府募化，特尔罕即守皇陵者的意思，问守何皇陵，回答说成吉思汗。其地距达拉特王府仅五六日的路程，"亟拟命驾往访"，随从说皇陵祭期已过，天气又热，不便前往。故请特尔罕来"与之坐而问之，反复推询尽得其详"。

据特尔罕言，成吉思汗皇陵位于伊克昭盟（即今鄂尔多斯）埃锦赫牢，陵基面积三十里，"四周皆沙陀，近旁为淤泥河"。守陵官员为"居

① 参见《西盟垦务大略》，《民立报》1913年2月27日，第7页。

② 张星烺：《泗阳张沌谷居士年谱》，张相文：《南园丛稿》（五），沈云龙主编《近代中国史料丛刊》第300册，第2416—2418页。

③ 参见《大中华》第1卷第6期，1915年6月20日；《中华教育界》第3卷第10期，1914年10月15日；《时事汇报》第9号，1915年5月。

④ 参见《教育杂志》第6卷第6号、第7号，1914年9月、10月；《时事汇报》第8号，1915年1月。

⑤ 参见《大中华》第1卷第3期，1915年3月20日；《地学杂志》民国4年第3期，1915年3月20日；《大中华》第1卷第4期，1915年4月20日。

⑥《三年游河套得成吉斯汗帖木尔郎两影像据传者云此像系转得之于库伦者喜成绝句一章》，《大中华》第1卷第4期，1915年4月20日，第4页（栏页）。

陵掌盖”，陵户有五百家，号称特尔罕。皇陵无实城、享殿，以瓷石为基，“以白质大氅幕覆之，两幕相接，前幕供特牲，后幕隔以锦帐，中供石匣，成吉思汗之遗骸也”。每到皇陵祭期，附近的王公、台吉须亲来祭拜，“远而漠北、河西，亦遣官赍祭物”。达拉特王又谓皇陵的“辇马蹻”，都是成吉思汗“所亲御者”。

张相文“归而考诸载记”，据《元史》，“帝崩于萨里川之哈喇图行宫，葬起辇谷”；《蒙古源流》谓成吉思汗殁后，“于是以辇奉柩，至于所卜久安之地。因不能请出金身，遂造长陵，共仰庇护。于彼处立白屋八间，在阿勒坦山阴、哈岱山阳之大谔特克地方，建立陵寝”。考萨里川即今纳领河，哈喇图亦译合老徒，即今哈柳图河。

至于起辇谷与大谔特克所在，龚之鑰主起辇谷在京西房山县，张鹏翮、徐兰称在归化城西北的祁连山，“皆凭空结撰，等于郢书燕说”。张穆熟知蒙古掌故，“又得与闻土默特德贝子太祖葬地在榆林边外之言”，推演为河套外腾格里泊西北。然而访问腾格里居民，数百里间亦未曾见过遗迹。徐霆疏《黑鞑事略》指陵在泸渚河边，拉施特《史集》“谓在克鲁伦河”，克鲁伦河即泸渚河，洪钧、丁谦皆从之，“可谓助西史张目者矣”。实则《黑鞑事略》“多传闻失实之词，其书本不足信，西域史则凭空妄拟”，与龚、徐、张诸说“同一无稽”。

查《蒙古源流》，蒙元后裔登汗位，“率即位于八白室前也，而其礼皆于右翼之鄂尔多斯行之”。清《理藩院则例》亦载伊克昭盟“有青吉斯汗园寝”，有“达尔哈特五百户”。实则忽儿尔图沟即为起辇谷的译音，阿勒坦山译为金山，哈岱山译为山峰，谔特克与窝耳尕、鄂尔多皆“一音之转”，埃锦是大祭的意思，与调查所得无不吻合，故“元帝诸陵殆皆潜葬于此，可断言矣”。千载以来成吉思汗皇陵难以确指，“中西史家聚讼纷纭，讫无定论，余乃得而确证之，亦足以破千载之疑团，而为方志历史中增一故实矣”。①

张相文依据调查，在记载各异的文献中寻找证据。斥与调查结果不符，但距离成吉思汗下葬时间更近的《黑鞑事略》为传闻异词；指洪

① 张相文：《成吉思汗园寝之发见》，《地学杂志》民国4年第3期，1915年3月20日，第7—12页。

钧、丁谦举拉施特《史集》等外来文献与中国史籍互证是为西史张目；却以与调查相合的后出之清《理藩院则例》为确证，排斥诸家说法，力主成吉思汗陵寝在伊克昭盟。

《地学杂志》推崇张相文的学识及地理调查事业，声称“先生少耽舆地之学，久而不倦，以故其学愈粹，其识愈高。文章之富，著述之精，久已为中外人士所称道”。20 世纪初中国地理学萌芽之际，先生的教科书“浚导国内无数人士之常识”。近十年来，先生足迹几遍及中国，“近更远历边塞，西访河源，去夏返京，出其塞者所著文章，均为现时地理有深切之系维，南北各报传载殆遍”。“国内之研究地理能完然成为学派者”，且“舍其一切事业”不辞辛苦从事实际调查的，“恐先生之外，时下亦尚无第二人也”。[①]

张相文得出成吉思汗陵寝在伊克昭盟的结论，在调查与罗列的文献证据外，可能也有政治的考量。辛亥军兴，外蒙古在俄人的支持下宣布“独立”，并举兵内犯，内蒙古形势危机。1913 年 11 月 5 日，中俄签订《中俄声明文件》及《中俄声明另件》，中国以承认外蒙古自治的代价，换得俄国承认外蒙古为中国领土。根据《中俄声明文件》的规定，中俄蒙从 1914 年 9 月 8 日起在恰克图交涉，经过四十八轮会谈，签订了《中俄蒙协约》，外蒙古取消“独立”，中国保留宗主权。为融洽蒙汉感情，在厚赐蒙古王公、台吉的同时，“大总统有任命伊克昭盟盟长特吉思阿勒坦呼图克雅补授吉农，接管青吉斯汗祭祀之策”，以稳定内蒙古，羁縻外蒙古。与张相文同时受农商部派遣赴蒙古调查商埠的卓宏谋，据调查著《最新蒙古鉴》，亦称成吉思汗陵寝“确在黄河大曲湾之鄂尔多斯左翼中旗地方无疑矣”。[②]

二　辩证

张文刊载后，《时事汇报》等予以转载，[③] 引起学界及社会的注意。

① 《介绍图书：三版〈新撰地文学〉》，《地学杂志》民国 4 年第 4 期，1915 年 4 月 20 日，第 1 页（栏页）。

② 卓宏谋：《最新蒙古鉴》，北京彰仪门大街法轮印刷局，1919，第 9—10 页。

③ 张相文：《发见成吉思汗园寝之记载》，《时事汇报》第 8 号，1915 年 1 月，第 12—14 页（栏页）。

中国地学会名誉赞成员屠寄，致函与之商榷。屠寄，江苏武进人，1892年中进士。1895年奉命到黑龙江查办漠河金矿，事后留任黑龙江舆图局总办，主持编绘《黑龙江舆地图》。在黑任职期间，他数次游历蒙古，撰有《元秘史地理今释》《元秘史注》。1900年南归，相继在京师大学堂、扬州仪董学堂等新式学堂任教习，时论称其“素崇西教”。[①] 同时，受清廷指示，博采中外文献著《蒙兀儿史记》。在扬州期间，曾应张謇之邀任南通文史馆馆长。张相文与“乡先生”张謇过从甚密，故得与屠寄相交，创建中国地学会时即邀其为名誉赞成员。

屠寄称前见报载张相文将伊克昭定为成吉思汗陵寝所在，其实《蒙兀儿史记》已辩证其非。考彭大雅、徐霆出使漠北，事在蒙古太宗时，他们曾亲过成吉思汗墓旁，记墓在泸渚河畔即客鲁涟河畔，“岂能捏造耶”。西域人拉施特《史集》成书于成宗时，“据中朝金字正史”，“又访在西域之蒙兀老成人”，记墓在克鲁伦河，“何得因其人为西域种而不信之？”再考《蒙古源流》，吉尔根·巴图尔历举克鲁伦等地，“谓汗何恋唐古特，反将昔日众属、众蒙古等弃掷。言毕，柩徐徐动，遂至所卜久安之地云云”。鄂尔多斯即在唐古特，久安之地则指克鲁伦河畔的起辇谷。

伊克昭盟陵寝实为明成化六年察哈尔与喀尔喀分居漠南、漠北后，漠南为祭祀成吉思汗以及会盟建立的八白室，“庙也，非陵也”。清《理藩院则例》未考事实，“就近承认之耳”，其实漠北亦有八白室。成吉思汗是世界伟人，张穆错误在前，张相文“又误证于后，而登之报章，恐竟传伪，贻后学之惑，不敢不辨”。且“若以一石像之故，而定其墓。则扎萨克图汗牧地，亦有成吉思汗遗像矣”。[②]

屠寄用距离成吉思汗驾崩时间较近的中外文献，反驳依据地理调查与后出文献为主要证据的张说。又指出张相文不知成吉思汗的祭祀地与墓地分离，混为一谈，故其说为误。二人的辩证实际上是治学方法本调查或考据的新旧之争，为中国“上自国家，下及社会，无事无物，不呈

---

① 《江苏：纪扬州学堂》，《大公报》1902年6月20日，第5页。

② 《来函照登》，《地学杂志》第7年第2期，1916年2月20日，第1页（栏页）。按：《南园丛稿》影印1917年中国地学会《成吉思汗陵寝辨证书》之《屠敬山致中国地学会书》，首句文字略有不同，余则无异。

新旧之二象”[①] 的表征之一。

屠信刊于1916年2月20日出版的《地学杂志》上，张相文未及回应，就与国民党议员相约南下反袁。4月，其化装成老农，离京抵沪，“革命党来寓商协国政者，踵相接也”。[②] 政治风波所及，中国地学会暂停会务。6月6日，袁世凯去世，黎元洪接任总统，有意恢复国会。张相文随留沪国会议员回京预备开会，并续办中国地学会。时论称重建受袁世凯专制压制的有价值集会，唤起言论界的生机，有助民气的恢复。[③] 加上与张相文甚有渊源的范源濂出任教育总长，中国地学会评议员袁希涛为次长，以教育部和农商部的补助为主要经费来源的中国地学会，迎来难得的发展良机，事业迅速恢复。

同年夏，张相文著《成吉思汗陵寝辨证书》谓屠寄为当代耆儒，《蒙兀儿史记》对蒙古地理、氏族考证精详，别有心得，但在成吉思汗陵寝问题上“终不免附会影响，自误误人”。且“旧学商量，不嫌邃密，倘亦屠君所乐为听闻者欤”。

张相文称屠寄的主要证据是《黑鞑事略》《史集》，前书著者彭大雅“未尝指其墓地之所在”，徐霆疏根据传闻记墓在泸渚河畔，“又不能决其果否”，“后之人亦何得据之为典要耶?”后者成书距太祖朝已隔六七代，“地距数万里”，虽记葬地在老营，但不能指出所在，仅旁注，据传闻墓在克鲁伦河。然而克鲁伦河长数千里，不能确指，“是拉施特之不敢自信其说，又适与彭、徐等矣”。屠寄附会译音指噶老台岭即哈老图，然“按之地势亦不合焉”。且成吉思汗墓占地三十里，“则丛林密树，固宜于房山金陵、偃师宋陵赫然在人耳目间矣”。今喀鲁伦、噶老台等地，“游历家调查探险趾踵相望，初不闻有发见残砖片石，足证为八白室之遗址者，则又何说以解之”。

屠寄定鄂尔多斯为唐古特，声言成吉思汗必不葬于此，然达宝逊称汗、达延汗会盟，“皆明指右翼之鄂尔多斯，其事皆详见《蒙古源流》”。且其时蒙古尚未分南北，何必舍弃祖陵“伪造此逼近明边之八白室欤?”

---

① 汪叔潜：《新旧问题》，《青年杂志》第1卷第1号，1915年9月15日，第1页（栏页）。

② 张星烺：《泗阳张沌谷居士年谱》，张相文：《南园丛稿》（五），沈云龙主编《近代中国史料丛刊》第300册，第2421页。

③ 《时评》，《民国日报》1916年7月16日，第7版。

更重要的是，太祖葬地本是秘密，汉人、西域人皆无知道的道理，“当惟蒙人之言是信”，故蒙古人著的《蒙古源流》“即足以证明太祖葬地之确在鄂尔多斯矣”。至于唐古特当在河套以西的灵宁附近，与埃锦赫牢无关。《史集》称太祖生前指定葬地，“人未有壮盛之年，无端念及死地者”，可知其距西夏必不远，“则今埃锦赫洛之为太祖葬地又何疑焉？”

蒙古人秘葬，致使后世所记多有异说。明旧例在德胜门外望祭元帝，清初沿袭，后又移到清河以北、昌平以南，盖因“其时满蒙尤多隔膜未及改订矣”。至修《理藩院则例》时，满蒙婚聘往来“情势愈悉”，“遂规定青吉斯园寝由鄂尔多斯七旗奏派贤能扎萨克一员承办祭祀”。[①]

张相文再指距离成吉思汗下葬时间更近的《黑鞑事略》《史集》，据传闻谓墓在长达数千里的克鲁伦河畔，又不能确指其地，皆不可信。又不认成吉思汗的祭祀地与墓地分离，且比附偃师宋皇陵、房山金皇陵封土、植树尚在人间的壮观，混淆蒙汉葬俗，以近千年后的调查、游历为主要根据，与后出的清《理藩院则例》互证，虽辩词凿凿，然结论显然难以服众。

张相文与屠寄往来的三篇文字，既关系学界的新旧之争，又切合时势，广为报刊转载或报道，若《大中华》即将其汇编为《成吉思汗陵寝争议案》全文刊登。[②] 因此，张、屠论争不仅在学界广为人知，而且在社会上产生了一定的影响。

其时，内蒙古内有土匪横行，外有外蒙古窥伺，情势危急，北京政府拟组织征蒙，整理内政，引起日本与俄国的干涉。[③] 时局艰危，热河、察哈尔、绥远等地设置的特别区域制度，限于内外因素难以实行，且特别区域是否为一级行政区域，如何组织地方议会也成为难题。[④] 因此，

---

① 张相文：《成吉思汗陵寝辨证书》，《地学杂志》第7年第4、5合期，1916年5月25日，第1—5页。按：据张相文年谱，1916年夏作《成吉思汗陵寝辨证书》，再考屠寄《答张蔚西成吉思汗陵寝辩证书》“今年七月见各报载蔚西君辨证书”，可知《地学杂志》所标日期为追求杂志体例整齐，而非为确实之出版日期。

② 《成吉思汗陵寝争议案》，《大中华》第1卷第12期，1915年12月20日。按：《大中华》将三篇文章分别命名为《成吉思汗陵寝发见记并考》《成吉思汗陵寝商榷书（致地学会）》《成吉思汗陵寝辩证书》。另外，该期《大中华》所标日期非实际出版日期。

③ 《不得已之征蒙计划》，《民国日报》1916年9月15日，第2版。

④ 《特别区域问题》，《民国日报》1916年10月2日，第6版。

热河籍国会议员提议取消特别区域，使其归属原省管辖。[①] 中国地学会中既多有议员，行政区域规划又要依据地理，不免介入。如热河人阎古芳致信中国地学会总编辑刘仲仁称特别区域与省制无异，“则其弊且有甚于省治者”，“民国再造，宁可相沿不改，漠然置之耶？”[②]

觊觎内蒙古的主要是日本，其为制造侵占的借口，在学术与舆论上强分中国为“本部”“藩部”，又宣扬满蒙特殊论。中国地学会征文予以揭露，北京大学预科教授田北湖《中国名义释》即为获奖文章。其指出政府统治的土地皆是本部，但日本依据治理方法不同，强分中国为二，妄称长城以南内地十八省为“本部”，尤其荒谬。国人不知“本部”“一若表示主权者”，也引入使用“见愚于外人也”。[③]

7 月，屠寄见各报登载的张相文辨证书坚持其说，指出“谅因余前书漏略，不足征信于蔚西君。念事关世界名汗之陵寝，于史学良有关系，终不忍默认蔚西君辩证书为正当。记不云乎，有弗辩，辩之弗明弗错”，故再作《答张蔚西成吉思汗陵寝辩证书》与其辩证。

文章谓，考《蒙古秘史》可知卢朐河行宫，即萨里川哈老徒行宫。检《元史》，龙居河即卢朐河，有成吉思汗四大斡耳朵之一，“凡八帐所组而成”，即所谓漠北八白室，张相文“斥为臆说，余岂任受”。萨里川是成吉思汗兴起之地，据《蒙古秘史》《元史》《圣武亲征录》足证哈老徒行宫即太宫，地在克鲁伦河畔，肯特山附近。再合《圣武亲征录》《蒙古秘史》《清内府图》知“噶老台即哈老徒异文”，因是成吉思汗初起时的营地，故称老营。

蒙古山水甚多同名，“必连举之地名亦同，乃得定其准望”。张相文因发音偶同定萨里川为纳领河、哈老徒为哈柳图河，实际上“夫哈柳图与哈老徒，音诚相近，然一则小河一则海子”。考哈岱山即图肯特山，阿勒坦山是“肯特山南与克鲁伦河源右岸伏而复起之一盘陀名”，与《马可·波罗游记》亦“相合”。故大谔特克在克鲁伦河源，西与土拉河，北与斡难河的河源亦不远。张不知哈岱山、阿勒坦山准望，不解蒙古语

① 《众议院七日开会情形》，《申报》1916 年 9 月 10 日，第 3 版。

② 《来函照登：阎古芳君致刘敬篪君信》，《地学杂志》第 7 年第 9 期，1916 年 10 月 25 日，第 101—103 页。

③ 田北湖：《中国名义释》，《地学杂志》第 7 年第 9 期，1916 年 10 月 25 日，第 7—13 页。

义，“所论能无误乎？”

《黑鞑事略》及疏是彭大雅、徐霆奉皇命出使而作，距成吉思汗丧葬仅十余年，目见墓地“本无可疑”。且彭、徐身为朝廷使者，所过之地必有“非常人所记”，“要知宋以前文人，立言皆有所本，且出以谨慎。西域著述家，多带宗教性质，守不妄语之戒，不若近代东方文士之率而操觚也”。①

1917 年，中国地学会为扩大影响，获得收益，将屠、张的争论文字以《成吉思汗陵寝书》为名结集出版。其预售广告宣称，成吉思汗陵寝问题是世界历史、地理上的一大难题，中西史书虽有记载，然而真相难辨，学者深有遗憾。学会会长张相文“发大志愿，漫游朔北，对于此事详细调查，断定在鄂尔多斯之埃锦赫洛”。屠寄“以为非，然详为辩证邮书往复，已积四万余言”，具见国内各大报刊，“兹拟另印单行本以便学者研究”。②

张、屠关于成吉思汗陵寝问题的争论，引起各界的关注。中国地学会会员、海州徐守增致信张相文写道：观屠寄的文章，在“最要之起辇谷，终觉模糊影响，且以蒙王数百年尊崇之祖坟，指谓不确，而以空无所有者，强人信从，不其侦欤。顾征引繁富”，而难为证。其谓屠寄不能确指起辇谷在何地，可谓一语中的，但指责屠寄以空为有，则因不知蒙古的史事与习俗。徐守增甚至仿效屠、张论争与丁谦辩学，称：“《地学杂志》所载丁先生谦舆地著述，极佩渊雅，第引用故籍，往往改窜原文以就己说，亦小疵也。丁是在京人否，今书后一首，私冀纠正丁说，未知当否录呈教削。”③ 其著即载于《地学杂志》的《读丁先生谦辨支那非中国通称书后》。④

① 屠寄：《答张蔚西成吉思汗陵寝辩证书》，《地学杂志》第 7 年第 10 期，1916 年 10 月 25 日，第 1—10 页。

② 《成吉思汗陵寝辩证书出版预告》，《地学杂志》第 8 年第 3 期，1917 年 3 月 25 日，无页码。

③ 《来函照登：徐庶侯君致张蔚西君函》，《地学杂志》第 8 年第 8、9 合期，1917 年 9 月 25 日，第 1 页（栏页）。

④ 参见徐钟令《读丁先生谦辨支那非中国通称书后》，《地学杂志》第 8 年第 8、9 合期，1917 年 9 月 25 日。

三　再辩

1917 年 6 月 12 日，黎元洪签发解散国会令，国会再次被解散。赋闲的张相文被北京大学校长蔡元培聘为国史馆编纂，兼史学门讲师教授中国地理沿革史，相继著《再答屠敬山成吉思汗陵寝辨证书》[①]、《成吉思汗陵寝之旁证》，与同在国史馆任编纂的屠寄论争。

前文称发现成吉思汗陵寝后，“而归绥新刊舆图，遂据为定本，盖已为海内学子所公认矣”。屠寄一再辩证，“累书至于数万言，亦晚近学界中之甚盛事哉”。余与其辩证意欲使后世“考古者”，皆知以屠之专精，“乃亦不能摭群言以淆乱之，则史志方舆从此得所依据，而世界大汗之名陵将与桥山鼎湖并永矣”。查中外史籍，成吉思汗驾崩在西夏，故萨里川、哈老徒毫无疑问在其境内。屠寄称蒙古酋长金帐所立之地皆呼为萨里川，则榆林关外所谓萨里川即纳领河，“固亦因太祖曾经卓帐得名又何疑焉?”纳领河是西夏第一大河，其译纳领为细，视为小河，“名乖其实矣”。

实则欲解纷争，观察现今地势，“凡缘此山河而生之事迹，皆可以次疏通之”。故察漠北山川走势，“而成吉思汗当年事迹，固不难案图以索矣”。关于太宗即位地点，张穆指在巴颜乌兰山，丁谦以为在库特肯雅里山，“实则二君之说，固皆可通也”。唯有屠寄认定的肯特山，“则非是，盖此地既当巴彦乌兰山”，南去肯特山“已在四五百里以外”。张相文又考证八白室、阿勒坦山、哈岱山，辩证各家论著的得失，声称：“度敬山先生见之，必立弃彭徐二氏及拉施特传闻不根之呓语，叹然从余说矣。”[②] 事实上其于旧学上无根基之弊端，已暴露无遗。

后文称《马可·波罗游记》记成吉思汗葬在阿尔泰山，英国陆军大佐亨利余尔之注释，引各家说法考阿尔泰山位置，“其说有与敬山先生所言相发明者，有与余之所见可互证者”。故请中国地学会编辑黄昌寿翻译，“余复为之疏证焉。而成吉思汗葬地，自是愈以大明矣”。观是书与

---

① 张相文：《再答屠敬山成吉思汗陵寝辨证书》，《东方杂志》第 14 卷第 9、10、11 号，1917 年 9、10、11 月 20 日。

② 张相文：《再答屠敬山成吉思汗陵寝辨证书》，《地学杂志》第 8 年第 8、9 合期，1917 年 9 月 25 日，第 1—15 页（栏页）。

屠寄相合的，“皆西史旧说”，引证史实颇多错误。晚近西人如 1875 年屋斯与夫尔林登、1896 年博宁等游历鄂尔多斯，“尝亲见成吉思汗陵寝”，并著文刊在欧西杂志，“诸家之说皆与余之所见相同者也”。

中国考据家“狃于元明两代之故纸堆中”，不愿相信新说，来华传教士反而“以其调查探险之精神，深入腹里”，宣教定居，“有类土著。无纤悉不知也，无细微不见也。虽以成吉思汗七八百年之秘密，乃能探赜索引言之历历，其先于吾人以解史家之迷梦者，且二十余年”。[①]

张相文引近世西人游历蒙古，在鄂尔多斯亲见成吉思汗园寝，来证明屠的错误，但仍然回避成吉思汗祭祀地与墓地实际为二的问题。且距离史事时间较近的文献可信，还是数百年后调查访问得到的后世传闻可信，不难判断。

张相文连续刊文，未见新的证据。屠寄则在致中国地学会的两封信中阐述证据后，不再与张论争，反被时人误会为理短。如西蜀吴云致函中国地学会称张相文发现成吉思汗陵寝，足以破千百年来“搜讨家之迷梦”。屠寄认为“失实”起而论争，“末学足迹未涉边陲，于两先生之言论，诚不敢有所是非”。然而张相文的辩证文章再二再三，近又有《成吉思汗陵寝之旁证》一文，“率多披隙导窍，阐发无遗”。屠寄的辩证文字则未曾再见，“究之其中仍有疑义尚未尽祛否，抑屠先生舍己从人，牺牲所主张耶？幸有以教之”。[②]

1918 年 6 月 25 日，《地学杂志》刊发丁谦《宋徐霆黑鞑事略补注》谓，洪钧合中外文献考成吉思汗墓地在泸渚河即今克鲁伦河，与《黑鞑事略》相合。其实，库铁乌即雕，阿剌里即阿兰，故太宗会百官的雕阿兰（丁认为“曲”当断在前句），即位的库铁乌阿剌里（即成吉思汗墓地）实为一地。另阿勒坦山即哈勒咱山，哈岱山即噶老台岭，两山南北相望“故一云山阴，一云山阳”，故成吉思汗墓地在克鲁伦河曲，“尤为显然，且其可为确证者”。[③] 其争议四起，是因成吉思汗的生处与葬地，

① 张相文：《成吉思汗陵寝之旁证》，《地学杂志》第 8 年第 10 期，1917 年 10 月 25 日，第 1—6 页（栏页）。

② 吴云：《来函照登》，《地学杂志》第 8 年第 11、12 合期，1917 年 12 月 25 日，第 1 页（栏页）。

③ 丁谦：《宋徐霆黑鞑事略补注》，《地学杂志》第 9 年第 6 期，1918 年 6 月 25 日，第 1—6 页（栏页）。

发音仅前三字微异，后四字完全相同，容易混淆。

同期杂志刊登的《屠敬山君复丁益甫君书》称明修《元史》，由于南方文士不通蒙古语，将太宗即位地阔迭兀阿剌勒“误分为二”，即曲雕阿兰、库铁乌阿剌里。其后殿本再误，张穆亦误。[①] 实则屠、丁二人考中西史籍，皆认为彭大雅、徐霆出使仅在成吉思汗死后数年，关于成吉思汗葬地的记载可信。后世关于葬地的争议，因误译蒙古语地名，不同之处在具体的考证与释义有别。

后世学者指出《史集》记成吉思汗葬地的大致位置，与《黑鞑事略》《马可·波罗游记》《蒙古黄金史纲》《蒙古源流》等基本吻合。祀地“‘八白室’完全是为了祭祀方便而设置在四大斡耳朵附近地区的灵堂”，与成吉思汗的陵寝是不可混淆的两个概念。漠北八白室与鄂尔多斯八白室，“区别在于漠北八白室是初建而又临近成吉思汗的陵墓，鄂尔多斯八白室是十五世纪七十年代以后兴建而成”。[②]

张相文宗科学地理，治学本诸调查，据访问知鄂尔多斯八白室，又取文献相证，以为得成吉思汗陵寝。若如此定案，在拥有四千余年历史的中国，调查各地，所得当不可胜数。屠寄治西北史地，精于元史，考据中西载籍得陵寝的大致位置。然其为文献互证的书斋地理，未曾目验，无法定其准望，故争而无果。[③] 实则调查若仅据见闻，没有充分的文献验证易生附会；考据以文献证文献，若无实地调查则难以确指。故李兆洛指出，治地理“盖综古今者贵考稽，揽胜者重目验，则兼之之

① 《来函照登：屠敬山君复丁益甫君书》，《地学杂志》第9年第6期，1918年6月25日，第1页（栏页）。

② 荣苏赫、赵永铣主编《蒙古族文学史》第2卷，辽宁民族出版社，1994，第13—14页。

③ 按：有趣的是，后世注重文献资料的史家大多认同屠寄之说，如陈育宁《成吉思汗的葬地和陵园》认为“屠寄之说更具有说服力”；2006年仓修良主编《中国史学名著评介》第3卷（第二版）直言“应当认为，屠寄的看法是较正确的”。而自认讲求科学调查的地理家大致认为张相文之说为定论，如林超《中国现代地理学萌芽时期的张相文和中国地学会》声称“直到最后屠寄不再答复为止”；中国科学技术协会2004年编《中国科学技术专家传略：理学编·地学卷3》认为张有调查实据为证，陵寝遗址得到确认；2008年张业修主编《张相文：中国近代地理学奠基人》称“事实证明，张相文在关于成吉思汗陵寝的问题上的意见是正确的”。河套地方政府出于民族感情、政治、经济原因，在张说提出后就一直认其为定论，记载在政书及地方文献，历任中央政府出于种种考量，延续、追认清代以来的祭祀仪式，维护、建设陵园。

难也”。[①] 张、屠的论争在《地学杂志》刊发后，引起学界乃至舆论界的关注，或转载或评论，通过报刊把小众的学术论争呈现在大众面前，放大了论争的影响，起到了普及、传播学术的作用。

近代中国学术新旧更迭迅速，1902 年时论视为素崇西学的屠寄，1910 年代中期已被以新派自居的张相文列入墨守考据的旧派。然而随着新文化运动的兴起，至迟到 1919 年 3 月，张、屠已是新进眼中并列的旧派，[②] 不禁令人瞠目。对于学分新旧，国人多喜趋新，外人却每重旧学、老辈，如伯希和与国人交游时即将老辈置于新学之先。国人对外交涉学术，亦多借重老辈，如郑贞文试图通过东方学艺社得日本庚款石印《四库全书》，认为“惟社中皆少年疏于旧学者，欲得老辈为领袖，日本或可动听”。[③] 有人从学术发展的角度看新旧相争，认为“新派竭力提倡思想文学之革新，旧派恐国学之沦亡，竭力以保存国粹为事，于是新旧两派作思想学术之竞争”，“此岂非学术进步之好现象乎？”[④]

第二节　以旧籍证新说：沟通中西的尝试

中国地学会的研究以科学地理为指归，主张舍旧谋新，但民初新学新说流行未久，论著在数量及学术价值上均不能尽如人意，以致《地学杂志》稿源不足。为了解决稿源不足的问题，中国地学会除培养、奖励新人外，利用人脉约稿老辈。同时，随着民国建立日久，在民初因厌恶共和，又不愿与新学为伍，从而选择遗世的老辈，迫于生计等种种原因，或台前或幕后出山政界、学界的为数不少。其中，以丁谦为代表的诸人应中国地学会稿约，投文《地学杂志》，试图沟通中西，融会新旧。

一　尚西学西说

近世西学进入中国“道出于二”，中西问题成为中国学术的一大关

① 李兆洛：《总部原序》，《方舆考证》，民国 7 年华鉴阁影印道光二十二年版，第 1 页。

② 参见静观《北京大学新旧之暗潮》，《申报》1919 年 3 月 6 日，第 6 版。《请看北京学界思潮变迁之近状》（《公言报》1919 年 3 月 18 日），亦持同论。

③ 劳祖德整理《郑孝胥日记》第 4 册，第 1974 页。

④ 《学术进步之好现象》，《新教育》第 1 卷第 3 期，1919 年 4 月，第 225—226 页（栏页）。

键。有学人指出："晚清以降，'西学'由卑而尊，学贯中西变成中国学术的至高境界，沟通中西自然成为学人普遍追求的目标。"① 不仅学界，1915 年 11 月 26 日《教育部专门教育司为任用专门教员方法致教育总长详》提出，"通中文而不通西文，无以追随欧美之新法；通西文而不通中文，无以保守汉土之国粹"，② 欲在教育中贯彻沟通中西之意。

其时，中国学界正处于老辈凋零、新学幼稚的青黄不接时期。要求初兴的新学做高深的研究，未免强人所难。老辈学者又多信奉述而不作，二三知己外，世人多不知其深浅。如沈曾植学问渊深，被尊为晚清第一大儒，知者以得其只言片语为贵。然而其声誉仅在高明能懂的数人间，绝少有著作流于外。1914 年 8 月 2 日，王国维在致沈曾植的信中写道：中亚地理"西人议论虽多，恐不过据吾国史书上数语，与近来所得地理上、古物上之材料，以声音相比附而已，此外根本材料亦复不多。先生半生探索，必有精思卓说足以指导世界，岂可以后出之说偶同，遂自弃置"。对于沈曾植的"不作"，王国维劝其"但使闲燕之间，心之所感，随笔书之，自数字、数十字以至数百千字流传世间，当有振发聋盲之效，此亦'愿在世无绝'之一事也"。③ 日人内藤虎次郎不解真意，声称："文廷式生前就说过沈曾植是当时中国史学的第一人。沈曾植因为是个非常懒惰的人所以没有著述。"④

新学视杂志为交流学术、联络学人的媒介，老辈却甚为不屑。早在 1906 年，尚喜新学的王国维就批评杂志中无学。直至 1933 年 10 月 8 日，张尔田仍称："仆有恒言：真学问必不能于学校中求，真著述亦必不能于杂志中求。"⑤ 缘此，在新学尚在生长，老辈又不愿卖文之际，地理专门杂志《地学杂志》的刊文不仅难求质量，数量也难以保证。中国地学会不得不运动人脉，邀稿新学宿儒，由叶翰致信丁谦邀稿即为其一。然而道不同不相为谋，老辈应者寥寥。

① 桑兵：《晚清民国的学人与学术》，中华书局，2008，第 322 页。

② 《教育部专门教育司为任用专门教员方法致教育总长详》（1915 年 11 月 26 日），《北洋政府档案》第 90 册，第 294 页。

③ 《致沈曾植（一九一四年八月二日）》，谢维扬、房鑫亮主编《王国维全集》第 15 卷，第 68—70 页。

④ 内藤湖南：《中国史学史》，第 324 页。

⑤ 《夏承焘集》第 5 册，杭州古籍出版社、浙江教育出版社，1997，第 327 页。

其时，治地理已涉及新学、新说的丁谦，欲取外来文献与中国典籍互证以沟通中西，又“窘于资”，在收到中国地学会的稿约后，回函两封。其一声称，近年来火药武器威力猛增，无论何种建筑均不能抵御。欧战爆发数月，难言胜负，“窥其关系之要点，实在战壕”，即中国所谓地营。地营“筑法”是前滇督岑毓英创造，并用其将法国军队围困在越南的临安府，对峙数月未损一兵一卒。“今尚有地营法刻本传世”，可惜中国军队中已无人研究。战壕难以用于进攻，但保卫疆土“似可立于不败之地，因录管见，以质高明，倘以为然，祈亟为提倡是望”。[①] 丁谦以欧战中使用的战壕，附会旧时岑毓英在中法战争中使用的地营，二者形似而实异。

其二写道：去年始于报纸中知有《地学杂志》，“想其内容必多杰构，深以未获雒诵为憾”。叶翰代表学会，“征及弊书，尤为欣忭”，本应该立即奉上，但副本已失，仅存正本20册。因浙江省图书馆提议代为刊刻出版，遂将书稿全部送去。“搜索故箧，只得零星旧稿五本”，呈请教正，不知能否采用。此外，新著数种“以方发缮，俟缮讫，再付邮递”。[②]

自1915年2月20日起，《地学杂志》分五期连载丁谦《大唐西域记地理考证》。文章称长期居住在印度的英人恭宁瀚，精于考证古籍，著有《元奘游迹图》，将《大唐西域记》中的“各国所在，逐一注明今为何城”。《大唐西域记地理考证》即以《元奘游迹图》为蓝本，“惟图所未及，或确知其有误者，必详加考订，以衷一是”。恭宁瀚未研究的部分，最难考订的是葱岭以西、大雪山内吐火罗故地诸小国。易稿七八次后，“继思疆域沿革，今昔不同，而山川道途必无大异”。遂先考订各地之间的距离及方向，“即以今日通行之路线，依次求之”，果然十得八九，“即间有未敢自信者，要当相去不远”。[③]

丁谦认为地理是实证学问，根据“实地”的山川水道，可解前人仅依据文献不能解决的疑惑。故致函中国地学会谓：近来注意研究《水经

① 《来函照登一：丁益甫先生关于战壕之商榷》，《地学杂志》民国4年第1期，1915年1月20日，第1页（栏页）。

② 《来函照登二：丁益甫先生著书之近情》，《地学杂志》民国4年第1期，1915年1月20日，第1页（栏页）。

③ 丁谦：《大唐西域记地理考证》，《地学杂志》民国4年第2期，1915年2月20日，第62—63页。

注》，“但思舆地为证实之学，山水之位置，皆造物者所定，岂世人所能意为更易”。各家治《水经注》“皆于故纸中寻求水道，绝不于实地上寻求水道，致纷更愈甚，舛戾愈多”，故根据山川水道的实际情形“为之疏通”。[①]

同年，《地学杂志》从第6期起连载丁谦新书《元代客卿马哥博罗游记地理补注》。文章谓《马可·波罗游记》成书后，欧洲各国辗转移译，“盖西士获知我中华为东方大国者，实由乎此”。我国学者对其虽多有引用，却一直未曾见到译本。现在得到杭县魏易的译本，对游记中记载的各地，“间或附注今名，惜未赅备，而舛误者亦复不少，因为详细考核”。[②]

丁谦以西学、西说为蓝本，合中国旧籍考证地理以沟通中西，然而限于时代及个人的学识素养，其著文价值有待商榷。学者指出：《大唐西域记》瞻波国条记“四子分王”立四国，丁谦据《唐书·南蛮传》声称考得其中三国，“是何异郢书燕说”。达摩悉铁帝国条考《穆天子传》赤乌氏国地望，“穿凿附会，莫斯为甚，其余诸条亦多疏舛，然前人考证西域记者惟此一家，今姑存其目，以不没其创始之功焉”。[③]

中国地学会评议员、以编辑地理教科书而与张相文并称“南姚北张”的新学地理名家姚明辉，则与丁谦不同，极力在中国文献中搜寻西学、西说古已有之的证据。其《中国发明地圆说上篇》声称：“地圆之说出于西学乎，非也。三千年前中国固有人知地圆矣。”何以言之？《周髀算经》谓“陈子云东方日中，西方夜半。西方日中，东方夜半。予地圆之说，盖以此证之”。[④] 姚明辉又引西方地理学，曲解中国天圆地方说，认定中西学说早已互通。“且圣人所知，不止于此”，星气、星云、云圆、霞星以及热液体、冷液体、地心热、硬地壳诸说“无一非圣人之所知”。[⑤] 观其文不过是为了附会中西，遍寻中国典籍中语意模糊的只言

---

① 《来函照登：益甫先生最近著述之披露》，《地学杂志》民国4年第7、8期，1915年8月20日，第149页。

② 丁谦：《元代客卿马哥博罗游记地理补注》，《地学杂志》民国4年第6期，1915年6月20日，第61页。

③ 《续修四库全书总目提要（稿本）》第2册，第783、784页。

④ 姚明辉：《中国发明地圆说上篇》，《地学杂志》民国4年第5期，1915年5月20日，第21页。

⑤ 姚明辉：《中国发明地圆说三》，《地学杂志》民国4年第7、8合期，1915年8月20日，第18页。

片语，证明西学在中国早已有之，未脱西学中源说的桎梏。

清末中国人种西来说舶来后，获得部分国人的认同。丁谦引《穆天子传》《左传》《列子》等指认西王母为美索不达米亚之亚西里亚，又本此说解周穆王西征著《穆天子传地理考证》[①]，1915 年由浙江图书馆校订出版。中国地学会得到丁谦的赠书后，在《地学杂志》上予以连载。《穆天子传地理考证》凡例明确提出："读是书当先知中国人种古时由西方迁徙而来，故三代以前人多畜怀思故土之思，此穆王西征之原因也"；"读是书当先知西王母为西方大国，其国上古时，名加勒底，炎黄时名巴比仑。至于商周名亚西里亚，中国人种西来之始，当在加勒底时代"。

文章称自黄帝远赴西方见西王母后，中国人相继为之，后世"儒生不察，骇为异事，囿于所见故也"。周穆王西征的道路，"即今日通行之大路"，二者的地名虽古今不同，但山川道里大致相合。如积石实为黄河源，不但《穆天子传》中有明确的记载，"证之他古书亦无一不合"。周穆王飞升地昆仑墟，"即今和田南山"，再证诸道里、方位，昆仑在于阗毫无疑义。康熙时朝廷误信西藏僧人之说，定阿里冈底斯山为昆仑，是为"无稽之言也"。自郭璞以来诸家注《穆天子传》，"惟自典制礼仪外，一及地理便无足取。盖不独见囿方隅"，而道里方向及上下文意，"均不之审，但用对音之法，曰某地即今某地，某山即今某山，欲其吻合无间得乎"。[②]

丁谦主中国人种西来，引来批评，故将《穆天子传地理考证》附录《中国人种从来考》函中国地学会，被《地学杂志》更名为《论中国人种由来问题》《论中国人种之由来》刊载在邮筒栏目。文章称中国史书中没有中国人种西来的记载，然蒋观云说"世界一事一物之发明，必经若干人之心思，若干纪之岁月，此古今之通例也"。中国三皇五帝时代文化的发展，"即惊其骤，又多出于一世一人之手，不能不生学者怀疑心，以世间文化无此顿进之率也"。1894 年春，法人拉克伯里《支那太古文明西元论》以西亚古史证中国人种西来，"于是中东学者翕然赞同。初

① 按：文字与《蓬莱轩舆地丛书》第 3 册之《穆天子传地理考证》同，本书引用时则以《地学杂志》为准。

② 丁谦：《穆天子传地理考证》，《地学杂志》民国 4 年第 7、8 合期，1915 年 8 月 20 日，第 133—135 页。

无异词，且搜采古书，以证明其说”。[①] 即中国人由加勒底东进，文化先于当时的中国数千年，“故五帝之世，所称为神圣创造之物，无一非彼间所已有。用是知中国人种，由彼而来，非通臆说”。[②]

1917 年 2 月 25 日，中国地学会陶亚民发表《人类原始论》，认为人类由类人猿进化而来，且“皆出一元”。[③] 又选译中国地学会驻东通讯员中村久四郎《极东之民族》中“解释民族之意义一节”为《民族之意义》载于《地学杂志》，“俾吾国立法界、行政界有所借鉴焉”。陶亚民在译者按中指出：“人类原始，既属一源”，民族成立“盖皆由于外力之压迫”，“惟吾国民族，罔知自觉对外，则泄泄沓沓不图振拔，对内则仍持羁縻之术，苟日偷安”。[④]

7 月 25 日，《地学杂志》刊发曹鸿文《中国民族同化之研究》，驳斥中国民族西来说，称：“世之言中国民族佥曰西来，或据《穆天子传》所谓西王母国者以拟瑟密底族，或取巴比仑楔形文字以拟伏羲之八卦，设言支离，丐词妄断。若语以中国民族如何造成，如何同化反斥为不经。”[⑤]

1925 年，缪凤林谓中国人种西来说传入后，国人因“新奇”而风从之，蒋智由《中国人种考》发其端，刘师培《思祖国篇》《华夏篇》《国土原始论》《历史教科书》及丁谦《中国人种从来考》《穆天子传地理考证》等继之，“矜其淹博，东牵西扯，曲说朋附，于是一般讲述历史，编纂地理者，大率奉为圭臬，间有一二持反对论调者，亦未能动人观听，盖西来说之成定论久矣”。[⑥]

二　中外文献互证

清季以降，留日学生仿日人称中国为“支那”，一时流行国内。国

---

① 益父：《邮筒：论中国人种由来问题》，《地学杂志》民国 4 年第 11 期，1915 年 11 月 20 日，第 1 页（栏页）。

② 益父：《邮筒：论中国人种之由来》，《地学杂志》民国 4 年第 12 期，1915 年 12 月 20 日，第 1 页（栏页）。

③ 陶亚民：《人类原始论》，《地学杂志》第 8 年第 2 期，1917 年 2 月 25 日，第 9 页。

④《民族之意义》，陶亚民译，《地学杂志》第 8 年第 2 期，1917 年 2 月 25 日，第 77、82 页。

⑤ 曹鸿文：《中国民族同化之研究》，《地学杂志》第 8 年第 6、7 合期，1917 年 7 月 25 日，第 9 页。

⑥ 缪凤林：《中国民族西来辩》，《学衡》第 37 期，1925 年 1 月，第 3 页（栏页）。

号本当名从主人，“支那”由他称转而自称，争议自然难免。丁谦《大唐西域记地理考证》认为“支那”不是中国的通称，其后又有专文考证。1917 年 9 月 25 日，《地学杂志》刊登徐钟霖《读丁先生谦辨支那非中国通称书后》。文章称“摩诃至那之称中国也，远自唐前”，始于印度，“今则东西人通相承用，端源茫昧，诠释分歧”。“见于载籍者”，最早的是玄奘与戒日王的谈话，其次为南宋法云法师《翻译名义集》，再“次犹八百云师二说，一曰文物国赞美此方；一曰边鄙挫抑之义”。然而“宁有一语褒贬互见”，且摩诃是大的意思，大为尊崇不应当是贬义，“云师何据而言，未明所本，既鲜强证，难资信从已”。

玄奘对戒日王说“至那者，前王国号；大唐者，我君国称。语极爽了，义自坚确”，故“所待推究者，前王何王耳”。丁谦辩证“支那”，“洵足备一家言也”。实际上“至那”二字是助语，“至”或写作“斋”，又或写作“支”，“谓隋字转音，验之良是。然秦转为至，尤切于隋”。[①]其后，有学者指出丁谦“殊未知梵名支那，自秦汉以来即已有之”。[②]

古代印度即称中国为“支那”，然而在东方除佛典外并不流行。明治前日本随中国朝代的更替称呼中国，明治西化后方盛行称“支那”。中国留学生东渡日本求学，以为时髦仿而用之，姑不论“支那”词义的褒贬，以他称而为自称，甚至流行国内，岂非异事？实际上地名本应名从主人，“支那”之类主客颠倒词语在中国的流行，既体现了其时中外异势、乾坤颠倒的现状和国人对外来文化的态度，又将弱势文明为追赶先进与掌握话语权的强势文明对话时的无奈淋漓尽致地展现了出来。

同期，《地学杂志》开始连载丁谦《马哥博罗游记补注改订》。据作于 1916 年 8 月 17 日的小引，此文本为修订魏易注，因中国地学会邀稿遂改订后投稿。文章称《马哥博罗游记》因为是“目见耳闻”号称信史，甚得西人重视。详考之却并非如此，尤其是书中记载的中国地名，“字音迥殊，多不可以意会”。魏易注仅依据《中西地名表》，没有详考史书，错误也很多。“因详核其程途方向，始得悉其所在，以定今为何地。”最后寄望《马哥博罗游记补注改订》“倘移译至欧，或亦西人所欢

---

① 徐钟令：《读丁先生谦辨支那非中国通称书后》，《地学杂志》第 8 年第 8、9 合期，1917 年 9 月 25 日，第 1 页（栏页）。按：徐钟令之“令”应为“霖”之误。

② 《续修四库全书总目提要（稿本）》第 2 册，第 783 页。

迎乎”。

中国地学会编辑部长黄昌寿指出，可能是因为不懂外文，丁谦《马哥博罗游记补注改订》舛误之处不少，如“忒兰索克西阿那乃由二西文字译出，应作特兰斯鄂克西阿那”，“特兰斯，拉丁文冠首字外也，非南也”，“鄂克西，即阿姆河之本名”。此外，地名没有经过确切考证，随意臆断的也有，若查中西文地图，锡尔河畔没有日罗佛克城，只有白罗佛斯克城，《马哥博罗游记补注改订》中称其为日罗佛克，可能是白罗佛斯克的误称，“至此城是否倭喀喀，尤难臆断”。[①] 因此，黄昌寿根据邹代钧翻译出版的地图纠正丁谦的错误，并作为文章的附注刊出。

其后，丁谦致信黄昌寿予以回应，称《马哥博罗游记补注改订》承蒙校正，深为佩服，自承“如特兰斯之言外不言南，由弟不懂西文之故”。[②] 此外，校正的各条有因发音相近或检查不周导致错误的，有本来没有错误的，至于黄昌寿依据的“邹代钧地图”亦不无错误。1918 年 5 月 25 日，中国地学会发布《丁著地理书广告》，称丁谦“为海内地学名家，于吾国古籍之关于地学者无不加以考证”，故所著“地理书不下数十种”。[③]

合中外文献考古今地理沿革，对学力要求极高，稍有不逮极易陷入附会。《续修四库全书总目提要（稿本）》论丁谦《晋释法显佛国记地理考证》谓：“谦承道咸以后治西北舆地之遗风，而泛及四裔”，学问可谓先进，然而因不通外国语文，又受限于眼界的狭窄，“是以此书多逞臆说，难为典据”。若其考证西域地名，臆断之处不胜枚举，所引外人著述与原文“又不尽合，且多删节。此当由于丁氏不识西文，假手译人，用致遗失耳”。[④] 又称，丁谦《长春真人西游记地理考证》错误百出，如“附西辽都城考，引英人兰斯德《中亚游记》中之卑施皮城，谓卑施与虎思相近，皮字或其余音，复证以西图，臆断阿剌灭丁即卑施皮，而阿剌灭丁译音又与八剌沙衮译音相协，因决其为西辽都城无疑”。丁谦不明

① 丁谦：《马哥博罗游记补注改订》，《地学杂志》第 8 年第 8、9 合期，1917 年 9 月 25 日，第 3—8 页（栏页）。

② 《来函照登：丁益甫君致黄介之君函》，《地学杂志》第 9 年第 1 期，1918 年 1 月 25 日，第 85 页。

③ 《丁著地理书广告》，《地学杂志》第 9 年第 4、5 合期，1918 年 5 月 25 日，第 1 页（栏页）。

④ 《续修四库全书总目提要（稿本）》第 22 册，第 52 页。

地理，也不知何为对音，在其所著地理考证书中以该书“最诞谬，未足以资考证也”。[①]

对于用音转考证边疆人名、地名，早在1899年魏光焘就指出：“塞外地名、人名往往音同字异，且有人同、地同而展转传讹，致音字两异者，虽奏报亦然，自非亲历周知，几疑为两人两地。”[②]

丁谦治学欲贯通中西，然在不懂外文导致舛误外，亦有人指出其在引用中国古籍时，凭己意窜改原文之处并不鲜见。如徐守增在致张相文的信中称：“《地学杂志》所载丁先生谦舆地著述，极佩渊雅，第引用故籍，往往改窜原文以就己说，亦小疵也。”[③]

三 引旧籍证新说

1918年6月25日，《地学杂志》刊载丁谦《欧洲人种从来考》。文章称就地理而言，欧亚二洲没有天然的界线，因为欧洲开发较晚，“故全洲人种无一不从亚洲分析而去”。考中西史籍“均显然有可指之迹象”，今人不察又“感于黄种、白种之谬说，弗一根究所由来殊足哂已”。

亚洲人迁往欧洲有南北两条路径，南路移民“汇集而成希腊列国”，其后“竟造成罗马一强大帝国”，希腊、罗马的古史对此有详细的记载。北路“不独中国人素未论及，即居彼之欧人，亦多为俗说所囿，不能搜求典籍，确考其先世所由来”，故合中西古史“转观互究，核其时代，详其踪迹，始获略知其大概”。大致来说，亚洲人从北路迁往欧洲可分为五个时期，“故今世种同者古或异，种异者古或同，要以有史时为限断，所谓历史之民族也”。本历史的观念考察欧洲民族“虽或南或北，分为两支”，但无不是从亚洲迁移而来，所以“直目为亚洲人之殖民地可也”。[④]

1919年1月25日，丁谦《辨阅微草堂笔记地理之误》在《地学杂志》上发表，指出纪昀以“博洽”知名，又曾经亲至西域，以常理言，

① 《续修四库全书总目提要（稿本）》第2册，第793页。

② 魏光焘：《戡定新疆记》，沈云龙主编《近代中国史料丛刊》第164册，第14页。

③ 《来函照登：徐庶侯君致张蔚西君函》，《地学杂志》第8年第8、9合期，1917年9月25日，第1页（栏页）。

④ 丁谦：《欧洲人种从来考》，《地学杂志》第9年第6期，1918年6月25日，第2—5页（栏页）。

其治地理自当考核精详，“乃殊不然，足见地学考古，实非易易”。[①] 同期杂志刊载的丁谦《辩顾亭林京东考古录之误》称，顾炎武是与阎若璩、顾祖禹齐名的舆地大家，然而《京东考古录》的“疏误亦不少”。如明季长城以北“地属虏夷”缺乏记载，又没有亲赴游历，“故所考如昌黎、柳城、石城，均不能实指所在”。[②] 二文极言考证古地理的难处，即使像纪昀、顾炎武这样的名家，或因载籍不明，或因游历未至，亦有错误之处。

2 月 25 日，《地学杂志》刊发丁谦《参合陂水续考》。丁谦谓作《参合陂水考》后，看到亚新地学社第五次出版的“邹代钧地图”对初版进行了修订，特意询问黄昌寿，承蒙转呈丰镇黄知事。黄知事“称县志云新城河即水经注如浑水，出察哈尔正红旗胡芦海，今名三泉儿。胡芦海即图中亚卢海，亦即他图之奇尔泊，水经注所载参合陂地也”。据此可知当时绘图者专据志书，未曾参考各书以致错误。实际上，《水经注》记参合陂水“虽多舛谬”，但记浑水源“则极明确，必不有误”。[③] 丁谦怀疑“邹代钧地图”有误，然因没有亲自去实地考察，仅据讯问所得当地人的只言片语，亦不能确指。

4 月 25 日，《地学杂志》刊登孙宝墀译《地圆说考》。孙宝墀指出“地圆说”自公元前 500 年发端，经西方历代学者“层层推究”，终于获得确认。而中国数千年来墨守成法，“法必先王之法，道必先王之道。四书以外无道德，六经以外无学问。视艺术若下贱，诬新说为邪道，摧残之唯恐不及”，以致今日学术、物质皆不如人。近来虽急起直追，“稍稍效法西人，终嫌望尘莫及，而浅尝耳食者流”，[④] 已自相慰藉，以为已足与欧美相抗。

8 月 25 日、10 月 25 日出版的《地学杂志》，分别刊载丁谦《汉以后匈奴事迹考》《德意志族出于铁勒考》，两文以音转相近附会中西史书，

---

① 丁谦：《辨阅微草堂笔记地理之误》，《地学杂志》第 10 年第 1 期，1919 年 1 月 25 日，第 4 页（栏页）。

② 丁谦：《辩顾亭林京东考古录之误》，《地学杂志》第 10 年第 1 期，1919 年 1 月 25 日，第 5 页（栏页）。

③ 丁谦：《参合陂水续考》，《地学杂志》第 10 年第 2 期，1919 年 2 月 25 日，第 15 页（栏页）。

④ 《地圆说考》，孙宝墀译，《地学杂志》第 10 年第 4 期，1919 年 4 月 25 日，第 5 页（栏页）。

考马扎尔、斯拉夫与德意志三族的族源。前文谓汉和帝永元二年，北匈奴败走康居建立悦般国，此后中国史书再也没有关于匈奴的记载。观西人史书，匈奴与波斯三战后，在374年由首领阿提拉率领迁居欧洲，“至今匈牙利数部尚为其后裔所辖”。508年，匈奴全部西迁，“即西史所谓斯拉夫族是也”。[①]

后文称欧洲拉丁、德意志、斯拉夫三大种族，以德意志最为强盛，“然溯其所自，诸书纪载，仅称东来种族”。德意志族初起时没有文字，所以没有关于族源的记载。中国文人“译述欧史，亦不能详为考证”。其实，《隋书·铁勒传》“所谓羯三者，非德族之喀山乎?”因此德意志族出于铁勒“夫复何疑”。日本人译德意志为独逸，“尤与铁勒、敕勒、狄历，语音吻合”。[②]

1920年9月25日，叶翰在《地学杂志》上发表《清代地理学家列传·丁先生谦传》，称清季地理学家首推邹代钧、丁谦。邹代钧精于测绘，丁谦“工骈散文，精医学，笃耆金石，尤长于外域舆地考证”。学界有人说丁谦“于古今地形间有伪，或嫌其涉于武断”，然而其不懂西文，“又薄宦，窘于资”难以大量购置图书，又不能实地调查，“亲阅检而目定之，此为时势见闻所限，无可如何者也”。[③]《续修四库全书总目提要（稿本）》指出研究域外舆地学，丁谦“启其端也”。但随着科学进步，舆地学日益发达，如南洋群岛、蒙古、西域等地“取证欧西文字，亲往调查，近人所述，已出其上”。[④]

中国地学会研究世界地理，多本新学及译作。科举出身、在1913年以50岁高龄毕业于北京大学史学门的陈汉章，亦有文章投稿《地学杂志》。其《美洲为古蟠木地说》称“近人谈人种学、考古学者，已知美洲为亚洲殖民地，交通最早，苦无实据，抑知其地固明见经史乎?”《大戴礼记》有“东至于蟠木”，钱大昕认为蟠木即扶桑，其又证以《梁书》

① 丁谦：《汉以后匈奴事迹考》，《地学杂志》第10年第7、8合期，1919年8月25日，第10页（栏页）。

② 丁谦：《德意志族出于铁勒考》，《地学杂志》第10年第9、10合期，1919年10月25日，第23—24页（栏页）。

③ 叶翰：《清代地理学家列传·丁先生谦传》，《地学杂志》第11年第8、9合期，1920年9月25日，第7—8页（栏页）。

④ 《续修四库全书总目提要（稿本）》第29册，第727页。

载扶桑慧深至荆州，“说扶桑在大汉国东二万余里，大汉国在文身国东五千余里，文身国在倭国东北七千余里”，考方位、道里“非即今美洲而何”。至于近人指日本为扶桑，犹如称高丽为鸡林，不足为据。

慧深述扶桑风俗，“不独婚礼似中国，明其国自古为中国殖民地”。东方朔《十洲记》云：“扶桑在碧海之中，地方万里，又云在东海之东岸，岸直陆行”，“似即由今太平洋至大西洋”。可惜美洲仅在齐、梁时期交通中国，其后音讯断绝，以致“唐以后人不知扶桑所在，即不知蟠木所在，遂使西班牙人哥仑波者”，“觅得其地，诧为破天荒之奇绩矣”。[1]

《秦人兵力已及欧洲说》则谓“中华人种兵力及欧洲，三代后以秦为著，中西史皆未详”。考《左传》秦穆公收瓜州允姓，又据《韩非子》《史记》《广弘明集》等秦征西戎，灭十二国，“自大夏以东诸国，悉为秦并，已得汉西域三十六国之半，斥地至今阿母河北”。《史记》六国年表秦安王七年、秦惠公五年皆有“秦伐诸繇”，再取鱼豢《西戎传》为证，“而始知为大秦西之属繇国也”。《三国志》注引《魏略》称，“大秦一号犁轩，在安息、条枝西大海之西”，又有“白玉山有西王母，西王母西有脩流沙，流沙西有坚沙国属繇国。然则属繇在今意大利国西海，南地中海之西，当今西班牙地”。

秦惠公派兵西征安息、条枝、大秦，直至极西的繇，“故史表但总举之曰伐诸繇，惜秦纪不详”，西洋上古史又没有记载，后世遂不知此事。且由大秦的名称“而知秦之西略焉”。罗马音为犁轩，据《汉书》《魏略》，“其人胡服，自云本中国一别也”。据此推测秦人伐繇，“恐兵去而叛秦，留一军西戍意大利罗马”，故汉时称其为大秦，亦是秦兵力西已及欧洲的证据。同时，秦伐各戎国“多取其人入中国，以郡县治之”，汉袭其制，“张掖郡之骊靬县，骊靬即张骞厘靬，则以大秦人置二县”，“非由秦处意大利降人于此而何？”[2] 陈汉章附会古今中西，以华夷、中外不同语言之间音译转音的含混，嫁接不同时代、不同典籍的只言片语，得出惊世骇俗的结论，貌似发现，其实已入歧途。

---

① 陈汉章：《美洲为古蟠木地说》，《地学杂志》第11年第4期，1920年4月25日，第1—2页（栏页）。

② 陈汉章：《秦人兵力已及欧洲说》，《地学杂志》第11年第5期，1920年5月25日，第1—2页（栏页）。

1910年代中期，中国学界注重区别新旧，就其所谓新而言，不外乎西学西说，即延续清季以外来为新、固有为旧之格局。然而在少数坚持者外，中西新旧的界限并不清晰，故时人谓："明明旧人物也，彼之口头言论，则全袭乎新，自号为新人物也。"[①] 高明者鉴于中西新旧之分引发的无谓争议，以融会贯通中西新旧为治学目标。

丁谦、陈汉章等人继承西北地理合中外文献考证地理之路径，有意沟通中西，其实多有武断附会之处，若以古今、华夷、中西语音的相似，附会中外典籍，嫁接不同时空、不同语境之下的只言片语得出结论，貌似贯通实际离题万里，可见治旧学者改习新理，则附会往往较新学尤甚。姚明辉等新人物则引中国旧籍证西学新说，或以西学西说证中国旧理，看似牛头不对马嘴实际反映了中西新旧之学在中国地位的变化。

第三节　学以致用：议论时政

1916年8月，国会因袁世凯病逝、黎元洪接任总统得以恢复。会员中多有国会议员的中国地学会重燃参政议政的热情，本专门学理研究各方热议的国都、地方制度以及徐海路路线走向等问题。然而好景不长，1917年6月12日黎元洪签发解散国会令，国会再次被解散。政局的变幻浇灭了中国地学会及其同人重燃的议政热情，学会再度回归较为纯粹的学理研究。

一　争论国都与地方制度

1915年12月12日，袁世凯称帝，"各省反袁者日多，民党议员多秘密来约南下。袁氏侦探密布车站，防阻敌党离京"。1916年4月，张相文化装成老农，"将须染黑，戴笠骑驴，出永定门至丰台，买票上车抵津"。后辗转至上海，"寓青年会，以卖卜度日，假名张半仙。革命党来寓商协国政者，踵相接也"。[②] 政治风波所及，中国地学会在编辑出版第7年（1916）第3期《地学杂志》后，停止会务。

---

① 汪叔潜：《新旧问题》，《青年杂志》第1卷第1号，1915年9月15日，第2页（文章页）。

② 张星烺：《泗阳张沌谷居士年谱》，张相文：《南园丛稿》（五），沈云龙主编《近代中国史料丛刊》第300册，第2421页。

1916年6月6日，袁世凯去世，黎元洪接任总统，有意恢复法统，约法与国会成为时人关注的两大问题。民党对国会寄予厚望，认为中国“前途之一线光明但在国会”，[①] 因此张相文随留沪国会议员回京预备开会，并续办中国地学会。7月16日，《民国日报》称重建受袁世凯专制压制的有价值集会，唤起言论界的生机，有助民气的恢复。[②] 18日，又报道内务总长许世英在国务会议上提议修改报律，“拟减少保证金，及撤销检察新闻之制”。[③] 加上与张相文甚有渊源的范源濂出任教育总长，中国地学会评议员袁希涛为次长，以教育部及农商部的补助为主要经费来源的中国地学会，迎来难得的发展良机，事业迅速恢复。

8月，国会开幕。会员中多有国会议员的中国地学会重燃参政议政的热情，本专门学理研究时事。9月25日，中国地学会会员林传甲发表《中华民国都城宜正名京华议》指出，根据“形胜”，武汉“仅为长江之腹地之中心”不宜建都；南京“偏于东南不能控制满蒙回藏，是以全国人心仍主张建都于北京”。然而北京是明朝的名称，清朝则使用京师，“夫吾国建中华二字为国名，中也者中道也，华也者华族也，五色为华，而国旗为标帜，合汉满蒙回藏而大一统焉，中华民国首都宜名之京华”。京华取自杜甫“每依北斗望京华之义”，不似北京、南京看似“偏于一方”。[④]

同月5日，宪法会议召开，在“天坛宪草”的基础上制定宪法。在拟定地方制度尤其是省制时，北京政府欲加强中央集权解决民初以来各省尾大不掉、屡屡宣布独立的难题；反对派则结成都督同盟，以维持半独立之势。双方相持不下，导致宪法难产。民党称“夫省者，吾国历史之遗留物，而与我民国之成立及再造，均有莫大之关系，则省之存在，应与民国相始终明甚”。[⑤] 倾向民党的中国地学会，注意研究地方制度，特别是与“政治有莫大关系”[⑥] 的省制问题。

---

① 《国会与政府》，《民国日报》1916年7月4日，第2版。

② 《时评》，《民国日报》1916年7月16日，第7版。

③ 《议修改新报律》，《民国日报》1916年7月18日，第7版。

④ 林传甲：《中华民国都城宜正名京华议》，《地学杂志》第7年第8期，1916年9月25日，第11—13页。

⑤ 佐治：《省制观》，《民国日报》1916年9月1日，第2版。

⑥ 《时评》，《民国日报》1916年7月1日，第3版。

10月25日，刘仲仁发表《地方制度不宜加入宪法私议》，称“自古有一定之形，无一定之制，时不同则制异”，今国会制定宪法不顾“地方利害暌霄壤，习情不同悬胡越，而必欲括之唯一法制之下，削足就履”，将地方制度“规之于宪法之中，永久不易变动”。“惟自古无不弊之法”，考五千年来中国行政区域沿革，随政权鼎革与时势变迁“而封建而郡县而部而道路而行省”，“规之经国法典，固未尝诏之后世使不可变也”。现将地方制度纳入国家根本大法宪法之中，“强其不同而使之同”，借此集权中央，而“不容地方制度独立于通常立法范围之内，窃期期以为未可也”。

况且中国现行行政区域“参错谬误”，不便治理，“在诸大地理家、大政治家，固早倡厘定之议者也”。就自然形势而言，“各省人为乖宜，有戾天然者犹难偻指数，而各县之陆离棋布，异境孤悬，尤隔绝不易治”。尤其是辖区广阔的省级行政区域，“或沿古州，或袭封建，或根于历代豪强之割据”，界线犬牙交错，“而山川之形势，民情、风俗、语言、习惯之异同不问也”，自元以来阻碍进化。共和时代，急需“举民情、风俗、习惯、语言素相融洽者，结为一自治团体”。[①] 刘仲仁认为地方制度当因时因势而变，不宜写入修改程序繁难的宪法，作为定制。至于行政区域，多因人为与历史划分，地方纷争不绝，不便治理，当依据自然形势与风俗人情改定。

日俄战后，日本势力进入满蒙，扩张军事以外，学术与舆论上强分中国为“本部”“藩部”，鼓吹满蒙特殊论，以图长期占据。其险恶用心引起中国学界的注意与驳斥，北京大学预科教授、江苏田北湖应中国地学会征文著《中国名义释》，谓“吾族自建政府，天子、诸侯分国而治”，因普天之下莫非王土，“凡属人类栖止之区，苟经发见，并受一尊之统。匹敌既无其人，疆土益无其界，不容有所表示，以自隘其范围”，故多用邦国名号，“不加总括之名”。随着文明进步，阶级分化，“不得不区别居民规画方法，遂准天然地理之限，水土风俗所便”分别内外，称中国、四海，其中“中国犹言内国，非指陈中心之位置”。随后四裔

① 刘仲仁：《地方制度不宜加入宪法私议》，《地学杂志》第7年第9期，1916年10月25日，第1—4页。

大都同化内附中国，“无复四海之称”，又值世界交通，列国并立，“而吾境内只有帝王国号统系其朝代”，而无统一的名字，于是对外冠以旧称“中国”。外人不解其意，讥讽中国国号为自居中央、自尊自大之词。为纠正外人谬误，特根据历史地理、人种地理以及古籍解释其含义。

其进而指出古来成法，“判以内地、外藩行政之方法虽殊，而中国领土未尝有所区别，盖其习惯上承袭久矣”，即是说政府统治的土地皆是本部。但日本依据治理方法不同，强分中国为二，妄称长城以南内地十八省为“本部”，尤其荒谬。国人不知“本部”“一若表示主权者”，也引入使用“见愚于外人也”。[①] 文章以西方领土、主权等观念，辨析历史上不同时期关于中国的称呼及其内涵，指出国人使用外来的“本部”“藩部”指称内地、边疆的错误。

二 特别行政区域改制与陇海铁路问题

1916 年 9 月 15 日，舆论称内蒙古内有土匪横行，外有外蒙古窥伺，情势危急，北京政府拟组织征蒙，整理内政，引起日本与俄国的干涉。[②] 时局艰危，热河、察哈尔、绥远等地设置的特别区域制度，限于内外因素难以施行，而且国会恢复后特别区域是否为一级行政区域，如何组织地方议会也成为难题。[③] 缘此，热河籍国会议员提议取消特别区域，使其归属原省管辖。[④]

热河人阎古芳致信刘仲仁称，民元热河官绅热衷改省，“弟当时殊默然，因改省后之利害，尚难预计也”。稍后袁世凯在热河设置特别区域，“其不能为一省治之情形，已显然表露于外”。热河不宜建省原因有二：一是热河设省“财政”不足用；二是热河缺乏施行省制的“人才”。人才是立宪国的第一需要，而人民程度的高低与教育成正比例，在我国“则以读书种子代教育”，热河读书人稀少，“更不足以言自治”。热河特别区域其实与省制无异，“而吏治及教育、实业诸大端，更持放任主义，一似近古时代之羁縻州，则其弊且有甚于省治者”。察哈尔、绥远的情

① 田北湖：《中国名义释》，《地学杂志》第 7 年第 9 期，1916 年 10 月 25 日，第 7—13 页。

② 《不得已之征蒙计划》，《民国日报》1916 年 9 月 15 日，第 2 版。

③ 《特别区域问题》，《民国日报》1916 年 9 月 2 日，第 6 版。

④ 《众议院七日开会情形》，《申报》1916 年 9 月 10 日，第 3 版。

形，与此大致相类。袁世凯借口外蒙古内犯，设特别区域实行军事戒严是为称帝，嗣后因长官争权，民政也与原省断绝关系，实际上仅缺省之名分，“民国再造，宁可相沿不改，漠然置之耶？”[①] 12 月 17 日，《申报》报道内务部拟改定全国行政区域，缩小省域面积，但热河、察哈尔等特别区域均得以保留，并且辖区得以扩张。[②]

清季就已开建的陇海铁路，因路况复杂、线路漫长，又受限于技术、资金等，只能分段修筑。1915 年 5 月，开封至徐州段建成通车，入海路线提上日程。然而，徐州以东路线之走向关系徐海淮扬各地根本利益，自来纷争不绝。桃源人张相文主张以清江为中心，沟通徐州、海州、长江。11 月 22 日，舆论报道张相文等众议员四人提出《众院质问徐海路线书》。[③]

25 日，《地学杂志》以《徐海路线之质问书》为名全文刊登，仅署名张相文，大概其余人等为张所邀请联署，以壮声势而已。其称清江是江北政治中心，又是徐州以东最大的都会，故徐海路“自徐州东来抵宿迁，由宿迁沿运河之北，东行至清江”，再由清江折而北上海州，“俟此线告成。然后再由清江起点，由运河向东南行，筑一支路，与长江各埠连接。则血脉贯通，自无停滞，此乃天然形势，无可移易者”。现在以徐海路为干线，海清路为支线，海州西连岛为终点，所经之地偏僻客货稀少，且“地势低下”费用必巨，加之泗洳沂沭“诸水南下，路基犹难保固”。再就清江而言，西不接徐州干路，南不接驳长江各埠，“仅有海清一线接于海州之西连岛，海港未成，即不能与外海相交，是清江商务自此必立形凋敝，弊害之中于民生者尤大”。[④] 所以根据国会组织法质问，请政府从速答复。

1917 年 4 月 25 日，林传甲《省区定名责实议》指出地方最高行政区域，元为行中书省或行省或省，明为布政司，清为“统部”，但“公私文字仍相沿称省，是省之名在人口甚久，不可废也”。清代各省名称只

① 《来函照登：阎古芳君致刘敬篪君信》，《地学杂志》第 7 年第 9 期，1916 年 10 月 25 日，第 101—103 页。

② 《内部拟画分行政区域》，《申报》1916 年 12 月 17 日，第 6 版。

③ 《众院质问徐海路线书》，《民国日报》1916 年 11 月 22 日，第 6 版。

④ 张相文：《徐海路线之质问书》，《地学杂志》第 7 年第 11 期，1916 年 11 月 25 日，第 1 页（栏页）。

有黑龙江是三个字，其余都是两个字，“然公私文字，往往只用一个字，如黑龙江但称江省”。民国设特别行政区域，“仿佛前清之边省”，与未改省前的东北无异，因名称冗长公文书写不便，“故省曰政区，或单称区”，如察哈尔特别行政区域仅称察区。所以地方最高行政区域宜定名为省区，每省“皆以一字定之”，其下设县区，基层则设市区、乡区，如此“可收整齐统一之效”。同时，为“视察易周”[①] 缩小省级行政区域，分全国为52省。林认为自元以来，省名沿用已久，不可废弃，不如保留省名，缩小行政区域，既符合习惯，又方便治理。

特别行政区域制度急当改定，但府院之争愈演愈烈，导致久拖不决，有心边事者甚为焦虑。1917年5月25日，刘仲仁发表《蒙古建省议》称，同一国家领地，“经疆设治，即宜整齐划一，以便统驭”。中国边区地域辽阔，民情与内地不同，清朝仅以羁縻了事，然而近世以来强邻逼处，若不施同化等同“坐资寇敌”，故亟宜仿照内地设官治理。民国倡导五族共和，“则蒙古建设之必要，遂更切于青海、西藏，而建省问题乃为政治上最足注意研究之点”。有人担心蒙古财力不足，建省经费“势必皆仰给内地”，国家财政能否承担是一大问题。而且“蒙民顽昧”，骤行省制，恐怕会不服管治。但蒙古内有盗匪肆意劫掠，外有“强邻视为瓯脱，每思脔割”，若如新疆改建行省，虽不能立收成效，“然国家之势力因是骤增数倍，且既实纳土地于我国版图之中，外祸内忧较诸外蒙、后藏，究属此胜于彼”，再用心经营当“可收永远治安之计”。

有人认为蒙古改建行省是将来的事业，现在应先设置特别区域，由统一军政入手，再将“全区之民政、财政皆绾枢于都统，其下则各就其旧习惯以为治理”。如此，一是不需实行大变革，可以避免滥支行政经费，从而用于实业、教育等事，相较“徒存行省躯壳”为优；二是蒙古的治标政策在巩固国防，且民政上旧习惯尚存，实行军政利于革除；三是蒙古土匪横行，适宜用军法处置。此法虽然也是建设蒙古的积极办法，但依然不如将热河、察哈尔、绥远等直接改为行省，援引东蒙古之例设置县制，殖产兴业，同化蒙汉自然相安无事。有待商榷的只有宣化，因

---

① 林传甲：《省区定名责实议》，《地学杂志》第8年第4期，1917年4月25日，第18—19页。

为“政俗、人情种种与察哈尔成一天然区域”，划归察哈尔省可能比归属距离遥远的直隶省更为合适。

部分国会议员及官绅考虑财政、民生艰难，主张废特别区域归属原省。但其一没有考虑到绥远、察哈尔、热河等地是京畿的屏障，历代皆驻重兵震慑，且现在蒙匪寇边正急，何能自撤藩篱？其二不知热河在清时宫阙瑰丽，俨然陪都，待京热铁路筑成，“其繁盛当更逾山陕各省，乌在不能置省耶？”察哈尔省会张家口，地处京张、张库、京绥、张热铁路交会处，繁华景象“驾于内地都市”，谓“为无省会之价值可乎”。绥远则地跨河套，水草丰美，又是防范俄国窥伺的国防门户，“以之建为行省无异树京畿外藩，更乌可缓也”。此外，特别区域改为行省，还能体现汉蒙“均等”，利于同化，“革除外藩势力，强敌无所借以诱惑，外患不来，边圉可保”。[①] 刘主张在一国领土范围内，宜划一制度，以便统驭，而蒙古改设行省，可以促进民族同化，杜绝外人觊觎。

1917 年 6 月 12 日，黎元洪签发解散国会令，国会再次被解散，张相文等被迫“赋闲”。7 月 1 日，张勋复辟，黎元洪弃职。12 日，段祺瑞带兵入京逐走张勋，掌握了北京政府的实权，力推武力统一，打压反对派尤其是民党势力。其后，张相文被北京大学校长蔡元培聘为国史馆编纂，兼史学门讲师教授中国沿革地理。政局的变幻使中国地学会重燃的议政热情再度熄灭，心灰意冷之下有意疏远政治，被视为沟通学界与政界桥梁的本专门学理议论时政的研究骤然减少。幸运的是，教育部、农商部的经费补助并未因政局动荡而断绝，故中国地学会的会务与较为纯粹的学理研究得以维持。

第四节　编修大中华地理志

合群修书是专门学会的主要功能与事业之一，中国地学会在创建时即将其列入章程。然而，缘于学会内外的种种因素，一时未能付诸实施。1916 年 6 月，袁世凯病逝，黎元洪接任总统，有意恢复法统。会员中多有国会议员，又倾向国民党的中国地学会重燃参政议政的热情，借助学

① 刘仲仁：《蒙古建省议》，《地学杂志》第 8 年第 5 期，1917 年 5 月 25 日，第 1—4 页。

理与学会组织干预时事。

为肃清帝制独裁的逆流，宣扬共和观念，增进国民智识，中国地学会利用学会的研究与组织特长，联合中华书局，运动国会议员与各界人士，分撰集国家、省、县于一体合计达3000册的大中华地理志。此前学界对此关注绝少，以《地学杂志》为主，辅以相关资料，勾勒中国地学会编修大中华地理志的主要脉络，探究其言行的表意与本意，或有所得。

一 渊源与倡议

1915年12月12日，袁世凯称帝。1916年6月6日，身败名裂的袁世凯去世。黎元洪继任总统后，有意恢复法统。为肃清帝制独裁的逆流，宣扬共和观念，增进国民智识，中国地学会利用学会的研究与组织特长，联合中华书局，运动国会议员与各界人士，分撰集国家、省、县于一体合计达3000册的乡土地理教科书——大中华地理志。学校开设乡土地理课程，源于近代西方，进入中国学堂则始于戊戌时期。1902年，张相文在《初等地理教科书》中指出："地理教授之始，不外分解、综合二法。童子初学，宜依综合法教以乡土志，就目前所见，随处指点使其易于领会。"① 1904年，《奏定学堂章程》明确规定初等小学"尤当先讲乡土有关系之地理，以养成其爱乡土之心"，② 进而至于爱国。

1905年，立停科举后学堂大兴，加上地方自治主义兴起，乡土地理的编修出现一个小高峰，有人统计1905—1911年总计有463种。③ 其中，国学保存会编纂的乡土地理志，宗旨明确，体例统一，成绩较大。其称："盖吾国各省通志失修者久，本会所编虽根据旧志，而参考之书多至数百种。复证明现今大势，凡地理、历史上与时局有关系者，无不提要钩玄，读者一览而全省之大势了如指掌，悠然生其爱乡土爱国之心，合各省读之而全国大势无不了如指掌矣。"④

① 张相文：《初等地理教科书》，光绪二十八年第二次石印，"凡例"。

② 《奏定学堂章程》，谭承耕、李如龙校点《张百熙集》，第145页。

③ 巴兆祥：《论近代乡土志的几个问题》，《安徽史学》2006年第6期。

④ 《各省乡土志第二册续出》，《国粹学报（分类合订本）》第3年第8册，1907年，第1页（栏页）。

1912年，教育部指出“近因民国更新从前教科书多不适用，而新出版尚属寥寥”。[①] 3月16日，舆论宣称“历史、地理之教科书宜从各地方之乡土史先为编辑”，[②] 以树立学生的世界观，及培育保种、爱国之心。4月20日，中国地学会总干事长章鸿钊发表《地学会应行事务之商榷》谓“我国教科未备，讲授为难”，[③] 应合群编辑裨益教育。同时，中国地学会宣称宗旨之一在搜集地理书籍，以备研究。后世学者谓“解放前国内收藏志书最多的是北京图书馆”，此外徐家汇藏书楼、南京国学图书馆、中国地学会等也有收藏。[④] 丰富的藏书特别是地方志，为中国地学会修志提供了方便。

二次革命后，北京政府统治趋于稳定，各级政府与教育机关屡征乡土志，“于是，疆吏檄各郡守、县令编辑《乡土志》以进，化一格式、考订，而为学校课程焉”，[⑤] 种种需求使乡土志的编修再次兴盛起来。各地呈送的乡土志中，不乏为复上命，临时编造的粗制滥造之作。如1913年吉林民政长“令各县送乡土志”，双山知县牛尔裕“又不敢无以复命，爰于风晨雪夜，据事直书”，[⑥] 仓促草就《双山县乡土志》以复上命。

1915年1月20日，《地学杂志》刊登姚明辉《句容乡土地理序》。其以古代中国的地方志附会乡土地理教科书称，“予考古地理书，往往重乡土”，如《吴郡记》《吴地记》等“皆乡土之类也”。《隋书·经籍志》“其所载乡土书，盖三十余种”。宋元以后，“侈谈文献，州县之志踵事增华，博而寡要，非古法也”。《周官》云：“土训掌地图以辨地物，诵训掌方志以知地俗。其书与志，后世不可见。要以辨地物知地俗，经文固明示矣。王制言居民材必因天地寒暖燥湿，又言广谷大川异制，民生其间者异俗，乡土地理盖重此也。”至于乡土地理的功效，正如“孟子

---

① 《通告各书局登载本部审定教科书广告不得就原批意为删节文》，《北洋政府档案》第89册，第75页。

② 《无锡侯鸿鉴对于临时教育之意见》，《申报》1912年3月16日，第7版。

③ 章鸿钊：《地学会应行事务之商榷》，《地学杂志》共和纪元元年第3、4合期，1912年4月20日，第3页（栏页）。

④ 林衍经：《方志学综论》，华东师范大学出版社，1988，第113页。

⑤ 谈国：《（民国）辑安县乡土志序二》，柳成栋、宋抵编《东北方志序跋辑录》，哈尔滨工业大学出版社，1993，第387页。

⑥ 牛尔裕：《（民国）双山县乡土志序》，柳成栋、宋抵编《东北方志序跋辑录》，第339页。

云：乡田同井，出入相友，守望相助，疾病相扶持，则百姓亲睦”。其在金陵师范学校教授地理十余年，主张乡土教学，“所至提倡之”。[①] 又著《高等小学地理书》作为模范，要求师范学生模仿撰写乡土地理志，共得五百余种。

12月25日，蔡锷在云南组织护国军，发起讨袁护国运动，各地群起响应。察哈尔长官怀疑蒙古教育会会长林传甲“将举两翼诸生，以响应滇黔，爰避地天津”。“洪宪夭亡，共和再造”，林传甲入北京，驻中国地学会，谋利用其收藏的志书以及人脉合群编修全国性的乡土志。其与张相文商议后，发起编辑大中华地理志的倡议，寄望“苟天不亡我中华”，在十年之内必撰成，“庶几全国地理，有所参考”。[②]

1916年6月25日，《地学杂志》公布林传甲《大中华地理志序例》，创议由中华书局出资，以中国地学会为编辑机关合群修志。其称现在中华“尚无一完全地理志”，是国民的责任，也是中华书局的责任。“在昔易姓受命”，必集全国之力编修各级志书。然世易时移以共和眼光视之，“其散涣支离，漫无统纪，不足以供参考之用”。

现在各省设立通志局编修通志，但成书尚需时日，且“恐又成官样文章”。故联合全国地理专家编修志书，分为甲编全国志；乙编省、区志；丙编道志；丁编县志；戊编“志各埠、各名胜、各要塞、各铁道”，“创中华五千年来未有之巨制，分之三千册，各自为书，合之则名曰大中华地理志”。

序例声称大中华地理志模仿《中华地理全志》，各册可分可合，分是为了方便在各省、各道、各县的分销，合则可作为各图书馆、各学校的参考，“洵为中华空前之著作”。其中，甲编为全国志，当在北京编辑，“以中国地学会为编辑机关，京师大学校地理教员为主任”，内政、外交、海陆军、财政、司法、教育、事业、交通、蒙藏等“皆据各部院最近调查”。乙编的京兆志，丁编的大兴县志，戊编的北京城志，亦在北京编辑，作为各省、各县的模范。其余志书，“由各省、各县学校地理教

① 姚明辉：《句容乡土地理序》，《地学杂志》民国4年第1期，1915年1月20日，第1页（栏页）。

② 林传甲、连德纯：《大中华易县地理志后序》，《地学杂志》第9年第4、5合期，1918年5月25日，第27页（栏页）。

员，或通志局员，自行编辑，或私人著述，均可自为一书”。各册“均由上海中华书局悬赏征集”，编辑费用甲等每千字六元、乙等五元、丙等四元、丁等三元，因此版权属于中华书局。

各册题名皆为大中华地理志“某编，某省或某道、某县”，分之以奠地方自治的基础，合之“可收统一之效”。全编共计约三千册，每册至少需要花费五百元，总计约一百五十万元，预计销售总额为二百万元，可赢利五十万元。“然编辑尚需岁月，始能陆续出售”，以十年计算，每年需要经费十五万元。修成各书由中华书局在各地的分店销售，预计“大县可销万册，小县亦可销千册。甲编必遍销全国，以百万计，乙编必遍销于本省，以十万计”。林传甲又邀请各编辑入股，并代为劝股，声称若每县能招十股，“兹编即完全印成，并非难事”。最后其展望说，“传甲慕全国之人才，量全国之财力，必能办到，豫算计画，非夸辞也”。[①]

大中华地理志的编纂模版，是中华书局在1914年9月出版，孔廷彰等编译的地理教科书《中华地理全志》。是书“以日人西山荣次《支那大地志》为蓝本，参以英、法人著作及最近调查”。卷首为绪论，其后依次是“本部”各省志、东三省志、蒙古志、新疆省志、西藏及青海志，各志分总说、地文地理、人文地理、地方志四项。书的特色有：“（一）详备，全书八百余页，约四十万言；（二）注重现势，与仅重沿革者有别；（三）注重边地，于满蒙藏尤详；（四）调查新确，皆择最近调查较为可信者；（五）末附内务部新颁道县名称表。”[②]

7月25日，《地学杂志》刊登林传甲《察哈尔乡土志绪言》，称寰球各国以德国地理学最为发达，“其教科书最切实有用者，则为乡土志”。中国在甲午、庚子后“始发愤兴学”，然地理教科书多为译印，“遂空谈五洲、万国，而不知本省、本县之地理”，故主张地理学的应用“宜自乡土志始”。在察哈尔讲学时观其“旧无专志”，然“余不搜辑故纸，而喜从事于新调查”，[③] 所以亲自游历调查外，又发动学生利用假期调查，

① 林传甲：《大中华地理志序例》，《地学杂志》第7年第4、5合期，1916年6月25日，第83—86页。

② 《中华地理全志》，《申报》1914年11月1日，“广告”，第1版。

③ 林传甲：《察哈尔乡土志绪言》，《地学杂志》第7年第6、7合期，1916年7月25日，第31页。

汇辑而成是书。据此，大致可知林传甲编辑乡土志的宗旨与方法。

二 体例与方法

大中华地理志多达3000册，又是众手修书，为统一体例，林传甲撰写《拟编大中华地理志各省各县分纂纲要》。纲要称中国地学会编辑大中华地理志的倡议，已经得到国会各省议员“多数同意”。原拟编修的道志，因议员公议不如取消，本会亦以为无须保留，故予以取消。招股之事，因为中华书局附股，将由二百万股增加到三百万股，“合中华全国各省之人才财力，以经营此役”。最后再次申明，期望大中华地理志各册，“分之则为地方之自治，合之则为五族之共和”之用，以达到“无人不学，无人不明地理，无人不爱国家，其几已见于国会议员加入中国地学会为始”。

各册志书分为八部分：一为绪论，即缘起；二为位置，以实测的经纬度确定方位，其中经线以北京为中线；三为地文，分区域、地势、海岸、山脉、河流、湖泽、沙漠、井泉、地质、气候、物产；四为人文，有人民的族群、言语、衣服、饮食等，以及政治、官制、警察、军政、旗营等，“并附沿革一篇，胪举历代改革大端”；五为地方，省志宜说明某县原属某府道，县志则记载自治区域、警区、学区与重要的乡镇，“其他村落可择要列表”；六为附属，记载各省区兼管的旧藩属，各县兼管的土司，“或邻近外国属地，外国租地，原属我国者，亦必详记之”；七为插图，卷首地图一张，卷内附照片；八为字数及装帧，依照《中华地理全志》每行33字，每半页13行共计429字，“省志洋装一原册，依中学地理教科书字数，县志洋装一中册，依高等小学地理教科书字数”。① 确定大中华地理志的体例后，中国地学会运动会员、国会议员、北大学生等主持编修，第一批承诺的有：会员十余县志，国会议员九省志、八县志，北大同学会共五省、县志。

12月25日，《地学杂志》刊载刘延祺《吉林乡土志略》称，“凡一代之礼乐冠裳，人物山川，以及风俗土产，必观于志而后详。后世扩而

---

① 林传甲：《拟编大中华地理志各省各县分纂纲要》，《地学杂志》第7年第6、7合期，1916年7月25日，第97—99页。

充之，不仅于一代之史，始有志也。各省多有通志，一府州县则有一府州县之志”。志可以补正史的不足，“为参考之资料焉”。余居住吉林省城，无暇游历考察，“谨以所知，略记数则”，[①] 以备方家。林传甲《易县入京纪程》主张乡土志是史学，可以补正史的不足。其谓任教易县，每月往返八次，借铁路的便利，得以考察近畿一带的山川、形胜、人民、风俗及政治、教育，作该文“以示诸生为游学之导而已”。[②] 在其示范下，易县“中学诸生有地理著述者已十余家”。[③]

1917 年初，林传甲以蒙古教育研究会会长的名义致信中国地学会，谓自发出编修大中华地理志的倡议后，各省区同人次第赞成，以学会为总机关，在各省、各区、各县设编辑支部。但中国省、县数量众多，“或难一致进行”。为编辑察哈尔的张北、独石、多伦、丰镇、凉镇、兴和、陶林等七县志，蒙古教育研究会推举察哈尔中学校长吴天澈、察哈尔师范教员钱拭时主持，又将中学、师范学校学生分为七部分，分任七县志的调查、编辑，预期在一年内均可成书。此种编辑办法切实可行，故请学会在《地学杂志》刊登倡议：“凡有中学、师范学校之处，即希各同志分团仿办，既可助诸生自助之力。一切例假之时，诸生回籍，尤能实地调查，不糜费而事举。”[④]

中国地学会以林传甲为大中华地理志总纂，编辑部长章嵚、刘仲仁先后主持其事。根据《地学杂志》刊发的承修大中华地理志名单，截至 5 月 25 日共 169 人自领大中华地理志省志或县志的编修。因承修者身份有别、学理歧异，张相文与林传甲讨论统一志书体例，“宜举一县为范本”。

是时，林传甲任教易县中学，“悟日月为易之旨，学生百余辈，佐助调查，不三月而易县志稿竣”，[⑤] 即《大中华易县地理志》。根据大中华

---

① 刘延祺：《吉林乡土志略》，《地学杂志》第 7 年第 12 期，1916 年 12 月 25 日，第 1 页（栏页）。

② 林传甲：《易县入京纪程》，《地学杂志》第 8 年第 1 期，1917 年 1 月 25 日，第 8 页（栏页）。

③ 林传甲：《介绍图书：国文浅训》，《地学杂志》第 8 年第 1 期，1917 年 1 月 25 日，第 1 页（栏页）。

④ 林传甲：《蒙古教育研究会来函》，《地学杂志》第 8 年第 2 期，1917 年 2 月 25 日，第 103 页。

⑤ 林传甲：《大中华浙江省地理志自序》，《大中华浙江省地理志》，浙江印刷公司，1918，第 1 页。

地理志公纂纲要，“雨雹水旱应附于气候，地震应附于地质”，“建置沿革则削其繁”，所附疆域、山川、形胜、关隘等归入自然地理，公署、村社、学校等列于政治地理，“盖地理志注重当时事，不偏于考古纪事”。故内容有位置、人口、村社、警区、地势、山川、水泽、地震、火山、山之层累、黄土之成因、矿产、气候、农产、森林、棉业及染料、动植物、民族、言语、服装、饮食、居住、器用、宗教、家族、节日、教育行政、文化、农工商实业、公园、交通、电报邮政、沿革、古迹、城镇乡村等项。

大中华地理志以实测、调查相号召，但限于资金及专业人员的匮乏一时难以实现，如《大中华易县地理志》的北极高度依然是康熙四十年测量的旧数据。林传甲声称因为英国是世界强国，政治文明、学术发达，中国译西人地图时多以英国伦敦为经线的中线，但在中国内地“断无用他国经度之理”，[①] 故经线以北京为中线，以别内外。又称书成后刊布在《地学杂志》，请承诺编辑的同志指正，重新修订后刊为定本作为模范。[②]

1918 年 5 月 25 日，林传甲称上年倡议修志以来，“合诸同志暨诸生之力”，用时一年成《大中华易县地理志》，是为大中华地理志 1818 册县志中的第 1 册。同志期以十年之功，撰成大中华地理志，各界同志承诺编修的已达 400 余县。其余各志书，“余与诸生继此而力图之，必力底于成，但须积日累月而无懈耳”。学生对著述感兴趣，“即助我为大中华地理志者，亦十有六县，他日相见，各出新著作以商榷焉”。又期望《大中华易县地理志》“亦吾国文明种子”，而“投笔而起，又岂徒以文章报国欤?”[③] 林传甲寄望远大，然观《大中华易县地理志》载籍稀见，新理亦少，作为小学教科书尚可，距离报国的期望则甚远。

民元以来，旧志不合于共和时代，亟宜变更体例已经成为各方的共识。1918 年 1 月 25 日，《地学杂志》刊登胡朴安《拟续修福建通志体例》称，“修志等于修史，首重体例，例体不严，成书寡色”，故发凡起

---

① 林传甲、连德纯：《大中华易县地理志》，《地学杂志》第 8 年第 5 期，1917 年 5 月 25 日，第 15—16 页（栏页）。

② 林传甲：《大中华浙江省地理志自序》，《大中华浙江省地理志》，第 1 页。

③ 林传甲、连德纯：《大中华易县地理志后序》，《地学杂志》第 9 年第 4、5 合期，1918 年 5 月 25 日，第 27 页（栏页）。

例为修志之首要。“惟时世变易，守古既嫌拘泥，创例或乖大雅”，勉成其事就“深于史学者教正之”。至于志书体例变更的原因：一在“志所以纪社会之生活及状态，旧志之眼光不同，则详略弃取根本差别，不能不另事更张者”；一因今日事物，旧志门类不能包括，故不能不新辟门类。改定体例“必求适乎今而不戾乎古，方为善美”，[①] 因此《福建通志》拟设图、表、纪、传、附录各项。

其时，各大学的史地学科，提倡利用假期返乡调查，编修志书。中国地学会会员在北京大学、北京高等师范等学校任教的甚多，利用职务之便，鼓励学生调查乡土地理，并推荐到《地学杂志》上发表。3月25日，《地学杂志》发表北京大学史学门晁俊昌《泌阳县地理沿革与地文之概况》。文章认为“自禹画土分州，为吾国地理学祖。周外史掌四方之志，而地理始加详焉”，“若能审山川之形势，地质之所宜，补其缺而助其长，中国之富强，何待他求焉”。[②] 同期刊登的北京大学史学门邹树椿《蓬莱县地理沿革与地文之概况》，详述蓬莱的沿革、疆域、区划、山川、地势、城池、古迹、武备、海防、气候以及物产等项。

5月25日，《地学杂志》载北京高等师范学生阚国宾《铁岭县地理志要》。其称中国的行政区域分为省、道、县，“积县而成道，积道而成省，积省而成国，国者县之积也。因此考地理，必自县始”。中国旧有的地志，详于国略于省、道，“而县则缺焉，窃以为未尽善也，夫山川城墅，随地呈奇，铁壁铜关，何地不具。百里而风俗殊，各县而政教异”，因此编修志书当以县为准。然全国共一千八百余县，详细调查不易，“即各县均有详志，而汗牛充栋，亦无可钻研”。所以希望各县的学子，汇集本县形势、事迹关系全国、本省者，“萃为数章，以贡益我国地学界，较之翻经阅史，穷年咿唔呫哔于故纸堆中，差为有益”。其本此意，编修《铁岭县地理志要》，“以供研究地理诸同仁之参考”。[③]

阚国宾要摈弃故纸，据游历调查编修志书。同期杂志刊登的邓之诚

① 胡朴安：《拟续修福建通志体例》，《地学杂志》第9年第1期，1918年1月25日，第63—64页。

② 晁俊昌：《泌阳县地理沿革与地文之概况》，《地学杂志》第9年第2、3合期，1918年3月25日，第17—20页。

③ 阚国宾：《铁岭县地理志要》，《地学杂志》第9年第4、5合期，1918年5月25日，第1页（栏页）。

《省志今例发凡》，述作省志的缘起与体例，则因多于创。其指出“夫良史之作，唯取证于古。方志之书，则兼详于今”。中国旧学“每踏空虚”，“自顷改革以还，旧志待续者恒数十年或百余年”。现在编修志书当与旧志不同：一在国体变，禁忌破；二在西儒专精地理，“造端宏远，类次相从，而一归实用”，故宜取彼成规，“略事改创”；三在世易时移“事变日繁，必宜增辟门类”，重今制。然而方志“袭取西裁，务求简便。或滥竽陈章，制言不典，则亦非所取”，所以“图、表、志、传之体，千古不废。唯增创通纪一类”。[①] 二人主创造与主因袭的不同取径，根源在前者认志书是地理，应详于今，后者认志书为史，须考古为主兼记现今。

三 编修与终止

大中华地理志的编纂原拟以议员为主，1917 年 6 月 12 日在张勋的逼迫下黎元洪解散国会，加上中华书局撤资，大中华地理志的编修陷入困境。林传甲对章嵚“谓时不可失，吾辈必当急策其成”，[②] 故“近拟橐笔二十二行省”，游踪所及每省编修一志，“三月成一编”，不出十年全国二十二行省即可修毕。

缘此，林传甲在完成《大中华易县地理志》后，为修志赴各地调查游历。其在山东“得师范生四百人为助”，于是全省 107 县的地理志，已经由各师范、中学学生暨劝学所分担无遗。是时，黄隽珊任职安徽省长，“函招游皖，安徽教育费绌，而师范生研究乡土地理、博物者，其勤实亦他省所不及，省教育会请驻会编辑”。不久，又由皖至浙，编修浙江志，不想竟先成《大中华浙江省地理志》。

1918 年 7 月 7 日，《大中华浙江省地理志》出版。林传甲在自序中指出“大中华者，中华人之中华也。浙江者，浙江人之浙江也”，中华人必须知中华，推而及各省、各县。且“苟地方皆能自治，斯国家可以共和”，而自治当始于自知，无自知之明，“则学业之根本不立，安望其

① 邓之诚：《省志今例发凡》，《地学杂志》第 9 年第 4、5 合期，1918 年 5 月 25 日，第 4—6 页（栏页）。

② 章嵚：《大中华浙江省地理志序》，林传甲：《大中华浙江省地理志》，第 1 页。

知己知彼，百战百胜乎”，[①] 故编各省、县大中华地理志以奠定地方自治的根基。

张朝墉为《大中华浙江省地理志》作序，指出各省通志卷帙浩繁，初学者难懂，且价高难买，如浙江省旧通志一百二十卷，“学子应熟何篇？是以浙人知浙事难矣”。是书删繁就简，洋装一大册，学子“人手一编，舟车称便”。作为专门为中学、师范学生编修的地理教科书，“其文以简括为主，教习便于讲演，学子易于领悟”。待大中华地理志“全国全书告成，了如指掌，中国人无不知中国事也，其为功于教育界，岂浅鲜哉”。[②]

中国地学会在《地学杂志》刊发的《大中华浙江省地理志出版广告》中谓，大中华地理志甲编分省、区、蒙、藏共30册；乙编分县，每县1册计1844册。《大中华浙江省地理志》按照中学、师范地理教科书的体裁编辑，计有总论1章、位置8章、地文地理34章、人文地理42章、地方志75章，共160章，洋装一巨册，售价2元。全书“文简意赅，考据精详，有志研究地学者，洵当人手一编”。[③]

10日，《大中华江苏省地理志》出版。林传甲谓江苏志的编修本在浙江志之前，但因游皖编安徽志，江苏志被暂时耽搁。其与“宝应卢厅长殿虎，在皖商定例目”，“前江苏程都督，复指授山脉地势”，又与中华职业教育社的黄炎培等“共研乡土职业之实用”，[④] 终成此书。10月，林传甲在上海演说：“传甲矢志任大中华地理志总纂，每省编一册以课中学，每县编一册以课小学。”[⑤] 据此，大中华地理志省志以中学、师范地理教科书为准绳，县志则依据小学地理教科书，中国地学会销售志书获利的信心亦源于此。

1919年初，《大中华安徽省地理志》杀青。林传甲《安徽地理志之名义》称，民国后安徽始与江苏完全分离，《安徽通志》成书在四十余年前，陈旧无用。今据实测、调查、耳闻目见新修志书，“心思之所得，晤商安徽父老兄弟千余辈，问业之所积，论次如后，以备大中华各省志

① 林传甲：《大中华浙江省地理志自序》，《大中华浙江省地理志》，第1—2页。
② 张朝墉：《序》，林传甲：《大中华浙江省地理志》，第1页。
③ 《大中华浙江省地理志出版广告》，《地学杂志》第9年第7、8合期，1918年8月25日，后附页。
④ 林传甲：《大中华江苏省地理志》，商务印书馆，1918，“出版说明”。
⑤ 《双十节之大祝典》，《申报》1918年10月10日，第10版。

二十二部之一”。[①] 甚至有人将《大中华安徽省地理志》提高到复兴地方文化的高度，声称：“用资观感，则拜嘉觊正有甚多者，或者吾皖古代文化复兴之机，即以此卜之乎，是又安能不为之誉。”[②]

中国地学会在《大中华安徽省地理志》的预约卷广告中称，书成后由学会编辑主任黄昌寿校刊，“厚三百六十版”，[③] 售价两元，预约每份一元，订一百册以上者八折。为销售志书，林传甲函请安徽督军倪嗣冲帮助推销到各级学校。倪嗣冲在回信中写道：“皖志一书良为切要，已由敝处切实函托吕省长饬属多购。”[④] 安徽省长吕调元致函林传甲云：“先生主持编辑其事成书，搜乡土之见闻，供教科之参考，热诚毅力，钦佩良深”，预约卷现已“交由教育厅转行所属各校购阅，并饬以后与中国地学会编辑处”接洽。[⑤] 另外安徽督军驻省军需处，也购买了100册的预约卷。[⑥]

8月25日，《地学杂志》刊发林翰《大中华福建省地理序》。文章谓自割让台湾以来，东南藩屏尽撤，日人窥伺福建，屡屡派人到闽考察地理、地质，闽人对此漠然置之，“其不能言闽之地理者，恐什九与翰等，譬诸纨绔子弟不自明其财产之数”。林传甲编是书，“在非闽之幸耶”。[⑦] 同时，中国地学会大中华地理志出版部称，已经修成浙江、江苏、江西、安徽、福建、京师、京兆、湖北八省志。

1920年前后，修改学制的声音渐高。国人呼吁地理教育应当注重乡土教育。陈独秀明确指出：“而地理一科，亦贵简单明了，切合实用，不必好高骛远，采用西籍，或授外国地理，可以本地乡土形势，暨风俗人

---

① 林传甲：《安徽地理志之名义》，《地学杂志》第10年第3期，1919年3月25日，第7页（栏页）。

② 刘道章：《大中华安徽省地理志序》，《地学杂志》第10年第3期，1919年3月25日，第6页（栏页）。

③ 《大中华安徽省地理志预约卷广告》，《地学杂志》第10年第3期，1919年3月25日，第6页（栏页）。

④ 《来函照登一：倪嗣冲致林传甲》，《地学杂志》第10年第4期，1919年4月25日，第1页（栏页）。

⑤ 《来函照登二：吕调元致林传甲》，《地学杂志》第10年第4期，1919年4月25日，第1页（栏页）。

⑥ 《来函照登三》，《地学杂志》第10年第4期，1919年4月25日，第1页（栏页）。

⑦ 林翰：《大中华福建省地理序》，《地学杂志》第10年第7、8合期，1919年8月25日，第3页（栏页）。

情，逐渐灌输足矣。”①

中国地学会为了筹资出版《大中华京兆地理志》，致信京兆尹公署，请将京兆志作为各级学校的地理教科书，并赠送《地学杂志》数十册。京兆尹公署回函称接来函及杂志数十册，“备悉贵会热心地学，钦佩良殷，复蒙分纂二十县地志，尤于敝区乡土事有关，兹送上洋百元，用资协助”。②

1920 年春，《大中华河南省地理志》编修完成。林传甲致信时任河南省教育厅长的中国地学会元老吴鼎昌，请其向各级学校推介。4 月 22 日，吴鼎昌回信谓，“已将寄件分寄各省立学校暨各县劝学所，嘱其购买矣”，然“现值学潮时代，处置不易得手”。③ 林传甲又上书大总统徐世昌，“叠蒙赏宝，今年京兆、直隶两志，并蒙颁发省区”。学会以出售直隶志的盈利编修河南志，作为“纪念国庆之品，敬检呈二百册，上备乙览，并颁发河南各县各校，仰见大总统博采刍荛之盛”。同人则期望通过编修大中华地理志，“竭匹夫棉力，力求天下利病”。④

《大中华河南省地理志》凡例谓，依据《河南通志》及各县志，然“必折中于今日之新制”，此外借鉴日文《支那省别全志》。日人不识中华称为“支那”，是以各省志皆称“倭奴”。《大中华河南省地理志》是地理教科书，拟另撰《河南乡贤传》以课修身，《河南文学史》以课国文，《河南列女传》以课女学，《河南博物志》以课理科，所以“愿河南鸿硕，分纂河南百科全书”。⑤

林传甲在《大中华河南省地理志自序》中写道：四弟林传涛因为赴鄂五次途经河南，“所调查者则汇交中国地学会总纂，是以三易稿而后定”。日本蓄谋河南已久，试观日文《支那省别全志》“河南省一册，早已刊行，陈列于地学会。今浅见者但知倭人窥伺山东，岂知倭人窥伺河

① 《陈独秀演说现今教育之缺点》，《申报》1920 年 3 月 30 日，第 10 版。

② 《本会纪事：京兆尹公署》，《地学杂志》第 11 年第 6 期，1920 年 6 月 25 日，第 2 页（栏页）。

③ 《河南教育厅长来函》，林传甲总纂，林传涛分纂《大中华河南省地理志》，武学书馆，1920，第 1 页。

④ 《国庆日上徐大总统进呈新印大中华河南省地理志书》，林传甲总纂，林传涛分纂《大中华河南省地理志》，前附页。

⑤ 林传甲总纂，林传涛分纂《大中华河南省地理志》，“凡例”，第 1 页。

南省，早已借游历深入我内地也”。1920年春，《大中华河南省地理志》修成，因缺少印刷费暂时搁置。9月9日，《大中华直隶省地理志》编修完毕，两书得到“徐大总统资助，乃得付印，于民国九年十月十日国庆日出版”。[①]

10月，陈宝泉在《大中华直隶省地理志序》中谓，直隶志在关于地文地理、人文地理两方面，皆有详尽极精确的调查。故对直隶全省119县的现状，“各备载无遗”。若人手一本，全省情形了如指掌，“可供学者研究之资，可为乡土教材之本”，行政、实业等也可参考，“以为设施之图谋，则此志裨益所及，岂独学校一方而已哉”。[②] 10月25日，中国地学会发布《大中华地理志十二编》的广告，计有京师、京兆、直隶、山东、山西、江苏、安徽、江西、浙江、湖北、福建、河南十二省志。[③]

大中华地理志原来计划由中华书局提供资本与销售渠道，版权归其以为回报。中华书局退出后，编辑费用由中国地学会委托林传甲牵头多方筹集。缘此，林传甲呈书内务部申请注册给照。内务部批示：“查著作权法第五条内载数人共同之著作，著作权归各著作人共同终身有之。”[④] 1921年，林传甲任职吉林，“三阅月”成《大中华吉林省地理志》。其在自序中写道：“编某省志必至某省”，此前“在京所编，多据旧籍。来吉始得官书文卷，知在京所据教育部《教育公报》皆数年前状况，其余可推矣”。[⑤] 翌年1月，林传甲在吉林病逝，系于其一人之身的大中华地理志编修事业遂终止。

中国地学会会集众手，以林传甲为总纂，计划以十年之期，编修集国家、省、县于一体的大中华地理志，作为各级学校的乡土地理教科书，培养国民的爱国心外，复能为政治、实业等各界提供参考，助益民政与

① 林传甲：《大中华河南省地理志自序》，林传甲总纂，林传涛分纂《大中华河南省地理志》，第2页。

② 陈宝泉：《大中华直隶省地理志序》，《地学杂志》第11年第10期，1920年10月25日，第15页（栏页）。

③ 《大中华地理志十二编》，《地学杂志》第11年第10期，1920年10月25日，“广告”，附页。

④ 《内务部批第六九〇号：原具呈人林传甲呈一件：呈送所著大中华直隶省地理志请注册给照由》，《政府公报》第1657号，1920年9月24日，第22页。

⑤ 林传甲：《大中华吉林省地理志自序》，《大中华吉林省地理志》，吉东印刷厅，1921，第6页。

实业。又期望各志书分之能奠定地方自治的根基，合之能维系共和统一。然而承诺编修大中华地理志的大多是国会议员，政局的变幻使承诺大都成空。虽有林传甲以一己之力勉强支撑，但限于能力，国家志未能开编，省志完成十余种，县志修成的数量虽难以统计，然所成者当百不及一。至于大中华地理志以成为各级学校的教科书为目标，顾颉刚在 1923 年 1 月 5 日的日记中写道："周越然编英文教科，以抽版税故，每年可入八千元。此事予总想效法，以予欲赚钱，舍此无他道也。"[①] 可以作为一解。

① 《顾颉刚日记》第 1 卷，中华书局，2011，第 311 页。

第五章　维护国权与会务的中止（1919—1924）

一战后世界地图大变革，中国地学会研究欧战、战后新世界及太平洋会议等问题，欲为沉沦的中国寻一线生机，重在中国而非域外。巴黎和会，国人希望恢复利权，立足世界。然而外交失败的残酷现实，使中国的幻梦破灭。中国地学会认为政府不足恃，欲联合各界发动民众实行国民外交，力争主权。战后列强卷土重来，中国成为列强竞逐的焦点，深陷危机之中，各方热议维护国权，中国地学会因应时势，积极研究青岛、边疆、租借地等社会关注的热点问题，以专门学术为国家之用。

1910 年代后期兴起的新文化运动，信奉民主与科学，将此前中国的一切学问皆归为旧学。中国地学会及《地学杂志》一向主张专门、古雅，被视为守旧，经营困难。为求生存，中国地学会被迫引新进入会，以改良会务顺应时风。《地学杂志》改版后，因趋时销量增加，勉强可以自给。中国地学会的经费，主要依靠北京政府部院的补助，1922 年以后北京政局变幻，加之财政窘迫，部院的补助时断时续。1924 年，段祺瑞取消法统，国会失去恢复的可能，张相文失去办会的动力。北京政府部院亦再次取消经费补助，内外交迫下，中国地学会陷入绝境，会务中止。

第一节　研究世界　为中国寻一线生机

一战爆发震动全球，世人热议战局。地理与军事关系极大，战争范围的持续扩大与进程的旷日持久，吸引地理学者的目光，使以军事地理学为代表的世界地理研究盛况空前。同时，欧洲列强忙于内斗无暇东顾，使近世以来饱受列强干涉之苦、独立地位岌岌可危的中国压力顿减，国人视其为难得的良机，纷纷倡言挽救。处此大势之下，自建立以来一直以发达学理与学以致用为指归的中国地学会据专门学理研究世界，讨论中国如何因应国际格局的变化，寻求自立富强之路。

一 以中国视角研究世界

清季创建的中国地学会以研究考证本国地理旁及世界各国为宗旨，视世界地理研究为学会事业的重要组成部分，并用力于此。辛亥革命军兴，其目光聚焦内政，对世界的兴趣骤减。不仅中国地学会，“且吾国人研究世界之兴味，浅薄极矣”。一战爆发，震惊世界，国人或以为机遇，或以为危机，然皆急欲了解其情形与走势。梁启超指出：“此次大战，予我以至剧之激刺，稍好事者，固欲求知其真相，吾以为是国人研求外事之一良机会也。”且“使吾国稍稍具备国家之资格者，则今兹之役，宁非予我以千载一时之机会？”[①] 1915 年，其再次指出，士子“每相见必以欧战为一谈资”，虽大半“不得要领，然求知外事之心，固已日渐恳切，此亦我思想界一进步之机也”。[②] 同时，日本乘欧洲列强忙于战争，远东均势被打破之机，强占青岛，又逼迫中国接受“二十一条”，形成独霸中国的局面。面对日本的强势与野蛮，国人深感屈辱与无力，寻求自强与竞存之路成为朝野各方的迫切要求。

缘此，以研究地理裨益学术政治相号召的中国地学会，重拾世界地理研究，以为中国寻一线生机。1917 年 2 月 25 日，陶亚民为译文《匈牙利国情》附识，痛言“甚矣哉！二十世纪民族竞争之烈也，强者存弱者灭。扰扰攘攘风云万变，苟有一民族而不图自强，必无有幸免之日”。一战爆发的原因是塞奥失和，“虽曰国际上之冲突，实民族上之竞争也”，即斯拉夫与日耳曼民族的竞争。文章译自日本《地学杂志》载胁水铁五郎讲演，内容“虽为时事之要闻，然亦可作政治地理之资料，吾不知阅者见之将有若何感喟也”。[③] 陶亚民强调民族竞争导致世界大战，而在弱肉强食的世界，一个民族若不能自强，必将灭亡，意在唤醒国人。

3 月 25 日，《地学杂志》刊登炼璋《巴尔干问题之研究（一）》称，近世以来欧洲民族主义勃兴，土耳其治下的巴尔干各斯拉夫族，“引强国为声援”谋求独立，导致欧陆形势大变。同时，自 19 世纪中叶以来，列

---

① 《欧洲战役史论》，张品兴主编《梁启超全集》第 5 册，第 2680、2722 页。

② 《欧战蠡测》，张品兴主编《梁启超全集》第 5 册，第 2781 页。

③ 《匈牙利国情》，陶亚民译，《地学杂志》第 8 年第 2 期，1917 年 2 月 25 日，第 57—58 页。

强“整顿内治之伟业略已告成”，国力日进，户口日增，“竞谋拓殖其富力于国外，茫茫大地国势不竞，足供他人之容喙者”，有东、西亚“病夫”中国、土耳其。然而两国皆面积广大，非一国可以独占，各国就此明争暗斗数十年，“于是近东与远东遂为二十世纪国际最纷扰、最难解决之问题”，乃至爆发大战。考欧洲近世史，“每病其复杂繁赜，而能于近东纵横捭阖之局了然胸中，自不难穷其源而究其委矣”。故作此文“以供关心世务者之研究”。①

6月12日，因参战等问题引发的北京政治困局，导致国会再次被解散。会员中多有国会议员，且正借国会恢复之机扩张会务的中国地学会深受打击，急需维持在政界、学界乃至社会的影响力，是为其热衷研究世界的另一因缘。10月25日，中国地学会通过海若译《中欧东部之人种地理学》谓，从人文地理考察西欧各国的政治边界，其与民族疆界趋于一致，中、东欧则“殆无何等之关联”。而一国之中若民族复杂，维持和平就极为困难，“此其所以为战乱之区也。今此欧洲大战之初，与中欧东部人种问题之错杂，业经觉悟”。②

中国地学会研究世界，既为致用的需要，又受战时欧美重视地理学的深刻影响。1918年10月25日，其借《述联合国在德领阿非利加殖民地之作战始末》指出，“溯自欧战既兴，欧美地学界，莫不醉心于军事地理学之研究。美国某大学之地理质学教室，其所悬争战地图，且列记作战状况，以供学者之参考”。美国《地理学杂志》亦经常刊载关于军事地理学的论文，“其为世所注重，可想见矣”。③

十月革命后俄国建立苏维埃政权，与德国签订《布列斯特条约》退出一战。其东向的可能，④引起国人及中国地学会的注意。林传甲疾呼，“俄德媾和，西北多事，新疆、龙江电书告警海内共知注意”，⑤其中阿

① 炼璋：《巴尔干问题之研究（一）》，《地学杂志》第8年第3期，1917年3月25日，第1页（栏页）。

② 《中欧东部之人种地理学》，海若译，《地学杂志》第8年第10期，1917年10月25日，第1页（栏页）。

③ 《述联合国在德领阿非利加殖民地之作战始末》，田中馆秀三原译，林有壬译，《地学杂志》第9年第9、10合期，1918年10月25日，第11页（栏页）。

④ 《俄德构和之影响》，《兴华》第15年第5册，1918年1月13日，第30页。

⑤ 林传甲：《阿尔泰改省议》，《地学杂志》第9年第4、5合期，1918年5月25日。

尔泰特别区域关系尤重，亟宜设立行省以保疆土。1919 年 6 月 1 日，大总统令阿尔泰改区为道，归新疆省管辖。[①]

1918 年 12 月 25 日，中国地学会转载《西伯利亚之今昔观》称，今年夏日本有出兵西伯利亚的议论，“遂引世人对于此素称荒僻之区，亦特别注意”。故叙述西伯利亚的近况，“以供留心时局者之观览焉”。[②] 其后，日美势力相继进入西伯利亚，由于双方龃龉不断，西伯利亚及中东铁路经营困难。远东局势事关中方切身利益，然而最新消息难觅，[③] 中国地学会只能转载旧文以飨读者。时论有谓：“世之谈地志者，每多拘守旧闻，对于辽阔阒僻之地。因其交通未便，游迹罕及之故。以致所持见解，仍是数十年前陈腐不堪之旧说，与现时所有之情形，迥不相符”，“不知其昨是今非矣”。[④]

为了解战后世界的状况，预测未来的走势，黄昌寿特译日人志贺重昂《世界当代地理》。志贺宣称“世界之势，如水盈灌地，无孔不若”，人生于世界，国立于世界，“事事物物罔不感世界之势力，触世界之枢机”。可以说世界大势，“即不可逃避之绝对的大命令也”。为研究对日本影响深远的世界大战，必须先了解世界大势，遂草该文，“实为欲明世界大势者，供参考于万一耳”。[⑤]

文章的主要观点有：（1）世界上的事物皆有联系，互相影响，因此研究世界与个人有密切的关系；（2）通晓世界的中心欧洲，及条顿、拉丁、斯拉夫三个有大势力的民族，就能系统地理解世界；（3）研究世界的作用，在制敌先机，日本进占台湾、满洲以及德属太平洋三群岛皆如此；（4）世界是力的世界，力即权力，而人道、正义不过是纸上谈兵的空头套话；（5）世界近代史就是强国分割世界的殖民史；（6）在进化日

---

① 《命令：大总统令十六则》，《财政月刊》第 6 卷第 67 号，1919 年 7 月，第 1 页（栏页）。

② 香谷：《西伯利亚之今昔观》，《地学杂志》第 9 年第 12 期，1918 年 12 月 25 日，第 1 页（栏页）。

③ WPE 生：《欧美事情：俄国方面》，《时事旬刊》第 1 年第 28 期，1919 年 11 月 1 日，第 9 页。

④ 香谷：《西伯利亚之今昔观》，《地学杂志》第 9 年第 12 期，1918 年 12 月 25 日，第 1 页（栏页）。

⑤ 志贺重昂：《世界当代地理》，黄昌寿译，《地学杂志》第 9 年第 12 期，1918 年 12 月 25 日，第 1 页（栏页）。

益激烈的世界，生存竞争关系国家存亡，一战的根源即在于此。至于黄昌寿译此文，既有宗旨不谋而合的认同感，亦有震动国人的使命感。

中国地学会倡言研究世界，但数千年来国人居中华文化圈的中心，形成超强的文化自信心与自尊心，学术自然以我为主。海通以来，乾坤颠倒，中外异势，了解、学习中国以外的世界，逐渐成为各界的共识，然学界袭数千年来的惯性，以中国视角研究世界，取我所需为我所用。

二　战后新世界

1918 年 11 月 11 日，第一次世界大战结束，相关国家拟议召开和平会议，构建新世界。国人渴望参与，以借机融入世界。17 日，《大公报》刊发梁启超《为请求列席平和会议敬告我友邦（续）》，谓中国人占人类四分之一，“其于全世界之进化所关岂复细，故今必欲屏诸国际以外”，“其失望之结果乃至激成排外之反动”，[①] 不仅是中国的耻辱，也是人类的大损失。黄郛甚至视战后重建新世界为决定中国生死存亡的关键时刻，声称：“盖战后之中国，非中兴即绝灭，二途而已矣。”[②]

1919 年 1 月 18 日，和会在巴黎凡尔赛宫召开，国人视其为建设新世界，以及主宰“世界民族之最高法庭”。[③] 2 月 25 日，《地学杂志》刊登一组文章专论此问题。其中，《威尔塞与世界各国之关系》谓和会将要在威尔塞（即凡尔赛）召开，德国将受到处分，“而重整欧洲，改造世界，伸公理、重自由、黜专制、保升平之大事业，亦将成立于斯”，“是诚与全世界大有关系之地也”。[④]

《欧洲一千年之回顾》指出，“今次大战既已告终，欧洲土地必经一番分配。将以人种分配之乎，抑仍由政治势力转移之乎。现时虽不能预知，请先追溯历史，以为借镜”。[⑤] 故考一千年来的欧洲历史，作为重新

---

① 梁启超：《为请求列席平和会议敬告我友邦（续）》，《大公报》1918 年 11 月 17 日，第 1 张第 2 版。

② 黄郛：《欧战之教训与中国之将来》，沈云龙主编《近代中国史料丛刊》第 278 册，第 6 页。

③ 《欧战讲和问题》，《民铎》第 5 号，1918 年 12 月，第 42 页。

④ 《威尔塞与世界各国之关系》，《地学杂志》第 10 年第 2 期，1919 年 2 月 25 日，第 4 页（栏页）。

⑤ 《欧洲一千年之回顾》，《地学杂志》第 10 年第 2 期，1919 年 2 月 25 日，第 5 页（栏页）。

划分政治版图的依据。

西亚大国土耳其“久即颓靡”，战后“更呈四分五裂之观”，[①] 传闻有列强共管与某国代管之说。译文《君士坦丁之近状》称君士坦丁堡位于博斯破鲁斯海峡，扼欧亚交通要道，列强久欲染指，“徒以均势未破，各不得逞其野心”。战后“版图究属何色，此时尚难臆科”。译者在土耳其居住甚久，心中牵绊，故“述其首都状况，以推其余”。[②]

守一著《俄罗斯新成立之乌克莱因国》云，俄罗斯远东分崩离析，“屡有所闻矣”。欧俄部分却无从得知，“近视国民之不留心外事往往如此”，所以略述乌克莱因的状况，“亦不过欲借此以稍稍引起国人研究欧事之兴趣已耳”。[③]

3月25日，《地学杂志》刊发的保龢译《新嘉坡小志》认为，新加坡华人虽多未踏足中国，“然其语言、宗教、习惯、性情乃纯粹的中国人也”。故其人多热心国事，中国革命即多得其资助。又因他们早就吸收了西方的文化，“于华人中为先进”，“亦一自治之好模范也”。[④] 文章研究新加坡华人社会，备述其在保持中国人特质与爱国心的同时，又能吸收西方文化成为华人中的先进群体，暗指中国融入世界的道路。

阿尔萨斯与洛林是法德矛盾的焦点，一战期间德国就“对于法国除只收回阿罗二省，绝不侵占他国土地之宣言，颇现惶急之象，盖德国多数之人早已视此二省为其固有之国土”。[⑤] 4月25日，黄昌寿为山崎直方《亚而萨斯劳兰考》加按语，称译此文因二地矿产丰富，又“介于德、法两国间，隶德隶法变迁无定”，“故其历史上、地理上之情势若何，久为人所欲知”。文章则“首述其割让之情形，次述其地名之起源、地形之概要、境内之住民、隶德时之状况，及其主要之产业”。[⑥]

---

① 《国外大事记：土耳其问题》，《新中国》第1卷第7号，1919年11月5日，第267页。

② 《君士坦丁之近状》，九如译，《地学杂志》第10年第2期，1919年2月25日，第13页（栏页）。

③ 守一：《俄罗斯新成立之乌克莱因国》，《地学杂志》第10年第2期，1919年2月25日，第11页（栏页）。

④ 《新嘉坡小志》，保龢译，《地学杂志》第10年第3期，1919年3月25日，第12页（栏页）。

⑤ 《欧战中之阿尔萨斯罗伦》，《欧战实报》第122期，1917年10月17日，第26页。

⑥ 山崎直方：《亚而萨斯劳兰考》，黄昌寿译，《地学杂志》第10年第4期，1919年4月25日，第1页（栏页）。

争夺海外殖民地是一战参战方的重要战略目的，英德激战东非即缘于此。[①] 巴黎和会达成协约，剥夺了战败国的殖民地，“英法比意日均有所得”，“惟美国、中国均有所失”。[②] 中国作为战胜国满怀期望参加和会，反而失去青岛等利权，以至国内群情汹涌，议论四起。实际上“自青岛问题发生后，德于他处之殖民地，亦惹起吾人之注意”。[③] 6 月 25 日，《地学杂志》刊发《德国殖民地之价值》指出，巴黎和会剥夺了德国的海外殖民地，其中以在海运及商业上占重要位置的“东斐洲最关重要”。[④] 文章研究德国海外殖民地的价值，目的在警醒国人力争青岛。

10 月 25 日，《地学杂志》开始连载卢成章的《欧洲各国经营非洲始末记》，宣称人类的生存竞争以今日为最，“试观于殖民一端”，全球五大洲，四洲已被欧人殖民。在仅余的亚洲，首当其冲的是中国，然“吾国人昧于世界大势”，[⑤] 犹耽于操戈同室，不知亡国之祸已迫在眉睫。卢成章用其时流行的进化论解读欧洲殖民者瓜分非洲的历史，担心战后成为列强竞逐焦点的中国，命运与非洲相同。

俄国十月革命后，西伯利亚有四种势力盘踞要津，“一为高尔哲军队；二为捷克军队；三为哥萨克军队；四为社会革命党”。[⑥] 协约国军队在俄国远东登陆后，俄国新旧党及美日等外来势力同处西伯利亚，形势更为莫测，但不免牵涉或有意中国。国人注目西伯利亚，但其地方苦寒，面积庞大，难以进行精确的地理调查。12 月 25 日，中国地学会特在《地学杂志》上汇刊《庙街纪略》《贝加尔湖》《西伯利亚现势之观察》三篇研究西伯利亚的文章。魏声龢谓应注意庙街，因革命后俄罗斯帝国瓦解，中国收回黑龙江航行权，所以编《庙街纪略》“为治国闻、讲地

① 《联军战事进行纪（三月十四日）：英德大战于非洲》，《欧战实报》第 50 期，1916 年 4 月 16 日，第 13 页。

② 《美报反对巴黎和约之论调》，《通问报》第 858 回，1919 年 7 月，第 15 页。

③ 《附录：德国殖民地最近之统计》，《欧洲战事汇报》第 3 册，1914 年，第 10 页（栏页）。

④ 《德国殖民地之价值》，《地学杂志》第 10 年第 5、6 合期，1919 年 6 月 25 日，第 16 页（栏页），

⑤ 卢成章：《欧洲各国经营非洲始末记》，《地学杂志》第 10 年第 9、10 合期，1919 年 10 月 25 日，第 5 页（栏页）。

⑥ WPE 生：《欧美事情：俄国方面》，《时事旬刊》第 1 年第 33 期，1919 年 12 月 21 日，第 7 页。

学者一助云”。[1]《贝加尔湖》作者山崎直方称：“予于贝加尔湖，不过于西伯利亚火车中一瞥见之。余唯涉猎二三典籍，始略知其梗概。欲道其详，请让之深知其地之地理者。”[2]

苏莘为《西伯利亚现势之观察》附识称，日本“大扩张在西伯利亚之势力，视我东三省已为囊橐中物”。值此多事之秋，国运悬于一线之际，“今后日人在东省之举动，国人当特别注意也。惟其在西伯利亚之布置，真象如何，罕见确报”。[3]故觅得旅俄华人大峰所作，公之于世。1920年3月25日，《地学杂志》又载陈庆粹译《西伯利亚矿业谈》、魏突译《乌拉山脉之概况》，研究西伯利亚的富源、形势。

在凡尔赛体系的框架下，各国重新划定边界，又重建或新建了一批大小国家，“世界经此一番大变动后，面目全非。各国疆域，大部分业经改造，而尤以欧陆疆域变迁为最甚”。[4]特别是“欧战后东欧种人纷纷建号立国，读世界史者深苦不能得其真相”。[5]缘此，研究世界局势及预测将来的走势，成为世界地理学者共同的兴趣，中国地学会趁势推出系列文章。在巴黎和会会议期间，《地学杂志》就转载了《纪捷克斯拉夫共和国》，记战后新立的捷克国土，“因受巴黎和议大会之规定，不得逾奥地利、匈牙利疆土五分之一，故幅员狭小。第境内物产丰富，商业繁盛，工艺发达，将来必能于中欧经济界中掘极大之势力”。[6]

1919年8月25日，《欧洲新国》译者附识谓，“欧洲休战以来，内状乃纷如乱丝，宣布独立者乘机而起，深盼和平开会，得借手建国”。欧洲的分合，一时难以明晰，“然和平会判裁，必据人民之请愿，因事玉

① 魏声龢编《庙街纪略》，王洪杰译，《地学杂志》第10期第11、12合期，1919年12月25日，第18页（栏页）。

② 山崎直方：《贝加尔湖》，黄昌寿译，《地学杂志》第10期第11、12合期，1919年12月25日，第23页（栏页）。

③ 大峰：《西伯利亚现势之观察》，《地学杂志》第10期第11、12合期，1919年12月25日，第20页（栏页）。

④ WPE生：《欧美事情：附战后欧洲各国之新形势》，《时事旬刊》第2年第5期，1920年2月21日，第26页。

⑤ 士杜达德（Lothrop Stoddard）：《欧洲新国概略》，甘棠译，《新教育》第2卷第1期，1919年9月，第81页（栏页）。

⑥《纪捷克斯拉夫共和国》，《地学杂志》第10年第4期，1919年4月25日，第12页（栏页）。

成，断不强为支配，至生纷扰”。现在建国，将来必有得到承认之日，“兹编检取事实之可成信史者分别举译，留心时局者或可借此稍悉欧洲内情欤”。[①]

为了解被瓜分百余年后复国的波兰，12 月 25 日，《地学杂志》转载《波兰共和国》，[②] 其译者附识称战后的欧洲，德奥“中央二强大败，俄罗斯沦入无政府，波兰乃突起于欧洲政界之天际”。国际政治界视其为“转枢”，“盖波兰地处两大之间”，“拒过激党使流毒不蔓延于文明，阻俄人不使与德人结合而为天下患”。[③]

1920 年 3 月 25 日，太玄《世界地图之大改革》认为联合国与德国签订的和约，现在已经施行，大战最终结束。“世界人类，得重享和平之福”，世人急欲知道局势将会发生怎样的变化。而根据现在的局势推测将来，“亦有可寻之辙迹焉”。察战后世界，德、奥、俄“分裂为几多之小国”，“有不可收拾之势，加之过激思想到处有不可轻视之潜势力，此皆足使全世界悉陷于不稳之状态”。要之，世界“尚在暗黑之扰乱时代，不审何时，方能睹一线之光明耳”。然而无论如何，世界地图“要当于兹加一大改革矣”。[④] 李泰棻《欧洲新国纪略》称世界地图“经此番变动，面目全非。各国疆域大部分业经改造，而尤以欧洲为最甚”，[⑤] 故分述之。

4 月 25 日，搜瀛《欧洲之新局势》指出欧洲国土的变更，“分为扩张、割让及新兴国三类”。[⑥] 7 月 25 日，《地学杂志》转载《欧洲新国概略》，解析欧洲新国的内情，情势最复杂的当是巴尔干。其地原为奥、德、俄三国控制，“今日三强既倒”，诸种人争建新国，“一种建号立国，

---

① 《欧洲新国》，《地学杂志》第 10 年第 7、8 合期，1919 年 8 月 25 日，第 16 页（栏页）。

② 参见高云《欧洲新国：波兰共和国》，《新教育》第 1 卷第 5 期，1919 年 8 月，第 466—473 页（栏页）。

③ 高云：《波兰共和国》，《地学杂志》第 10 年第 11、12 合期，1919 年 12 月 25 日，第 1 页（栏页）。

④ 太玄：《世界地图之大改革》，《地学杂志》第 11 年第 2、3 合期，1920 年 3 月 25 日，第 11 页（栏页）。参见《教育杂志》第 12 卷第 2、5、6、8、10、11 期，1919 年 2、5、6、8、10、11 月 20 日。

⑤ 李泰棻：《欧洲新国纪略》，《地学杂志》第 11 年第 2、3 合期，1920 年 3 月 25 日，第 21 页（栏页）。

⑥ 搜瀛：《欧洲之新局势》，《地学杂志》第 11 年第 4 期，1920 年 4 月 25 日，第 1 页（栏页）。参见《教育杂志》第 11 卷第 11 期，1919 年 11 月 20 日，第 15—16 页。

往往兼并国内他种生息之地，于是民情大扰”。自认强大的“种人”，“又往往欲以武力成其欲望，此所以一年以来，新巴尔干有如狂人之院，又如畜熊之囿，频闻开战声也”。[①]

其时，中国注意研究战后新世界的不止中国地学会一家，有研究者直言，“世界大战后，地理事项之变动甚为复杂。如列国领土之增减，产业之盛衰，交通贸易之隆替等，几令人有隔世之感。其中领土之增减一项，实为产业、交通、贸易等人文地理事项推移之原动力”。[②] 然而巴黎和会上中国外交失败，进入乃至立足新世界的幻梦破灭，有地理学者明确指出：“大战告终，版图分裂。统一世界之梦，如昙花一现，而全归泡影。”[③]

三 太平洋局势

一战爆发后，日本以对德宣战为借口，出兵侵占了德属太平洋各岛屿，以及中国青岛。国内舆论直指控制太平洋，“此则日本政府之最近宏图，亦大和民族之最远政策也”。[④] 同时，随着巴拿马运河正式通航，美国将建立两洋舰队提上日程，目标亦直指太平洋。战后，《巴黎和约》规定了欧洲、非洲，以及近、中东的新秩序，美洲为美国后院，远东、太平洋地区遂成为列强，尤其是新兴强国美、日的逐鹿之地。

列强争霸太平洋，事关中国的切身利益，牵动国人目光。但因最新论著匮乏，中国地学会从1920年4月25日的《地学杂志》开始连载程国璋作于1917年前后的《各国经营太平洋史略》。程国璋谓考察世界历史，战争与文明的中心，在地理大发现后由爱琴海转移到地中海、大西洋。近世以来航运发达，世界中心“必趋于世界最大之太平洋，亦势使然也”。[⑤]

---

① 士杜达德：《欧洲新国概略》，徐甘棠译，《地学杂志》第11年第7期，1920年7月25日，第7—8页（栏页）。

② 李贻燕：《最近变动世界地理概观》，《时事月刊》第1卷第5期，1921年5月15日，第117页（栏页）。

③ 李逢源：《大战后地理上之变更述略》，《史地丛刊》第1期，1920年6月，第49页。

④ 《论日本占德属太平洋群岛事（录神州日报）》，《欧洲风云》第9期，1914年，第26页（栏页）。

⑤ 程国璋：《各国经营太平洋史略》，《地学杂志》第11年第4期，1920年4月25日，第5页（栏页）。

世界上有力角逐太平洋的有英、美、日三国，英、日两国有同盟条约，然国际交涉以利害为准，“区区同盟之名义，实有未足持者也”。美日皆以称霸太平洋为目的，“恐终有决裂之日”。假设开战，“美虽败亦不过失大洋中之领土，尚不至十分屈辱。使日本一败，则诚有不足以立国者”。中国“天然太平洋之主人翁也”，当我文明强盛时，世界尚处蛮荒时代。近世西人东侵，中国不思自强，“但事师古，锁国闭关，以为得计”，至今未亡“非我有以自存，各国之势力未均也”。[①]

程国璋在一战正酣时展望未来，认为战后美日将为争霸太平洋爆发冲突，其局势将决定中国的生死存亡，热心时局者亟宜研究。至战后，“美日战争，行将不免，已无可讳言。虽发生迟速不可知，终有现诸事实之一日”，[②] 已成为国人的共识。

白俄余孽谢米诺夫在赤塔建立政权后，时论称其“党羽在哈尔滨者目下已达数千”，挑衅生事以图占据，故“哈尔滨将重成为俄国内关之中心，而其结果与日本以借口，而占据中东铁路云”。[③] 5 月 25 日，中国地学会会员余诚武发表《赤塔城地理形势之研究》指出，赤塔距离满洲里仅半日的路程，“宁能等之风马牛哉”，愿“国人稍加留意焉”。就目前局势推演，日本出兵“援助谢氏以驱除布党”，而布党在远东势力甚为薄弱，赤塔政府当可以存在一段时间。谢米诺夫与日本签约规定：“本将军旧皇室所取得之《中俄蒙协约》之权利及东路之权利，一律让渡于日本。”日本勾结谢米诺夫意在满蒙，“而知谢政府之居赤塔，其唯一之目的实在于我”。“故吾国戒备谢氏，严守边陲，亦以此时为最紧急，何也?”在防谢米诺夫即为防日本。余诚武自称见闻寡陋，足不出户，“对于赤塔地势，岂能洞若观火，无蹈虚之病。所望关心时局之士，更本其所得，进为详确之研究”。[④]

---

① 程国璋：《各国经营太平洋史略》，《地学杂志》第 11 年第 8、9 合期，1920 年 9 月 25 日，第 28—35 页（栏页）。

② 汤鹤逸：《澳洲人之太平洋美日战争观》，《新中国》第 2 卷第 8 号，1920 年 8 月 15 日，第 1 页（栏页）。

③ 任予：《欧美事情：俄国方面》，《时事旬刊》第 2 年第 19 期，1920 年 7 月 11 日，第 28 页。

④ 余诚武：《赤塔城地理形势之研究》，《地学杂志》第 11 年第 5 期，1920 年 5 月 25 日，第 9—12 页（栏页）。

一战后美国实力膨胀，海军参谋会议提出“世界第一位之海军计划”，[1] 并制定了一个庞大的造舰计划，触发了列强的海军军备竞赛。7月25日，《地学杂志》载井上清纯《太平洋上之均势》称，太平洋亚洲海岸港湾众多，“而控其要害，扼其门户者，则吾日本也”。自宗谷海峡、对马海峡至台湾海峡，势若长蛇“实足制亚洲之死命，此等门户启闭之权，操之吾日，一旦有人暗窥，吾人能默而息乎?”考英人国运日隆，“实彼等眼光明锐，能始终维持海上的霸权”。战后“而海上势力根本的为之变动，受其直接影响者，即太平洋上之均势，生剧大之动摇是也”，然而均势若被打破，问题将接踵而至。

“能霸太平洋者斯能制世界”，故太平洋局势引得列强关注。太平洋问题的重心在中国，而中国类似战时俄罗斯及印度内部骚乱时的状况，“已重伏世界的战乱之爆发药也者”。为维持太平洋的和平，日本“将尽力于均势之维持，决不使任何人树特殊之势力于其上”。[2] 实际上日本是要保持一战时期在太平洋，尤其是在中国所获得的优势地位。

10月25日，《地学杂志》刊《美国海军根据地之扩张》指出，“数年前，美国政府对于太平洋沿岸之海军根据地，即有扩张整备之计画。闻目下已渐渐着手实行”，[3] 共拟建设七处军港或加煤站。

1921年3月4日，哈定就任美国总统，积极谋划召开太平洋会议，构建远东、太平洋地区的新秩序，目标则直指日本。1921年11月12日至1922年2月6日，与会国在华盛顿议定《四国条约》《五国条约》《九国公约》等，重建了远东、太平洋地区的秩序。中国问题是会议的主要议题，时论指出，“夫此次太平洋会议之前途，为中国生死存亡之关头，倘或会议而无结果则军备限制绝无希望，而第二次世界大战之祸，即伏于此。吾人为中国前途计，为世界和平计，国民应当有根本觉悟，

① WPE生：《欧美事情：美国方面》，《时事旬刊》第2年第22期，1920年8月11日，第49页。

② 井上清纯著，鸣山评述《太平洋上之均势》，《地学杂志》第11年第7期，1920年7月25日，第1—11页（栏页）。

③ 《美国海军根据地之扩张》，《地学杂志》第11年第10期，1920年10月25日，第5页（栏页）。

而为正当之努力焉可耳”，[①] 故国内舆论的报道连篇累牍。学界则热衷立会研究，在苏州甚至有毛吟槎牧师，“本基督和平博爱之旨，以戢远东太平洋之乱萌，而谋世界各国安宁”，[②] 发起远东太平洋研究会。

1922 年 2 月 25 日，《地学杂志》刊登苏从武《太平洋上之列强竞争观》，考列强竞争太平洋的历史，论太平洋会议的起因、结果及未来局势的发展。文章指出列强竞争太平洋的目的，一言以蔽之“曰为中国而已”。会议通过的一系列条约打破了日本独霸中国的局面，再次明确门户开放、机会均等主义，“总而言之，即再造成列强于中国之新均势而已”。会议后太平洋局势渐趋平静，至于十数年以后，“吾所测仍不免一战也”。盖日本富强源于军国主义，“若不受若何之摧折，决不能变更其侵略之政策”。其目标主要是西伯利亚与中国，美国为维护商业利益，“绝不容日本有所独占，是日美冲突终不可免”。至于英国抚平战争创伤后，“势必亦出全力，以与日美竞”。日本大陆政策与英、美的利益冲突虽轻重不同，“然英美两国有同种同文之谊，易于谅解，且素有联络”，预测将来“则以美英联合与日本战争之事，殆不可免”。而日本与英、美二强抗衡，“不敌明甚”。[③]

四 海外新游记

科学地理注重实地调查，中国地学会自创建以来屡次倡议调查海外，然而囿于经费以及专业人员的缺乏，皆未能付诸行动。调查的缺失，使其世界地理研究援引外人材料之外，只能据诸出洋国人所记文字。随着新文化运动的兴起，文体革新，写实的新游记体萌发。加之中国习行西式教育日久，欧美游记渐为学界熟知，如刘慎德《游美杂感》即以欧文·华盛顿《航海》为范本，叙述“己身将有若何之变化，国内将有若何之殊异”。又期望脱离腐败无希望的中国，进入欧美新环境，冲击之下

① 罗琢章：《太平洋会议之由来与各国利害之关系》，《学林》第 1 卷第 1 期，1921 年 9 月 5 日，第 12 页（栏页）。

② 《地方通讯：远东太平洋问题研究会（苏州）》，《兴华》第 18 卷第 36 期，1921 年 9 月 14 日，第 19 页。

③ 苏从武：《太平洋上之列强竞争观》，《地学杂志》第 13 年第 2 期，1922 年 2 月 25 日，第 91—95 页。

“则心灵作用大起活跃”，“因而陶成一新机蓬勃、眼光较远之民族”。[①]

其时，中国报刊开始采用新文体、新规范，并蔚为潮流。为顺应时风，中国地学会引会长张相文在北京大学史学门的学生余诚武、藤统音、姚士鳌、夏镜澄、萧鸣籁等入会，改良《地学杂志》的外观与内容，“以期应世界之新潮流”，[②] 选刊新游记即为其一。1921 年 1 月 25 日，其精选醉夫《记赴美海程十六日中之见闻》、唐景周《赴美途中书》、楚僧《游欧漫记》及于世秀《赴英旅程指南》四篇新游记为《欧美海程见闻记汇编》。编辑姚士鳌称“年来国人航海留学欧美者”，多记途经各地形胜、风景、土俗、人情及华侨的状况，“所以多招同志之继起，引国人之注意”。友人建议中国地学会模仿山东尚学会的《新文化介绍》专辑，汇辑新游记，供欲留学海外及注意侨民近况的人士参考。学会以为“倘能详审搜讨，汇为一编，亦志林一大观也”。因此精选国人近作的欧美游记，“亦可知侨民旅外情形与夫国外各地之现状”，用意则在“使陡恋恋于古人，而淡然于目前不其慎乎”。[③]

3 月 25 日，中国地学会节录梁启超《欧游心影录》命名为《梁任公欧游心影录首途篇节录》，以及《游欧杂记》《赴德航行日记》编为《欧美海程记汇编续编》，并谓上辑汇编的四篇新游记，“所记各有差异”，若互为参证、比较，“亦可以知地理环境、时候、价值与人类生活之影响，而感有地理研究之趣味矣”。其共同精神，“即年来国人出外留学与赴欧美考察者，热诚所积，到处留心，智识欲望之急切”。此种前所未有的精神，增加了国人对国家未来的希望，“亦可以于此点瞻时代之精神”。在“奄奄就毙”背疽将溃的中国，“实不得不谓为将来一福音也”，“吾人亦自欣为改造新中国之一线生机”。故编辑此汇编，与其说是搜集域外见闻，“毋宁谓为觇五四以后国人出洋游学之表示”；“谓为保存一时旅行记游之著作，毋宁谓为保存时代之精神之为允当也”。

自文体革新以来，游记“皆以写实态度出之，纤毫备详，有感必录”。且游记“若忽略记游之本旨，而专尚文辞则文学耳，而非游记”，

① 刘慎德：《游美杂感》，《复旦》第 8 期，1920 年 1 月 1 日，第 88—89 页。

② 《本社欢迎投稿启事》，《地学杂志》第 11 年第 5 期，1920 年 5 月 25 日，前附页。

③ 《欧美海程见闻记汇编》，《地学杂志》第 12 年第 1 期，1921 年 1 月 25 日，第 49 页。

更不足以致用。因此，《地学杂志》汇录游记“征意也”。[①] 从新游记的选录及编辑附识，可知中国地学会志在通过新游记激发国人研究地理的兴趣，从而了解世界形势，传播五四以来的时代精神，感受出洋人士对知识的渴求，从而给深陷危机的中国寻一线生机。

西人在殖民南洋后，屡有苛待华侨之举，所以“南洋华侨之有待于政府保护，而后始克立足彼邦，与虬髯奴相角逐。国中贤者类能道之，海外哲人屡屡呼吁之”。政府却“日事内争，日事借债，日事卖国卖种，一任人民流离颠沛，呻吟刀斧之下”。[②] 一战后，英国颁布《学校注册条例》强迫华校注册，华侨“已前后派代表归国，向政府及各机关团体要求扶助”。[③] 1921 年 2 月 25 日，《地学杂志》刊登会员王桐龄绍介的傅绍曾《南洋侨居见闻记》与《时事新报》南洋特约通信员铎公的《南洋》二文，以示援应。

中国地学会在前文中附言谓，中国人移居南洋可以上溯千年以上，“南洋故吾先民之所经营，得以有今日者也”。现在因为国弱，侨民处处受制于人。英国在南洋属地施行《学校注册条例》，“思一变驱策之计画而为同化吾同胞之阴谋矣”。华侨余佩皋女士，“求援救于北京政府，国内同胞纷纷抗争，以图挽救”。中国驻英公使向英政府交涉，其称各国侨民均相同，中国亦不能例外。当今为国民外交时代，政府不足恃，“所望国人加以注意，慎毋令我侨民供给之英人，于安坐食之外，更令其以印甸土人待我侨民也”。[④]

中国地学会在后文前附识称，“年来国内各大报纸，关于南洋之记载甚多”。以该篇合傅绍曾文，“而比较参观之，即不出国门而于南洋近时之情状，亦可晓然”。再者，国人若知南洋与中国的历史、地理关系，“或不致对外人虐我同胞，欲禁华侨读中国文识中国字，代表间道呼吁声

① 《欧美海程见闻记汇编（其二）》，《地学杂志》第 12 年第 3 期，1921 年 3 月 25 日，第 1—2 页（栏页）。

② 周崇高：《今日南洋华侨之危急》，《复旦》第 8 期，1920 年 1 月 1 日，第 83 页。

③ 《记事：学事一束：南洋华侨对付学校注册条例近讯》，《教育杂志》第 13 卷第 7 期，1921 年 7 月 20 日，第 5 页（栏页）。

④ 傅绍曾：《南洋侨居见闻记》，《地学杂志》第 12 年第 2 期，1921 年 2 月 25 日，第 62—80 页。

嘶力竭，而犹如古时‘秦人视越之肥瘠’茫然无所动于心也”。[①]

4月25日，《地学杂志》再刊三篇南洋游记。其中，卢寿篯《南洋华人发展情形》以南洋中国侨民众多的事实，反驳中国人缺乏冒险精神，宁愿老死乡里，不愿移居海外的成说。又指出西人分割南洋群岛，因华人势大，荷兰殖民政府虐待华人。辛亥革命后中国向荷兰政府抗议，华人的自由权始“略得伸张”。而观华人移民海外的功效，“固其若是彰彰也，我中国欲图海外民族之发展，曷于南洋加之意乎”。[②]

长期在中国生活的美国传教士李佳白《旅菲见闻录》自言，所记虽东鳞西爪，然皆切实可据，“无一毫私意介于其间也”。考察菲律宾，自然重在调查美国的治理成绩，以及华侨状况。观华人在菲的经营，商业较为发达，然亦须扩大规模才能不落人后，“至学校尚需多设，报界亦欠发达”，[③] 尤当奋起直追，方能合华侨力量扬祖国之光。葸汗《旅行马来半岛吧生埠纪略》一文，则介绍马来亚华侨的状况。

8月25日，《地学杂志》刊登一鸥《南洋社会之现状》指出，南洋经济目前还不发达，繁盛兴衰全系于土产，如菲律宾的椰子、烟叶、细麻，苏门答腊的砂糖、咖啡，马来半岛的树胶、锡皆为大宗。其经济“全视此数种土产之产量如何、销路如何、价格如何而定”。[④] 10月25日，《地学杂志》转载季陶《南游零拾》声称，自南洋归来，“睹其地质之丰美，侨民之殷庶，亟思所以提倡发展之”。[⑤]

不仅南洋，英属南非洲殖民地，华侨处境亦极为艰难。同期杂志刊载的《南斐洲杜兰斯省华侨情形》称南斐（即南非）富有金矿，“以居民蠢蠢，致为外人宰割”。中国在其地毫无势力可言，然华人矿场甚多，现在虽然恢复驻斐领事，“而侨民状况，仍复极可矜悯。查该处总领署前

① 铎公：《南洋》，《地学杂志》第12年第2期，1921年2月25日，第81页。

② 卢寿篯：《南洋华人发展情形》，《地学杂志》第12年第4期，1921年4月25日，第31—34页（栏页）。

③ 李佳白：《旅菲见闻录》，《地学杂志》第12年第4期，1921年4月25日，第1—5页（栏页）。

④ 一鸥：《南洋社会之现状》，《地学杂志》第12年第8期，1921年8月25日，第92页。

⑤ 季陶：《南游零拾》，《地学杂志》第12年第9、10合期，1921年10月25日，第40页（栏页）。

此有报告到部，特为露布，以见我侨民无处不受人欺侮也”。[①]

早在1898年，黄乃裳就由沙捞越王家“请得罗洋江左右纵横二百余里之地，改名为新福州”，[②] 招闽人开发。中国地学会福建通信员叶华芬《新福州华侨殖民事业之调查》云，经近30年的苦心经营，新福州“街市毗连，商贾辐辏，发达之速，令人惊骇”，遂得英国皇家地理学会刊文介绍。此等辟地殖民的大业，“我国内外同胞漠然视之可乎？”有感于此，特于教课余暇，“草作此篇以告海内外同胞之关心南洋现状者”。

文章谓近三年来橡胶价格不振，恢复无期，新福州华侨经营苦难。若“以新福州华侨之现状观之，商务若有转机，或可免于破产”，但其倾向故国，“将来稍有盘川，势必相率而归，海南宝藏虽富，将拱手让人。管见卜之，新福州发达前途，盖已呈绝望之状态也”。[③]

中国地学会研究南洋问题，倡议国民联合，其意则仍在国内。正如时论所言，在虚弱的中国，保护侨民不能指望政府，“所尚有一线生机者，全在我民民气，使犹不发扬蹈厉，鞭策政府醒其沉梦，急图政治改革，则侨人今所受诸于人者，行将施诸于同胞之身”。[④]

1922年，中国颁布新学制，舆论称其“极注重于世界观念之养成，虽历史、地理亦打破国家的界线，而以全人类的生活为中心，此为吾国教育思想之新趋势”。[⑤] 不仅中国，“大战以后，欧美人士乃始恍然于地理之重要，一时英美各国之地理研究会会员，人数骤增，各大学地理教师类多人满为患，而地学家则有供不应求之现象”。[⑥]

在世界地理学理大发展的同时，清季就已成立的中国地学会，虽曾在光宣新学方兴之时，引领学界风潮，但近代中国新旧更迭迅速，随着新文化运动的狂飙突进，从组织形式到学理研究都被新进归入陈旧，而

① 《南斐洲杜兰斯省华侨情形》，《地学杂志》第12年第9、10合期，1921年10月25日，第39页（栏页）。

② 黄乃裳：《沙罗越新福州开垦有限公司招股章程》，《鹭江报》第53册，1903年12月19日，第5页（栏页）。

③ 叶华芬：《新福州华侨殖民事业之调查》，《地学杂志》第13年第1期，1922年1月25日，第91—94页。

④ 周崇高：《今日南洋华侨之危急》，《复旦》第8期，1920年1月1日，第88页。

⑤ 抱一：《送诸代表赴世界教育会议》，《申报》1923年6月4日，第3版。

⑥ 《地理教学法之商榷（1922年11月）》，《竺可桢全集》第1卷，上海科技教育出版社，2004，第410页。

在被淘汰之列。其为获新生引入的有生力量，又多是北京大学等学校的学生，学无根基。加之经费及专业人员匮乏，中国地学会调查世界的计划只能停留纸上，以致研究多为抄撮译文，与新自欧美留学归国的地理学者相较，自然难称高明，逐渐失去学术话语权。中国地学会随着研究重心转向沿革地理，再也未能重燃研究世界的热情。至于中国地学会研究世界的另一目的——致用，1936 年张其昀总结近 20 年来中国地理学的发展称，“关于国际问题有价值之论著，近年发表颇多，但以地理学眼光作系统研究者尚属少见，且多系局部性质，综合性之著作则更少”,[①] 可谓中肯。

第二节　行国民外交　维护利权

一战爆发，日本乘列强无暇东顾之机，借口对德作战强占青岛。巴黎和会上列强重新划分世界，不顾中国战胜国身份，将德国在山东的利权转让给日本，并由此牵扯出中日密约问题。国人愤慨政府无能，发起国民运动抗争。加之列强卷土重来，中国再度成为竞逐的焦点，边疆陷入全面危机，各方热议维护利权。以研究地理裨益学术、政治为宗旨，从而介于学界与政界之间的中国地学会，借助专门学理与学会组织积极介入。其研究代表了是时中国边疆研究的水准与趋向，也为对外交涉提供了历史与学理依据。

一　力争山东

中国地学会研究青岛问题，起于日本出兵强占青岛之时。1914 年 8 月，日本宣布参战，窥伺青岛，引起中国舆论的关注。10 月 20 日，《地学杂志》转载《时事新报》之《今日之青岛》称：“自欧陆战起，影响被亚东。于是青岛一隅，益为世人之所注目。”[②] 特记其形势、租借历史、德国人的经营及防御设备等，以供国人了解。

11 月，日本占领青岛。1915 年 5 月，日本强迫中国接受“二十一条”的大部分内容，承认其接收德国在山东获得的权益即为其一，以致

① 张其昀：《近二十年来中国地理学之进步（续）》，《科学》第 20 卷第 4 期，1936 年 4 月，第 287 页。

② 《今日之青岛》，《地学杂志》民国 3 年第 10 期，1914 年 10 月 20 日，第 36—37 页。

国人担心："战事倘更迁延，或将有以一国独力亡我者。"[①] 面对危局，限于实力，国人仅能加强研究、宣传，以备将来。8 月 24 日，大总统颁定教育宗旨，指出"地理科为国民精神教育之一，教授是科一以养成爱国心为主"，故对边界条约、租借地等"宜特别注重撮要"。[②]

1917 年 8 月 14 日，中国对德宣战。舆论称就国际法而言，中国参战后，日本应当把青岛归还给中国。[③] 日本则在青岛等地设置民政署，实行民管以长期占据。是时，林传甲正在济南讲学，受教育界推举前往青岛等地调查，著《青岛游记》"借以就正于有道耳"。

林传甲指出德人经营胶济铁路"特一线而已"，日本改为山东铁道"由一线而进于面积矣"。其又计划修筑山东铁道的延长线，如高徐、济顺等路，"于直隶、河南、江苏各重要地"。"补救之法，责在匹夫"，然而"吾人睡梦，已足半生，今日卧榻之旁，有人酣睡而不知焉，甚哉国民无自觉力也"。[④] 观日本占领区内，"街道之清洁，沟洫之疏通，森林之培养"，知其早已致力于民政以争民心，而"吾国谋兼差干修而不任事者，其肉可食乎"。[⑤] 该文为其时少见的谈论青岛的精品，《民国日报》等报刊转载后，为国人所知。5 月 25 日，《地学杂志》刊登稼民《坊子设县刍言》，明言日本人在张店、坊子施行民政，"我国若不于二地亦设民政长官，主权旁落恐无底止矣"。[⑥]

6 月 25 日，中国地学会刊载的日本人著《大陆国与岛国》声称，从经济地理学考察大战，"一国若必须待他国特殊之通融，始克维持其独立，即不能称为完全之独立国"。欲达到完全的独立，"大陆国实占优越之位置"，且自古小国纵有繁荣一时者，亦大都因经济原因灭亡，"现今岛国，所以力求向大陆发展者，即为顺应此趋势耳"。[⑦] 日本人鼓吹岛国

---

① 《〈大中华〉发刊辞》，张品兴主编《梁启超全集》第 5 册，第 2826 页。

② 《民国北京政府大总统颁定教育宗旨》，《北洋政府档案》第 90 册，第 119 页。

③ 《抗议青岛民政署之措辞》，《大公报》1917 年 11 月 7 日，第 2 张第 2 版。

④ 林传甲：《青岛游记》，《地学杂志》第 9 年第 1 期，1918 年 1 月 25 日，第 30—33 页。

⑤ 林传甲：《青岛游记（续）》，《地学杂志》第 9 年第 2、3 合期，1918 年 3 月 25 日，第 38—39 页。

⑥ 稼民：《坊子设县刍言》，《地学杂志》第 9 年第 4、5 合期，1918 年 5 月 25 日，第 8 页（栏页）。

⑦ 山上万次郎：《大陆国与岛国》，黄昌寿译，《地学杂志》第 9 年第 6 期，1918 年 6 月 25 日，第 1—2 页（栏页）。

向大陆发展是时代的趋势，为侵略主义摇旗呐喊，中国地学会译此文意在警醒国人。

1918 年底，一战行将结束，有日本要人谓战后“国际竞争之中心，必移于中国”，“虽然及今从中国取吾能取之权利，亦非外交之善策也”。[①] 国人则对中国将以战胜国身份参加和会，抱有甚大期望，“积极讨论议和条件”。[②] 梁启超寄望国际同盟能遏制强国对弱国的野心，提出：开放外蒙古、西藏；归还租借地；中东铁路各国共管；废除领事裁判权。[③] 其考虑国力及中国在战争中所起的作用，主张较国民团体及舆论保守。乐观者称战前所订的一切不平等条约，及战后发生的青岛、山东铁路、中东铁路等问题，“皆应坚持收回主权之主张。是在国民之一致努力，督促政府，以免时机一过，又成为今后远东扰乱之导线”。[④] 清醒的国人研究德国殖民地，忧心“今地图当变色矣，青岛则何如?”[⑤]

巴黎和会上中国外交失败，又牵扯出中日密约，即胶济路延长线济顺、高徐路问题。时人谓二路修成，“盖一举而自大河南北，以达江淮，所有中国中北部各省，尽画归日本范围”。[⑥] 国人愤慨政府无能，掀起五四运动抗争。迫于国内压力，中国代表未在和约上签字，山东问题成为悬案。为力争山东，各界组织团体开始研究山东问题，并通电国内外以壮声势。中国地学会积极介入，研究山东问题，利用学科优势搜集收回的证据。正值五四运动期间编辑的该年第 6 期《地学杂志》，刊发了一组关系山东的文章，以尽学者的爱国责任。

黄昌寿为《我国代表提出山东问题说帖全文》附识说，山东问题是近来中国外交上最重要的事件，关系国家的生死存亡。巴黎和会上中国代表的说帖，虽“非尽与地理有关，然均为国民所当知之事”，故不计

① 《中国之时局与日本》，《大公报》1918 年 11 月 8 日，第 1 张第 3 版。

② 张君劢谈，刘震笔述《未来议和大会中中国应提出之议和条件》，《法政学报》（北京法政学院）第 2 期，1918 年 4 月 18 日，第 1—8 页（栏页）。

③ 《欧战议和之感想》，《大公报》1918 年 11 月 15 日，第 1 张第 3 版。

④ 《欧战和议与中国前途》，《兴华》第 15 卷第 46 期，1918 年 11 月 27 日，第 30 页。

⑤ 《德国殖民地统计》，《新民报》第 6 卷第 5 期，1919 年 5 月，第 19 页。

⑥ 南海胤子：《安福祸国记》，荣孟源、章伯锋主编《近代稗海》第 4 辑，四川人民出版社，1985，第 383 页。

篇幅全文照录，“以供留心国事者之参考焉”。[①] 何贲菴《济顺高徐两路与中国前途之关系》称青岛问题发生，“顾其间吾国政府，乃有作茧自缚之举”，即济顺、高徐路款。此二路与日本控制的东北、内蒙古铁路，形成两翼包围京津之势，“均势之局破”，而“瓜分之局成”。且此二路不仅关系经济，“即表示吾人无收回青岛之决心者也”。[②]

苏莘《直隶同胞亟宜注意中日密约之济顺铁路》亟言，若济顺路修通，山西、陕西及直隶中南部皆以青岛为出海口，天津港必大受影响。且一旦有事，日本人直取腹心，隔绝南北，京畿危矣。该合同为秘密订结，未经国会承认，“果若吾直省争回顺济，苏鲁两省亦争回高徐，即万一我青岛交涉失败”，[③] 亦可控制日本侵入内地的势头。《劝告同胞宜亟注意济顺高徐两铁路》指出，济顺路横跨津浦路抵达京汉路，高徐路亦跨越津浦路，皆可隔绝中国南北交通命脉。陇海路以海州为出海口，意在与青岛争夺商业利益，现在高徐连接陇海，“以青岛为其尾闾”，势力由江苏向西直抵新疆，其“前途之发展，更完全绝望”。[④] 二路事关中国大局，国人当联合抗争，收回路权。

美国在巴黎失意，遂将目光转向太平洋地区尤其是中国。美方认为日本接收山东利权，破坏门户开放，并将势力向太平洋伸张，妨碍美国利益，[⑤] 所以发表声明要求日本归还山东。日本迫于中国的抗争与美国的压力，表示“日本之政策，在以青岛不损其主权而归还于中国。日本之所希望者，唯保留已许于德国之经济的特权及以普通条件于青岛创设租界而已”，[⑥] 但要求与中国直接交涉。

针对日本提出的直接交涉，及保留经济特权等条件，8 月 25 日，苏莘《再论济顺高徐二铁路亟宜力争之理由》谓中日交涉，纵使日本归还

① 《我国代表提出山东问题说帖全文》，《地学杂志》第 10 年第 5、6 合期，1919 年 6 月 25 日，第 23 页（栏页）。

② 何贲菴：《济顺高徐两路与中国前途之关系》，《地学杂志》第 10 年第 5、6 合期，1919 年 6 月 25 日，第 1—4 页（栏页）。

③ 苏莘：《直隶同胞亟宜注意中日密约之济顺铁路》，《地学杂志》第 10 年第 5、6 合期，1919 年 6 月 25 日，第 4—5 页（栏页）。

④ 苏莘：《劝告同胞宜亟注意济顺高徐两铁路》，《地学杂志》第 10 年第 5、6 合期，1919 年 6 月 25 日，第 5—6 页（栏页）。

⑤ 《美国反对山东问题之理由》，《大公报》1919 年 8 月 2 日，第 1 张第 3 版。

⑥ 《美总统之山东问题说明》，《大公报》1919 年 8 月 17 日，第 1 张第 3 版。

青岛，亦必“占取一部分权利”。倘二路不能争回，则山东、直隶、江苏、河南、山西、陕西“数省之经济菁华，仍将被伊吸收于青岛”；陇海、正太诸横路，“受伊截引如故”；京汉、津浦两纵路，“受伊隔断如故”；天津、海州等港口，“受伊打击之影响仍如故”。林传甲附识称：“传甲三年前著有《青岛游记》刊在本杂志，早知倭奴谋我由此二路伸张，惜国民不早觉也。”[①] 苏莘极力主张收回青岛，重在阻断日本势力向内地的伸张，若非如此，收回又有何益？

10月25日，苏莘再作《解释济顺高徐二路合同之内容以揭出力争之要点》解读合同对中国的不利：一在日人可以“变更线路”；二在“银行操有支配全权”；三“在四十年内不准我国清偿斯债，则路不能收回”。[②] 同期杂志刊登的《青岛最近观察谈》直指日本竭力经营青岛，“欲以为亚东之新领土”。该文作者曾游历青岛，“细察其民情、风俗与商业状况，兹将所闻见者，略述如左”。[③]

1919年9月25日，威尔逊在科罗拉多州普韦布洛演讲后昏倒，10月2日再次中风，几乎丧失工作能力。1920年是美国大选年，无暇外顾。中国国弱失去“美国人仗义执言”，[④] 山东问题遂被搁置。大势如此，地学专门社团中国地学会亦无可如何，且研究热情随时间而消退，寥寥数篇，志在不忘而已。

二　交涉西藏

一战爆发后，中英西藏谈判搁置。战后英国重开交涉的声音再起，“往往提议急进之策，至与本国政府冲突”[⑤] 的是英印政府。藏军亦在英国的支持下，乘川滇相争之机展开攻势，逼近打箭炉，康藏形势危急。中国地学会有意研究西藏问题，但民国以来内地与西藏的交通几乎断绝，

---

① 苏莘：《再论济顺高徐二铁路亟宜力争之理由》，《地学杂志》第10年第7、8合期，1919年8月25日，第1—2页（栏页）。

② 苏莘：《解释济顺高徐二路合同之内容以揭出力争之要点》，《地学杂志》第10年第9、10合期，1919年10月25日。

③ 《青岛最近观察谈》，《地学杂志》第10年第9、10合期，1919年10月25日，第9页（栏页）。

④ 《山东问题》，《每周评论》第20期，1919年5月4日，第1版。

⑤ 《西藏交涉始末记》，《时事汇报》第2号，1914年1月，第1页（栏页）。

调查研究不易入手，只能从旧文中拣选仍有价值者。

1919年2月25日，黄昌寿为张其勤《炉藏道里最新考》附识称，卫藏地处边远，与内地往还的道路，“知之者稀，言之者更稀。现值藏番不靖之秋，运兵输械，在在均与道里攸关。欲求一言藏事之书，稍能适用者，颇不易得”。1905年张其勤由打箭炉赴藏，“出其经历所得，兼考载籍”，于1907年成是书，“虽不免有明日黄花之感，然其述康定乌斯间道里，既详且确。且藏地交通，迄今并未有若何之改变，亟录于此，或亦留心于边事者之所乐闻欤”，[①] 无可奈何之状跃然纸上。

4月5日，《大公报》报道英国驻华公使朱尔典威胁将西藏问题提交欧洲和会，国人深恐英国“借口西藏七年来与中央断绝关系之事，执为民意不愿内属之证，此后西藏将永久不为我有”。[②] 5月27日，又称“英国方面要求推广西藏边界于四川、新疆、甘肃边境，并西藏之独立”。然而西藏与久为德人占据的青岛不同，若给英国“过度自由”，政府“深恐为舆论指摘也”。[③] 30日，中英在中国外交部正式开议。

9月1日，时论称北京对西藏交涉极为注意，“特设置藏约研究委员会”研究，又电四川、青海等邻近西藏等地的各省军政长官寻求对策。[④] 一时国内报刊、通电，交织于道。10月25日，《地学杂志》刊发叶秉诚《西藏交涉之研究》指出，藏人乘川滇相争进占昌都以东十四县，“探其后方，确有英人之援助”。8月初英国向我国政府提出解决西藏问题的条件：扩展西藏版图到青海、甘边、西宁、川边康定以西及云南之片马；中英共认“外藏”有自治权，中国仅有宗主权而无统治权；西藏的“自治权”及兵备，应依“民族自决主义”由藏民自行决定。

国人不能接受的理由：西藏隶属中国，与英国无关；昌都以西、青海、西宁、片马与西藏风马牛不相及，且“外藏之名，不识何所根据”；藏民在中国位居五族之一，其是否举行自治，纯属内政。“故我治藏为一事，与英交涉又为一事”，此种旧式侵略主义，“已为现在世界所不容”。

---

① 张其勤：《炉藏道里最新考》，《地学杂志》第10年第2期，1919年2月25日，第13页（栏页）。

② 《西藏近况之京讯》，《大公报》1919年4月5日，第2张第2版。

③ 《西藏问题将大起交涉》，《大公报》1919年5月27日，第1张第3版。

④ M生：《西藏交涉》，《时事旬刊》第1年第22期，1919年9月1日，第58—59页。

对于西藏，国民“为今日计，唯有一方面备战，一方面交涉”；川人“当自觉自卫之即所以卫国也”；滇人“互助之即所以自助也”；我国民“自觉国民外交之必要也”。[①] 叶秉诚研究中英关于西藏交涉的历史与近况，用国家主权、民族自治等外来观念阐释西藏问题，又因对政府失望，号召国民联合实行国民外交维护西藏利权。

同期刊登的李明渠《西藏旅行记》称，“前奉蒙藏院暨国务总理命，调查边藏地方政治、人民、风俗、物产、土地、形势等事”，由北京经成都、打箭炉抵达拉萨，遂将沿途见闻按日记录成文，“以备将来军用云”。其呼吁“英人极力经营，汉人虽有经商者，类皆私人，万难发达，我政府宜急经营也”。[②]

西藏雄踞亚洲中心，英俄外相隔万里的德日也极为关注，战后德国自顾不暇，其他三国“都还没有心死”。[③] 12 月 25 日，《地学杂志》刊登黄日葵译日本《东方时论》的文章《西藏与中英》，称蒙藏汉土本为一家，“止以往昔徒夸羁縻，不审化育”，乃至外人“出没蒙藏，构惑煽动，离间中伤”，以致边疆多事。更有倡言民族自决者，然不悟其“不适用于共和之下”。国人昧于内争，“平时既不究其内情，明其真相，有事则仓皇因循，措置乖方。顾彼东邻，对我蒙藏反观察入微，如数家珍”，故译之以求知己知彼。

日本自认为亚洲的代言人，声称英国如何处理西藏问题，是“真能爱世界和平与否”的试金石。“西藏人长受中国之恩惠，故心中尚非无慕中国之念”，今藏人离心，因政府“轻率擒法王，欲早收西藏政权于其手，而使二万中国兵进入拉萨之过；次则由于破坏西藏国民视同生命，信仰中心之寺院堂塔，使僧尼还俗，及夺寺院之财产庄田”。巴黎和会承认各国国民不分人种一律平等，“则古来西藏国有之土地，当不至被编入于英领。佛教国之西藏，其运命悬于威尔塞会议，不可谓非奇缘也”。[④]

---

① 叶秉诚：《西藏交涉之研究》，《地学杂志》第 10 年第 9、10 合期，1919 年 10 月 25 日，第 1—3 页（栏页）。

② 李明渠：《西藏旅行记》，《地学杂志》第 10 年第 9、10 合期，1919 年 10 月 25 日，第 1—8 页（栏页）。

③ 陆友白：《西藏问题与东亚》，《黑潮》第 1 卷第 2 号，1919 年 10 月，第 1 页（栏页）。

④ 《西藏与中英》，黄日葵译，《地学杂志》第 10 年第 11、12 合期，1919 年 12 月 25 日，第 16—25 页（栏页）。

四川议员郭选芳因“边藏划界问题，颇惹各方注意”，建议四川督军、省长通电南方军政府，请“速由四川主持分建西康行省”，划清康藏界线。中国地学会刊其《分建西康行省议》称，西康以形势言，“则川之咽喉，而西藏之头脑也”，故清置其于四川辖下。现在西康已设州县三十余处，可设的尚有四十余处，“出产足以养民，田赋足以供官，无须另筹行政经费”。至于建省之利：一在其地广人稀，建省足以安置退伍士兵与贫民；二在麝香、牛黄、鹿茸等大宗富源得以开发；三在明边界，断康藏纠纷；四在建省可开利源，“以节吾川之流”；五在建省后，康定、边北二道外添加边南一道，道员“仍归川省节制”，如此可以固边防，弭边患。

西康不建省之害：一在兵戎旷日持久，粮饷兵灾致使四川地方糜烂；二在若交涉不利，西康划归藏地，大局何堪设想，即使争回我国，北方政府“倘以西北筹边使名义，驻重兵于此地，足制吾川死命”；三在纵使他人不欲染指西康，“而吾川年费百余万款，若长此以往，漫无经营，安能以我有限之精髓，填彼无底之巨豁”。[①] 郭选芳认为南北分裂，川滇相争，藏军进逼，英人窥伺，川省为维持危局，消耗资源甚多。故为川人利益计，西康当建行省。

1920 年 3 月 25 日，《地学杂志》刊季光祖《西藏杂述》谓，西藏山险路遥，但国人趋赴之，“盖利之薮、名之阶也”。甲申（1884）秋由成都赴藏，“因就目之所见，与夫耳之所闻，略纪梗概，不负此行云耳”。[②]

朱尔典有意在任内敲定西藏交涉，然而一战后英国国势日下，遍布全球的殖民体系摇摇欲坠，甚至被称为英王皇冠上的明珠的印度，自治运动亦愈演愈烈，英国对西藏实属有心无力，“确有退让诚意”。同时，甘肃都督张广建派甘南活佛及议员李仲莲赴藏，面见达赖喇嘛“告以中央德意”，其颇为意动。[③] 英国与西藏当局有心无力，正处军阀混战时期的北京政府也无平定藏乱的能力与意愿，唯有一味敷衍，西藏交涉不了了之。

---

① 郭选芳：《分建西康行省议》，《地学杂志》第 10 年第 11、12 合期，1919 年 12 月 25 日，第 26—28 页（栏页）。

② 季光祖：《西藏杂述》，《地学杂志》第 11 年第 2、3 合期，1920 年 3 月 25 日，第 3 页（栏页）。

③ 红叶：《渐有好音之西藏交涉》，《新中国》第 2 卷第 3 号，1920 年 3 月 15 日，第 197 页。

三　满蒙危机

俄国十月革命后，各方势力角逐西伯利亚，满蒙形势亦为之一变。1919 年 3 月 22 日，舆论报道，“据俄人方面云，某国与谢米诺夫秘图外蒙已非一日”，又控制赤塔会议，“决议先令布里雅特、内蒙、呼伦贝尔及外蒙联合成一联邦大国”，再将唐努乌梁海、阿尔泰“联合在内”，“一切政治、经济权利均由某国人操纵把持”。[①] 即指日本欲乘协约国干涉俄国革命的时机，北控西伯利亚，南据满蒙。8 月 6 日晚，蒙古王公在库伦开全体会议，表决对付谢米诺夫的独立主张。各王公以为蒙古久附中国，今又倡为五族共和，遂正式照会陈毅愿意内附。[②]

日本学界为配合政府的行动，鼓吹满蒙特殊论，中国地学会翻译日本人旭藤市郎《满蒙之利源》以警醒国人。旭藤公然声称满蒙与日本有极大的关系，又与世人所称的满蒙不同，“盖吾于满洲指奉天、吉林二省，于蒙古指内蒙古中东、西四盟，约东经百十六度以东之东部内蒙古地方也。此等地域，大体上包含南满洲及东部蒙古，皆在我日本之势力范围以内，我日本人得以自由活动者也”。[③] 文章则统计开垦的土地、未开垦的土地、矿业、林业与商业等富源。同年底，日本针对列强企图重组银行团，提出“满蒙除外”。[④]

10 月，徐树铮出兵外蒙古。11 月 17 日，外蒙古宣布取消自治，时人忧心“外蒙取销自治，如果没有办法，还是免不了日本的侵略”。[⑤] 12 月 25 日，《地学杂志》刊发大峰《西伯利亚现势之观察》，苏莘为之附识直言，日本人布局西伯利亚，“视我东三省已为囊橐中物”，如“崴港驻兵之弹压，龙江航权之交涉”的目的路人皆知。但日军在西伯利亚的

---

① 《外人勾煽外蒙之别报》，《大公报》1919 年 3 月 22 日，第 2 张第 2 版。

② M 生：《外蒙内附与谢布之扰边》，《时事旬刊》第 1 年第 22 期，1919 年 9 月 1 日，第 59 页。

③ 旭藤市郎：《满蒙之利源》，冰译，《地学杂志》第 10 年第 5、6 合期，1919 年 6 月 25 日，第 15 页（栏页）。

④ 彭一湖：《论日本要求满蒙除外之结果》，《新青年》第 7 卷第 1 号，1919 年 12 月 1 日，第 89 页。

⑤ 《取消外蒙自治的功罪和对付办法》，广东省哲学社会科学研究所历史研究室编《朱执信集》（下），中华书局，2013，第 618 页。

布置，“罕见报道”，故刊此文。

大峰为跟随联军进入西伯利亚的中国记者，报道日军在俄的势力、对吉黑航权的掠夺，以及对蒙古的行动，兼顾谢米诺夫所募华兵额数、俄国远东三省“过激党”的近况等。“总之西伯利亚自联军进境以来，我国所受影响，更甚于从前。乃者和会告终，我东方正多事之秋，愿国人际此千钧一发之时，奋起图之，其有豸乎。”[①]

同期杂志载中国地学会魏声龢编、王洪杰译《庙街纪略》，魏称咸丰十年订约后，中国丢失庙街及黑龙江航权。战后东省官吏根据《瑷珲条约》恢复航权，成立戊通公司下行到庙街，引起交涉，“爰嘱王君摘译俄人费免阔所著《远东地志》，为治国闻、讲地学者之一助云”。[②]

1920年5月25日，《地学杂志》刊载中国地学会余诚武《赤塔城地理形势志研究》称，谢米诺夫建立政权，定都赤塔，“吾人但观年来日人北略之野心，与勾结谢氏图我满蒙之阴谋，而知谢氏政府之居赤塔，其唯一之目的，实在于我。故赤塔在地理上，有极可研究之价值。其形势之扼要，尤以对我满蒙为最切”，[③] 国人亟当注意研究。

中俄合办的中东铁路，横贯东三省北部，外连西伯利亚大铁路，战略价值极大。9月25日，《地学杂志》刊发《中东铁路调查记》称俄国革命后，中国一度将铁路收回。巴黎和会后，协约国出兵西伯利亚，中东铁路被收归共管。至于联军“论确守纪律，举动大方，究以美人为最。若日本者，方乘人之危，为渔翁求利”。[④] 其后，列强的争夺日益激烈，不仅日美两国，“法人欲借道胜银行，攫取中东路权”。[⑤]

中西问题为近代中国的关键问题，面对一战带来的空前大灾难，国人思考西方文明，并每好做中西比较。10月25日，《地学杂志》刊登吾

---

① 大峰：《西伯利亚现势之观察》，《地学杂志》第10年11、12合期，1919年12月25日，第20—22页（栏页）。

② 魏声龢编《庙街纪略》，王洪杰译，《地学杂志》第10年11、12合期，1919年12月25日，第18页（栏页）。

③ 余诚武：《赤塔城地理形势志研究》，《地学杂志》第11年第5期，1920年5月25日，第9页（栏页）。

④ 《中东铁路调查记》，《地学杂志》第11年第8、9合期，1920年9月25日，第40页（栏页）。

⑤ 《华俄道胜银行竟欲移转国籍》，《时事旬刊》第2年第27期，1920年10月1日，第15页。

生《汉族开拓满洲史》，自称因满蒙前途危险，遂比较中西殖民手段，欲扬中国同化、包容的精神，去除故步自封的陋习，自存于竞争的世界。

其云汉人“开拓满洲”，无武力、政府、资财为后盾，“无科学之伎俩，无统帅指挥者之先辈”，仅凭个人之力即获得成功。究其因：一则“由于同化之力大”，将他族文字、语言、风俗习惯“归纳于我文物轨度之中，服从于我政权统治之下”，不似西人“常以铁血武力，侵人土地，墟人家国，奴隶人人民之灭绝人道也”；一则“由于自营力之强”，与他族竞争是和平的、人道的，政策是永久的、怀柔的，不似西人“相攘夺、相蹂躏、相杀夺之蔑视正义也”。汉人是和平地开疆、坚忍地进取，日本人则在攫取满蒙租借居住权后，“无非师晳人掠夺蹂躏之故技，挟其武力，挟其资材，挟其技术，日思驱逐吾满蒙人民于领土以外”。在进化日益剧烈的世界，“苟非光大吾民族固有之特性，不足以相角逐”，故“明知蹄涔涓滴，无补江河，或者蠡测管窥，可资国人借镜云耳”。[①]

其时，直皖战争中皖系战败，驻外蒙古的褚其祥军孤悬塞外，徐树铮亦被开去西北筹边使职务。库伦活佛、买卖城商会电请政府收回成命，舆论亦称正值“边疆多事之秋”，“非有强有力之大吏，不能镇慑蒙疆”。[②] 其后，北京政府委派陈毅主持外蒙古大局，但其拖延行程不肯上路。9 月，白俄溃兵进入外蒙古，各种传闻一日数变。1921 年 2 月，白俄匪帮攻占库伦，中国军队退守恰克图。3 月，苏俄军队侵占恰克图，在其支持下外蒙古再次宣布“独立”。

外蒙古复失，“诚以远隔千里，交通不便，欲得真相，确非易事”，故国内报道不详。亲历外蒙古战事的姜梅坞，述其见闻为《蒙疆战事谈》，“投赠”中国地学会刊布。其称去年赴库伦调查商业，对“此次战事，多所目见”。北京各报记载库伦事件，“或略而不详，或详而失实”。为使国人知晓其事实，特述见闻，供“留心边事者，庶几采择焉”。

蒙人此次叛乱，根源在“知识简单，利禄萦心”，即自外蒙古撤销“自治”后，官吏多来自内地，蒙人心生不平。直皖战争时，北京政府忙于内战无暇北顾，而驻库公署正在更定官制，新旧交替之际，“遂有少

① 吾生：《汉族开拓满洲史》，《地学杂志》第 11 年第 10 期，1920 年 10 月 25 日，第 1—2 页（栏页）。

② 《外蒙与徐树铮》，《大公报》1920 年 7 月 16 日，第 2 张第 2 版。

数王公喇嘛乘机煽惑"，"希图独立"。白俄溃兵入境后，被驻兵击败后散为土匪。但在白俄匪兵以及随其侵入的苏俄军队的攻击下，"土地相继失陷"，外蒙古再次宣布"独立"。外蒙古为中国北部屏藩，影响所及直指京畿，怎能轻言放弃。国人对山东、福建问题，大声疾呼力图挽救，"而于外蒙，则置之不顾。岂以鲁闽之地，优于外蒙，而以外蒙为无足重轻欤？不然，何其寂然无闻也噫"。[①]

外蒙古得而复失，内因军阀混战，置私利于国家之上，导致外蒙古防守不力；外因白俄、苏俄军队相继进入，鸠占鹊巢，中国又无力驱逐，内外因素交迫下，外蒙古于事实上脱离中国。中国地学会研究外蒙古，大声疾呼警醒国人。然乱世中百无一用是书生，千般筹划万种建议皆为徒劳，而国弱终不可行，外蒙古得而复失终未再得。

四 维护主权

山东问题引发了国际上关于租借地，"究竟是假装割让，还是真正租借"的讨论。"若真是欧洲公法家所说的假装割让"，[②] 中国不能讨还，而收回租借地"为中国存亡之大关键"。[③] 其时，中国租借地中租期为25年者即将期满，国人欲按条约收回，学界自应负起研究的责任。

1921年8月25日，《地学杂志》开始连载的贾伸《中国租借港湾之史地研究》称，中国租借出去的港湾有旅顺口、大连湾、威海卫、胶州湾、广州湾、大鹏湾六处，皆"形势便利"。外人以其为经营的据点，吸中国之"膏液"，一旦有事又可由此出兵，中国则"祸伏肘腋"，"隐忧未有甚于此者也"。东隅已失，桑榆未晚，"租借者非割让之谓也，如期而收还之，惟在国人之自奋而已"。有感于此特作此文，"非敢以列箸述之林也"，在欲使国人知六港湾的价值，"益坚决其收还之心"。[④]

1922年2月4日，中日在华盛顿签订条约，规定日本在六个月内撤

① 姜梅坞述《蒙疆战事谈》，《地学杂志》第12年第5期，1921年5月25日，第119—147页。

② 黄元彬：《租借地性质之研究》，《学艺》第2卷第9号，1920年12月30日，第1页（栏页）。

③ 《论收回旅大亟宜准备》，《协和报》第21期，1911年3月9日，第13页。

④ 贾伸：《中国租借港湾之史地研究（未完）》，《地学杂志》第12年第8期，1921年8月25日，第25页（栏页）。

兵，中国收回山东。接收涉及各项亟须调查研究，中国地学会以专门相关积极参与，在8月28日出版的《地学杂志》中汇编山东铁路、矿产、航运调查报告。其中，《胶济铁道之略史》谓查胶济铁路干、支路，“共合华里八百六十四里又八十六分”，1913年“共收得进款，银元四百余万元”。[①]《济南胶济护路地带之调查》指出，据条约“关于德人旧有一切经营，均完全交还中国”。铁路两旁为属地，置产兴业“例须向路局年纳租金”，“此种德人原有铁路附属地产，当然在无偿交还之列”。[②]

《山东问题解决后吾国应收回之矿产》调查中国应当接收的矿产，有德人经营的坊子、淄川煤矿，及金岭镇铁矿三处。胶州湾盐田“此次交涉结果，决定中国用价收回”，但日商谋以该地华商的名义继续经营，“设将来名义上用华商出面，实际上仍由日人依然继续营业，则贻笑世人，长人傲气，丧权辱国之罪，商人与国民实负之也”。[③]《青岛航业之调查》感叹，“近年来日人在该地经营航业，不遗余力，而吾国自有商船之航行青岛者则绝少”。[④] 此组文章重在厘清中国应该收回的事业，以免遗留后患。

1898年，俄国强租旅大25年。日俄朴次茅斯议和时，中国曾意图收回，被日本拒绝，遂经俄国转让日本。日本承接旅大后，屡次要求延长租借时间。1915年5月25日，中日《关于南满洲及东部内蒙古之条约》将旅顺、大连租借期展至99年。

旅大控渤海门户，“扼北京之咽喉”，又“为侵入满蒙之进路”，[⑤] 故每有国人谓“我国宁不有数百万方里之西藏，而不可不有数十方里之旅顺”。[⑥] 华盛顿会议上中国代表顾维钧在远东委员会辩论租借地问题，要

---

① 《胶济铁道之略史》，《地学杂志》第13年第4、5合期，1922年8月28日，第27—28页（栏页）。

② 《济南胶济护路地带之调查》，《地学杂志》第13年第4、5合期，1922年8月28日，第30页（栏页）。

③ 《山东问题解决后吾国应收回之矿产》，《地学杂志》第13年第4、5合期，1922年8月28日，第36页（栏页）。

④ 《青岛航业之调查》，《地学杂志》第13年第4、5合期，1922年8月28日，第17页（栏页）。

⑤ 《论收回旅大亟宜准备》，《协和报》第21期，1911年3月9日，第14页。

⑥ 贾伸：《中国租借港湾之史的研究》，《地学杂志》第12年第8期，1921年8月25日，第29页。

求按期收回，英、法代表允诺交还后，政府照会日本交涉，各界组织国民运动力争收回旅大。中国地学会对旅大早有关注，1910年介绍旅顺形势时即忧心，日本人如此大肆“经营”，“其能于十四年后，归还此地于我耶噫”。①

1923年3月29日，中国地学会通电全国：“万急，旅大天险，西蔽首都，东障朝日，南航海洋，北达满俄，形势交通皆极便要，现届期满更应收回。至二十一条，未经国会通过根本未能成立，事关国权，恳一致协争。”② 同时，《地学杂志》刊登“紧要启事”，呼吁“旅顺大连湾之收回与否，不仅利益问题，实乃安危问题”，“此按之地理而无疑”。因研究奇缺，“诸公有何卓见，凡关系旅大之形势或调查，只须言论确实，计划周详，不论长篇短著，如蒙惠寄，莫不欢迎”。③ 杂志还增加附页，刊登文字，请国人毋忘：“民国十二年三月二十六日，是日者俄约期满，吾人当收回旅大者也。”④

国内舆论即各团体的争论点在“二十一条”为非法条约，“那么，今年收回旅大当然不成问题”。⑤ 然而国人的爱国心，不敌日本人的刺刀，旅大终究未能按期收回。中国地学会编辑萧鸣籁请会员李长傅作研究文字，李自称“于政治殊少研究，不敢妄加谬论”，唯国人对于旅大的历史、地理多有暗昧，“爰就所知，以供国人作研究旅大问题之参考”。

李长傅《旅大租借地志略》载于该年第5、6合期《地学杂志》上，文章指出俄约期满日本借口展期之说，“不认旧约”。然而“二十一条”未经国会通过，不具备国际条约的效力。故希望国民及政府据理力争，“不达收回之目的勿止也”。至于旅大现在的形势，大连是东北第一商港，商业上的价值，北洋仅青岛能与其抗衡，全国“亦仅青岛、上海、香港三口耳”。从军事上看，旅大北控满蒙，西胁京畿，南进山东，“一日不收回，一日经济上之大漏卮也；一日不收回，一日腹心上之大隐患

---

① 《旅顺》，《地学杂志》第1年第4号，1910年5月28日，第11页（栏页）。
② 《中国地学会对日外交有电》，《申报》1923年3月29日，第11版。
③ 《本会紧要启事》，《地学杂志》第14年第3、4合期，1923年3—4月中旬，前附页。
④ 《请国人毋忘》，《地学杂志》第14年第3、4合期，1923年3—4月中旬，附页。
⑤ 涵：《关于旅大租借的条约》，《努力周报》第47期，1923年4月8日，无页码。

也”。故吁请国人与政府据理力争，“勿作虎头蛇尾之行为”。①

为壮大声势，同期杂志汇编《旅大收回声中之文电摘录》，收录中日之间的照会及公文、各国对该问题的评论、国民之声等。编辑萧鸣籁痛言旅大于法当收回，于势当收回，于力则不能。日本是有力国，据旅大钳制东北，“劫京津，遥窥沿海，是其胜算，非能服公理公法也”。其后援是枪炮巨舰，前锋是资本企业，中国仅持公理，“断难得有良好结果”。为今之计，“必培植收回旅大之‘力’有断然矣”，奈何国人南北纷争，兄弟阋墙自损实力，“国货滞销，自削财力为哉”。汇集该篇，“聊存掌故，借便与感”。②

五四运动后，国人借助国民运动维护国权的意识空前高涨。长期以来有意借助学会组织参与时事时政的中国地学会，积极推动并参与其中。然而，其毕竟是清末建立的主要依靠政府经费补助维持的地理专门社团，一则寄望本高深学理研究现实问题，鼓动舆情发动民众，不免失之于迂；一则用力之处多在本学理研究时人关注的热点问题，以求学以致用，但其政治与文化观念素持稳重主义，以新锐眼光看难免有陈旧保守之嫌。且在以丛林法则为准的国际秩序之下，弱国的研究与吁请即使铺天盖地，亦难敌帝国主义的强权，尽显专门学者研究现实问题，无力而又无奈的尴尬。

第三节　会务的改良与中止

清季创建的地理专门报刊《地学杂志》，因经营较好成为清季民初中国科学杂志的代表与旗帜，从而掌握了学界的资源与话语权，得以稳定出刊。然而，随着新文化运动的兴起，学界及报界倡议使用白话文、新标点以及西式学术规范，政府亦制定规章进行推广，中国报刊界掀起一场前所未有的革新运动。新立及通俗类别的报刊自然容易趋新，早已创建并形成特定风格的专门报刊，必须在精深知识的文雅与普及的通俗

① 李长傅：《旅大租借地志略》，《地学杂志》第14年第5、6合期，1923年5—6月中旬，第4—16页（栏页）。

② 《旅大收回声中之文电摘录》，《地学杂志》第14年第5、6合期，1923年5—6月中旬，第3页（栏页）。

之间达成平衡，难以轻言改变。

缘此，在1910年代中期尚是与旧学争锋之先进的《地学杂志》，因信守专门古雅，在短短数年以后，已被新进视为老旧，而归于应该淘汰之列，其为求生存被迫顺应时潮，从内容到外观均加以改良。加之其时中国政治纷争剧烈，不仅南北双方尖锐对立，北京政府内部亦纷争不绝，致使依赖政府补助维持的中国地学会，经费几度断绝，会务亦因之时断时续，最终在1924年中止。

一　改版会刊

新文化运动提倡白话文与新文学，反对文言文与旧文学。其实，白话文对报刊来说并不新鲜，早在清季中国报刊兴起之际，为扩大读者群体增加发行量，以及进行政治宣传或普及智识，就出现了一批面向下层人民群众的白话报刊。主要的报纸，如天津《大公报》即因“中国文法太深”,[①] 辟有白话版面。1910年8月13日，戴季陶指出报“是社会性质，凡是社会上的人，人人都应该看，要是做些诘屈聱牙的文章，那么除了几个读书人，谁还能够懂呢?”因此“报上文字宜用白话体”。[②]

早期白话报刊数量有限，主流报刊如《大公报》附设的白话版面比重也较小，文与雅仍是报刊的价值体现与追求。1912年，《广益录》的编辑称：“近日接各处的神父与众教友的来信，有说本报作的深，有一班文字稍浅的弟兄可就看不下来啦。为这个缘故，我们编辑的人很费一回踌躇。因为都改成白话体，可就文字浅啦，容易看啦，到底与报的价值有些妨碍。要是仍照着原样永不改换，又恐怕看报文字稍浅的诸君看不懂，也是无用。因此就将本报的附张每期添一段白话。”[③] 其以文雅为主体、白话为辅助的做法，体现的是报刊在坚持文雅的追求与普及的功能之间的两难抉择与妥协。

1910年代中后期，随着新文化潮流风行全国，学界及大众对文言文与白话文的认识发生了重大转变。新锐将文言文视为中国学术与文明发

---

① 《白话》，《大公报》1909年2月6日，第2张第2版。

② 《本报阅者诸公请看（1910年8月13日）》，唐文权、桑兵编《戴季陶集（1909—1920）》，第56页。

③ 《白话》，《广益录》第30期，1912年。

展的障碍，提倡以白话文进行学术研究。朱执信称：“至于白话文之用途，尤要在宣明学说一方面。如汉民兄所言，苟早用白话文，各归国留学生，早已吐丝结茧，衣被学林。”[①] 时人甚至认为陈独秀、胡适等提倡白话文，因旧文学“自与西洋文明，扞格不入”。[②] 因此，新办报刊大都使用白话文与新标点，如1919年1月《法政学报》决定自第10期起使用新标点及句读，2月25日又规定文章须使用西式学术规范，“夹注要用西式”，“置于每页之末而于本文中用数字记之”。[③] 归国留学生创办的《科学》《学艺》等科学报刊，自然亦是采用西式学术规范。更具决定性作用的是，1920年2月2日北京政府教育部发布第53号训令《通令采用新式标点符号文》，规定各级学校和出版机构应使用新式标点。

新兴报刊自然方便采用新文体、新规范，但旧有报刊囿于素有观念与风格，转变不易。尤其是必须在精深知识的文雅与普及的通俗之间达成微妙平衡的专门科学报刊，更是难以轻言改变。1910年代，中国地学会创建的专门报刊《地学杂志》，因经营较好成为清季民初中国科学报刊的代表与旗帜，掌握了地学界的话语权。

中国地学会及其同人学理上宗科学地理，但限于时代及自身素养的华洋新旧杂糅，在追求科学新知的同时，又讲求专门古雅。其会长张相文少时即以能文得名，壮年又加入革命文学社团南社。1919年3月6日，《申报》报道北京大学的新旧派分指出：“国史馆之耆老先生，如屠敬山、张相文之流，亦复视新文学派若蛇蝎，而深表同情于刘、黄。”[④] 可见，新文学派将张相文列为反对新文化的旧派人物。直至1923年前后，张相文还指责新文化者鄙弃国学用夷变夏，故敦促陈垣亟将《元西域人华化考》刊布，以正学界风气。又谓文学自古未有改良之说，“一改而非人类，再改而入兽道”，故“文学之应否改造语体，尚待考求”。[⑤] 中国地学会是由张相文发起并主导的个人办会色彩浓厚的专门学会，所以《地学杂志》虽号称文体不限，但实则文章多为专门、古雅。

---

① 《复黄世平函》，《朱执信集》（上），第341页。

② 易宗夔：《新世说》，沈云龙主编《近代中国史料丛刊》第180册，第147页。

③ 《本报投稿简章》，《法政学报》第9期，1919年2月25日，前附页。

④ 静观：《北京大学新旧之暗潮》，《申报》1919年3月6日，第6版。

⑤ 张相文：《魏劭卿》，张相文：《南园丛稿》（三），沈云龙主编《近代中国史料丛刊》第300册，第878—880页。

与此同时，清季民初正值中国知识转型时期，新旧更迭迅速。1910年代中期《地学杂志》尚是与旧学争锋的先进，然而随着新文化运动提倡的西式自然科学分科与法则的逐步确立，其从外观到内容均已被时人视为陈旧，从而归于淘汰之列。就学理而言，中国地学会为光宣之际，中国学界新旧更替、科学方兴之时，创建的包括后世所言地理学、地质学、气象学，乃至古生物学、海洋学在内的学科边界模糊的地学学会。民初新学一统学界，学科边界逐渐明晰与细化，至1920年前后地质学、气象学已经到了形成独立学科的前夜，专门报刊如《地质汇报》《观象丛报》等早已创办，分流了《地学杂志》的作者群体与稿源。

为竞争求存，中国地学会被迫改变素有观念，引张相文在北京大学史学门的学生余诚武、藤统音、姚士鳌、夏镜澄、萧鸣籁等入会，顺应时潮改良杂志。最初的改变体现在外观上，自1920年第1期开始，《地学杂志》新设定的封面主体是中华民国地图，其下是中国地学会、CHINESE GEOGRAPHIC① SOCIETY、《地学杂志》、THE GEOGRAPHIC MAGAZINE 四行文字，“中华民国邮政特准发行”及出版日期则竖排在右上角。

1920年前后，较之新立的专门学会，中国地学会在组织、经费、会务的处理上，张相文个人办会的色彩过于浓厚，且不够公开透明，显然与学会的公益性有违。因此，中国地学会准备设立干事评议员，分为常住、交际二部，处理日常事务与学会内外的联络。4月22日，其召开干事评议员筹备会，张相文任主席，出席者有原编辑员黄昌寿，新任编辑员北京大学史学系学生余诚武，新会员北京大学史学系毕业生藤统音、姚士鳌、夏镜澄、萧鸣籁等，“先开茶话会，后开评议会。议决当先由筹款入手，然后再择日开干事评议员成立会”。

会议决定四月份杂志稿仍归黄昌寿编辑，五月起“由黄、余二君分任”，其余会员“分任投稿、募集新会员事，并议决每月杂志稿，定期每月十五日前将各稿交楚，由评议员审查去取后即行付印”。学会事务实

① 中国地学会早期虽未有以英文对应，然观《地学协会启》、简章，其地学当为地理学之简称。其后，学科界限渐为明晰，有仿其时日本以地学对译 Earth Science，地理对译 Geographic。然至1920年代初，《史地学报》仍有人以为“地学对译之英文均为地理而非地球科学”。《黑潮》载《改良文字商榷》称科学名词宜用本字，翻译“或据诸上古，或取法东邻，或出诸己意，或竟译其音而不存其字，意义各殊，名目遂异”，“吾国科学名词之规定实无善法，与其旁求他术，毋宁径用泰西文字之简而易也”。

行公开主义，章程改定、款项收发等均由干事评议会通过后再予执行。同时制定了“经济扩充”与“杂志内容改良”两大计划，“至广译图籍，增募会员，迁移会所诸事，则俟筹有的款，然后按步实行”。[①]

5月15日，中国地学会召开干事评议员成立大会，张相文做募款情形的报告，自称“结果颇为圆满”。会议选举姚士鳌为交际干事，“又添编辑一员，推余君诚武担任”。姚士鳌认为“杂志精神，须求日新月异，与地理知识之普及”，因此必须改良会务以及杂志的外观与内容。此外，林传甲亦有改良计划提交会议。他们的改进建议虽然被会议全体成员审议通过，但因经费不足，“暂仍旧维持下去”，待“捐款有若”后依次实行。

余诚武提出征集稿件应分两项：“一由会员自由投稿；一自第五期起，登广告向外征文，酌与以相当之酬报云。”[②] 4月25日，黄昌寿发布通告，“鄙人体质素弱，授课数校已不胜其奔驰之苦。若再担任本会编辑，势必难以兼顾”，因此彻底辞去中国地学会编辑职务，从该年第5期《地学杂志》起“概不负责”。[③]

5月25日，中国地学会发表《会员诸君公鉴》称，“当此会款奇绌，京票低落之时，本会入不敷出，万难进谋发展”，[④] 请迟缴会费的诸位会员，尽快缴纳。《订阅本杂志诸君公鉴》谓诸君地址变迁，杂志社均曾按原址寄去杂志，会员即未收到，每来函索取，“本社为学术商榷机关，自与营业少异”，[⑤] 只得补送。现学会费绌难以为继，以后若更换住址，当先行通知，否则恕不负责。

《本社欢迎投稿启事》明确指出自该年第7期起，更改杂志的外观与内容，“力求美备，以期应世界之新潮流”。又称学术研究贵在公开，同人见闻寡陋或有不周之处，“尚望海内外同志尽力匡助，时惠鸿文”，“凡调查所得、见闻所及及一切有关地学之经验实录等”，无不欢迎。文章登载即赠送杂志若干份，“以期交换智识，互相研究，是则同人所切祷

---

① 《本会纪事》，《地学杂志》第11年第5期，1920年5月25日，第1页（栏页）。

② 《本会纪事》，《地学杂志》第11年第5期，1920年5月25日，第1页（栏页）。

③ 《本会编辑辞职通告》，《地学杂志》第11年第4期，1920年4月25日，第1页（栏页）。

④ 《会员诸君公鉴》，《地学杂志》第11年第5期，1920年5月25日，前附页。

⑤ 《订阅本杂志诸君公鉴》，《地学杂志》第11年第5期，1920年5月25日，前附页。

者也”。①

7 月 5 日，叶翰行将南归，特提前召开常会，因下雨仅有数人到会，遂改为茶话会。当日商议筹款事务，张相文指出“本会前向各当道募集捐款，原有七八分把握”，然因政变突起，内阁总理、中国地学会会员靳云鹏于 5 月 10 日辞职，影响所及，农商部及各项私人补助大多落空，不得不缩小改良杂志的计划。拟自 1920 年第 7 期《地学杂志》起改用新式印刷、装订，封面则追求素雅简洁，仅刊登要目、期数、发行机构等。至于内容，由编辑“严定门类之差别与材料之检选”，以期有所起色。

鉴于中国地学会为专门学术的商榷机关，凡有志研究地理学者，“无论为会员与否皆可来会阅书，现特于会所对面另租房一所，拟作阅书报之用，将来组织就绪，即可任人自由阅览”。会员李宏增在会议中提议，邀请全国各级学校的地理教员入会，“以期交换智识，推广研究之范围，其办法除由杂志登广告征求外，更投函各学校，邀请其地理教员入会”。②

25 日，中国地学会刊发三则启事：一则称该期杂志因改版需花费时间办理手续，“又以比较精良之印刷局一时不易觅得”，③ 因此将出版日期延后，至为抱歉；二则再次催缴会费，请欠会费的会员，“务希将应纳会金从速汇下，借资挹注而利进行”；④ 三则为催收《地学杂志》的费用，“兹查定购诸君所欠杂志费甚有多至一年以上者”，“亦当如数汇寄于理方合”，为此去函催款，并声明“凡欠至两元者，从本月起暂将杂志停寄”。⑤ 观其内容，实际皆与中国地学会遭遇筹款困境有关。

同时刊载的《本社投稿简章》值得注意的有：（1）“本社以研究地学，特别注重本国地理为宗旨，素取学术公开态度”，欢迎海内外同志赐稿；（2）杂志各栏目皆可投稿，“惟确有科学价值，或最切地方利害之论文，及国内实地调查之记载，在地学范围以内者，本社格外欢迎”；（3）自撰、翻译、批评均可，“但文体须明畅，纪载须确实，过于艰涩

---

① 《本社欢迎投稿启事》，《地学杂志》第 11 年第 5 期，1920 年 5 月 25 日，前附页。

② 《本会纪事》，《地学杂志》第 11 年第 7 期，1920 年 7 月 25 日，第 1 页（栏页）。按：该期标明杂志出版日期仍为 25 日，但由下文启事观之，当为晚出，只为惯例，所标日期不变。

③ 《本社启事一》，《地学杂志》第 11 年第 7 期，1920 年 7 月 25 日，第 1 页（栏页）。

④ 《本社启事二》，《地学杂志》第 11 年第 7 期，1920 年 7 月 25 日，第 1 页（栏页）。

⑤ 《本社启事三》，《地学杂志》第 11 年第 7 期，1920 年 7 月 25 日，第 1 页（栏页）。

及浮泛者不录”；（4）翻译须有原著姓名及题目以便核对；（5）来稿“缮写清楚，标点明白。照本杂志行格抄录者更佳”；（6）稿酬五千字以上“五元至十元”，一万字以上照加，译稿“每千字赠现洋二元”，但学社认为无酬报现金之价值者“均酬以本杂志为报”；（7）“来稿已先在他处发表者，恕不致酬”。[①] 观简章，其征稿在注重科学价值之外，还要求文体明畅以及使用新式标点。

改版后的《地学杂志》得到部分读者的认可，销量有所增加，获利成为杂志编辑与印刷费用的重要补充。《地学杂志》的稿源增加，导致收到的文稿见刊时间延后。中国地学会特于9月25日刊登启事：“本社迭承同志诸君惠寄佳稿，不胜感谢。惟杂志因限于篇幅，未能同时一一登载，殊以为歉，以后当次第刊出，仍乞随时赐教为幸。”[②]

1920年8月，靳云鹏再度出山组阁，直至1921年12月11日去职。在此期间，中国地学会再次运动筹款，自称“八月间本会同人，佥以会款支绌，难以维持”，函请靳总理补助，“总理查悉本会开办十余年，所出杂志，风行海内，且连续至百余卷，未曾间断，深为嘉许。现已饬自国务院月补助二百元云”。[③] 加上教育部、农商部每月各一百元的经费补助，中国地学会在此期间较为充足的经费保障，保证了学会事业的改良与扩展。

二 挣扎求存

1921年，中国地学会编辑主任变动频繁。5月25日，吴其辕发布启事，谓中国地学会编辑去年暑假后由萧鸣籁与姚士鳌分任，萧因病去职，本年第1期至第3期杂志由姚个人编订。姚任职教育部难以兼顾，从第4期起由其负责，“所有手续一仍前例”。[④] 12月25日，姚士鳌刊登启事，称“本志编辑主任吴固生先生，因事南旋”，《地学杂志》编辑职务，“远离京华势难兼顾，自民国十一年起杂志编辑事务，暂由姚君存吾一人

---

① 《本社投稿简章》，《地学杂志》第11年第7期，1920年7月25日，前附页。
② 《本社启事一》，《地学杂志》第11年第8、9合期，1920年9月25日，第1页（栏页）。
③ 《本会纪事》，《地学杂志》第11年第10期，1920年10月25日，第1页（栏页）。
④ 《本会纪事》，《地学杂志》第12年第5期，1921年5月25日，第166页。

负责”。[1] 编辑的频繁更换，带来《地学杂志》风格、内容的多变，影响了作者、读者群体的培养，以及学术质量的提高。

10 月 25 日，中国地学会发布投稿简章，第二条规定文稿类型，“有对于地理学人地关系论、地理教授法、历史的地理、游记、探险记、旅行记、海程记、风土记等，以及国内边僻之地及南洋群岛地理上之实地调查均所欢迎”。第七条为关于版权的处置，“惟一登录版权即归本社所有，若著作人欲保留版权者，须预先声明另议酬报”。[2] 同时，发布启事解释第 9、10 合期杂志延期出版的原因，称：“本期杂志稿付印已两月余，为印刷局延搁，直至今日始克出版。”[3]

12 月 25 日，《地学杂志》编辑部启事谓，杂志创刊以来“辱承各界惠爱，销数日增，旧刊杂志亦一版再版”。近年新文化运动风行全国，“各科学术焕然更新，昌明地学允为本会同人之本分”，故决定自 1922 年第 1 期开始大加改良。

杂志栏目设置：论丛，“凡通论地学上之发见与研究教授方法等之论著”，每期登载三篇；说郛，“凡最近地理学之长篇名著，重要译述，及时贤关于地学之特别讲演”，难以纳入论丛栏目者，皆入此栏；杂俎，“刊载最近最有价值关于地理之游记、调查、探险报告等之名著”；增加地学界消息一栏，“刊布最近海内外地学界消息，以资留心地学同志之参证”；邮筒改为通讯，“本学者态度，以剖析疑难，讨论地理学上之重要问题、重要发见为宗旨，浅浮及不关于地理者不录”；介绍图书调整为介绍与批评，“以介绍或批评地学界新旧出版书籍、杂志为主旨”；新设会务报告一项，公开会务。每期杂志大致设四个栏目，论丛、说郛、杂俎每期皆有，“余栏视材料之价值，临时酌定”。

杂志将刊登最近翻译的地理学名著若干种，“以期唤起我国沈寂干枯地学界之注意”。已校正完毕的有《达尔文世界一周学术探险》、耶鲁大学教授汉丁敦著《文明与气候》、第 11 版大英百科全书“地理”子目，以及《西洋地理学概论》，“每期以一篇为度”。正在审查的有《地理学史》《地理研究法》《印度南洋群岛之历史的地理》《地理与历史之关

① 《本会编辑部纪事》，《地学杂志》第 12 年第 11、12 合期，1921 年 12 月 25 日，前附页。
② 《本杂志投稿简章》，《地学杂志》第 12 年第 9、10 合期，1921 年 10 月 25 日，前附页。
③ 《本会启事》，《地学杂志》第 12 年第 9、10 合期，1921 年 10 月 25 日，后附页。

系》，另外“尚有若干种译成或商定专家担任译述后另告”。

外观上首先革新文体，文言白话不拘，但以简明浅显为主旨，并一律加教育部颁行的新式标点符号，“以期醒目”。[①] 其次改良印刷：除重要译著、论文外，统一使用五号字，以节省篇幅增加内容；杂志封面力求美观，并改用新式标点符号；自第1922年起，杂志改为六期一卷，每期五万至七万字，每年发刊六期至十期。

同时，中国地学会《本会特别启事一》声称此前曾经拟定刊印《达尔文学术探险记》，近日学会认为其是达尔文的巨著，不使用新式标点符号，恐怕不能完全表达出翻译此书的用意。因此经公决，添加新式标点，自《地学杂志》1922年第1期开始连载。此外印刷格式，亦力求新颖。[②]

中国地学会主张文言白话不限，然而专门学理文体过白，难免有损“艺术”。改版后出版的首期《地学杂志》，载有编辑姚士鳌的译文《文明与气候》，其明确指出译文“本想用白话，因为加添的话过多，我的艺术太差所以才顺笔译下去”。[③] 改版后，《地学杂志》焕发蓬勃生机，交流网络日益扩展，1922年初已与44份国内、15份海外杂志进行互换，其中外国杂志除英文《上海公论》外，皆为日本地学或相关杂志。[④]

中国地学会的经费，主要依靠北京政府部院的补助。然而中国政治大都因人成事，故补助不免随人事的变更而时断时续。加上1920年后，北京政府财政日趋紧张，各部院职员的工资尚且难以保证，何谈对公益社团的补助。1922年5月26日，《申报》报道教育部讨薪团开会，提议缩减部款支出，办法之一是“停止各种学会及私立学校之补助”，[⑤] 中国地学会亦被归入暂行停止补助的行列。农商部亦拟停止对部外事业的各项补助。因为经费原因，本应在3月出版的第3期《地学杂志》拖延至6月25日始得以出版。

中国地学会建立时，就将模仿东京地学会编辑《地学丛书》列为应办事业。6月，中国地学会开始发售张相文选辑的《地学丛书》乙编上

---

① 《本杂志今后扩充篇幅刷新内容计画之大披露》，《地学杂志》第12年第11、12合期，1921年12月25日，前附页。

② 《本会特别启事一》，《地学杂志》第12年第11、12合期，1921年12月25日，前附页。

③ 汉丁敦著、姚存吾译述《文明与气候》《地学杂志》第13年第1期，1922年1月25日，第67页。

④ 《本会纪事》，《地学杂志》第13年第1期，1922年1月25日，后附页。

⑤ 《教育部议裁附属机关之风潮》，《申报》1922年5月26日，第7版。

册。其收入《中国地图考原》《西游录今注》《湛然居士年谱》《成吉思汗园寝发见记》《致中国地学会辩成吉思汗陵寝辨证书》《成吉思汗陵寝辨证书》《答张蔚西成吉思汗陵寝辨证书》《再答屠敬山成吉思汗陵寝辨证书》《成吉思汗陵寝之旁证》《泺口黄河桥古为鹊山说》等 10 种论著，号称“所收均为近十年来国内地学界精深博大之名著，考古证今，尤为治历史地理者所不可不备”。①

第一次直奉战争后，直系提出恢复法统。8 月 1 日，旧国会复会，张相文年谱称“以前同志又多来京”。② 再次出山担任总统的黎元洪殷勤笼络议员，会员中多有国会议员的中国地学会得到各方示好，政府各部院的补助又得以恢复。经营环境好转后，《地学杂志》得以重新编辑，于 8 月 28 日出版第 4、5 合期。中国地学会发布启事，称自本期起“因篇幅增加，成本过重，每册收实价大洋两角五分，预定六册以上者，仍按两角计算，概不加价”。③ 又谓为追赶世界学术潮流，“本会自七月起，拟每月添增西文地学书籍若干种，供会中同志之参考”。④ 现已购得 5 种，即汉丁敦《人生地理学》、潘克尔《如何研究地理》、莫立士《疆界之研究》及《世界各地之家庭生活》。

10 月 28 日，中国地学会特别启事称张星烺在留德期间，翻译英人亨利·玉尔注《马哥孛罗游记》的同时，搜集到关于中国、东亚的古游记 40 余种，拟以《史地丛书》的名义出版。因中外至交好友催促，为答海内外同志的厚爱，自该年第 7 期杂志起，先将《马哥孛罗游记导言》每期以一万五千字发表，“幸海内外有志研究中欧文化交通史、元代史及《马哥孛罗游记》者特别注意”。⑤

同时，又发布启事谓“本杂志为确定出版时期，改良印刷，审选材料起见”，下半年“改出三次合期，每期扩充材料约自九万字至十万字，较前单期约增一倍，本期十月份出版为六、七合期，将来十二月份出版者为八、九合期。本年每期只加收印费五分，合期每册二角五份，在本

① 《本会发售出版紧要书籍广告》，《地学杂志》第 13 年第 3 期，1922 年 6 月，后附页。

② 张星烺：《泗阳张沌谷居士年谱》，张相文：《南园丛稿》（五），沈云龙主编《近代中国史料丛刊》第 300 册，第 2431 页。

③ 《本会启事二》，《地学杂志》第 13 年第 4、5 合期，1922 年 8 月 28 日，第 1 页（栏页）。

④ 《本会记事》，《地学杂志》第 13 年第 4、5 合期，1922 年 8 月 28 日，后附页。

⑤ 《本会特别启事》，《地学杂志》第 13 年第 6、7 合期，1922 年 10 月 28 日，前附页。

年十二月内预定全年者仍案一元二角计算”。[①]

同期《地学杂志》新增西北地理研究——新疆专栏，是自1920年张相文皈依佛教以来，首次为热点议题设立专栏。编辑姚士鳌阐述设立的意图，称清季以降外蒙古、西藏任人蹂躏，“念前人之经营，悯后人之遗业，大好河山，任其荒凉，毋亦太负自然之赋予耶？兹于国枯民困之际，将边陲省区，宜垦殖之地，图示于国人”。希望能引起内地青年的注意，愿意至边地发展，“中华民族之生命，或有反枯为荣之一日耶！”此栏目的编辑，“便欲知边地省区近况者之参考，言务新真，事期详确，首辑新疆，故名曰‘西北地理研究’，旨在使国人晓然于新疆之现状”。又称同居地球之上，同为人类，其他民族居住的土地已尽“利生”，“吾族所居者犹荒芜不治，人即不思取而代之，自问宁不赧颜？此编之辑，所以期览者之联袂兴起也”。

编辑的宗旨：（1）该专栏旨在叙述新疆自然、人文的现状，以及中国人经营新疆的情形，故称西北地理研究；（2）取材以近人游记、中国地学会会员报告及中外报纸的最新调查为主，“务期新真，奢谈故事，及非近人之记述者不录”；（3）拟编辑各边地省区现状的调查，不限于西北，卫藏、川边、蒙古、黑龙江、吉林等地拟各为一编，分期在《地学杂志》上发表；（4）近来国内新出的地志、地理教科书，“不失之节陋，即失之陈腐，于边地尤略而不详，实失地理设教之本意”，该专栏志在纠其疏陋，方便学校教学，“又不仅徒为‘舆地丛抄’之遗绪已也”；（5）学会同人，见闻所限，希望“海内同怀有以边区各地近闻、新著见饷者，一经采录，当致薄酬。疏忽之处，尚蒙赐之纠正，犹所欢忭”。[②]

凡尔赛体系在欧洲确立后，列强将目光转向亚太地区，边疆地区进入多事之秋，面对危机，国人起而抗争，维护国权。在此背景下，中国地学会本以学术裨益政治的宗旨，积极研究热点问题，编辑调查边地各省现状的报告即为其一，从而期望能唤起内地青年的注意，使其愿意赴边地发展。至于冠以西北地理之名，仅针对新疆的位置而言，与晚清显学西北地理关系不大。

① 《本会特别启事》，《地学杂志》第13年第6、7合期，1922年10月28日，前附页。

② 《西北地理研究——新疆》，《地学杂志》第13年第6、7合期，1922年10月28日，第49—50页。

三 会务中止

1922年底，中国地学会编辑部发布启事称，编辑主任姚士鳌赴德国留学，并担任驻欧通信员。因其难以兼顾编辑事务，“故于前日议决，自第十四年第一期起，由陈君啸仙、萧君鸣籁分任，对外交际事务，则刘君含初任之。顷陈君又因事南旋，襄助译作，仍任其劳；至会内编辑事务，暂由萧君负责；对外交际事务，仍由刘君负责。谨此声明”。①

1923年1月4日，张绍曾组阁，有意亲近议员以稳固地位，中国地学会的经营环境进一步好转。缘此，中国地学会福建通信员叶华芬向本部上《提议书》，指出学会是研究专门学术的最高机关，与普通学术研究性质的社团自然不同。在欧美，每种专门学问仅有一个学会，“内而掌其本国该专学之势力，外而合之外国该种学而握全世界该学之势力”。反观我国专门学术尚在幼稚时期，专门学会“实以本会为首”，然而学会设立已久，“进步亦佳，徒以发行杂志，招罗会员，则未免本会生命的精神，因有狭小之憾”。因此，学会当拟定外文名称、建立地学名词审查委员会、发行《中国地学会丛书》。对此，中国地学会认为“内中有为本会所已实行者，如《地学丛书》、外文名称是，有因经费支绌，暂时尚难推行者，如名词审查等是”。②

1923年3月28日，中国地学会以2450元购房，作为固定会所。因会所的地基狭窄，借助政治优势向步军统领处借用公用土地。5月26日，步军统领聂炜臣批示：“查部准拨用官产成案，向例限于官立机构。该学会系公共团体，与拨用官产成案未符。惟据称该会，系为研究地学增进社会知识而设，事关公益，并称由大总统及当道诸公捐资补助等语”。故准予借用，但“不得自行让与或卖与他人”。③

中国地学会搬迁后刊登致谢启事：“本会于什刹后海北沿十一号，购买民房，建筑会所；因地基稍隘，又蒙步军统领聂炜臣先生，将会西空

① 《本会编辑部启事》，《地学杂志》第13年第8、9合期，1922年8月28日，第1页（栏页）。

② 叶华芬：《提议书一》，《地学杂志》第14年第5、6合期，1923年3—4月中旬，第1—2页。

③ 《咨步军统领中国地学会函请拨用什刹后海北岸空地一案准予借用文（五月二十六日）》，《财政月刊》第114号，1923年6月，第5页（栏页）。

地捐入（东西计一丈五尺，南北计九丈七尺）本会同人，现已移入办公。”① 其还公开购置会所的开支，谓学会此前因经费不足，“会所未能确定”，近来由当道诸公捐款，建设了固定会所。其中黎元洪大总统“赐题门额”，② 并“义赠银一千二百元，已收四百元”；③ 总理张绍曾捐一千元，尚未收到；江苏督军齐燮元捐资三百元已收到。

1923 年 6 月，曹锟发动政变驱逐黎元洪，北京政局骤变，各部院再次停止对中国地学会的经费补助。张相文亦因曹锟逼迫贿选，避居上海，④ 中国地学会会务被迫停止，《地学杂志》在 6 月中旬出版第 5、6 合期后停版。

1924 年，与地学界甚有关系的颜惠庆、张国淦入阁。中国地学会向颜任总长的农商部申请恢复补助，3 月 29 日其批示：“据呈已悉所请，继续补助该会每月经费一百元，应照准仰即知照此令。”⑤

6 月 1 日，陈垣接任中国地学会会长职务，在《顺天时报》连续三天刊登启事，宣称：“本会一切任务现由相文全付垣继续担任，以后事务概由垣全权处理。”⑥ 张相文请同为国会众议院议员的好友陈垣接任中国地学会会长，意在借助其声望、地位争取美国庚款补助，以维持中国地学会会务。6 月 16 日，《申报》报道中国科学社胡适、中国天文学会高鲁、远东生物学会李煜瀛、考古学会沈兼士、中国地学会陈垣、中国地质学会翁文灏、中国气象学会蒋丙然等代表各学术团体，“为美国退还赔款事，曾于本月九日及十日为两度之集会，议决意见三项，分陈外交部、教育部及美国公使”。⑦

同时，中国地学会又向张国淦任总长的教育部申请恢复补助，7 月 28 日其批示：“据呈已悉所请，补助一节应即照准。”⑧ 政府的经费补助

① 《本会特别启事》，《地学杂志》第 14 年第 5、6 合期，1923 年 5—6 月中旬，前附页。

② 《本会纪事一》，《地学杂志》第 14 年第 5、6 合期，1923 年 5—6 月中旬，第 1 页（栏页）。

③ 《捐赠致谢》，《地学杂志》第 14 年第 5、6 合期，1923 年 5—6 月中旬，第 6 页（栏页）。

④ 张星烺：《泗阳张沌谷居士年谱》，张相文：《南园丛稿》（五），沈云龙主编《近代中国史料丛刊》第 300 册，第 2432 页。

⑤ 《本会纪事一》，《地学杂志》第 15 年秋期，1924 年 10 月中旬，第 1 页（栏页）。

⑥ 《中国地学会启事》，《顺天时报》1924 年 6 月 1 日，第 1 版。

⑦ 《学术团体表示美退款之意见》，《申报》1924 年 6 月 16 日，第 10 版。

⑧ 《本会纪事》，《地学杂志》第 15 年秋期，1924 年 10 月中旬，第 1 页（栏页）。

恢复后，中国地学会欲全面复兴会务，遂于8月1日召开会议，“公推众议院议员来宾翟富文先生担任编辑，现时纯尽义务不支薪俸”。2日决定，“杂志出版改为季刊，每年四期”。[①] 又订《中国地学会公约》五条，规定学会资产独立，会务与会长私事分开，以及限制会长权力等项，试图通过会务公开，减轻张相文个人办会的固有印象。

9月，中国地学会制定《中国地学会订定公约》，由傅增湘、袁希涛、张相文等联名上呈内务、教育、农商三部备案。其称学会现在已经“出版杂志，约一百五十余册，存储中外图书凡三万余卷”，拥有固定会所。“惟近岁以来，财政困难，辅助之费不能及时发给，编印之资无从取偿”，[②] 故去年夏暂停出版杂志，现请恢复补助，以维持编辑事业。但是三部尚未回复，第二次直奉战争就已经在15日爆发。

10月23日，冯玉祥发动北京政变，囚禁曹锟，旧国会议员再聚北京，谋求复会。缘此，国会中的中国地学会会员再度聚首，商议恢复已经中止年余的《地学杂志》的出版。几经努力之后，1924年秋，《地学杂志》终得出版。中国地学会在该期杂志发布启事谓，“癸亥夏间，偶因经费支绌，遂至停版。不但所应互换分增者无以奉教，即订购者或已蒙预将代价如数赐汇前来，奄忽经年，讫无应命”，深为抱歉。“兹特极力设法恢复出版，特以经费未充，维持匪易，曩年月每出版一次者，今酌改为每季出版一次，准于本年秋季为始。其他体例，一踵旧观而卷帙加大，抉择较严”。[③] 编辑翟富文则称，去年“法统恢复，代议入都，旋遭政变。而本会杂志，适以此时因故停版，顷者同人等集议设法，恢复前业”。[④]

11月24日，段祺瑞就任中华民国临时执政，正式终结了存在13年之久的中华民国第一届国会。12月，内务部批示中国地学会9月所上申请：“兹准教育部复称：该会现仍由本部按月补助给予补助费一百元。农商部复称：该会前曾由部按月补助费一百元，惟现因经费支绌，碍难再

① 《本会纪事二》，《地学杂志》第15年秋期，1924年10月中旬，第1—2页（栏页）。

② 《张相文、傅增湘等致内务总长呈》，中国第二历史档案馆编《中华民国史档案资料汇编》第3辑《文化》，江苏古籍出版社，1991，第671页。

③ 《本会启事》，《地学杂志》第15年秋期，1924年10月中旬，第1页（栏页）。

④ 《翟富文启事》，《地学杂志》第15年秋期，1924年10月中旬，第2页（栏页）。

继续支给各等语。”[①] 不久，教育部亦停止对中国地学会的补助。同时，因谋美国庚款未得，陈垣辞去中国地学会会长一职，交还张相文。《地学杂志》因“会中经费复支绌，不得不再停版，至十七年秋再恢复”。[②]

新文化运动兴起后，中国报刊开始使用新文体、新规范，并蔚为时潮。为顺应时风，中国地学会引新锐人物入会，改良《地学杂志》的外观与内容，得到读者的认可，发行量有所增加。然而专门科学杂志本为小众读物，在欧西各国主要依赖政府或社会的补助，中国社会不发达，政府成为唯一的依靠。缘此，为了维持《地学杂志》的编辑与印刷，中国地学会运动人脉争取政府各部院的补助。然而中国政治大都因人成事，其时政局又变幻莫测，政治人物如走马灯般你方唱罢我登场，补助不免随人事的变更而时断时续。加上 1920 年以后，北京政府财政匮乏，各部院职员的工资尚且难以保证，何谈对公益社团的补助。

1920 年代，中国政局愈益恶化，有识者多避世自洁，张相文甚至遁入空门，倡佛学救世之说；同时随着新文化运动的狂飙突进，清季成立的中国地学会从组织形式到学理研究都被新进归入陈旧之列，失去学术话语权。种种因素之下，中国地学会的研究重心日益向沿革地理倾斜，再也难现民初热议政治的情形。

长期以来张相文运动人事、补贴财力办学会及杂志，学术追求以外，政治考量亦占有相当分量。张在告别政治舞台后，沉溺佛教暂时隐退。其个人办会色彩浓厚的中国地学会，内外交迫停止活动，《地学杂志》亦再次停版。1928 年，中国地学会借助南京国民政府的力量再度恢复活动，然而就办会目的、人事、事业、职能及学界地位而言，与 1924 年以前的中国地学会已物是人非，故不在本书讨论的范围之内。

---

① 《内务部批》，《中华民国史档案资料汇编》第 3 辑《文化》，第 673—674 页。

② 张星烺：《泗阳张沌谷居士年谱》，张相文：《南园丛稿》（五），沈云龙主编《近代中国史料丛刊》第 300 册，第 2434 页。

结　语

地理之学本是中国固有学问，在四部中被附诸史部，以地志与游记的发达为特征。明末耶稣会士入华，为取得中国士大夫及皇帝的认同，在使用汉语、学习儒家经典的同时，因西学传西教，翻译西书，引入西学地理知识。中国士子行取珠还椟之策，取其精华弃其形式，接引西学地理纳入中学，隐而不显。所谓成也萧何败也萧何，西学的输入缘于宗教，终因礼仪之争，清廷禁教的同时也禁绝西书。

19 世纪初，新教传教士东来，承继先辈学术传教的精神，输入科学地理。1860 年代前后，中西异势，有传教士提出以西学取代中国经典，并放弃输入高深学术吸引中国上层的做法，转而创办学校、编译浅显的教科书，启蒙智识，发展信众。与此同时，为救国保种，趋新国人倡议学习西学，翻译科学书籍，以江南制造总局翻译馆为代表的翻译机构，大有取代传教士输入西学主渠道作用的趋势。由此西学地位日益上升，逐步形成中西学并立、道出于二的局面。

甲午战后，国人痛定思痛，掀起学习日本的潮流。通过大量的归国留日学生及国内新式学堂培养的日语翻译人才的努力，东学地理在中国的学术与教育领域迅速取代西学地理，占据绝对优势。面对地理学界华洋新旧学理、体制并存争锋的复杂局面，如何取舍，考验国人智慧。

海通以来国难日亟，向来视仕与学为一体两面的中国士人力求学以致用，欲本专门学术研究时事，但朝廷严禁士子干政，遂出现了借助外来学术体制专门学会参与政治、合群救国的观念。自戊戌时期兴起的中国学会，源头可以追溯至古代中国的文会与近代西洋的专门学会。其参照物是传教士在华经营的学会，以及中外人士对东西地理学会的介绍。从 1895 年邹代钧创办地图公会起，地学社团不断涌现，缘于古今、华洋的不同及其变态，各学会宗旨不同、目的歧异。

1909 年 9 月 28 日，在天津建立的中国地学会，是由张相文、白毓昆等人发起，以在津苏籍地理教员为主体，联合直隶教育行政官员，以及津门趋新名流组成的地理专门社团。其以同乡、师友、同僚、同业相维系，会聚学、官、绅各界同人。受时代及自身素养华洋新旧杂糅的限制，中国地学会及其同人在移植外来学理和体制的同时，仍受中国士人固有观念、行事的影响，承继戊戌以来士子借助学会组织参与政治以救国保种的一面，视学会为沟通政治、发挥社会影响的手段。故定考据地理裨益学术、政治为宗旨，力图在弱肉强食的进化世界，为挽救国家危难、谋求民族生存，尽学者的匹夫之责。缘此，它的活动领域远超学术、学界，具有远较东西及后世单纯学术团体更为复杂的多重面相。

中国地学会是地理专门社团，发展会员，扩张会务，进而借助学术研究与学会组织干预政治、影响社会，皆需立足于学术研究的发达。因此其创建初期将研究与活动的重心放在学术领域，邀请学界名流演讲，推行全国调查等。特别是 1910 年 3 月 1 日会刊《地学杂志》正式发行，成为学会内外发表研究、交流学术、普及地理知识以及推行全国调查的交通联络机关。

学理上，中国地学会主张舍旧谋新，宗仰科学地理，以固有为陈旧。实际上古代中国包容对待外来文化，每以取珠还椟之意吸收外来文化的精髓，融入固有，构建一种新的知识。近代中西学易位，国人的文化自信心动摇以至崩溃，由“采西艺”、“中西学兼容”到“舍中学取西学”，但进程并非线形，同一时期持中西新旧不同理念者每有论争，尽显历史的多样与复杂。

科学地理的兴起与欧西的殖民全球同步，以调查实测为根本方法，因此东西地理学会的成员以探险家、海外商人、殖民地官员、海外传教士等为主体。近世外人在华的调查研究，往往成为列强掠取利权的依据。庚子后，清政府推行新政，开辟富源，调查事业在中国兴起。而初期中国所谓的科学地理著述，多本诸译文，详于外略于内，颇为世人所诟病。中国地学会认为，中国科学方在萌发，地理学学理尚属幼稚，计划以调查全国为根基，构建科学地理，进行学战与世界文明国争先并进。在追求科学新知的同时，中国地学会及其同人又讲求古雅，引西学系统条理中学旧知，编织学人谱系，构建学科体系，试图纳中学地理于西学分科之中。

海通以来外人逼处，边疆由皇朝边缘一变而为御敌前线，引起各方的关注。中学地理自道咸以来考据西北地理，新学家则欲调查边疆，治学旨趣各异，但力求学以致用、维护利权、救国保种的目的一致。清季政府在边疆推行新政，以保疆固圉。主张疆域盈缩的根源在不明地理的中国地学会，承西北地理之余绪，计划以调查为根基，研究边疆建言当道。由于经费与人才的缺乏，其调查计划夭折，研究只能据诸中国旧有及外人调查，又尚未完全摆脱书斋地理的窠臼，求其提出切实可行的治边策略显然为难。

固有地理重在内国，少及禹域以外，西人东来中国屡战屡败，刺痛国人，为知己知彼研究相对内国的世界，逐渐受到讲求经世及趋新士子的重视。中国地学会自承“专以考证本国地理为主，旁及世界各国”，[①]欲借助外来材料研究世界以为谋国者谈。囿于经费、人才等学会内外的因素，其世界地理研究除译文外几无一字，是为必然。

清季三年，中国地学会经费足够自给，经营稳定，会务扩张，几乎将新学地理学家尽数会聚旗下。其会员的分布及会刊《地学杂志》的发行遍布内地主要区域，逐步掌握了学界的资源及话语权，在政界、社会的影响亦日增，成为近代中国具有代表性的科学社团。

1911 年 10 月 10 日，革命党人在武昌起义，风暴迅速席卷全国。张相文、白毓昆、陶懋立等中国地学会主导者多是同盟会会员，他们积极参与革命。民元以后，在共和带来的参政议政热潮中，中国地学会及其成员又本专门学术研究现实问题，以及借助学会组织参与政治，投身官场、议院。为方便政治活动，中国地学会将本部由天津迁至全国政治中心北京。张相文则为了国会选举，在家乡清江浦创建了中国地学会的第一个分会中国地学会江北支部，时论直言其意在选举而非学术。

中国地学会本学术干预政治，研究地理关系政治、民生的问题，建言共和建设。自秦以来两千余年的皇朝统系被共和取代，变更行政区域，成为国人的共识。中国地学会认为行政区域是地理关系政治的首要问题，附设厘定行政区域研究会，会聚同人研究古今中外行政区域，上书总统、国会。1913 年 11 月，国会中止活动，北京政府亦加强了对舆论的控制，中国地学会由关注现世转而研究行政区域的理论、沿革，以及公表、阐

① 《地学协会启》，《大公报》1909 年 9 月 22 日，第 2 张第 4 版。

释当局制定的相关法令。

中国地学会主导者多为苏北人士，身被淮河之灾，又与主持导淮的张謇过从甚密。故而基于专门学理，以裨益民生及谋求竞存为目的，主动介入导淮学理、规划、地域与中外之争。然其终究是学术组织，着力之处多在学理讨论、规划设计、舆论呼吁等层面。1916 年，导淮因经费筹措无着，陷入停顿，中国地学会的导淮言论因之渐息。

政权、制度变易，旧的宗藩体系显然已不合于时，新的治理体系又未建立，以致边疆分离主义倾向凸显，共和制度下如何加强对边疆地区的管控，成为各界热议的话题。中国地学会借助外来学理，研究边疆筹策建言。袁世凯就任正式大总统后，基于内外实力的对比，对边疆采取维持现状留待日后的策略。加之言路渐紧，中国地学会一面研究尚处北京政府控制地区的经营；一面考证边疆的历史沿革，为异日中外交涉留存证据。

共和新立，中国地学会以学致用，本专门学理研究行政区域、导淮、边疆等关系政治、民生的现实问题，建言共和建设，得以实现考据地理裨益学术、政治的宗旨。二次革命后，倾向国民党的中国地学会，被迫远离政治回归学术。1914 年春，张相文为避祸离开北京，赴西北考察水利。在鄂尔多斯据蒙人口述得知八白室，归后检查文献验证，将其定为成吉思汗陵寝。中国地学会名誉赞成员、张相文的旧识、治西北地理精于蒙元史的屠寄考中外文献与其辩证，双方函书往来，刊载于《地学杂志》，经《大中华》《东方杂志》《时事汇报》等报刊的转载，成为民初较有影响的一次学术论争。中国地学会治学主张舍旧谋新，张相文与屠寄关于成吉思汗陵寝的论争，即是主张实地调查与文献考据的新旧之争。国人多喜趋新，然高明者却主张学无新旧，外人则每重旧学、老辈。

清季地理学界华洋新旧学理并存，中西问题是新旧之外近代中国学术的另一关键，有学人指出“晚清以降，‘西学’由卑而尊，学贯中西变成中国学术的至高境界，沟通中西自然成为学人普遍追求的目标”。[①]中国地学会据新学地理学理、方法与旧学相争的同时，试图贯通中西，融会新旧。据此它以古今、华夷、中西语音的近似，附会不同时空中典

① 桑兵：《晚清民国的学人与学术》，第 332 页。

籍的只言片语得出结论，事实上武断附会之处为数不少。

1916 年 8 月，国会恢复，与其甚有关系的中国地学会重燃参政议政的热情，关注宪法制定中争议较多的地方官制，以及事关地方利益的徐海路南北线选择问题。次年，国会再次解散，其研究遂中止。合群修书是学会的重要功能，中国地学会自建立起，就将编辑丛书列入简章。民元以后，政权鼎革，制度变易，旧的地方志已不合时宜，编辑合用的志书已成为燃眉之急。1916 年，中国地学会联合中华书局出资，以林传甲为总纂，运动复会的国会议员及各界人士分撰合全国、省、县共 3000 余册的大中华地理志。主要目的是供各级学校作为教科书使用，培养学生的爱乡、爱国情感，并为民政、实业提供借鉴。旋即国会停止活动，议员星散，中华书局撤资，中国地学会的计划折戟。其后，林传甲以一己之力勉强维持，修成省、县志十余部。1922 年其病逝后，编书事业告终。观修成各书，用作教科书尚可，对于民政、实业则难言助益。

创建以来，中国地学会研究相对于中国的世界，多以自我为中心，取我所需为我所用，重在域内而非世界。欧战爆发，震撼全球，国人的世界观念为之一变。中国地学会研究欧战、战后新世界及太平洋会议等问题，欲为沉沦的中国寻一线生机。

欧战结束后，世界局势大变。俄、德、奥三大帝国崩溃，法国急欲疗战争创伤力有不逮，英人势力遍布全球保持已有已经很吃力，因此重在维护既得利益，在中国以实现西姆拉会议的协议与控制片马为目标。角逐中国的有力者，唯有东邻日本与在欧洲受到挫败的美国。日本欲保持在中国的优势，美国则希望重建均势，以维护门户开放，中国再次成为列强竞逐的焦点，陷入沉重的危机之中，舆论热议维护国权。巴黎和会召开，国人期望收复权利，自立于世界。然而中国外交失败，收回被列强掠取之权益的幻梦破灭。中国地学会认为政府不足恃，提出联合各界实行国民外交，力争主权。为此其顺应时风，积极研究青岛、边疆、租借地等国人关注的热点问题，发动国民起而抗争。至于中国地学会借助学理研究与学会组织争取国权的行动，在弱肉强食的世界，自然难敌武力，山东问题因美国的干涉得到解决，外蒙古得而复失，旅大租借地的收回沦为空谈，正是中国国力的真实体现。

近代中国知识更替迅速，学问容易过时。1910 年代后期兴起的新文化运动，信奉民主与科学，认中国固有为落后的根源而舍弃之。为树立新风，他们视中国固有学术为陈旧，将其归于打倒之列。加上中国国民运动兴起，为运动青年，舆论、宣传势必以浅显易懂为尚，其时畅销的报刊多明此意，得获经济利益。中国地学会与《地学杂志》向持专门、古雅，被新进视为守旧，经营困难。且随着欧美归国留学生创办的较为纯粹的专门社团日渐占据主流，中国地学会亦被视为老旧。短短数年间，其已经由引领时尚者变为被弄潮儿目为老旧者，为求生存，引张相文在北京大学文科史学门的学生余诚武、姚士鳌、萧鸣籁等入会，改良会务，以求顺应时潮。

1920 年 5 月 15 日，中国地学会召开常会，组织干事评议会，以求公开透明地处理会务。又决定改版杂志，使用浅显易懂的文字及新式标点符号，以吸引青年读者。中国地学会的研究亦开始转向，注意研究时人关注的现实问题。《地学杂志》因趋时而销量大增，加上 1922 年 8 月旧国会再次召开，中国地学会得到再任大总统的黎元洪与 1923 年 1 月出任内阁总理的张绍曾的笼络示好，募集到一批捐款，购买了固定会所。然而好景不长，曹锟贿选，张相文远走沪上，北京政府各部院取消对中国地学会的补助，1923 年 6 月后中国地学会的会务暂停。

中国地学会是国内成立最早的专门学会之一，其时学科尚未有清晰的边界，《地学杂志》的刊文类型丰富。随着学科界限的明晰，要求更加专业的学会，中国地学会因学科特征模糊为时人诟病，且 1922 年中国地质学会、1924 年中国气象学会相继建立后，其渐失学术资源与话语权。加之长期以来，张相文运用人脉、补贴经费办学会与杂志，在学术的追求以外，政治考量亦占相当的分量。因此，政局的动荡，尤其是第一届国会的开开停停，对中国地学会的会务开展有直接的影响。1924 年秋，旧国会再次召开，中国地学会恢复活动。段祺瑞任临时执政后，取消法统，存续十数年的旧国会宣告结束，北京政府部院再次取消对中国地学会的经费补助。内外交迫之下，中国地学会会务及《地学杂志》的出版再度中止。

1928 年，中国地学会恢复活动，然而从组织、宗旨、事业及办会目的来说，显然与之前已经不同。1934 年，翁文灏、竺可桢、张其昀具名的《本会发起旨趣书》谓："晚近学术之趋势，崇尚专门，中国从前言地学者，本包有天时、地利、人和三方面。至今天时、地利，各有专精，竞着先鞭，力争上游。测天之学者，已有中国气象学会之组织。括地之学者，已有中国地质学会之组织。则以天时、地利为基础，兼重人文之地理学者，亦不可不有完密之团体，俾与气象、地质鼎足而三，以共肩中国地学研究之大任。”虽称中国地学会“为中国近代各学会最早者之一，对于历史地理尤多贡献”,[①] 但显然已经置其于地学三大专门学会之外。

中国地学会的研究，主要汇集在《地学杂志》中。1928 年，张相文自评《地学杂志》说：“十五年内主编辑者凡十余人，前后既不相知，故所选材料有类似者，有未完者，有重复者，又为定期所限，仓猝属刊，承讹袭谬，间或不免。”[②] 1935 年，岭南大学图书馆编《中文杂志索引》的序称：“倘若我们拿最近二十年来的杂志，都一一烧掉了，中国近代思想史和学术史的重要材料，恐怕再没有地方可以找到了。换句话来说，中国二十年来的主要思想，都集中在杂志的里面。”[③] 可作为评判《地学杂志》的参照。总之，《地学杂志》刊载文章的学术价值虽有待商榷，然总不失为一代学术的体现。

综观 1909 年至 1924 年的中国地理学界，古今中外学理、体制共处一时，新旧更替频繁。在此大势下，中国地学会的学术研究，在建立初期舍旧谋新，宗外来的科学地理，引西学系统条理中国旧学，欲纳中学地理于西学分科体系之中。1910 年代中期，其又引发主张实地调查与文献考据的新旧论争，并试图贯通中西。新文化运动兴起后，其已被学界新进视为旧学。在短短数年间，中国地学会由学界新风的引领者，到被归入淘汰的行列，尽管其努力顺应时风改良求存，但老旧的印象终究难以改变。

中国地学会倡言学人论政以裨益政治，然而书生论政，往往陈义过高，不免失于空疏。其重视研究地理关系政治的问题，当然可以得出专门的规划或解决问题的办法，建言当道，尽学者的责任。然对当局来说，政策的选择不能局限在某一专门领域，需要综合考量相关问题，采用最

① 《本会发起旨趣书》，《地理学报》创刊号，1934 年 9 月，第 1—2 页。

② 张相文编订《地学丛书》，“例言”，第 1 页。

③ 谭卓垣：《序》，岭南大学图书馆编《中文杂志索引》，1935，第 1 页。

适合，却可能在专门人士看来是较差，甚至是等而下之的选择。缘此，中国地学会的议论，多止于纸上。

清季民国正值近代中国知识与制度的转型时期，构建新知识成为燃眉之急。专门学会本应潜心学术，在立足固有的基础上，吸收外来学术精华，发达学理，建设学科。然而几乎将新学地理学者尽数会聚旗下的中国地学会，志不在此，致使学理本诸译文，舍外人牙慧外几无一字。不仅使建构能与世界争先并进的科学地理，进行学战的期望沦为空想，且与之差距愈大。曾超过欧洲的中学地理，只能屈居人后，一代又一代的国人出洋学习，不断引入，学术的复兴任重道远。

参考文献

一　报刊

《安徽俗话报》《北洋大学校季刊》《北洋法政学报》《北洋官报》《蓓蕾》《财政月刊》《昌言报》《晨报副镌》《大公报（天津）》《大陆报》《大同报》《大中华》《地学季刊》《地学杂志》《东西洋考每月统记传》《独立周报》《方志》《复旦》《妇女时报》《格致汇编》《格致新报》《格致益闻汇报》《公言报》《广益丛报》《国报》《国粹学报》《国风报》《国民日日报》《国民杂志》《国闻报》《国学萃编》《杭州白话报》《黑潮》《湖北学生界》《华商联合会报》《江苏第六师范学校校友会杂志》《江苏》《教会新报》《教育》《教育杂志》《警钟日报》《科学》《科学一斑》《岭南学生界》《六合丛谈》《鹭江报》《每周评论》《蒙学报》《闽报》《民铎》《民国日报》《民呼日报》《民立报》《民吁日报》《南通师范学校校友会杂志》《南洋商务报》《农学报》《努力周报》《欧战实报》《欧洲风云》《欧洲战事汇报》《清华周刊》《青年杂志》《群学会杂组》《申报》《时事汇报》《时事旬刊》《时事月刊》《时务报》《时兆月报》《史地学报》《顺天时报》《四川》《苏报》《通问报：耶稣教家庭新闻》《外交报》《万国公报》《西北》《遐迩贯珍》《湘学报》《协和报》《兴华》《新教育》《新民报》《新青年》《新世纪》《新语林》《新中国》《学报》《学部官报》《学衡》《学生》《学艺》《雅言》《益闻录》《游学译编》《禹贡》《预备立宪公会报》《正谊》《政府公报》《政艺通报》《直隶教育杂志》《中国白话报》《中国新报》《中华教育界》《宗圣学报》

二　已刊档案、资料汇编、日记等

艾儒略原著，谢方校释《职方外纪校释》，中华书局，1996。

艾儒略著，叶农整理《艾儒略汉文著述全集》，广西师范大学出版社，

2011年影印本。
艾约瑟：《地志启蒙》，1886年总税务司本。
爱新觉罗·玄烨著，李迪译注《康熙几暇格物编译注》，上海古籍出版社，1993。
北京大学校史研究室编《北京大学史料》，北京大学出版社，2000。
北京市文物局图书资料中心编《北京市文物局图书资料中心藏古籍珍本丛刊》第14、15册，北京燕山出版社，2012年影印本。
北京图书馆善本特藏部舆图组编《舆图要录：北京图书馆藏6827种中外文古旧地图目录》，北京图书馆出版社，1997。
裨治文撰，刘路生点校《美理哥合省国志略》，《近代史资料》总92号，中国社会科学出版社，1997。
卜舫济：《地理初恍》，1899年铅印本。
蔡和锵辑《历代人物论海1》，林庆璋、赖明德、刘兆佑、张高评主编《晚清四部丛刊》第2编第81册，台北，文听阁图书有限公司，2010年影印本。
陈德溥编《陈黻宸集》，中华书局，1995。
陈美延编《陈寅恪集》，生活·读书·新知三联书店，2009。
陈旭麓、顾廷龙、汪熙主编《辛亥革命前后——盛宣怀档案资料选辑之一》，上海人民出版社，1979。
陈元晖主编《中国近代教育史资料汇编》，上海教育出版社，2007。
戴季陶著，唐文权、桑兵编《戴季陶集（1909—1920）》，华中师范大学出版社，1999。
丁士源：《梅楞章京笔记》，荣孟源、章伯锋主编《近代稗海》第1辑，四川人民出版社，1985。
丁贤俊、喻作凤编《伍廷芳集》，中华书局，1993。
窦坤等：《〈泰晤士报〉驻华首席记者莫理循直击辛亥革命》，福建教育出版社，2011。
杜赫德：《测绘中国地图纪事》，《历史地理》第2辑，上海人民出版社，1982。
方鲍参：《环游随笔》，光绪三十四年本，福建师范大学图书馆藏。
傅兰雅：《地志须知》，1882年刻本。

傅云龙:《实学文导二卷》,林庆璋、赖明德、刘兆佑、张高评主编《晚清四部丛刊》第1编第66册,台北,文听阁图书有限公司,2010年影印本。
傅云龙:《游历日本图经》,王宝平主编《晚清东游日记汇编》,上海古籍出版社,2003。
傅增湘:《藏园居士六十自述》,卞孝萱、唐文权编《辛亥人物碑传集》,团结出版社,1991。
高平叔、王世儒编注《蔡元培书信集》,浙江教育出版社,2000。
古蓨孙:《甲子内乱始末纪实》,荣孟源、章伯锋主编《近代稗海》第4辑,四川人民出版社,1985。
顾颉刚:《顾颉刚日记》,《顾颉刚全集》,中华书局,2011。
顾廷龙校阅《艺风堂友朋书札》,上海古籍出版社,1980。
顾炎武:《天下郡国利病书》,《续修四库全书》史部地理类,第595册,上海古籍出版社影印本。
顾祖禹:《读史方舆纪要》,《续修四库全书》史部地理类,第598册,上海古籍出版社影印本。
关赓麟:《瀛谭》,沈云龙主编《近代中国史料丛刊》第288册,台北,文海出版社,1968年影印本。
广东省哲学社会科学研究所历史研究室编《朱执信集》,中华书局,2012。
郭嵩焘:《养知书屋诗文集》,沈云龙主编《近代中国史料丛刊》第152册,台北,文海出版社影印本。
郭嵩焘著,钟叔河、杨坚整理《伦敦与巴黎日记》,岳麓书社,1984。
国家档案局、明清档案馆编《戊戌变法档案史料》,中华书局,1958。
何秋涛:《朔方备乘》,《续修四库全书》史部地理类,第740册,上海古籍出版社影印本。
亨利·絮贝尔:《中国通讯(1866—1867)——亨利·絮贝尔旅华散记》,袁树仁译,《近代史资料》总67号,中国社会科学出版社,1987。
洪钧:《元史译文证补》,《丛书集成初编》第3912册,中华书局据《史学丛书》本排印,1985。
胡思敬:《国闻备乘》,上海书店出版社,1997。
胡渭:《禹贡锥指》,《景印文渊阁四库全书》经部第67册,台北,台湾商务印书馆，1986。
胡香生辑录，严昌洪编《朱峙三日记（1893—1919）》，华中师范大学出版社，2011。
湖南图书馆编《湖南图书馆藏近现代名人手札》，岳麓书社，2010。
黄郛：《欧战之教训与中国之将来》，沈云龙主编《近代中国史料丛刊》第278册，台北，文海出版社影印本。
黄叔璥：《台海使槎录》，《丛书集成初编》第3231册，中华书局，1985年据《畿辅丛书》本排印。
焦竑：《澹园集》卷14《荆川先生右编序》，上海古籍出版社，1999。
康熙十三年《天津卫志》，来新夏、郭凤岐主编《天津通志·旧志点校卷》上册，南开大学出版社，1999年点校本。
康有为：《康南海自定年谱》，沈云龙主编《近代中国史料丛刊》第11册，台北，文海出版社影印本。
况正兵、解旬灵整理《林传甲日记》，中华书局，2014。
劳祖德整理《郑孝胥日记》，中华书局，1993。
李安德：《地势略解》，1893年京都汇文书院刊本。
李圭：《环游地球新录》，《续修四库全书》史部地理类，第737册，上海古籍出版社影印本。
李恢垣：《汉西域图考》，台北，乐天出版社，1974年影印本。
李希泌：《中国古代藏书与近代图书馆史料》，中华书局，1996。
李之勤辑《王徵遗著》，陕西人民出版社，1987。
利玛窦、金尼阁：《利玛窦中国札记》，何高济、王遵仲、李申译，中华书局，1983。
《利玛窦全集》，刘俊余、王玉川合译，台北，光启文化事业、辅仁大学出版社，1986。
梁启超：《梁启超全集》，北京出版社，1999。
梁启超：《西学书目表》，《质学丛书》第二函，光绪丙申冬十月质学会用《时务报》馆本重校本。
林传甲编撰《大中华浙江省地理志》，浙江印刷公司，1918。
林传甲：《大中华江苏省地理志》，商务印书馆，1918。
林传甲：《大中华河南省地理志》，中华印刷局，1920。

林友华：《林森年谱》，中国文史出版社，2012。
岭南大学图书馆编《中文杂志索引》，1935。
刘坤一、张之洞：《江楚会奏变法三折》，沈云龙主编《近代中国史料丛刊》第471册，台北，文海出版社影印本。
刘乃和：《陈垣年谱》，北京师范大学出版社，2002。
刘师培著，万仕国辑校《刘申叔遗书补遗》，广陵书社，2008。
刘望龄编著《辛亥首义与时论思潮详录》上卷，华中师范大学出版社，2011。
刘献廷：《广阳杂记》，中华书局，1985。
刘禺生撰，钱实甫点校《世载堂杂忆》，《清代史料笔记丛刊》，中华书局，1960。
柳成栋编《东北方志序跋辑录》，哈尔滨工业大学出版社，1993。
栾景河编译，陈春华校《俄罗斯关于外蒙古独立问题未刊档案选译》，《近代史资料》总105号，中国社会科学出版社，2003。
罗汝南撰，方新校绘《中国近世舆地图说》，宣统元年广东教忠学堂石印本。
骆惠敏编，严四光、俞振基校《清末民初政情内幕——〈泰晤士报〉驻北京记者袁世凯顾问乔·厄·莫理循书信集》，刘桂梁、邹震、张广学、石坚译，知识出版社，1986。
马燕译《〈南怀仁书信集〉序言》，《中国史研究动态》1983年第2期。
马勇整理《严复未刊书信选》，《近代史资料》总104号，中国社会科学出版社，2002。
玛吉士：《新释地理备考》，《海山仙馆丛书本》，《广州大典》第2辑第8册，广州出版社，2012。
毛注青编著《黄兴年谱长编》，中华书局，1991。
米怜：《新教在华传教前十年回顾》，大象出版社，2008。
《明史》，中华书局，1974。
缪荃孙：《艺风老人日记》，北京大学出版社，1986。
慕维廉：《地理全志》，安政己未爽快楼版。
南海胤子：《安福祸国记》，荣孟源、章伯锋主编《近代稗海》第4辑，四川人民出版社，1985。

南江涛选编《清末民国旧体诗词结社文献汇编》，国家图书馆出版社，2013。
钱大昕著，陈文和主编《嘉定钱大昕全集》，江苏古籍出版社，1997。
乾隆《大清一统志》。
《清末结社集会档案》，《民政部全宗》（1908年），《历史档案》2012年第1期。
《清实录》圣祖、世祖、高宗、仁宗朝，中华书局，1985—1986年影印本。
阮元等撰，彭卫国、王原华点校《畴人传汇编》，广陵书社，2009。
上海图书馆编《汪康年师友书札》，上海古籍出版社，1986。
沈弘编译《遗失在西方的中国史：〈伦敦新闻画报〉记录的晚清（1842—1873)》，北京时代华文书局，2014。
沈垚：《落帆楼文集》，《吴兴丛书》，中华书局，1985。
《沈增植致罗振玉书札》，《学士》第3卷，广东高等教育出版社，1997。
宋伯胤编著《明泾阳王徵先生年谱（增订本)》，陕西师范大学出版社，2004。
孙宝瑄：《忘山庐日记》，《中华文史论丛》增刊，上海古籍出版社，1983。
孙兰：《柳庭舆地隅说》，《丛书集成续编》第80册，台北，新文丰出版公司，1997年据光绪乙酉本影印。
孙文桢：《坤舆撮要问答》，土山湾书馆，光绪二十四年排印本。
谭其骧主编《清人文集地理类汇编》，浙江人民出版社，1986。
汤志钧编《康有为政论集》，中华书局，1981。
唐文权编《雷铁厓集》，华中师范大学出版社，1986。
田桐著，王杰、张金超主编《田桐集》，华中师范大学出版社，2011。
通文主人辑《皇朝舆地通考1》，林庆璋、赖明德、刘兆佑、张高评主编《晚清四部丛刊》第3编第40册，台北，文听阁图书有限公司，2010年影印本。
汪康年：《汪穰卿笔记》，《近代史料笔记丛刊》，中华书局，2007。
王士性著，周振鹤编校《王士性地理书三种》，上海古籍出版社，1993。
王栻主编《严复集》，中华书局，1986。
王韬：《西学辑存六种》，光绪十六年松隐庐铅印本。
王韬著，方行、汤志钧整理《王韬日记》，中华书局，1987。

王锡祺:《小方壶斋舆地丛钞》，杭州古籍书店，1985 年影印本。

王先谦:《五洲地理志略》，《四库未收书辑刊》第 8 辑第 4 册，北京出版社据宣统二年湖南学务公所影印，2000。

王彦威纂辑，王亮编，王敬立校《清季外交史料》卷 71，书目文献出版社，1987。

王徵:《畏天爱人极论》，郑安德编辑《明末清初耶稣会思想文献汇编》第 3 卷，北京大学宗教研究所，2003。

王之春:《清朝柔远记》，中华书局，1989。

魏濬:《利说荒唐惑世》，徐昌治辑《明朝破邪集》卷 3，《四库未收书辑刊》第 10 辑第 4 册，北京出版社，1997 年影印本。

魏源:《海国图志》，《续修四库全书》史部地理类，第 743 册，上海古籍出版社，2002。

魏源:《海国图志》，道光二十九年古微堂版。

文廷式:《纯常子技语》，广陵古籍刻印社，1990。

吴叔班记录，张树勇整理《吴景廉自述年谱》，《近代史资料》总 106 号，中国社会科学出版社，2003。

席裕福、沈师徐辑《皇朝政典类纂》，沈云龙主编《近代中国史料丛刊》续编第 917 册，台北，文海出版社影印本。

夏承焘:《夏承焘集》，浙江教育出版社、杭州古籍出版社，1997。

谢彬:《民国政党史》，荣孟源、章伯锋主编《近代稗海》第 6 辑，四川人民出版社，1985。

谢维扬、房鑫亮主编《王国维全集》，浙江教育出版社，2010。

谢兴尧整理、点校、注释《荣庆日记》，西北大学出版社，1986。

徐世昌:《退耕堂政书》，沈云龙主编《近代中国史料丛刊》第 225 册，台北，文海出版社影印本。

徐宗泽:《明末清初灌输西学之伟人》，沈云龙主编《近代中国史料丛刊》第 56 辑，台北，文海出版社影印本。

许宝蘅著，许恪儒整理《许宝蘅日记》，中华书局，2010。

许鸿磐:《方舆考证》，民国 7 年北平华鑑阁版。

严昌洪、张铭玉、傅蟾珍编《张难先文集》，华中师范大学出版社，2005。

阎若璩:《四书释地》，《景印文渊阁四库全书》经部第 204 册，台北，台湾商务印书馆。
杨守敬著，谢承仁主编《杨守敬集》，湖北教育出版社，1997。
叶向高等:《熙朝崇正集·闽中诸公赠泰西诸先生诗初集》，吴相湘主编《天主教东传文献》，台北，台湾学生书局，1965。
易宗夔:《新世说》，沈云龙主编《近代中国史料丛刊》第180册，台北，文海出版社影印本。
永瑢:《四库全书总目》，中华书局，1965。
恽毓鼎著，史晓风整理《恽毓鼎澄斋日记》，浙江古籍出版社，2004。
张百熙:《张百熙集》，岳麓书社，2008。
张慧剑:《辰子说林》，《民国史料笔记丛刊》，上海书店出版社，1997。
张謇著，张謇研究中心、南通市图书馆、江苏古籍出版社编《张謇全集》，江苏古籍出版社，1994。
张静庐:《中国现代出版史料》，中华书局，1954。
张穆:《蒙古游牧记》，《续修四库全书》史部地理类，第731册，上海古籍出版社影印本。
张蔚西:《近五十年中国之水利》，申报馆编印《最近五十年》，1923。
张相文:《南园丛稿》，沈云龙主编《近代中国史料丛刊》第300册，台北，文海出版社影印本。
张相文编订《地学丛书》，民国17年版。
张一麐:《古红梅阁笔记》，《民国史料笔记丛刊》，上海书店出版社，1998。
张一麐:《直皖秘史》，荣孟源、章伯锋主编《近代稗海》第4辑，四川人民出版社，1985。
张元济:《张元济全集》，商务印书馆，2010。
张之洞著，陈居渊编，朱维铮校《书目答问二种》，中西书局，2012。
张之洞著，赵德馨主编《张之洞全集》，武汉出版社，2009。
章嵚:《天行草堂主人自定年谱》，北京图书馆编《北京图书馆藏珍本年谱丛刊》第199册，北京图书馆出版社，2001。
章太炎著，本社编《章太炎全集》，上海人民出版社，1982—1986。
章太炎著，马勇编《章太炎书信集》，河北人民出版社，2003。
章太炎著，汤志钧编《章太炎政论选集》，中华书局，1977。
章太炎著，章念驰编订《章太炎演讲集》，上海人民出版社，2011。

赵惟熙:《西学书目答问》,光绪辛丑贵阳学署。

中国第二历史档案馆编《北洋政府档案》,中国档案出版社,2010。

中国第二历史档案馆编《中华民国史档案资料汇编》第3辑《文化》,江苏古籍出版社,1991。

中国科学院图书馆整理《续修四库全书总目提要(稿本)》,齐鲁书社,1996。

中国人民政治协商会议江苏省泗阳县委员会文史资料研究委员会编《泗阳文史资料》第5辑,1987。

中国社会科学院近代史研究所中华民国史研究室、中山大学历史系孙中山研究室、广东省社会科学院历史研究室合编《孙中山全集》第1卷,中华书局,1982。

中华书局编辑部、李书源整理《筹办夷务始末(同治朝4)》,中华书局,2008。

钟毓龙:《科场回忆录》,浙江古籍出版社,1987。

朱鹤龄:《禹贡长笺》,《景印文渊阁四库全书》经部第61册,台北,台湾商务印书馆。

朱有瓛主编《中国近代学制史料》,华东师范大学出版社,1983。

竺可桢:《竺可桢全集》,上海科技教育出版社,2004—2012。

卓宏谋:《最新蒙古鉴》,北京彰仪门大街法轮印刷局,1919。

三 研究论著

陈育宁、汤晓芳:《北方民族史论丛》,宁夏人民出版社,1991。

杜瑜:《地理学史话》,《中华文明史话》,中国大百科全书出版社,2000。

葛兆光:《想象的异域:读李朝朝鲜汉文燕行文献札记》,中华书局,2014。

贡纳尔·雅林:《重返喀什噶尔》,崔延虎、郭颖杰译,新疆人民出版社,1999。

谷兴荣:《湖南科学技术史》,湖南科学技术出版社,2009。

顾颉刚:《中国疆域沿革史》,商务印书馆,2004。

顾长声:《传教士与近代中国》,上海人民出版社,2004。

顾长声:《从马礼逊到司徒雷登——来华新教传教士评传》,上海人民出版社,1985。

关晓红：《从幕府到职官：清季外官制的转型与困扰》，生活·读书·新知三联书店，2014。
郭双林：《西潮激荡下的晚清地理学》，北京大学出版社，2000。
杰弗里·马丁：《所有可能的世界——地理学思想史》，成一农、王雪梅译，上海人民出版社，2008。
柯兰霓：《耶稣会士白晋的生平与著作》，李岩译，大象出版社，2009。
李约瑟：《中国科学技术史》，科学出版社，1990。
林衍经：《方志学综论》，华东师范大学出版社，1988。
龙伯格：《清代来华传教士马若瑟研究》，李真、络洁译，大象出版社，2009。
内藤湖南：《中国史学史》，马彪译，上海古籍出版社，2008。
裴长洪主编《美国人文社会科学现状与发展》，社会科学文献出版社，2001。
钱基博：《近百年湖南学风》，岳麓书社，2010。
荣苏赫、赵永铣主编《蒙古族文学史》，内蒙古人民出版社，2000。
桑兵：《清末新知识界的社团与活动》，生活·读书·新知三联书店，1995。
桑兵：《晚清民国的学人与学术》，中华书局，2008。
桑兵：《清末新知识界的社团与活动》，生活·读书·新知三联书店，1995。
沈福伟：《西方文化与中国（1793—2000)》，上海教育出版社，2003。
沈国威编著《六合丛谈》，上海辞书出版社，2006。
松浦章、内田庆市、沈国威编著《遐迩贯珍》，上海辞书出版社，2005。
谭其骧：《长水集》，人民出版社，1994。
汪向荣：《日本教习》，生活·读书·新知三联书店，1988。
王尔敏：《中国近代思想史论》，台北，华世出版社，1982。
王树槐：《基督教与清季中国的教育与社会》，广西师范大学出版社，2011。
王庸：《中国地理图籍丛考》，商务印书馆，1947。
王庸：《中国地理学史》，商务印书馆，1938。
王庸：《中国地图学史》，商务印书馆，1959。
严绍璗、源了圆主编《中日文化交流史大系·思想卷》，浙江人民出版社，1996。
于波：《张相文与中国近代地学的兴起》，云南大学出版社，2011。

赵荣、杨正泰：《中国地理学史（清代）》，商务印书馆，1998。
郑匡民：《西学中介：清末民初的中日文化交流》，四川人民出版社，2008。
邹振环：《晚清西方地理学在中国——以1815至1911年西方地理学译著的传播与影响为中心》，上海古籍出版社，2000。

四 研究论文

巴兆祥：《近代乡土志的几个问题》，《安徽史学》2006年第6期。
陈垣：《基督教入华史略》，《真理周刊》第2年第18卷，1924年7月27日。
韩子奇：《进入世界的挫折与自由——二十世纪初的〈地学杂志〉》，《新史学》2008年第2期。
林超：《中国现代地理学萌芽时期的张相文和中国地学会》，《自然科学史研究》1982年第2期。
林金水：《艾儒略与福建士大夫交游表》，中国中外关系史学会编《中外关系史论丛》第5辑，世界知识出版社，1996。
卢开宇：《中国地学会在辛亥革命前后的活动》，《史林》2003年第1期。
张涛、叶君远：《文学史视野下的中国古代文人社团》，《复印报刊资料（中国古代、近代文学研究）》2006年第5期。
张天麟：《张相文对中国地理学发展的贡献——纪念"中国地学会"成立七十周年》，《历史地理》1981年11月创刊号。
张玉法：《戊戌时期的学会》，《历史研究》1998年第5期。
仲海亮：《中国地学会与中国地理学的转型》，硕士学位论文，北京大学科学与社会研究中心，2003。
"Institutionalizing the Research on Space and Time-Zhang Xiangwen and the First Chair in Ching Historical Geography," Boise: Western Conference of the Association for Asian Studies, 1999, pp. 17 - 18.
"Zhang Xiangwen and His Buddhist Geography (Foxue dilizhi)," University of Indiana, Bloomington: Center for Eart Asian Studies, 2001, p. 2.

图书在版编目(CIP)数据

中国地学会研究. 1909—1924 / 谢皆刚著. -- 北京：社会科学文献出版社，2021.10

国家社科基金后期资助项目

ISBN 978-7-5201-7895-2

Ⅰ. ①中… Ⅱ. ①谢… Ⅲ. ①地理学-学会-历史-中国-1909-1924 Ⅳ. ①K90-262

中国版本图书馆 CIP 数据核字（2021）第 025150 号

国家社科基金后期资助项目

中国地学会研究（1909—1924）

著　　者 / 谢皆刚

出 版 人 / 王利民
责任编辑 / 李丽丽
文稿编辑 / 汪延平
责任印制 / 王京美

出　　版 / 社会科学文献出版社 · 历史学分社（010）59367256
地址：北京市北三环中路甲 29 号院华龙大厦　邮编：100029
网址：www. ssap. com. cn

发　　行 / 市场营销中心（010）59367081　59367083

印　　装 / 唐山玺诚印务有限公司

规　　格 / 开　本：787mm × 1092mm　1/16
印　张：20.75　字　数：328 千字

版　　次 / 2021 年 10 月第 1 版　2021 年 10 月第 1 次印刷

书　　号 / ISBN 978-7-5201-7895-2

定　　价 / 128.00 元

本书如有印装质量问题，请与读者服务中心（010-59367028）联系